古典文獻研究輯刊

三六編

潘美月・杜潔祥 主編

第 28 冊

《曝書亭集詩注》校證
（第一冊）

陳 開 林 著

國家圖書館出版品預行編目資料

《曝書亭集詩注》校證（第一冊）／陳開林 著 -- 初版 -- 新北
市：花木蘭文化事業有限公司，2023〔民112〕
目 44+238 面；19×26 公分
（古典文獻研究輯刊 三六編；第 28 冊）
ISBN 978-626-344-286-3（精裝）
1.CST：中國詩 2.CST：詩評
011.08   111022060

ISBN-978-626-344-286-3

9 786263 442863

古典文獻研究輯刊
三六編 第二八冊   ISBN：978-626-344-286-3

《曝書亭集詩注》校證（第一冊）

作　　者　陳開林
主　　編　潘美月、杜潔祥
總 編 輯　杜潔祥
副總編輯　楊嘉樂
編輯主任　許郁翎
編　　輯　張雅淋、潘玟靜　美術編輯　陳逸婷
出　　版　花木蘭文化事業有限公司
發 行 人　高小娟
聯絡地址　235 新北市中和區中安街七二號十三樓
　　　　　電話：02-2923-1455／傳真：02-2923-1452
網　　址　http://www.huamulan.tw 信箱 service@huamulans.com
印　　刷　普羅文化出版廣告事業
初　　版　2023 年 3 月
定　　價　三六編 52 冊（精裝）新台幣 140,000 元

《曝書亭集詩注》校證

（第一冊）

陳開林　著

作者簡介

陳開林（1985～），湖北麻城人。2009 年畢業於重慶工商大學商務策劃學院，獲管理學學士學位（市場營銷專業商務策劃管理方向）。2012 年畢業於湖北大學文學院，獲文學碩士學位（中國古代文學先秦方向）。2015 年畢業於華中師範大學文學院，獲文學博士學位（中國古代文學元明清方向）。現為鹽城師範學院文學院副教授、江蘇省「青藍工程」優秀青年骨幹教師培養對象。主要研究元明清文學、經學文獻學。完成江蘇高校哲學社會科學基金項目「錢穆佚文輯補與研究」（2017SJB1529），在研國家社科基金後期資助《古周易訂詁》整理與史源學考辨」（21FZXB017）。出版《〈全元文〉補正》《劉毓崧文集校證》《〈周易玩辭困學記〉校證》《〈純常子枝語〉校證》《杜詩闡》《陳玉澍詩文集箋證》《詩經世本古義》，並在《圖書館雜誌》《文獻》《中國典籍與文化》《古典文獻研究》《圖書館理論與實踐》《中國詩學》等刊物發表論文百餘篇，另有「史源學考易」系列、清代別集系列數種等待刊。

提　　要

　　林昌彝《射鷹樓詩話》稱：「國初諸老能兼經學詞章之長者，竹垞一人而已。」《清史稿》卷四百八十四《朱彝尊傳》稱：「當時王士禛工詩，汪琬工文，毛奇齡工考據，獨彝尊兼有眾長。」職是之故，兼學者與文人於一身的朱彝尊，無論是文學創作（詩、古文、詞），還是學術研究，均取得了非凡的成就。就詩歌而言，朱彝尊與詩壇宗主王士禛並稱「南朱北王」。

　　朱彝尊晚年親自編定詩文集《曝書亭集》八十卷，其中卷二至卷二十三為詩，按年編次，共收錄自順治二年（1645）至康熙四十八年（1709）六十五年間的古近體詩約二千五百首。隨後，出現了數種注釋朱詩之作，以江浩然《曝書亭詩錄箋注》十二卷、楊謙《曝書亭集詩注》二十二卷、孫銀槎《曝書亭集箋注》二十三卷（含賦一卷）最為有名。其中，楊注本成就最高。令人遺憾的是，這幾種注本迄今沒有整理本。

　　楊注有乾隆間木山閣刊本、民國間木石居校刊石印本。本書以乾隆本為底本，以石印本以參校本，對全書加以整理。同時，對楊注所有內容加以史源考察，補充其書名、卷次、篇目，並對其訛誤、缺漏加以補正。

江蘇高校「青藍工程」資助

目

次

第一冊

前　圖

整理前言 ……………………………………………… 1

凡　例 ………………………………………………… 7

原　序 ………………………………………………… 9

曝書亭集詩注凡例 …………………………………… 15

曝書亭集詩注總目 …………………………………… 17

皇清敕授徵仕郎日講官起居注翰林院檢討竹垞朱
　公墓誌銘 …………………………………………… 19

朱竹垞先生年譜 ……………………………………… 23

曝書亭集詩注卷一 …………………………………… 53

　旃蒙作噩順治乙酉 ………………………………… 53

　　村舍二首 ………………………………………… 53

　　夏墓蕩二首 ……………………………………… 54

　　過邱生 …………………………………………… 54

　柔兆閹茂丙戌 ……………………………………… 55

　　曉入郡城 ………………………………………… 55

　　悲歌 ……………………………………………… 55

　　過吳大村居 ……………………………………… 55

　　漫感 ……………………………………………… 55

　　暝 ………………………………………………… 56

　　平陵東 ……………………………………… 56

　強圉大淵獻丁亥 ……………………………… 57

　　捉人行 ………………………………………… 57

　　馬草行 ………………………………………… 57

　　北邙山行 ……………………………………… 58

　　春晚過放鶴洲 ………………………………… 59

　　雨後即事二首 ………………………………… 59

　　野外 …………………………………………… 59

　　舟經震澤 ……………………………………… 60

　著雍困敦戊子 ………………………………… 60

　　董逃行 ………………………………………… 60

　　五游篇 ………………………………………… 62

　　少年子 ………………………………………… 63

　　雀飛多 ………………………………………… 63

　　獨不見 ………………………………………… 63

　　曹三秀才山秀讀書馨菴同吳大苣訪之遇雨
　　　留信宿 ……………………………………… 64

　　晚 ……………………………………………… 64

　　題項叟聖謨畫柳 ……………………………… 65

　屠維赤奮若己丑 ……………………………… 65

　　春江花月夜 …………………………………… 65

　　芳樹 …………………………………………… 65

　　擬古 …………………………………………… 66

　　靜夜思 ………………………………………… 66

　　阿那瓌二首 …………………………………… 66

　　那呵灘 ………………………………………… 67

　　烏棲曲 ………………………………………… 67

　　同作　　王翃 ………………………………… 67

　　劉生 …………………………………………… 67

　　當壚曲 ………………………………………… 68

　　小長干曲 ……………………………………… 68

　上章攝提格庚寅 ……………………………… 68

　　同沈十二詠燕 ………………………………… 68

同作　　沈進 ……………………………68

夏至日為屠母壽………………………69

夏日閒居二首同范四路作………………70

放言五首 ………………………………70

八月十五夜望月懷陳大忻………………72

贈諸葛丈 ………………………………72

懷鄭玥客淞江 …………………………72

寄家孝廉一是 …………………………73

重光單閼辛卯 …………………………73

春日閒居 ………………………………73

懷朱山人扉 ……………………………73

語溪道中 ………………………………74

東飛伯勞歌 ……………………………74

樹萱篇 …………………………………75

休洗紅 …………………………………75

採蓮曲 …………………………………75

寄胡明府振芳 …………………………77

雞鳴 ……………………………………77

讀曲歌 …………………………………77

華山畿三首 ……………………………77

游仙三首 ………………………………78

臣里 ……………………………………80

玄黓執徐壬辰 …………………………80

南湖夜聞歌者 …………………………80

舟次平望驛 ……………………………80

楓橋夜泊 ………………………………81

治平寺 …………………………………81

中峰尋讀徹上人不遇……………………81

白紵詞二首 ……………………………82

江亭 ……………………………………82

古興二首 ………………………………83

哭萬兒 …………………………………83

送王翃遊粵 ……………………………83

立秋後一夕同眭修季俞亮朱一是繆永謀集屠
　爌齋 ………………………………………… 84
　送袁駿還吳門 …………………………………… 84
　題畫四首 ………………………………………… 85
　集句題王女史畫蓮 ……………………………… 85
昭陽大荒落癸巳 …………………………………… 86
　即席送王廷璧朱士稚同之松江 ………………… 86
　遣悶 ……………………………………………… 86
　閒情八首 ………………………………………… 86
　渡黃浦 …………………………………………… 91
　龍潭曉發 ………………………………………… 91
　嫁女詞 …………………………………………… 92
　七夕詠牛女二首 ………………………………… 92
　南湖即事 ………………………………………… 93
　送林佳璣還莆田 ………………………………… 93
　送十一叔遊中州二首 …………………………… 94
　送通門和尚住持太白山 ………………………… 94
　送屠爌入閩 ……………………………………… 95
　逢姜給事埰 ……………………………………… 95
　簡陳秀才光緯 …………………………………… 96
　長安賣卜行贈吳三統持集杜句 ………………… 96
　無題六首 ………………………………………… 98
　哭王處士翃六首 ………………………………… 99
曝書亭集詩注卷二 ………………………………… 103
閼逢敦牂甲午 ……………………………………… 103
　同舍人五兄登觀山頂 …………………………… 103
　送王泛遊嶺南 …………………………………… 103
　寄懷徐孝廉之瑞 ………………………………… 104
　贈別王山人元慧 ………………………………… 104
　示弟彝玠 ………………………………………… 105
　彝公過 …………………………………………… 105
　七月八日夜對月 ………………………………… 106
　得譚七表兄吉璁西陵書集杜 …………………… 106

俞汝言移居八首集杜 …………………… 106

懷黃十三倣客閩 …………………… 109

鴛脰湖寄周四吉亥 …………………… 109

八月十三日夜汎月太湖 …………………… 109

十七日夜月 …………………… 110

旅興呈舍人五兄二首 …………………… 110

寂寞行 …………………… 110

九日同張璵繆永謀集錢汝霖宅分賦 ………… 111

旃蒙協洽乙未 …………………… 112

謁廣陵侯廟並序 …………………… 112

固陵懷古 …………………… 112

蕭山道中 …………………… 113

梅市 …………………… 113

鑑湖 …………………… 113

雨坐文昌閣 …………………… 114

偕謝晉吳慶楨登倪尚書衣雲閣 …………………… 114

謁大禹陵二十韻 …………………… 116

南鎮 …………………… 119

晚過寶林山寺 …………………… 119

遶門山 …………………… 119

舟中望柯山 …………………… 120

蓬萊閣晚望 …………………… 120

再過倪尚書宅題池上壁 …………………… 120

若耶溪 …………………… 120

戢山亭子 …………………… 120

弔王義士毓蓍 …………………… 121

岳忠武王墓 …………………… 121

表忠觀 …………………… 123

歸 …………………… 124

橫山蛟潭 …………………… 124

歸次西小江行舟被捉夜宿蔡村田舍二首 …… 125

擬古折楊柳辭 …………………… 125

同作　　祁班孫 …………………… 125

對月簡周篔繆永謀 ……………………………… 125

柔兆涒灘丙申 ……………………………………… 126

　山陰道歌送沈十二進 ……………………… 126

　送舍弟彝鑒之山陰 ………………………… 127

　午日吳門觀渡 ……………………………… 127

　將遊嶺南留別故園諸子 …………………… 128

　錄別 ………………………………………… 128

　金山登妙高臺 ……………………………… 128

　秣陵 ………………………………………… 129

　采石 ………………………………………… 129

　小孤山 ……………………………………… 130

　大孤山 ……………………………………… 130

　舟中望廬山 ………………………………… 130

　望湖亭對月 ………………………………… 131

　封谿磊侯廟 ………………………………… 131

　灘行口號六首 ……………………………… 132

　虔州懷古 …………………………………… 133

　南安客舍逢陸郡伯兄世楷以滕王閣詩見示
　　漫賦 …………………………………… 133

　度大庾嶺 …………………………………… 135

　湞陽峽 ……………………………………… 135

　香爐峽 ……………………………………… 136

　大廟峽 ……………………………………… 136

　羚羊峽 ……………………………………… 136

　寄遠 ………………………………………… 137

強圉作噩丁酉 ……………………………………… 137

　元日陰 ……………………………………… 137

　首春端州述懷寄故鄉諸子 ………………… 137

　珠江午日觀渡 ……………………………… 138

　五羊觀 ……………………………………… 139

　篷軒落成曹方伯溶招飲納涼即席分韻 …… 139

　羊城客舍同萬泰嚴煒陳子升薛始亨醉賦 … 139

　同陳五子升過光孝寺 ……………………… 140

越王臺懷古 ……………………… 141

東官書所見 ……………………… 144

贈張山人穆 ……………………… 145

贈張五家珍 ……………………… 145

贈高儼 …………………………… 146

哀莫處士以寅 …………………… 146

食龍目 …………………………… 146

送曹方伯還里 …………………… 147

夜泊西南驛 ……………………… 147

三水道中 ………………………… 147

崧臺晚眺 ………………………… 148

七星巖水月宮 …………………… 148

入景福洞登璇璣臺 ……………… 149

由香關至玉虛觀遂轉登絕頂 …… 149

下扶嘯臺陟閱風崖自蓬壺徑汎舟入鍾鼓洞 … 150

阻風珠江口漫成十韻 …………… 151

送嚴煒之惠陽 …………………… 151

鬱洲寒望 ………………………… 151

曝書亭集詩注卷三 …………………… 153

　著雍閹茂戊戌 …………………… 153

將歸留別粵中知己 ……………… 153

峽山飛來寺 ……………………… 153

凌江道中 ………………………… 154

楊歷巖觀瀑布水 ………………… 154

雄州歌四首 ……………………… 155

席上留別陸兄世楷 ……………… 156

庾嶺三首 ………………………… 156

謁張曲江祠 ……………………… 157

晚過東山寺 ……………………… 157

題南昌鐵柱觀 …………………… 157

登滕王閣 ………………………… 158

阻風吳城 ………………………… 158

舟次彭澤悼萬孝廉泰 …………… 159

秋浦 ·· 159

烏江謁西楚霸王廟 ·· 159

還家即事四首 ··· 160

雨中陳三島過偕飲酒樓兼示徐晟 ················ 162

吳江顧處士樵扁舟過訪留所畫山水圖并新詩
　　見贈集杜句酬之 ······························ 162

屠維大淵獻己亥 ··· 163

贈顏鼎受 ··· 163

送王援入蜀省其尊人觀察庭 ······················ 164

渡錢塘 ·· 165

贈蔡五十一仲光 ··· 165

梅市飲祁四居士駿佳宅同徐十五祁六分韻 ··· 165

題祁六班孫東書草堂 ·································· 166

祁六坐上逢沈五 ·· 166

祁理孫席上口占 ·· 167

祁六紫芝軒席上留別 ·································· 167

明顯帝大閱圖為吳金吾國輔賦並序 ············ 167

飲吳生理楨宅 ··· 171

食鮞魚 ·· 172

越江詞 ·· 173

題越江詞後　　上虞錢霆 ·························· 173

曹娥廟觀渡二首 ·· 173

土城山和錢六 ··· 173

原作　　錢霆 ··· 174

雜詩三首 ··· 174

八月十五夜集半邏錢爾復齋有懷錢四汝霖 ··· 175

懷嚴煒客嶺南 ··· 177

同曹侍郎遙和王司理士禛秋柳之作 ············ 177

同賦　　曹溶 ··· 177

初秋泊錢清江 ··· 178

飲張司理陛南華館題壁 ····························· 178

梅市對雨遲朱士稚不至同呂師濂祁理孫班孫
　　分韻得泥字 ······································ 178

留別董三鹺 ……………………………… 178

上章困敦庚子 …………………………… 179

　放鶴洲探梅 …………………………… 179

　送汪進士挺遊嶺南 …………………… 179

　和曹使君憶姚州酒歌二首 …………… 179

　聞東莞查明府舅培繼擢戶部書寄 …… 180

　寄顧處士有孝 ………………………… 180

　別杜濬 ………………………………… 180

　同魏周二處士集鍾淵映宅遲俞汝言不至 …… 181

　寇至二首 ……………………………… 181

　壽姚太學瀚集杜 ……………………… 182

　寄表弟查容 …………………………… 182

　送屠壙重入閩 ………………………… 184

　梅市逢魏璧 …………………………… 184

　柯山 …………………………………… 185

　送錢六霍朱大士曾同遊白下 ………… 185

　同王二猷定登種山懷古 ……………… 186

　雪中得內人信 ………………………… 186

　古意二首 ……………………………… 187

　寓山 …………………………………… 188

　同宋使君琬遊雲門山 ………………… 188

　山陰送葉六燮還當湖 ………………… 189

　山陰客舍送高舍人還膠州 …………… 189

　送蔣翰林超歸金壇 …………………… 189

　萬歲通天帖歌贈王舍人作霖 ………… 190

曝書亭集詩注卷四 ……………………… 193

重光赤奮若辛丑 ………………………… 193

　元日對雪簡宋孝廉實穎 ……………… 193

　上元南鎮逢蕭鍊師 …………………… 193

　伎席贈王二 …………………………… 195

　山陰雨霽同楊大春華遊郊外飲朱廿二士稚
　　墓下 ………………………………… 195

　侯山讌集 ……………………………… 196

蘭亭行贈朱大士曾 ························· 196

梅市訪祁七明府熊佳留贈公子誠孫因憶亡友
　　朱廿二七稚 ························· 197

山陰苦雨酬謝處士孔淵 ··················· 197

與朱二十九驊元約過楊大春華三江村居 ······· 198

贈祁七敷 ······························· 198

贈沈華 ································· 198

彭山即事 ······························· 199

重經彭山 ······························· 199

南鎮春遊詞 ····························· 200

同作　　毛奇齡 ························· 200

酬毛十九奇齡兼寄張五杉 ················· 200

偕曹侍郎溶施學使閏章徐秀才緘姜處士廷梧
　　張處士杉祁公子理孫班孫段橋玩月分韻得
　　三字 ····························· 200

同王處士猷定施學使閏章陸處士圻泛舟西湖
　　遇雨 ····························· 201

觀海行贈施學士閏章 ····················· 201

曹侍郎席上送別顧工部大申還華亭鄒進士
　　祗謨還晉陵 ······················· 203

西湖竹枝詞六首 ························· 204

同作　　朱彝鑒 ························· 205

于忠肅公祠 ····························· 205

徐吏部旭齡招飲西湖迴舟即事 ············· 208

施學使閏章招集湖舫 ····················· 208

由淨慈寺登南屏山絕頂晚憩壑菴精舍 ········· 209

吳山望浙江 ····························· 209

湖上贈蘭陵陳生 ························· 209

夜過曹侍郎溶倦圃二首 ··················· 210

玄黓攝提格康熙元年壬寅 ················· 211

真如寺塔重建 ··························· 211

採蕒 ································· 212

同作　　周篔 ························· 212

又　　朱彝鑒 …………………………… 212

又　　　鍾淵映 …………………………… 212

湖上逢楊二給事雍建 …………………… 212

同楊二給事飲徐給事惺舟中二首集唐 ……… 213

夏日西湖同曹學士爾堪余山人懷汎舟待曹
　　侍郎溶不至有感舊遊愴然於懷作詩二首 … 213

送曾司理王孫之官漢中 ………………… 214

西陵感舊 ………………………………… 214

九日 ……………………………………… 215

耦山橋觀漲 ……………………………… 215

題峴山窪樽亭 …………………………… 215

吳興客夜 ………………………………… 215

由碧浪湖泛舟至仁王寺飯句公房 ……… 216

白雀寺 …………………………………… 216

對酒酬周簋兄弟 ………………………… 216

送曹侍郎備兵大同二首 ………………… 216

將之永嘉曹侍郎餞予江上吳客韋二丈為彈
　　長亭之曲並吹笛送行歌以贈韋即送其出塞 217

舟行酬王明府世顯 ……………………… 219

七里瀨經嚴子陵釣臺作 ………………… 220

蘭溪道中懷遠 …………………………… 220

雙溪 ……………………………………… 220

金華道上夢遊天台歌 …………………… 220

黃龍寺 …………………………………… 222

蔣廣文薰留飲縉雲學舍為談仙都之勝 ……… 222

縉雲雜詩十首 …………………………… 223

　吏隱山 ………………………………… 223

　窪樽石 ………………………………… 224

　忘歸臺 ………………………………… 224

　羅鷗灘 ………………………………… 224

　天際樓 ………………………………… 224

　西岩 …………………………………… 224

　惡谿 …………………………………… 224

　　仙岩寺 ·············· 225

　　積翠亭 ·············· 225

　　桂山 ··············· 225

　縶丹楓驛曉行大雪度青雲嶺桃花隘諸山暮投

　　麗水舟中三首 ·········· 225

　石門懷古寄諸大九鼎 ········ 226

　謁劉文成公祠 ··········· 226

　永嘉對月懷家孝廉一是四首 ···· 229

　永嘉除日述懷 ··········· 230

　大牆上蒿行 ············ 233

　襄陽曲 ··············· 235

第二冊

曝書亭集詩注卷五 ············ 237

　昭陽單閼癸卯 ··········· 237

　　永嘉元日 ············ 237

　　元夕寄故鄉諸子 ········ 237

　　山雪 ·············· 237

　　夢中送祁六出關 ········ 237

　　憶河豚二首 ··········· 238

　　賦得歸雁寄曹使君雲中 ····· 238

　　舍弟彝鑒遠訪東甌喜而作詩 ·· 239

　　題朱十江東見弟詩後　諸九鼎 ·· 239

　　永嘉雜詩二十首 ········· 239

　　　松台山 ············ 239

　　　斜川 ············· 239

　　　青牛塢 ············ 239

　　　春草池 ············ 239

　　　太玉洞 ············ 239

　　　東山 ············· 240

　　　南亭 ············· 240

　　　西射堂 ············ 240

　　　北亭 ············· 240

孤嶼 ·· 240

謝客岩 ·· 240

花柳塘 ·· 240

吹臺 ·· 241

吳橋港 ·· 241

白水漈 ·· 241

斤竹澗 ·· 241

瞿谿 ·· 241

華嚴山 ·· 241

上戍渡 ·· 242

綠嶂山 ·· 242

雨 ·· 242

七夕 ·· 242

東甌王廟 ··· 242

華陽精舍贈源上人 ·································· 243

郡東山對月有懷週四吉亥陳大忱吳二周瑾 ··· 244

秋日對酒江心寺同高石埭駿升作二首 ········ 244

雨 ·· 244

夜渡永嘉江入黃墺 ·································· 245

送吳二先輩還漢陽 ·································· 245

九月十四日夜月 ····································· 245

返照 ·· 245

孤嶼亭對月 ·· 245

雨渡永嘉江夜入柟溪 ······························ 246

題廊下村主人壁 ····································· 246

華壇望雁宕山歌贈方十三朱生朱十八振嘉 ···· 246

病橘 ·· 248

西陵後感舊 ·· 248

文丞相祠 ··· 248

歸次皋亭山作 ··· 249

閼逢執徐甲辰 ··· 249

別李繩遠 ··· 249

送孫處士默還黃山 ·································· 249

淮陰城下作 ························ 250

七夕雨 ···························· 250

黃河夜月 ·························· 250

謁先賢仲子祠 ···················· 250

分水廟酬高大佑釲 ················ 251

守牐清源驛凡五日不得度 ·········· 251

臨清州大寧寺 ···················· 251

曉發東光縣 ······················ 251

青縣同高大佑釲雨泊 ·············· 252

董子祠 ·························· 252

八月十五夜集天津曹武備斌官舍分韻得牀字· 252

高博士恆戀席上留贈公子緝睿二首 ··· 252

出居庸關 ························ 253

土木堡 ·························· 253

宣府鎮 ·························· 253

上谷道中 ························ 254

苦寒行 ·························· 254

傷歌行 ·························· 255

十月十四日夜同曹使君雲州對月 ····· 256

十五日夜月 ······················ 257

十六日夜席上贈陳孝廉容永 ········ 257

十七夜月 ························ 258

甲辰冬月朱十訪我塞上賦對月詩奉答三首

　　曹溶 ······················ 258

雲中至日 ························ 259

雲中客舍曹武備自津門以筐蟹銀魚見寄賦謝

　　二首 ························ 260

贈周參政 ························ 260

絕塞 ···························· 261

旃蒙大荒落乙巳 ·················· 261

長歌行 ·························· 261

短歌行 ·························· 262

和朱十短歌行　鄭玥 ············· 263

雁門關 …… 263
觀獵 …… 264
晚次崞音郭縣 …… 264
滹沱河 …… 265
將次山陰墮馬傷足張明府施大枉顧逆旅餉酒賦謝二首 …… 265
留贈王沙縣泰塤四首 …… 265
將之晉陽留別包十二銘 …… 266
七馬坊 …… 267
再度雁門關 …… 267
夢寐 …… 267
捕虎詞 …… 267
晉祠唐太宗碑亭題壁集杜 …… 267
宋烈女行 …… 268
明妃曲 …… 269
柔兆敦牂丙午 …… 269
臺駘廟 …… 269
送趙三湛還永年 …… 270
太原客舍同方三孝廉育盛話舊二首 …… 270
龔百朋自梗陽以詩見寄漫答二首 …… 271
七夕立秋王方伯顯祚席上和毛會建 …… 271
客夜 …… 272
聞黃鶴樓成賦寄楚中一二知己 …… 272
寄酬譚七舍人吉璁陸二舍人弟棻 …… 272
題倦圃圖二十首 …… 273
叢筠徑 …… 273
積翠池 …… 273
浮嵐 …… 273
范湖草堂 …… 273
靜春莽 …… 273
圓谷 …… 273
芳樹亭 …… 274
谿山真意軒 …… 274

容與橋 ···················· 274

漱研泉 ···················· 274

潛山 ···················· 274

錦淙洞 ···················· 274

采山樓 ···················· 274

狷谿 ···················· 274

金陀別館 ···················· 275

聽雨齋 ···················· 275

橘田 ···················· 275

留真館 ···················· 275

澄懷閣 ···················· 275

春水宅 ···················· 276

曝書亭集詩注卷六 ···················· 277

強圉協洽丁未 ···················· 277

太原途中聯句四首 ···················· 277

猛虎行 ···················· 278

陳參議上年署中題畫五首 ···················· 278

戲效香奩體二十六韻 ···················· 279

壽陳叟繼新 ···················· 281

瓊華島 ···················· 282

朱碧山銀槎歌孫少宰席上賦 ···················· 282

食半翅二首 ···················· 285

食鐵腳二首 ···················· 285

著雍涒灘戊申 ···················· 286

人日同紀處士映鍾陸處士嘉淑周處士容集龔
尚書鼎孳齋中得人字 ···················· 286

落日 ···················· 287

題高六柘塘移居圓二首 ···················· 287

中秋待月和劉興詩 ···················· 287

華不注 ···················· 288

自沂水至大峴山作 ···················· 288

濰水弔韓淮陰 ···················· 288

寄錢二枋 ···················· 289

濟南除夕 ················· 289

屠維作噩己酉 ················· 289

鄒縣謁孟子廟二首 ········· 289

曲阜晚眺同劉中丞 ········· 290

和朱十韻　　劉芳躅 ········· 290

地軸 ················· 290

飲歷下亭泛舟蓮子湖作二首 ········· 291

長城堡皇姑寺 ········· 291

度駱馬湖 ················· 292

淮南感事 ················· 292

秋日登胥山 ················· 293

風懷詩二百韻 ········· 295

上章閹茂庚戌 ················· 315

寄懷李因篤 ········· 315

送謝爆入燕 ················· 316

同紀處士映鍾杜太史鎮譚舍人兄吉璁集孫侍
　郎承澤研山齋四首 ········· 316

九日集刺梅園松下送譚七舍人之官延安
　四十韻 ················· 317

題譚漢畫山水送七舍人兄三首 ········· 320

壽徐侍讀元文 ········· 321

酬潘耒 ················· 323

贈朱十　　潘耒 ········· 324

壽申檢討涵昐 ········· 325

慈仁寺夜歸同李十九良年對雪兼有結鄰之約· 325

孫少宰蟄室觀吳季子劍四十韻 ········· 325

雪窗 ················· 329

雪中過程五倉部同李十九蔡大賦二首 ········· 330

壽何侍御元英 ········· 331

曝書亭集詩注卷七 ················· 335

重光大淵獻辛亥 ················· 335

立春日同李十九飲孫少宰蟄室有懷曹侍郎
　在里 ················· 335

西山書所見 ································ 335

同作　　上海蔡湘竹濤 ················ 336

臥佛寺 ·································· 336

題退谷 ·································· 336

來青軒 ·································· 337

鮑家寺白松歌 ·························· 337

同作　　　蔡湘 ······················ 338

玉泉山下別瞻公 ························ 338

贈歌者陳憐二首 ························ 338

贈冒嘉穗二首 ·························· 339

何侍御元英招同高上舍層雲士奇繆處士永謀
　　趙舍人隨鄭舍人宣飲剌梅園松下四首 ······ 339

周郡丞令樹遷太原守詩以送之兼懷傅處士山··· 340

將出都門曹舍人貞吉黃舍人仍緒沈舍人胤范
　　喬舍人淶曹舍人禾汪舍人懋麟招同高上舍
　　層雲李秀才良年賦詩贈行口占留別 ········· 341

和程邃龍尾硯歌為方侍御亨咸作即送其入粵·· 341

賦得官柳送人自濟入燕 ················ 344

紅橋 ·································· 345

題何氏書樓 ···························· 345

旱 ···································· 345

送越孝廉閩入楚兼作廬山之遊 ········· 345

逢周侍郎亮工二首 ···················· 346

酬彭師度三首 ·························· 346

送柯大崇樸還里兼寄周簣 ·············· 347

送葉上舍舒崇之睢陽 ·················· 347

譚孝廉十一兄瑄歸自楚粵訪予維揚喜成三首
　　兼懷郡丞七兄吉璁在榆林 ············ 348

雪霽同周儀部襄緒對酒康山二首············ 349

玄黓困敦壬子 ··························· 350

題竹垞壁 ······························ 350

雨度仙霞嶺三首 ······················ 350

題福州林秀才竹亭 ····················· 350

泰安道中曉霧 ……………………………… 351

重陽前一日沈暭日鮑癭生載酒柯氏園亭同
　　諸子分賦兼感舊遊成十二韻 …………… 351

柯將軍園亭即席分韻送柯三維楨還嘉善 …… 352

送計孝廉東還吳江 ………………………… 353

送陳釴之青浦 ……………………………… 353

送汪戶部琬 ………………………………… 354

送陳叟南歸 ………………………………… 354

昭陽赤奮若癸丑 ……………………………… 355

人日謁景皇陵 ……………………………… 355

同劉侍郎芳躅入大房山時劉編修芳喆養痾
　　山中八首 ………………………………… 355

過何侍御丹臺書屋二首 …………………… 357

送喬舍人萊還寶應 ………………………… 358

和韻送徐編修乾學還崑山 ………………… 361

藍秀才見示劉松年風雪運糧圖 …………… 361

席上贈陸生三首 …………………………… 362

夢硯歌為汪舍人懋麟作 …………………… 363

龔尚書挽詩八首 …………………………… 364

送龔孝廉宜生掌教涿州 …………………… 366

九言題田員外雯秋泛圖 …………………… 367

寄懸公 ……………………………………… 368

曝書亭集詩注卷八 …………………………… 369

閼逢攝提格甲寅 ……………………………… 369

春雪二首 …………………………………… 369

送龔大之淮陽 ……………………………… 369

汪舍人懋麟以丁娘子布見贈賦寄 ………… 369

寄高層雲 …………………………………… 371

王尚書崇簡招同錢澄之毛會建陸元輔陳祚明
　　嚴繩孫計東讌集豐臺藥圃四首 ………… 371

送鄭培南還 ………………………………… 372

鴛鴦湖櫂歌一百首有序 …………………… 372

旃蒙單閼乙卯 ………………………………… 410

題畫竹二首 ···································· 410

懷上方山二首 ······························ 411

送顧乃西還楓涇 ·························· 411

嚴侍郎招同吳明府山濤龔觀察佳育陳處士晉明
　　高上舍層雲集吳氏園亭時公子曾埶在坐 ··· 411

贈吳明府山濤 ······························ 412

潞河遙送湯駟南還四首 ················ 412

懷鄉口號八首 ······························ 413

曝書亭集詩注卷九 ·························· 417

柔兆執徐丙辰 ······························ 417

讀葉司城封嵩遊草賦贈 ················ 417

春暮何少卿招同故鄉諸子集古藤花下送譚
　　十一孝廉兄之舒州 ················ 420

題元張子正林亭秋曉圖同高層雲賦 ··········· 421

贈鄭簠 ······································ 423

送顧瀛之沂州 ······························ 426

壽何少卿元英 ······························ 426

壽劉編修芳喆二首 ······················ 426

強圉大荒落丁巳 ·························· 427

河豚歌 ······································ 427

送董孝廉愷遊五臺 ······················ 429

兒舲歌 ······································ 429

周郎中自閩回賦贈二首 ················ 435

同里李符遊於滇遇碧雞山道士謂曰子前身
　　廬山行腳僧也後十年當仍歸廬山符乃畫
　　廬山行腳圖俾予題詩二首 ·········· 435

春浮閣 ······································ 436

題董尚書墨蹟 ······························ 436

彭城道中詠古二首 ······················ 437

清流關 ······································ 438

題顧夫人畫蘭 ······························ 439

著雍敦牂戊午 ······························ 440

興化李先生清壽詩 ······················ 440

鄭州題壁 ……………………………………… 443

得龔百朋嶺南書卻寄 ………………………… 443

為徐徵士題畫 ………………………………… 443

王尚書招同陸元輔鄧漢儀毛奇齡陳維崧周之道
　李良年諸徵士讌集怡園周覽亭閣之勝率賦
　六首 ………………………………………… 444

題周恭肅公畫牛二首 ………………………… 445

沈烈女詩 ……………………………………… 446

題腰鼓圖 ……………………………………… 447

邱漢陽壽詩二首 ……………………………… 447

屠維協洽己未 ………………………………… 448

元日同孫枝蔚毛奇齡陳維崧吳雯汪揖諸徵士喬
　萊舍人湯右曾上舍集曹舍人禾書齋遲李良
　年潘耒不至即席限韻二首 ………………… 448

古意投高舍人士奇 …………………………… 449

酬閻若璩 ……………………………………… 449

御試省耕詩二十韻 …………………………… 452

送張大理雲翼省親皋蘭結婚作 ……………… 454

為姜宸英題畫 ………………………………… 454

送施鑒范令什邡 ……………………………… 454

寄酬張五處士兄彥之 ………………………… 455

和田郎中雯移居韻 …………………………… 455

題李檢討澄中所藏明月蘆雁圖 ……………… 456

淨業寺看荷花同嚴四檢討繩孫作 …………… 456

李檢討澄中惠鮮鰒音電。魚賦謝 …………… 456

送耿副使之官隴右 …………………………… 459

佛手柑二首 …………………………………… 459

上章涒灘庚申 ………………………………… 461

平蜀詩十三章並序 …………………………… 461

題李檢討枏梅花圖和韻 ……………………… 466

刺梅園餞別陸進遊汝陽 ……………………… 467

題楊上舍自牧潛籟軒 ………………………… 467

七月晦日賜藕恭紀二首 ……………………… 467

送慕主事権關杭州 ····················· 469

題吳徵君雯詩卷二首 ················ 469

題畫 ···································· 469

送趙主事吉士権關揚州 ·············· 469

贈別梅庚三首 ······················ 470

奉酬相國馮夫子問病之作 ········· 471

送十一叔還里即作豫章之遊二首 ········· 471

第三冊

曝書亭集詩注卷十 ················· 473

重光作噩辛酉 ····················· 473

送陸參議光旭督儲江北兼訊龔方伯佳育金司
　　梟鎮田學使雯 ··············· 473

題李檢討澄中濯足圖 ·············· 473

夏日瀛臺侍直紀事六首 ··············· 474

五月丙子侍宴保和殿恭紀二十四韻 ········· 475

題王舍人嗣槐西山遊記三首 ············· 478

臨淮口號 ···························· 479

秋杪同周篔王翬李符龔翔麟邵瓚舍弟彝玠
　　從子建子游攝山是夕包銘曹彥樞適至際
　　曉周覽山曲信宿乃還軍圖為行看子各
　　紀以詩予得四首 ··············· 479

晚登燕子磯同周布衣篔柯舍人崇樸各賦三韻·· 481

魯太守超席上賦 ··················· 481

贈徐丈 ······························ 481

玄黓閹茂壬戌 ····················· 482

送徐中允秉義假還崑山六首 ············· 482

送張劭之平遙 ······················ 483

送編修孫卓使安南 ················· 484

李檢討澄中紺園雜詠六首 ············· 484

荷陂 ···························· 484

柳浪 ···························· 484

綠水軒 ························· 485

會心亭 …………………………………… 485

鏡香樓 …………………………………… 485

松風臺 …………………………………… 485

上巳萬柳堂讌集同諸君和相國馮夫子韻二首 485

送陳四處士晉明再入楚二首 …………… 486

沈詹尹荃崔少詹蔚林招同湯侍讀斌施侍講閏章
　潘檢討耒飲限燈字 …………………… 486

同作　　潘耒 …………………………… 486

送查上舍昇之湖口 ……………………… 487

除日保和殿侍宴 ………………………… 487

昭陽大淵獻癸亥 ………………………… 487

元日賜宴太和門 ………………………… 487

十三日乾清宮賜宴 ……………………… 488

是夜賜內絟表二里一 …………………… 488

十五日保和殿侍食 ……………………… 488

是日再入保和殿侍宴 …………………… 488

二十日召入南書房供奉 ………………… 489

恩賜禁中騎馬 …………………………… 489

三十日上自南苑回賜所射兔 …………… 490

二月初二日賜居禁垣 …………………… 490

駕幸五臺山恭紀三首 …………………… 490

駕自五臺回賜金蓮花 …………………… 492

銀盤菇 …………………………………… 492

賜絟紀事 ………………………………… 492

賜御衣帽恭紀 …………………………… 493

醍醐飯 …………………………………… 493

賜鱘魚 …………………………………… 494

憎蠅 ……………………………………… 494

憎鼠 ……………………………………… 494

送杜少宰臻視海閩粵二首 ……………… 495

早秋西華潭 ……………………………… 496

夜起 ……………………………………… 496

送宋僉事犖之官通潞四首 ……………… 497

次韻贈沈上舍 ·············· 498

題高侍讀江村圖二首 ·············· 499

題畫羅漢 ·············· 499

題雪中垂釣圖 ·············· 499

為王祭酒士禎題畫冊二首 ·············· 500

法酒 ·············· 500

官羊 ·············· 501

鹿尾 ·············· 501

梭魚 ·············· 502

除日侍宴乾清宮夜歸賦 ·············· 502

曝書亭集詩注卷十一 ·············· 503

闕逢困敦甲子 ·············· 503

元日南書房宴歸上復以肴果二席賜及家人
恭紀 ·············· 503

自禁垣徙居宣武門外 ·············· 503

送張先生巡撫山東二首 ·············· 504

同黃虞稷周在浚彭桂飲劉學正中柱齋 ·············· 505

副相徐公元文庭中種蕉結實禹鴻臚為作圖 ··· 505

題汪贊善霦讀書秋樹根圖 ·············· 506

同陸處士查上舍兄弟寓齋小集分韻得逢字 ··· 507

送益都馮先生集萬柳堂次韻二首 ·············· 507

送張遠之桂林二首 ·············· 508

題王叔楚墨竹為家上舍載震賦 ·············· 509

送馮邐祖宰平陸 ·············· 509

送少詹王先生士禎代祀南海 ·············· 510

送周參軍在浚之官太原 ·············· 513

送田少參雯之楚分韻得江字 ·············· 515

送曹郡丞貞吉之官徽州 ·············· 518

贈別孟楷二首 ·············· 519

詠柿 ·············· 520

題東浦學耕圖二首 ·············· 521

題汪檢討楫乘風破浪圖 ·············· 521

題侯開國鳳阿山房圖三首 ·············· 525

沈上舍季友南還詩以送之 ……………………… 526

和韻題惠周惕紅豆書莊圖 ……………………… 528

嘉禾篇頌張先生 ………………………………… 529

簡宋觀察犖 ……………………………………… 531

題陳履端詞橐 …………………………………… 532

題洪生對酒圖 …………………………………… 533

再題高學士江村圖二首 ………………………… 533

為畢大生題扇 …………………………………… 533

雨過劉學正兼隱齋觀石鼓文拓本 ……………… 533

旃蒙赤奮若乙丑 ………………………………… 539

秋涇行示吳秀才周瑾 …………………………… 539

送王贊善掞視浙江學政二十韻 ………………… 540

社日二首□□□□ ……………………………… 541

柳巷杏花歌同嚴中允繩孫錢編修中諧作 ……… 542

寄胡少參介祉 …………………………………… 543

送陳舍人大章歸黃岡 …………………………… 544

贈耿都尉二首 …………………………………… 545

納臘侍衛性德輓詩六首 ………………………… 546

送姚先生巡撫全蜀二首 ………………………… 548

高處士兆方處士中德陳上舍治將歸過集古藤
　　書屋同陸處士嘉淑魏上舍坤分韻賦長歌送
　　別得要字 ………………………………… 548

重九後一日雨中集長椿寺 ……………………… 550

送梁孝廉佩蘭還南海 …………………………… 553

古藤書屋再餞梁孝廉 …………………………… 554

寄周參軍在潘 …………………………………… 555

喜周貫至 ………………………………………… 556

曹先生溶輓詩六十四韻 ………………………… 556

送曾燦之南海 …………………………………… 563

徐公元文小像二首 ……………………………… 564

曝書亭集詩注卷十二 …………………………… 565

柔兆攝提格丙寅 ………………………………… 565

駸馬行送任御史玥視鹺長蘆 …………………… 565

送顧進士永年南歸 ·························· 566

贈魏世傛 ···································· 566

送周二之海陽 ······························ 567

送劉郎中守思南 ···························· 567

紫藤花下作 ································· 567

送張嶹宰淄川 ······························ 568

遲湯上舍右曾不至 ·························· 569

題王給事又旦過嶺詩集 ···················· 569

題賈院判鈗畫荷二首 ······················ 572

竹爐聯句 ···································· 572

送吳濩入太原三首 ························· 576

送毛檢討奇齡還越 ························· 577

題喬侍讀名萊侍直圖 ······················ 579

題項秀才奎水墨小山叢桂 ·················· 579

程侍郎江山臥遊圖 ························· 580

送陳上舍曾轂還杭州三首 ·················· 581

顧編修藻以橄欖見遺賦謝二首 ·············· 581

飲遂安毛檢討寓齋 ························· 581

題蔡修撰早朝圖 ···························· 582

周上舍簠夜過 ······························ 582

鱸魚同魏坤作四首 ························· 582

強圉單閼丁卯 ······························ 582

寶晉齋研山 ································· 582

米海嶽研山歌為朱竹垞翰林賦　　王士禎 ··· 586

懷汪進士煜 ································· 587

喬侍讀萊一峰草堂看花歌同陸嘉淑周篔姜宸英
　錢金甫孫致彌查慎行湯右曾陳曾轂賦 ·········· 587

同作　　周篔 ······························ 589

棗花聯句 ·································· 589

王翬畫三首 ································· 589

檉聯句 ···································· 590

萬柳堂同沈秀才蕙纕對酒作 ················ 592

畢上舍大生止酒經年冬夜枉過勸之復飲賦

　　三十韻 ……………………………………… 592

畢子飲二十杯而腹痛復欲止酒再以詩示之 … 594

送葉參議映榴督儲楚中 …………………… 596

表弟查二嗣瑮至都過古藤書屋留宿作詩二首

　　依韻奉酬 …………………………………… 598

冬日陪徐副相元文姜著作宸英遊大房山出郊

　　雨雪馬上作 ………………………………… 598

止孤山普濟寺 ………………………………… 599

入上方山 ……………………………………… 599

一斗泉 ………………………………………… 600

兜率院 ………………………………………… 600

望摘星陀 ……………………………………… 601

中院 …………………………………………… 601

東峪寺 ………………………………………… 602

西峪寺 ………………………………………… 603

甘池 …………………………………………… 604

六聘山中弔晉處士霍原 ……………………… 605

瓦井 …………………………………………… 606

欲尋孔水洞不果 ……………………………… 607

詠古二首 ……………………………………… 607

寒夜集古藤書屋分賦得火箸 ………………… 608

題喬侍讀小像 ………………………………… 609

食采玉山藥 …………………………………… 609

宋僉事犖園亭雜詠六首……………………… 611

　滌波村 …………………………………… 611

　芰梁 ……………………………………… 612

　釣家 ……………………………………… 612

　和松菴 …………………………………… 612

　放鴨亭 …………………………………… 612

　緯蕭草堂 ………………………………… 612

曝書亭集詩注卷十三 ………………………… 613

　著雍執徐戊辰 ……………………………… 613

次查上舍韻送楊侍郎雍建還里四首⋯⋯⋯⋯ 613

任孝廉坪以家釀苦酒見貽賦詩誌謝效孟東野
　　體即送其還高密三首 ⋯⋯⋯⋯⋯⋯ 615

送吏部侍郎張先生假旋京口六首⋯⋯⋯⋯⋯ 616

偶成 ⋯⋯⋯⋯⋯⋯⋯⋯⋯⋯⋯⋯⋯⋯⋯ 617

杭州水利不治者累百年矣巡撫趙公考城河故
　　道悉濬治之鄉人來述喜而作詩凡二十四韻 618

送柯孝廉維楨之蕪湖 ⋯⋯⋯⋯⋯⋯⋯⋯ 620

紫藤花下醉歌同查上舍弟嗣瑮賦⋯⋯⋯⋯⋯ 621

為錢給事晉錫題王給事原祁富春大嶺圖二首 ⋯ 622

吳徵士還蒲東魏上舍還嘉善集古藤書屋話別
　　聯句 ⋯⋯⋯⋯⋯⋯⋯⋯⋯⋯⋯⋯⋯ 622

送楊侍御燝還東湖 ⋯⋯⋯⋯⋯⋯⋯⋯⋯ 623

秋日萬柳堂同譚十一給事瑄沈秀才蕙纕龔主
　　事翔麟同賦三首⋯⋯⋯⋯⋯⋯⋯⋯⋯ 623

馮檢討招諸同年集六枳園對菊即席分賦得
　　顏字 ⋯⋯⋯⋯⋯⋯⋯⋯⋯⋯⋯⋯⋯ 624

贈許容⋯⋯⋯⋯⋯⋯⋯⋯⋯⋯⋯⋯⋯⋯ 624

題畫送徐檢討釚還吳江二首⋯⋯⋯⋯⋯⋯ 626

屠維大荒落己巳 ⋯⋯⋯⋯⋯⋯⋯⋯⋯⋯⋯ 626

二月自古藤書屋移寓槐市斜街賦詩四首⋯⋯ 626

上已集南城祝氏園聯句⋯⋯⋯⋯⋯⋯⋯⋯ 627

奉題徐副相祝園修禊卷三首⋯⋯⋯⋯⋯⋯ 628

社日登黑窯廠聯句⋯⋯⋯⋯⋯⋯⋯⋯⋯ 629

題畫二首 ⋯⋯⋯⋯⋯⋯⋯⋯⋯⋯⋯⋯ 630

樸公書來招遊盤山卻寄 ⋯⋯⋯⋯⋯⋯⋯ 631

題龔主事翔麟西湖雨泛圖二首 ⋯⋯⋯⋯⋯ 632

徐尚書載酒虎坊南園聯句 ⋯⋯⋯⋯⋯⋯⋯ 632

題倪高士畫 ⋯⋯⋯⋯⋯⋯⋯⋯⋯⋯⋯⋯ 634

苦熱聯句 ⋯⋯⋯⋯⋯⋯⋯⋯⋯⋯⋯⋯ 635

曹贊善鑑倫移居二首 ⋯⋯⋯⋯⋯⋯⋯⋯ 638

梭鞋聯句⋯⋯⋯⋯⋯⋯⋯⋯⋯⋯⋯⋯⋯ 639

藤枕 ⋯⋯⋯⋯⋯⋯⋯⋯⋯⋯⋯⋯⋯⋯⋯ 639

竹簟 …………………………………………… 639

風燈 …………………………………………… 640

響竹 …………………………………………… 640

冷布 …………………………………………… 640

油紙扇 ………………………………………… 640

瓦歊壺 ………………………………………… 641

涼篷 …………………………………………… 641

竹簾 …………………………………………… 641

送蘇郡伯守杭州 ……………………………… 641

送張世濟之官楚中 …………………………… 642

宋中丞犖鎭撫江西詩以寄之 ………………… 642

再簡樸公 ……………………………………… 642

送胡參議分守河東四首 ……………………… 643

和韻送金檢討德嘉還黃州 …………………… 643

同諸君聖安寺餞曹檢討宜溥 ………………… 644

晚過崇效寺同李檢討澄中李中允鎧厐舍人壋
　曹檢討宜溥賦 …………………………… 645

白馬寺 ………………………………………… 646

挽錢進士廷銓 ………………………………… 646

寓居天寧僧舍同魏坤作四首 ………………… 646

爲魏上舍坤題水村圖二首 …………………… 647

九月八日天寧寺觀壋燈聯句 ………………… 648

九日雨阻天寧寺聯句 ………………………… 650

同錢光夔王原嚴虞惇魏坤查慎行吳卜雄過白雲
　觀分韻二首 ……………………………… 650

送高佑釲之安邑和魏坤韻 …………………… 652

夜宿天寧寺大風和徐四處士善韻 …………… 652

曉起風未止復賦 ……………………………… 652

送樊明府咸修之嘉興 ………………………… 653

蘆塘放鴨圖爲查大弟慎行題二首 …………… 653

冬夜同諸子集杜尚書齋中分韻得波字 ……… 653

給事弟雲宅席上觀倒刺四首 ………………… 654

曝書亭集詩注卷十四 ………………………… 657

上章敦牂庚午 …………………………………… 657

  同郭三徽滿井訪崙公即事二首 ………… 657

  送史館姜君宸英赴包山書局二首 ……… 658

  送徐處士善南還 ………………………… 658

  送禹鴻臚之洞庭 ………………………… 658

  送劉進士凡知孟縣 ……………………… 658

  送人宰順德 ……………………………… 659

  贈張叟玿 ………………………………… 659

  裂帛湖 …………………………………… 659

  查上舍慎行弟將南還過寓舍話別同魏二坤

    小飲賦六 …………………………… 660

  積雨寄賀秀才 …………………………… 660

  倪博士我端讀書城西雨中寄之二首 …… 660

  牽牛花十二韻 …………………………… 661

  同李中允澄中錢中允金甫李諭德鎧重過萬柳

    堂有懷相國馮公二首 ……………… 661

  題汪祭酒霦詩卷三首 …………………… 662

  秋日集馮檢討齋分韻得南字 …………… 662

  題周編修金然雲松雪瀑圖 …………… 663

  皇仁綏遠詩八首並序 …………………… 664

  為魏上舍題水村第二圖二首 ………… 670

  燕京郊西雜詠同諸君分賦 …………… 671

    十八盤 ………………………………… 671

    高梁河 ………………………………… 671

    釣臺 …………………………………… 671

    君子城 ………………………………… 671

    芙蓉殿 ………………………………… 672

    黃牛岡 ………………………………… 672

    香水院 ………………………………… 672

    夾山寺 ………………………………… 672

    罋山 …………………………………… 673

重光協洽辛未 …………………………………… 673

送吳御史震方還里二首 …………… 673

雨中酬王先生士禛早春見過韻 …………… 674

正月上旬過朱竹垞太史齋中諸花盛開賦絕句
　王士禛 …………… 674

團谿歌寄題黃贊善與堅書屋 …………… 674

九日萬柳堂同譚十一表兄瑄作三首 ……… 674

秋水十韻 …………… 675

送蔡中允假還省親 …………… 675

寄題張學士英前輩賜金園二首 …………… 676

毛封公壽詩集唐人句十韻 …………… 676

寄題新城王上舍啟深園居十二首 ………… 677

　綠蘿書屋 …………… 677

　嘯臺 …………… 677

　春草池 …………… 677

　石丈 …………… 678

　大椿軒 …………… 678

　小華子岡 …………… 678

　石帆亭 …………… 678

　三峰 …………… 679

　雙松書塢 …………… 679

　樵唱軒 …………… 679

　小善卷 …………… 679

　半偈閣 …………… 679

　題沈上舍洞庭移居圖六首 …………… 680

第四冊

曝書亭集詩注卷十五 …………… 683

　玄黓涒灘壬申 …………… 683

　　出都王山人翬畫山水送別 …………… 683

　　白草屯 …………… 683

　　入汴過胡司臬介祉 …………… 683

　　瓜步留贈張同知 …………… 683

　　寄陸侍御隴其 …………… 684

洞霄宮題壁 ·· 684

江行三首 ·· 685

冬日同鹿明府祐錢廣文瑞徵遊爛柯山二十韻 ·· 685

鹿鳴山晚眺二首 ·· 687

玉山 ·· 687

廣信 ·· 687

鉛山 ·· 688

弋陽 ·· 688

貴溪 ·· 688

安仁 ·· 689

瑞洪 ·· 689

自贛州至南安灘行口號二首 ····················· 689

昭陽作噩癸酉 ··· 690

夜泊珠江 ·· 690

光孝寺觀貫休畫羅漢 ································· 690

嶺海將歸梁吉士載酒邀同吳韋王準陳元基梁無
　技季煌燕集五層樓席上分賦得會字 ····694

嶺外歸舟雜詩 ··· 694

梁吉士以羅浮蝴蝶繭二枚贈行曲江道中一蝶
　先出篷底聯句成三十韻 ····················· 696

沈霖據石圖 ··· 698

秦吉了聯句 ··· 698

闕逢閹茂甲戌 ··· 699

曉行圖 ··· 699

白陽山人陳括折枝花 ································· 700

崑山謁宋劉處士過墓 ································· 700

積雨八首 ·· 701

池上編籬偶成二首 ···································· 702

題畫 ·· 703

為高上舍題其尊人太常層雲山水軸 ··········· 704

李秀才琪枝墨竹 ······································ 704

送鄭公培入粵 ··· 704

招陳秀才忱山遊之作 ································· 705

旃蒙大淵獻乙亥 ……………………………………… 705

　二月二十日 …………………………………………… 705

　論畫和宋中丞十二首 ………………………………… 705

　答徐舍人永寧上舍永宣五十韻 …………………… 710

　喬孝廉崇烈居父喪每泣則庭烏盡下禹鴻臚為

　　畫餇烏圖率題三首 ……………………………… 713

　雨舟聯句 ……………………………………………… 714

曝書亭集詩注卷十六 ……………………………… 717

　柔兆困敦丙子 ………………………………………… 717

　耳疾示王周二上舍 …………………………………… 717

　初夏重經龍洲道人墓三十二韻 …………………… 719

　曝書亭偶然作九首 …………………………………… 722

　斑魚三十韻 …………………………………………… 723

　題汪上舍讀書圖 ……………………………………… 725

　山陰客舍題高布衣蓴鄉釣師圖二首 ……………… 726

　顧明府培元載酒邀觀三江閘 ……………………… 726

　壽孟叟 ………………………………………………… 726

　贈牧上人 ……………………………………………… 726

　強圉赤奮若丁丑 ……………………………………… 727

　萬年藤杖歌贈尤檢討侗 …………………………… 727

　寄蘭溪葛廣文 ………………………………………… 728

　趙贊善以新詩題扇見懷賦答 ……………………… 728

　原作　　趙執信 ……………………………………… 729

　雨過馮檢討竔水園四首 …………………………… 729

　仙遊茅筆歌酬徐檢討釚 …………………………… 729

　醞舫即事二首 ………………………………………… 731

　九月八日滄浪亭懷古二十四韻 …………………… 732

　九日宋中丞招集滄浪亭觀韓滉五牛圖復成

　　二十四韻 ………………………………………… 733

　得張舍人霔皖口書卻寄 …………………………… 735

　寄賈黃州鉉 …………………………………………… 735

　題禹鴻臚虢國夫人下馬圖 ………………………… 735

　又題 …………………………………………………… 735

乍浦 ··· 735

題吳上舍菜根香圖 ······················· 738

贈繆篆顧生 ································· 738

題崔愨畫鳩 ································· 739

漕船 ··· 739

御風圖為魏坤題扇 ······················· 740

題蔡徵君方炳著書圖 ··················· 741

題李秀才琪枝畫梅 ······················· 741

贈王叟爐二首 ···························· 742

張處士釣風圖 ···························· 742

青浦道中 ································· 742

五雜組九首 ································· 743

曝書亭集詩注卷十七 ··················· 745

著雍攝提格戊寅 ························· 745

偕查孝廉入閩初發江干 ··················· 745

自漁浦掛席至富陽二首 ··················· 745

桐廬雨泊 ································· 746

七里瀨 ·· 746

瀧中吟 ·· 746

晚次汝步乘月抵蘭溪城下 ··············· 746

雨發東峰亭和查孝廉 ··················· 746

水碓四十韻 ································· 747

篁步 ··· 749

常山山行 ································· 750

入舟 ··· 750

沙谿鋪記所見 ···························· 750

自焦石塘抵鉛山河口兩岸石山獰劣上無寸土
尺木查孝廉作詩嘲之賦以解嘲 ············· 750

鉛山城中有古樟三每歲四月白鷺來巢其間伏
雛乃去亦一異也 ···························· 751

發鉛山 ·· 751

紫溪道中二首 ···························· 752

度紫溪嶺 ································· 752

車盤驛題逆旅主人壁 …………………… 753

觀造竹紙五十韻 ………………………… 753

烏石村 …………………………………… 757

分水關 …………………………………… 757

崇安孔明府招飲縣齋池上賦贈二首 ……… 757

武尸沖祐宮 ……………………………… 758

宿虞道士山房 …………………………… 760

幔亭 ……………………………………… 760

坐竹簰入九曲 …………………………… 760

虹橋板歌 ………………………………… 763

仙蛻岩 …………………………………… 764

御茶園歌 ………………………………… 764

仙掌峰瀑布 ……………………………… 766

天遊觀萬峰亭 …………………………… 766

樟灘 ……………………………………… 767

建陽 ……………………………………… 768

延平晚宿 ………………………………… 768

雨中過黯淡灘 …………………………… 769

水口 ……………………………………… 769

竹崎關 …………………………………… 769

食荔支寄查上舍弟嗣瑮時在秦中 ……… 769

噉福州荔 ………………………………… 769

林叟偉攜二子載酒過 …………………… 770

甘泉漢瓦歌為侯官林侗賦 ……………… 770

長慶寺噉荔支二首 ……………………… 775

又聯句 …………………………………… 775

汪學使薇餉楓亭荔 ……………………… 776

林封君招飲榕庵 ………………………… 776

龔運使招飲園亭 ………………………… 777

飲張舍人岩齋 …………………………… 777

江瑤柱 …………………………………… 777

閩中海物雜詠七首 ……………………… 778

西施舌 ·· 778

香螺 ··· 778

蟶 ·· 779

鱟魚 ·· 779

花蛤 ·· 779

黃螺 ·· 779

珠蚶 ·· 780

題讓竹亭修禊圖卷 ···························· 780

飲陳孝廉學洙烏石山房 ······················ 780

題汪方伯小像三首 ···························· 781

壽山石歌 ····································· 781

高斯億為余畫竹以三絕句報之 ·············· 783

以蜜漬生荔支戲成一律 ······················ 783

曝書亭集詩注卷十八 ·························· 785

屠維單閼己卯 ·································· 785

羅浮蝴蝶歌 ·································· 785

又近體四首 ·································· 786

題瞻園舊雨圖二首 ························ 787

長水曉行 ···································· 788

荷花 ·· 788

七月八日張孝廉大受招高上舍不騫載酒過百
花洲索予父子吟槀率賦 ················ 788

李高士延昰墓下作 ························789

十月二十一日喪子老友梅君文鼎歸自閩中扁
舟過慰攜別後所著書見示部帙甚富余亦以
經義考相質並出亡兒撝韻遺槀觀之成詩
百韻次日送之還宣城兼寄孝廉庚 ·········789

怪鴟行 ······································ 796

除日二首 ···································· 797

上章執徐庚辰 ·································· 797

送窮日作 ···································· 797

君平遺鏡歌為家上舍思贊賦 ·············· 798

春日南垞雜詩七首 ························ 800

巡撫宋公以新雕蘇詩施注見貽賦謝 ………… 800

飲顧孝廉嗣立秀野堂同周吉士彝賦 ………… 801

偕陳同知昴畢上舍大生李孝廉大中從孫丕戴登
　　澱山寺謁秦女祠分得合字成三十韻 ……… 802

徐檢討釚紙扇讀修上人詩愛其清逸上人時訪
　　余放鶴洲余留吳不值卻寄以詩 …………… 804

澱湖陳氏書齋觀吳仲圭為陶九成畫竹居圖冊 804

題納涼圖 ……………………………………… 805

陳君緘寄普光王寺二碑索余遊記復成三十韻
　　兼寄錢上舍柏齡高處士不騫 …………… 805

近來二首 ……………………………………… 806

陸秀才競烈南田書屋圖 ……………………… 807

送李司訓琇之括州 …………………………… 807

東湖曲八首 …………………………………… 808

題趙方伯勸農圖 ……………………………… 809

南浦歸舟圖為李上舍宗渭作 ………………… 811

西湖 …………………………………………… 811

臨平道中是日立春 …………………………… 811

虎山橋夜泊 …………………………………… 811

曝書亭集詩注卷十九 ……………………… 813

　重光大荒落辛巳 …………………………… 813

二月朔查山探梅集六浮閣分韻得覃字 ……… 813

初二夜月聯句 ………………………………… 815

雲溪草堂圖為徐進士永宣題二首 …………… 816

上巳後三日顧孝廉之玭招同諸公泛舟西湖即
　　事分韻得交字 …………………………… 817

吳越武肅王祠觀表忠觀碑得潛字 …………… 817

八日汪上舍日祺招同諸公夜泛五首 ………… 817

十日周上舍崧招飲晨過昭慶僧舍雨霽偕諸君
　　登舟循孤山沿蘇公堤至定香橋尋杖策歷大
　　小南屏觀磨崖家人卦舟回席上賦六十韻 …818

顧十一孝廉嗣立載酒寓樓遂同夜泛三首 …… 821

偕諸君過靈隱寺雨宿松籟山房限韻二首 …… 821

松靄山房六詠 ································· 822

　　四松徑 ······························· 822

　　山茶院 ······························· 822

　　清籟居 ······························· 822

　　西磵 ································· 822

　　栗園 ································· 823

　　竹筧 ································· 823

吳氏山莊牡丹歌 ························· 823

三潭採蓴聯句 ························· 823

雨宿大仁院 ··························· 824

石屋 ································· 824

南山雜詠十七首 ····················· 825

　　水樂洞 ····························· 825

　　虎跑泉 ····························· 826

　　煙霞寺 ····························· 826

　　風篁嶺 ····························· 826

　　過溪亭 ····························· 826

　　楊梅塢 ····························· 826

　　龍井 ····························· 826

　　片雲石 ····························· 827

　　薩埵石 ····························· 827

　　納翠山房 ····························· 827

　　九溪 ····························· 827

　　十八澗 ····························· 827

　　玉鉤橋 ····························· 827

　　翁家山 ····························· 828

　　桂隖 ····························· 828

　　理安寺 ····························· 828

　　冬花廠 ····························· 828

馮孝廉念祖招飲北園分韻即送其同周 _紘 入吳 ·· 828

酬洪昇 ····························· 829

題春郊浴馬圖 ··························· 829

題初白庵主小像 ····················· 829

題丁明府秋江垂釣圖 ················· 830

寄樂平石明府為崧 ··················· 830

題李上舍騎牛圖 ····················· 830

玄黓敦牂壬子 ························· 831

小宛堂 ····························· 831

題洪上舍傳奇 ····················· 831

水帶子歌為喬孝廉崇烈賦 ··········· 831

送張士琦令永新 ··················· 833

為宋巡撫犖題李營丘古柏圖 ········· 833

何孝廉噉荔圖 ····················· 834

觀劇四首 ························· 835

題家廣文端鄧尉尋梅圖 ············· 835

慧慶僧房雪中聯句三首 ············· 835

柏 ··························· 835

玉蘭 ························· 836

山茶 ························· 837

聯句題王處士畫折枝紅豆圖並序 ····· 837

雜詩二十首 ······················· 838

曝書亭集詩注卷二十 ··············· 849

昭陽協洽癸未 ······················· 849

盛秀才書齋觀文嘉水墨杏花新燕 ····· 849

春暮看花木瀆夜過上沙連雨不止信宿還慧慶
　僧寺左足病蹙自慰二十韻 ········· 850

苦熱和梅都官韻 ··················· 850

夏日病足留慧慶寺張顧二孝廉孫范二上舍徐
　陳範汪顧五文學載酒至席上譚藝率賦二首 851

初秋宋五進士聚業載酒過張三孝廉大受潮生
　閣送魏二孝廉坤之西江即席分賦得九言 ··· 852

橋下小軒對菊效陶 ················· 852

題喬孝廉崇烈書離騷 ··············· 853

題梅生庚詩槀 ····················· 854

閼逢涒灘甲申 ······················· 854

齋中讀書十二首 ···························· 854

雨中從銷夏灣泛舟泊石公山麓 ············ 869

林屋洞二首 ······························ 869

太湖眾船竹枝詞十首 ···················· 870

題楊賓浮瓠圖□□□ ···················· 871

題文處士點山水 ························ 872

同徐吉士昂發陸上舍積沈秀才翼過普賢僧房 ·· 873

謁韓蘄王墓 ···························· 873

明瑟園雜詠三首 ························ 873

八月十五夜陸上舍積招同張孝廉大受徐吉士
　昂發顧孝廉嗣立徐上舍惇復沈秀才翼翫月石
　湖席上作 ···························· 874

逢廬州守張純修四首 ···················· 874

同曹叟話舊三首 ························ 875

旃蒙作噩乙酉 ······························ 876

方乾木蓮花圖為鐵夫上人作 ·············· 876

題黃山鐵公小像 ························ 876

戲題汪上舍拓盎小像二首 ················ 877

焦山剔銘圖為王副使烑作 ················ 877

題宋中丞迎鑾集二首 ···················· 878

七夕詞六首 ···························· 879

曹通政寅自真州寄雪花餅 ················ 880

題朱顯祖梅花手卷 ······················ 880

贈卓處士爾堪 ·························· 880

初冬北郭讌集分賦 ······················ 881

飲方覲園亭即送其入都 ·················· 881

玉帶生歌並序 ·························· 881

柔兆閹茂丙戌 ······························ 884

春日讀春秋左氏傳心非胡氏夏時冠周正之說
　偶憶草廬吳氏讀尚書絕句因用其韻 ········ 884

題徐檢討釚豐草亭六首 ·················· 884

東禪寺林酒仙祠 ························ 885

憶高徵士不騫三首 ······················ 885

謁泰伯廟四十韻 ························ 886

山塘紀事二首 ……………………… 889

夏日雜興二首 ……………………… 890

題裝潢顧生勤卷二首 ……………… 890

得三十五弟彝爵杭州書 …………… 890

寄訊龔御史翔麟 …………………… 890

送高佑釲之江寧二首 ……………… 891

汪侍郎霦攜仲子夜過二首 ………… 891

第五冊

曝書亭集詩注卷二十一 ……………… 893

強圉大淵獻丁亥 …………………… 893

宿陸上舍積聽雨樓 …………… 893

天平山謁范文正公祠 ………… 893

由上沙登靈巖山寺有感書壁 … 894

胥口 ………………………… 894

讌集張上舍士俊水周林同諸君分韻得人字 … 894

石湖 ………………………… 895

高麗漫歌賦謝納蘭院長揆敘 … 895

過龔御史翔麟田居留飲即席賦 … 899

初夏湖上同佟學士法海賈編修國維查編修慎行
　　嗣瑮泛舟學士紀之以詩遂和其韻 ………… 900

瑪瑙寺陳閣老行館 …………… 901

武林逢鄭高州梁 ……………… 901

飲查編修慎行寓樓二首 ……… 901

杉青牐別佟學士法海 ………… 902

曝書亭得孫學士致彌都下劄 … 902

苦旱茗飲乏水戴秀才鎮以所蓄天泉見惠率爾
　　賦詩 ……………………… 902

寄鄭秀才元慶 ………………… 903

更舞蛟石為蛇蟠石紀之以詩並序 … 904

吳甥振武用指頭作畫花竹翎毛草蟲山水畢肖
　　異而賦長歌 …………………… 905

南垞晚步同王生法 …………… 906

過李上舍村居 ………………………………… 906

五毒篇效曹通政寅用其首句 ………………… 906

送筵占楊叟還廬江 …………………………… 907

雨集平山送查編修嗣瑮蔡舍人墅方上舍世舉
　唐明府紹祖入都二十韻 ………………… 907

紀夢作 ………………………………………… 908

送程秀才元愈還宣城 ………………………… 908

歲暮送張生星還吳 …………………………… 908

著雍困敦戊子 ………………………………… 909

五言賦鴨餛飩 ………………………………… 909

送李上舍之濟南謁新城王尚書 ……………… 910

九日籬菊未放桂有餘花里中諸子過出金華酒
　小飲分韻得小字 ………………………… 910

潘檢討耒以方竹杖見贈賦謝 ………………… 910

德藏寺詠古蹟五首 …………………………… 911

　雙塔 ……………………………………… 911

　梓徑 ……………………………………… 911

　浦花堂 …………………………………… 911

　松風臺 …………………………………… 911

　山月池 …………………………………… 911

天遊觀歌寄贈崇安王明府梓 ………………… 912

查二編修弟嗣瑮煎錫為洗頭盆注水扶寸江行
　恒自隨乃以脫贈賦五言詩紀事 ………… 913

題盛叟生壙 …………………………………… 913

題張平山水墨明妃出塞圖 …………………… 913

曝書亭集詩注卷二十二 ……………………… 915

屠維赤奮若己丑 ……………………………… 915

寄查山張上舍二首 …………………………… 915

送施生重遊武夷三首 ………………………… 915

雨 ……………………………………………… 916

即事二首並序 ………………………………… 916

□□□□□泊舟繡鴨灘再過草堂話舊以二詩
　見投賦答 ………………………………… 917

野老 ··· 917

柬友人 ·· 918

四月八日效長慶體 ································· 918

題曹通政寅思仲軒詩卷 ······················· 918

為殷秀才譽慶題梅孝廉庚春雨幽居圖 ·········· 919

題程上舍鳴寒梅霽雪圖 ······················· 919

真州客舍對雨 ······································ 919

魏諭德學誠調鶴圖 ······························ 919

項叟小像 ··· 920

五月晦曹通政寅招同李大理煦李都運斯佺納
　　涼天池水榭即席送大理還蘇州 ·········· 920

守風瓜步示沈秀才翼二首 ···················· 920

丹陽道中 ··· 921

載 ··· 921

贈吳下張生星 ······································ 922

檇李 ··· 923

查編修弟嗣璉家上舍思贊書來許以七夕見過
　　愆期不至漫賦 ······························ 923

蟋蟀二首 ··· 924

送徐甥焞之豫章三首 ··························· 924

社日送燕和查編修嗣璉 ······················· 925

村夜 ··· 925

顧孝廉嗣立過訪村居即席懷汪泰來郭元釪二徵
　　士二首 ·· 925

附錄一：朱彝尊傳記資料 ····················· 927

附錄二：《曝書亭集》評論選輯 ············· 941

附錄三：《風懷詩》補注三種 ················· 977

附錄四：《風懷詩》資料選輯 ················ 1029

附錄五：孫銀槎《曝書亭集箋注》卷一及卷七
　　《風懷二百韻》 ······························ 1093

附錄六：李富孫《暴書亭詩補注自序》 ········ 1129

後記：寂寞在唱歌 ······························ 1131

又　記 ··· 1141

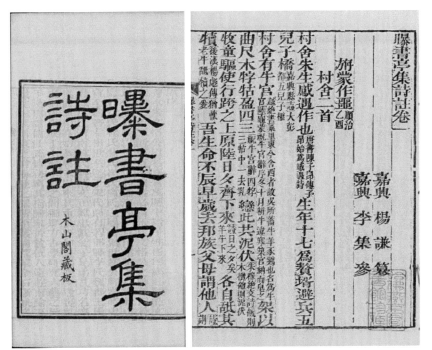

書影一：哈佛燕京圖書館藏本封面及內頁

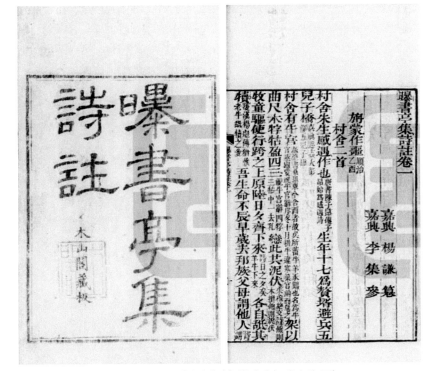

書影二：國家圖書館藏本封面及內頁

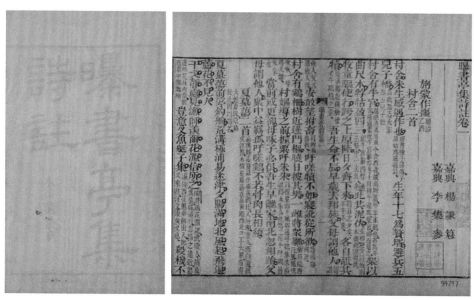

書影三：天津圖書館藏本封面及內頁

書影四：石印本封面及內頁

整理前言

一

朱彝尊（1629～1709），字錫鬯，號竹垞、醧舫，晚號小長蘆釣魚師，別號金風亭長，浙江秀水（今浙江省嘉興市）人。生平可參朱稻孫《皇清欽授徵仕郎日講官起居注翰林院檢討顯祖考竹垞府君行述》、楊謙《朱竹垞先生年譜》。張宗友教授有《朱彝尊年譜》（鳳凰出版社，2014），允稱詳備。

集學者與文人於一身的朱彝尊，藏書豐贍，交遊廣泛，治學精勉，著述繁富。所編《經義考》三百卷、《日下舊聞》四十二卷、《明詩綜》一百卷、《詞綜》三十卷等，均享譽學林。即就文學而言，朱氏於晚年自定詩文集，達八十卷之多，且成就顯著，備受讚譽。茲錄數則評論：

> 至所作古文，率皆淵雅。良由茹涵既富，故根柢盤深。其題跋諸作，訂訛辨異，本本元元，實跨黃伯思、樓鑰之上。蓋以詩而論，與王士禎分途各騖，未定孰先；以文而論，則《漁洋文略》固不免瞠乎後耳。（《四庫全書總目》卷一百七十三《曝書亭集》）

> 王阮亭尚書以風雅號召海宇，一時名流無敢相駁者，惟先生體大思精，牢籠萬有。迄今新城、長水屹然為南北二大宗，比於唐之李杜，宋之蘇黃。（鄭方坤《國朝名家詩鈔小傳》卷一）

> 國初詞場諸老，蘊藉端推竹垞，即紙醉金迷，亦復令人意遠。（《賭棋山莊詞話》第三章「朱竹垞詞」）

> 賀方回之韻致，周美成之法度，姜白石之清虛，朱竹垞之氣骨，

陳其年之博大,皆詞壇中不可無一,不可有二之者。」(陳廷焯《詞壇叢話》)

可見無論古文、詩、詞,朱彝尊均有可圈可點之處。

二

《曝書亭集》卷二至卷二十三為詩,凡 22 卷。劉世南先生在《清詩流派史》裏曾列《秀水詩派》一章專論之。《曝書亭集》刊行後,便不斷有人為其作注,有賦注、詩注、詞注。其中詩注最多。據陳燦彬《嘉興後學與朱彝尊詩注的再生產》(《文獻》2022 年第 2 期)一文的考察,指出「清代可考的朱彝尊詩注共有十六種」,其中「可考的亡佚詩注暫時有八種」、「現存詩注八種」。有些是詩歌全注,有些則是選注。其中,最有名的有三家,分別是江浩然《曝書亭詩錄箋注》十二卷、楊謙《曝書亭集詩注》二十二卷、孫銀槎《曝書亭集箋注》二十三卷(含賦一卷)。

楊謙《曝書亭集詩注》是第一部全面注釋朱彝尊詩的注本,意義重大。關於該書的價值,學界多有指陳。如金開誠、葛兆光《歷代詩文要籍詳解》,《中國學術名著提要》收錄睦駿所撰《曝書亭集詩注》提要等,都曾加以概述,且對其不足亦附帶提及。但限於提要的體例,未曾詳論。茲就楊注的疏失條舉數例,以為參考。

三

楊注的最大問題,即是援引江注而不加以注明。此類太多。著者另有《曝書亭詩錄箋注》的整理本,取而合觀,便見分曉。

(一)江注不誤,楊注誤改。如:

卷一《捉人行》:「千人舉榷萬人謳。」按:江注:「杜甫《封西嶽賦》:『千人舞,萬人謳。』」而楊注稱「杜甫詩」,誤。

卷二《七星巖水月宮》:「白石崇基階。」按:江注:「謝靈運詩:『積石擁基階。』」此句出謝靈運《登石門最高頂詩》,原作「積石擁階基」。而楊注作「謝惠連詩:『積石擁基階』」,誤。

(二)轉引,非原始文獻。如:

卷七《送汪戶部琬》。楊注:「宋犖《汪鈍翁傳》:『字苕文,自號鈍翁。晚居堯峰。順治乙未成進士。除戶部主事,遷員外,改刑部,遷郎中。謫北城兵

司馬指揮，再遷戶部主事。詔舉鴻博，署名甲等，改翰林院編修，入史館僅六十日。」按：此注實引自《漁洋精華錄集釋》卷六《五君詠·汪戶部苕文》金榮注，而非直引宋犖《汪鈍翁傳》。《汪鈍翁傳》原文：

> 汪琬，字苕文，長洲人，少孤自奮，讀書五行俱下，舉順治十二年進士，觀政通政司。假歸，銳意為古文詞，以起衰自命。尋授戶部主事，分司大通橋，進員外郎，改刑部遷郎中。河南民張潮兒以報母仇，殺其族兄三春。巡撫御史論潮死，琬為復仇論，引律文「罪止杖」為據以奏，銷案。降北城兵馬司指揮，兵馬司秩卑職冗，左官者多偃蹇不屑意。琬剛直不撓，理冤誣、決疑獄、懲奸豪，任滿去，民烓香攜酒，送者塞道。復為戶部主事，榷江寧西新倉，以病假歸，結廬堯峰山，益閉戶著書。家居九年，以博學宏詞召試授編修，與修《明史》。在史館六十日，撰史稿百七十篇，即杜門稱疾。逾年，仍告歸。歸十年而卒，年六十七。

與此並不盡同。

（三）詩題缺字待補。如：

卷七《和程口龍尾硯歌為方侍御亨咸作即送其入粵》，「程」字下作空格，據《曝書亭集》可補「邃」。

（四）字形近而訛、音同而誤。如：

卷六《慈仁寺夜歸同李十九良年對雪兼有結鄰之約》，楊注：「《排悶錄》：『慈仁寺本為周太后弟吉祥建。在故報國寺山門之東南，都人至今目為報恩寺。』」

按：「都人至今目為報恩寺」，上言「報國寺」，故「恩」恐係「國」之誤。

另，《元明事類鈔》卷十九：

> 《排悶錄》：「慈仁寺本為周太后弟吉祥建，而寺碑只云為太后祝釐，蓋諱其事，至歸熙甫作記始詳言之。寺建於報國寺之東南，都人至今目為報國寺。」

于敏中《欽定日下舊聞考》卷五十九：

> 補，慈仁寺本為周太后弟吉祥建，而寺有成化二年御製碑，止云為太后祝釐，不及吉祥，蓋當時尚諱言其事。唐應德詩云：「同行更說前朝事，繡蟒銀魚有故僧。」至歸熙甫作記，始詳言之。寺建

於故報國寺山門之東南，都人至今目為報國寺，然實非報國舊址也。
（《排悶錄》。）

均可為佐證。

又如卷六《孫少宰蟄室觀吳季子劍四十韻》：「試宜借諸離。」楊注：「《戰國策》：『專諸之刺王僚也，彗星貫日。要離之刺慶忌也，蒼蠅擊於殿上。』」

按：此處節略有誤。《戰國策・魏四》：「夫專諸之刺王僚也，彗星襲月；聶政之刺韓傀也，白虹貫日。要離之刺慶忌也，倉鷹擊於殿上。」「倉鷹」作「蒼蠅」，誤甚。

（五）注解不明了。如：

《風懷》「軌革兆難彰。」楊注：「《搜神記》：『西川費孝先善軌革，世皆知名。』」

按：軌革究為何事，楊注並未明言。檢平步青《霞外攟屑・釋諺・圓光古名軌革亦名卦影》：「據諸書所言，是今之圓光，古名軌革，宋名卦影。」

又，鄭樵《通志》卷六十八《五行類第八》：

> 《軌革入式例》一卷《軌革歌象》一卷《周易軌革指迷》《照膽訣》一卷蒲乾虔瓘撰《軌革六候詩》一卷《軌革源命歌》一卷《軌革易贊》一卷《周易軌限算》一卷《軌革心》《鑒內觀》六卷《軌革時影》一卷《軌限立成曆》一卷《軌革金庭玉鑒經》一卷《曆數緯文軌算》三卷
>
> 右易軌革一十二部一十九卷

據此可知軌革實為占卜術。

（六）以注為疏。如：

《風懷》：「樕先為檀斫。」楊注：「《爾雅》：『樕樸，樕樕。』《疏》：『樕，大木細葉，似檀。今河東多有之。齊人諺曰：上山斫檀，樕樕先殫。』」

按：所引《疏》實係郭璞《爾雅注》，而非邢昺《疏》。

（七）未探本源。如：

卷六《酬潘耒》：「壯哉四方志。」楊注：「杜甫詩：『丈夫四方志。』」

按：此可不注。若注「四方志」，似可逕引《左傳・僖公二十三年》：「謂公子曰：『子有四方之志，其聞之者，吾殺之矣。』」

（八）一書不同卷次內容牽混為一。如：

卷七《送喬舍人萊還寶應》：「太倉紅粟漸已貴。」楊注：「《漢書·食貨志》：『太倉之粟，陳陳相因，紅腐而不可食。』」

按：《漢書》卷二十四上《食貨志》：「太倉之粟陳陳相因，充溢露積於外，腐敗不可食。」又，卷六十四下《賈捐之傳》：「太倉之粟紅腐而不可食。」楊準牽混為一，不確。又，《史記》卷三十《平準書》：「太倉之粟陳陳相因，充溢露積於外，至腐敗不可食。」

當然，楊注還有其他一些問題，茲不贅述。在校證過程中，都已做補正。但是，瑕不掩瑜，揭櫫楊注的不足，不是否定楊注，而是使其更加完備，以便進一步發揮其學術價值。

本書的校證，主要是用史源學的方法，逐一查考楊注的史源，加以補正，以確保其準確性。

由於書稿工作量大，本人學殖淺陋，加之時間、精力、聞見的限制，書中還有不少缺漏，敬請方家指正。

凡　例

一、清人屢注《曝書亭詩》。張宗友《朱彝尊〈漫感〉詩三家注比義——兼論朱氏詩作之匯注與新釋》有《朱彝尊詩注小考》，除三家注外，另有（一）沈翼注（附論周文石注），（二）錢珏《曝書亭詩榆》三卷，（三）范洪鑄、凌蒼《朱竹垞先生曝書亭詩集》〔註1〕，（四）李富孫《曝書亭詩補注》，（五）俞國琛《風懷鏡》一卷，（六）馮登府《風懷詩補注》一卷。〔註2〕此外，尚有朱育泉《曝書亭集風懷詩注初稿》〔註3〕、吳修《曝書亭詩集箋注》〔註4〕、錢唐《曝書亭詩集注》、《曝書亭集釋注》等。〔註5〕

二、注釋朱詩之作，以江浩然《曝書亭詩錄箋注》十二卷、楊謙《曝書亭集詩注》二十二卷、孫銀槎《曝書亭集箋注》二十三卷（含賦一卷）三家最為有名。其中，楊注本成就最高。此次先行整理江、楊二注，孫注嗣後為之。孫注卷一乃注朱彝尊之賦，因江、楊二注未及朱氏之文，故錄之。

三、楊謙《曝書亭集詩注》有乾隆間木山閣刊本、民國間木石居校刊石印本。二本各有短長。乾隆初刻本尚未得見，已見哈佛大學哈佛燕京圖書館藏本（八冊）、天津圖書館藏本（八冊）、國家圖書館藏本（六冊）均為翻刻。

〔註1〕按：此據柯愈春《清人詩文集總目提要》卷八（第205頁）。檢柯氏書，稱「又有范洪鑄《朱竹垞先生曝書亭詩集》十一卷」，未提凌蒼。

〔註2〕另，張文指出江注引錄鈕世楷注，實則另引有朱芸注、朱仲芸注。

〔註3〕見附錄三《〈風懷詩〉補注二種》。

〔註4〕（清）蔣寶齡《墨林今話·吳思亭工王洽潑墨法》，上海古籍出版社2015年版，第192頁。

〔註5〕《光緒嘉定縣志》卷二十八《藝文志五·集部下》，上海古籍出版社2012年版，第2532～2533頁。

本書以哈佛大學哈佛燕京圖書館藏本為底本，以石印本為參校本，對全書加以整理。

四、對楊注所有內容加以史源考察，補充其書名、卷次、篇目，並對其訛誤、缺漏加以補正。楊注之闕誤，著者有《楊謙〈曝書亭集詩注〉疏失舉例》專文討論之。

五、楊注對江注多有援引，但未加以注明，本書不一一指出，故另整理《曝書亭詩錄箋注》，以備參考。但校證楊注時，若其訛誤係沿襲江注者，則附帶標出。

六、國圖藏六冊本《曝書亭集詩注》，有無名氏批註〔註6〕，內容豐富，今並錄入。

七、對國圖藏本批註加以考辨時，用「開林按」，以便與批註原有之按語相區分。其他部分之校證，則僅標「按」。

八、「胤」逕改「胤」，「玄」逕改「玄」，「邱」逕改「丘」。若「正」改「禎」、「元」改「玄」，則出校說明。

九、腳注所引文字，如文中有小字注文，今改與正文同字號，加〔〕以示區分。

十、因殘缺、未能識讀之字以口代替。

〔註6〕部分眉批透漏批註者信息。卷七《西山書所見》「馬頭山店已燒春」句有眉批二則：「以燒春為酒名，則『已』字不穩。應待攷」；「富孫按：唐人名酒多以春。」（下略不錄）

同卷《柯將軍園亭即席分韻送柯三維楨還嘉善》詩題眉批稱：「《燕臺錄別詩冊》曾於武林家海柱宗伯處見之。」

卷十四《題沈上舍洞庭移居圖六首》「生怕東山鷃鴶鬧」注：「富按：此引注鴶山，大謬。」

檢金牲（1702～1782），字雨叔，號海柱（又作住），晚號蓍叟。仁和（今浙江杭州）人。清聖祖康熙六十一年（1722）中舉，高宗乾隆七年（1742）會試、殿試皆第一。官少宗伯。身份與眉批所稱「武林」、「海柱宗伯」相符。既稱「家海柱」，則其人姓金。

原　序〔註1〕

　　秀水朱文恪公以名德著萬曆中，諸子姓彬彬繼起，號能文章。四十年來，浙西言文獻者，必首朱氏。文恪公之曾孫曰彝尊錫鬯，最晚出，文章之名播海內，一旦出諸父之右。予考唐史，若韋氏、杜氏、蘇氏、崔氏、盧氏之屬，皆累世為公卿。當時史官，至為著《宰相世系》。迄於宋代，則有若邯鄲李氏、魏郡王氏、壽春呂氏、河南韓氏，暨范文正、韓忠獻父子兄弟，其功名率與國運相終始。蓋唐、宋以來，其重世臣如是。

　　錫鬯少逢喪亂，棄制舉，自放於山巔水涯之間。獨肆力古學，研究六藝之旨，於漢、唐諸儒注疏皆務窮其指歸。家苦貧，依人遠遊，南踰五嶺，北出雲朔，東泛滄海，登之罘。所至叢祠荒冢，金石斷缺之文，莫不搜剔考證，與史傳參互同異。其為文章益奇。嗚呼！以文恪公之德、錫鬯之才，不得比於唐、宋之世臣，而老於布衣，僅以文章自見，蓋遇不同矣。是可感也！

　　錫鬯之文，紆餘澄澹，蛻出風露，於辯證尤精。詩則捨筏登岸，務尋古人不傳之意於文句之外。今之作者，未能或之先也。始順治戊戌，予在都下，見錫鬯嶺外詩，嗟異之。康熙甲辰，錫鬯過廣陵，投予歌詩。適予客金陵，不及相見。丁未，始遇於京師。中間聚散者不一。迨今丁巳，予復入京師，而錫鬯

〔註1〕按：卷首部分內容之順序，底本和國圖藏本、石印本不同。底本依次為《原序》、《曝書亭集詩注凡例》、《曝書亭集詩注總目》、象、贊、《皇清敕授徵仕郎日講官起居注翰林院檢討竹垞朱公墓誌銘》、《朱竹垞先生年譜》。國圖藏本，依次為《原序》、像、贊、《曝書亭集詩注凡例》、《曝書亭集詩注總目》、《皇清敕授征仕郎日講官起居注翰林院檢討竹垞朱公墓誌銘》、《朱竹垞先生年譜》。石印本依次為《原序》、《曝書亭集詩注凡例》、象、贊、《皇清敕授徵仕郎日講官起居注翰林院檢討竹垞朱公墓誌銘》、《曝書亭集詩注總目》、《朱竹垞先生年譜》。

又將有金陵之行。回憶予始見錫鬯詩時，忽忽已二十年。兩人論交且十有四年，而錫鬯與予皆非少壯人矣。錫鬯過別予，以所著《竹垞集》屬序。予因述其所有感於中者，而並道予二人離合之情以遺之。錫鬯其亦有感於予言也！濟南王士禛〔註2〕纂。

古今之論，博學者不必工於文，工文者學不博。秀水朱錫鬯幼負異才，為太傅文恪公曾孫。年十七，棄舉子業，學古文，博極群書。既食貧，歷幕府，則之豫章，之粵，之東甌，之燕，之齊，之晉。凡山川碑誌祠廟墓闕之文，無弗觀覽，故所作文，考據古今人物得失為最工，而經傳注疏亦多所發明。然世之博學者，往往其文不工，則何也？《老子》曰：「當其無，有室之用。」天下之理，以實為體，以虛為用。是故風觸於虛而聲作，水激於虛而瀾生。博學者惟思自用其實，故窒抑煩澀而無以運之。且夫鵾鵬之神也，水不從南溟，風不搏扶搖九萬里，則不能自運。何者？水狹而風卑，則其虛也無幾何地，而何以運為？然且見聞多則私智勝，又好以其偶合穿鑿傅會古今之事，故其文愈根據而愈畔於道。吾觀錫鬯所論說，兢兢然必稽於古。古人所無有，弗道也。又必折衷聖賢之理，而載籍所未嘗明言者，每引申觸類，互推而得其說。人之始視之也，若夏雲之起於空中，若城市樓觀臺閣車馬之見於海，惝乎不見其根本。既而求之，則皆有以得其確然之故。而援古喻今，使言者無罪，聞者足戒。是蓋所謂能以虛運其實者，非邪？三吳顧寧人、汪苕文博學窮物理，予最愛其文有根據，而錫鬯皆與為友，虛己以下之，相與切劘，其學又能出新意自見，此其文之日工也夫。寧都魏禧頓首纂。

自昔巖穴之士，以才名自致通顯，圭璋特達，傳當時重之，後世傳之，豈不以文章哉？乃近古以來，未數數見也。今國家崇儒右文，英華髮於山澤，圖史陳於廟堂，儒林之盛、國士之遇，誠千載一時矣。

吾友朱太史錫鬯膺博學鴻儒薦，天子知其有史才，有經學，遂登瀛洲之選，而校天祿之書。入則為起居講幄之儒臣，出則為江左人文之司命。其所為高文典冊、黼黻升平者，盈笥滿架，方當與天下共見之。乃斯集之刻，則皆未遇時之詩古文詞而已。己未三月以後之著作不與焉。噫！此足以觀其素履矣。蓋錫鬯客遊二十餘載，始入嶺南，泊乎建業，其間自山陰、東甌、廣陵、閩嶠，以極於燕、趙、齊、晉、雲、朔，過都歷國，登陟遊覽，贈答紀述，在在多有。屐齒所至，名流雲集，咸欲得其單詞片語以為快。錫鬯則旁達肆應，出之不窮，

〔註2〕「禛」，底本、石印本作「正」。

故其詩古文詞多散在四方。今身居館閣，恆念疇昔所履之境、所交之人，與夫誦讀編摩，歷寒暑不輟，慘澹經營，甘苦之味，皆有不可忘者。爰出戊午以前所作，先授剞劂。若夫登朝以來，史席經筵，拂銅鶴之異香，撤金蓮之華燭，凡所撰述，富有而日新，遂成一代大手筆。公之海內，以垂示來茲，固自有次第也。

夫錫鬯詩文之美且富，無論公卿薦紳爭為矜譽，即在遐陬僻壤，莫不知之而重之，又何俟菰蘆中人贊一辭哉？特以余與錫鬯三世論交深且久，蓋自先大父己未登第，得以同里後進奉教于相國文恪公，且與楚雄太守君籲公為冬官同舍郎，先子復偕子若、子藴兩先生為文章道義之交，子莊先生又與先子同舉庚辰進士。而錫鬯之於余，則自弱冠以迄于今，誼兼戚友，情若弟昆。晦明風雨，垂三十年。嘗同舟至天津，瀠紆三千餘里，艱難共之。每偕里中同志十數人倡和雅集，或山水讌遊。坐中若無錫鬯，便忽忽如有所失。曾幾何時，而聚散存亡，星移電掣，余亦以饑驅奔走四方。求如向者會合傾倒之樂，已不可復得矣。錫鬯雖待制承明，迴翔翰苑，然而一念及此，則存亡聚散之盛，其能無動於中乎？是刻也，不忘其初，不遺其舊，可以鏤金石，可以被管絃，使天下後世傳誦之不朽，因以知其素履之無改焉，則其以才名自致通顯也宜哉！余故深推其意而序之如此。康熙壬戌二月初吉，年家眷同學弟高佑釲謹序。

士之懷才抱璞，不苟合於世，而山輝澤媚。久之，光燄難匿。忽一旦登金門，上玉堂，名動人主，傳之後世。人謂其遇之奇，而不知其所固有也。若漢之賈誼、司馬相如，唐之虞世南、李泌，宋之陳亮，明之宋濂，皆能以文章持世運，其遭逢特異乎尋常，然必數十年而一見，蓋亦難矣哉！今天下不可謂無其人，乃有遇有不遇，則時命為之也。而究之天地生才，國家用之，要未有才大而不遇者。

余中表弟朱子錫鬯自總角時，已負跅弛嶔崎之才，飲食經史，綜貫百家，其驅使風騷若奴隸。弱冠出遊，歷覽奇勝。燕齊三晉，以至西吳東粵，所與遊處者，皆當世名彥。錫鬯之詩文滿天下，蓋已三十年矣。其膺薦辟，在戊午、己未間，時余尚淹滯荊南。比得以黃冠歸，而錫鬯在翰院，一再通問，各相慰幸。辛酉秋，錫鬯以講官出典江南試，撤棘後，余適館於金陵，得暢敘十年之別。旅邸未暇論詩文也，然甚欲得其別後著作而讀之。乃迫於官程，匆匆分手。俄而表弟高子念祖自京師至，謂余曰：「竹垞諸稿匯梓於涇川，吳子岷培將往董其事。是集成，則兄不可無一言。」余笑曰：「白雪之調，非寒蟲所能吟；

青雲之翮，非倦鳥所能附。今使傾城傾國如巫女、洛神者在座，忽有一頭蓬齒脫之婺婦出而議其高下短長，則舉座必捧腹絕倒矣。余言安足為錫鬯詩文重哉？」

雖然，余又何敢不言也。憶往時，嘗與錫鬯論詩文，余每服其於規矩中獨出手眼，匡鼎之解頤，充宗之折角，殆又過焉。固知其當為金華殿中人。今果然。然則人以為遇之奇者，吾正以為學之報也。夫趨時者流，惟以帖括為捷徑，既空疏而無用，即名為好古者，亦未嘗沉醅醲飫，徒襲其郛郭而自以為有得，均無當耳。後進之士思讀古人書以成名者，當以錫鬯為法。而遇與不遇，則又無論焉。此余為天下公言之，非私於錫鬯也。念祖以余言為何如？嶰山顏鼎受。

右《竹垞文類序》

竹垞先生以名高入史館，刻其詩文數十萬言，既為藝苑職志矣。今年丙寅，復輯其己未以來詩若文，凡若干卷。集成見示，且屬為之序。慎行於先生中表兄弟，然名位文章相去絕遠，何足以知先生。雖然，亦嘗從事於文，欲有所就正於先生久矣。

竊謂唐之文奇，宋之文雅；唐文之句短，宋文之句長；唐以詭卓頓挫為工，宋以文從字順為至。昌黎之文，《進學解》自言之矣，《答李翱書》則為人言之矣，李漢、李翰諸人又言之矣，總蘄不蹈襲前人一語。廬陵推論六藝之華，則曰「自能以功業光昭於時，故不一於立言而垂不腐」。而今乃沿襲模擬，以空疏不學之材，強為無本之枝蔓，不幾為古人所笑乎！先生於書無所不窺，搜羅遺佚，爬梳考辨，深得古人之意，而後發而為文，粹然一澤於大雅，固非今之稱文者所敢望矣。其稱詩最早，格亦稍稍變，然終以有唐為宗，語不雅馴者勿道。正始之音，不與人以代興之業。此慎行所竊窺於先生。嘗欲廣諸同好，而因舉私見以質之先生者也。故辱先生之命，輒書此以進之。海寧查慎行。

右《騰笑集序》

史遷云：「擇其言之尤雅者。」柳子厚云：「參之太史，以著其潔。」文至雅潔，品莫貴焉。然非徒汰除俗調以為雅，刊落枝詞以為潔也。必也才雄而識高，資深而養厚，貫天人以為學，綜古今以鑄辭，乃能超然大雅，粹然精潔。不則，空疏而已矣，淺陋而已矣。自明中葉，偽文競起，擬仿蹈襲，浮囂鉤棘之病，紛然雜出。二三君子以清真矯之，而莫能救也。迄於末年，纖佻怪譎，軌則蕩然，道喪文弊，於斯為極。迨於今朝，人稍覺悟，操觚者往往遠宗歐、蘇，近慕歸、唐，漸知雅潔之足尚。然雅潔未易言也。無古人

之才之識，不得立言之根源，而徒求工於枝葉，則貌為歐、蘇與貌為左史，其為偽文一也。

　　秀水朱竹垞氏天才甚高，識趣甚遠。自其少時，以文鳴世。中年學益醇深，文益高老。入直詞館，典大製作。退耕長水之上，紀事纂言，老而不倦。既已著書數百卷，編成文集又八十卷，人皆服其文之富且工，而不知其悉本之於學也。竹垞之學邃於經，淹於史，貫穿於諸子百家。凡天下有字之書，無弗披覽，聞逸事無弗記憶。蘊蓄閎深，搜羅繁富，析理論事，考古證今，元元本本，精詳確當，發前人未見之隱，剖千古不決之疑。其文不主一家，天然高邁，精金百鍊，削膚見根，辭約而義豐，外淡而中腴，探之無窮，味之不厭，是謂真雅真潔。譬猶綴千腋之白以為裘，釀百花之露以為樽，其與大布之鮮、魯酒之清，未可同年語矣。有華世之文，有傳世之文。若汪伯玉、李本寧諸公，名譽雖高，卷帙雖富，未必可傳。竹垞既享當世盛名，而異日論今代之文章，亦將以竹垞為稱首。斯文之正係在焉，不可得而磨滅也。竹垞之詩若詞，傳播人口，皆知其工，置勿論。論其文如此。康熙戊子仲春吳江潘耒序。

　　康熙戊午，朝議修《明史》，天子慎選局僚，命在廷各舉所知。明年己未，特開自詔之科，親試體仁閣下，擢高等五十人。於是秀水竹垞朱先生由布衣除翰林檢討，充史館纂修官。其後十餘年間，同時被用者，多改官去，或列顯要，躋卿貳，而先生進退迴翔，仍以檢討終老。論者以為當史局初開時，得先生者數輩，專其任而責其成，則有明一代之史必可成，成亦必有可觀，若以未盡其用為先生惜者。余獨謂立言垂世，先生固自有其不朽者在，而史局不與焉。

　　先生天資明睿，器識爽朗，於書無所不窺，於義無所不析，蓋嘗錯綜人物而比量之。其博物如張茂先，多識如虞秘監，淹通經術如陸德明、顏師古，熟精史乘如劉知幾、劉原父兄弟，貫穿今古，明體而達用如馬郰陽、鄭夾漈、王潏儀，而乃濟之以班、馬之才，運之以歐、曾之法，故其為文，取材富而用物宏，論議醇而考證確。先生嘗謂孔門弟子申黨、薛邦，後人不當以疑似妄為廢斥；謂曲阜縣令，宜用周公後東野氏為之；謂鄭康成功存箋疏，不當因程敏政一言遽罷從祀；謂王陽明事功人品炳烈千古，不得指為異學，輒肆詆娸。凡此皆有關名教之大者。世徒知先生文章之工，而不知其根柢六經，折衷群輔，雖極縱橫變化，而粹然一出於正如此。其稱詩以少陵為宗，上追漢、魏，而汎濫於昌黎、樊川，句酌字斟，務歸典雅，不屑隨俗波靡，落宋人淺易蹊徑。故其

長篇短什，無體不備，且無美不臻。他若商周古器、漢唐金石碑版之文，以及二篆八分，莫不搜其散軼，溯其源流，往往資以補史傳之缺略，而正其紕繆。下至樂府篇章，跌宕清新，一埽花間、草堂之舊，填詞家至與玉田、白石並稱。先生亦自以無愧也。

平生纂著，曾兩付開雕。未仕以前曰《竹垞詩類》、《文類》，序之者多一時名公巨卿，高材績學之彥。通籍後曰《騰笑集》，先生自為序，並屬余附綴數言者也。晚歸梅會里，乃合前後所作，手自刪定，總八十卷，更名《曝書亭集》。刻始於己丑秋，曹通政荔軒實捐貲倡助，工未竣而先生與曹相繼下世，賢孫稼翁遍走南北，乞諸親故，續成茲刻，斷手於甲午六月，於是八十卷哀然成全書矣。余里居無事，既分任校勘，稼翁復來乞序。余不才，何足以序先生之文。顧念中年從事問學，質疑請益，受教最深，又幸託中表，稱兄弟。自謂生平出處之跡，以及入朝歸老之歲月，與先生有髣髴相似者。噫！自己未迄今，三十六年。向之為先生序集者，惟余在耳。則推原作者之意，以塞賢孫之請，固後死之責也，其又敢辭？

先生有才子名昆田，字西畯，先十年卒，有詩十卷。稼翁遵大父治命，附刻於後。昔黃氏《伐檀集》，朱氏《章齋集》，兩翁之傳，皆因賢子。今西畯則附名父以傳，比於蘇家之有叔黨。覽斯編者，如讀《文忠集》，而兼得斜川詩，非快事歟？康熙五十有三年歲，在閼逢敦牂且月辛未下浣，海寧查慎行序。

右《曝書亭集序》

曝書亭集詩注凡例

　　謙自幼入家塾，先子即命謙讀朱先生《鴛鴦湖櫂歌》，悉經口講指畫。未幾，先子下世，而謙於先生詩遂不敢棄置，爰為注釋。

　　先生用事愽贍，經史傳注外，如諸子百家，以及稗官小說、山經地志罔不採用。爰為博考詳釋。奈見聞有限，罣漏良多，統俟補注。

　　先生舊有《竹垞文類》、《騰笑集》諸刻，與全集中或有題目互異，或有字句不同，或有數首而刪去一二首者，今悉搜採附入，目便參攷。

　　先生交遊最廣，皆當代名儒。山林碩彥，姓氏里居間有闕略，俟續考。

　　原集有附刻諸詩，仍用單行寫。余所採附者，用雙行寫目別之。

　　原集有自注數條，每於下文空一字目別之。

　　《鴛鴦湖櫂歌》有譚氏吉璁和作八十八首，向係合刻，今悉附入。後有曹氏次典和作，無從搜採。

　　間有音釋，即注於本字下，目便觀覽甄錄。

　　國朝詩約有數種，於先生詩有刪易字句者、易他人姓名者，俱詳載於下。

　　間有鄙見，以按字別之。

　　引用故實，如已見前者，俱注明見某卷其詩，既免重複，兼便檢閱。

　　是集近有江氏浩然《曝書亭詩錄箋注》一書，僅選三分之一。余間有採取者，因其書已刊布，不復別為標識。

　　原集編詩二十二卷，今序次悉仍其舊。復從《竹垞文類》、《竹垞集外詩》、《竹垞近詩》、《騰笑集》諸種所遺之詩暨諸選家所採者，編補遺二卷。

　　先生遊跡遍天下，著述充棟宇，遭逢盛世，歷官翰苑，優游林下，垂二十年。平生事實甚多，乃詳考其家乘行述，及《靜志居詩話》與文集中之有歲月可稽者，創為《年譜》一卷。

　　余家與先生同里，凡遇用里中故實，郡志邑乘所不載，無可援引者，以余所纂《梅里志》附注焉，觀者勿以僭妄為罪。

　　余家貧無書，都從友朋借閱，旋借旋還，無從覆勘。其中紕繆甚多，倘有指出，使得及時改正，不致貽誚藝林，幸甚幸甚。

　　先生有四六手稿二峽，向未授梓，余亦稍加注釋。又先生子昆田《笛漁小稿注》尚未卒業，通俟續梓。

曝書亭集詩注總目

卷一　詩一百二十二首

卷二　詩一百一首

卷三　詩七十七首

卷四　詩八十一首

卷五　詩一百二十八首

卷六　詩五十八首

卷七　詩七十六首

卷八　詩一百二十九首

卷九　詩八十一首

卷十　詩八十一首

卷十一　詩七十首

卷十二　詩六十九首

卷十三　詩九十一首

卷十四　詩七十六首

卷十五　詩七十八首

卷十六　詩五十五首

卷十七　詩六十九首

卷十八　詩四十八首

卷十九　詩八十五首

卷二十　詩九十一首

卷二十一　詩四十首

卷二十二　詩三十六首

卷二十三　補遺嗣出

卷二十四　補遺嗣出〔註1〕

曝書亭集詩注總目　　　　　　　　　　　　男　蟠　挍

門人　　嘉興支世增

桐鄉程拱宜

嘉興沈　琪

甥　　寧海曹　桓

秀水錢保錫

姪　　　煥

虬

姪孫　　辰全複挍〔註2〕

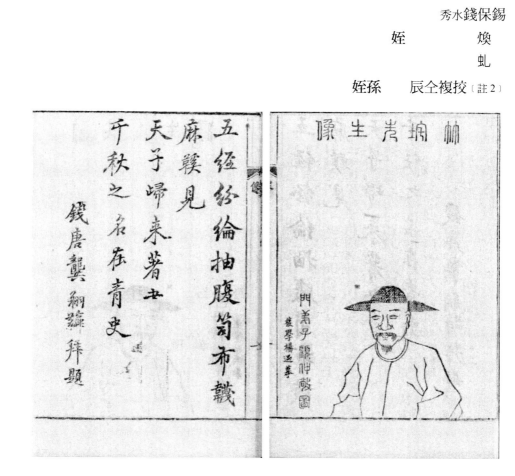

〔註1〕「卷二十三　補遺嗣出　卷二十四　補遺嗣出」，石印本無。

〔註2〕題署部分，石印本作「男蟠挍　杭吳灝重挍」。

皇清敕授徵仕郎日講官起居注
翰林院檢討竹垞朱公墓誌銘

經筵講官文淵閣大學士兼吏部尚書加三級澤州陳廷敬撰

　　康熙初，北平孫公北海老而家居，以經學詔後進，予亦往遊焉。孫公盛稱秀水朱君錫鬯之賢，一時東南文學士遊京師者，共推謂[註1]為老師宿學。予心嚮往焉，而莫之能識也。後舉博學鴻詞，授官翰林。已而長直內庭，予朝夕與君相聚甚驩也。甫及一年，以謫去，予亦以他事引嫌求罷，仍留書局，兩人者時復得以閒居相過從，為文字之娛、遊觀之樂數年。至今過槐市虎坊之間，未嘗不黯然以悲也。君既南歸，後又數年，予扈從河上至吳門，得見君於南園；至武林，又見君於湖上。文采風流，不殊曩昔，而予則頹然且老矣。又三年，君歿。君外孫周子象益以君狀來，偕查子悔餘謁銘於予，云：「非夫子，孰可志其墓者？」予弗敢辭。雖然，予既不能為信今傳後之文，亦姑識其平生出處交遊之節概，凡吾意之所不能盡者，世之君子庶幾有得吾兩人之心於語言文字之外，則君有銘，而予亦可以無憾矣。

　　君諱彝尊，錫鬯其字，號竹垞。先世居吳中，自吳江遷秀水。高祖諱儒，以醫顯，官至奉政大夫、太醫院院使。以子貴，贈光祿大夫、柱國、少保、武英殿大學士。曾祖諱國祚，以醫院籍由順天府學中萬曆壬午鄉試，癸未進士第一人，除翰林院修撰，歷官吏部右侍郎，引疾歸。光宗初，起南京禮部尚書，入東閣，加太子太保，進文淵閣。尋以戶部尚書兼武英殿大學士加少傅歸，卒，贈太傅，諡文恪。文恪公六子，長諱大競，仕至雲南楚雄府知府。子五人，長

〔註 1〕「謂」，石印本無。

茂暉，以蔭授中書科中書舍人，好學問，樂取友，為復社宗盟，輯《禹貢補注》。君嗣父也。本生父諱茂曙，楚雄公第二子也。天啟初，補秀水學生。甲申后棄去。卒，私諡安度先生。撰《兩京求舊錄》，有《春草堂遺稿》。安度先生子三人，君其長也。舍人無子，以序立君為後。君少而聰慧絕人，生數歲，曾見諸神物異怪狀，不類人世，及他人視之，輒無所見。書過眼覆誦，不遺一字。塾師舉「王瓜」使屬對，君應聲曰后稷。師怒，笞之。為舉業文，千言立就，已能工詩。崇禎〔註2〕十三年，浙東西大旱，饑，人相食。自文恪公以宰輔歸里，家無儲粟，楚雄公清廉，安度先生貧至絕食。君守書冊自若也。既而曰：「河北盜賊，中朝黨朋，亂既成矣，何以時文為？不如捨之學古。」乃肆力於《周官禮》、《春秋左氏傳》、《楚辭》、《文選》、《丹元子步天歌》，人皆笑以為狂迂。未幾，亂果作。君年十七，贅婚嘉興練浦之陽馮村。馮公有客王鹿柴，華亭名士也，見君大奇之，曰：「此必以詩名世！」後君名益高，四方以幣聘者爭集其門，所至皆以師賓之禮遇焉。客遊南北，必囊載《十三經》、《二十一史》以自隨。已而遊京師，訪孫公於退谷。公過君寓，見插架書，謂人曰：「吾見客長安者，務攀援馳逐車塵蓬勃間。不廢著述者，惟秀水朱十一人而已。」君既以博學徵，試之殿廷，相國馮公得其文，歎曰奇才。召以檢討，充起居注、日講官。在內直，間語予曰：「公直似益都，清如曲沃。」予謝不敢當。以君之賢，至今思其言，因以自策勵，其亦不得不謂之知言也歟！君雖以被劾鐫一級罷，尋復原官，歸里。後數年，駕巡河上，至江浙，賜御書四字曰「研經博物」。禮遇之隆，固無替於昔時也。君既退而著書，有《日下舊聞》四十二卷、《經義考》三百卷、《明詩綜》一百卷、《瀛洲道古錄》若干卷、《五代史注》若干卷、《禾錄》若干卷、《麟志》若干卷。《麟志》者，通政使曹公寅與君合撰者也。曹公為君刊《曝書亭集》八十卷，未卒業而君歿。君之自立如此。回視京華儕輩奔走塵埃中，所辛勤而僅有者，猶泰華之於丘垤。衰遲塞鈍之人，悵悵然莫適從也。得失之林，亦可考而知己。君閒居，謂其孫稻孫曰：「凡學詩文，須根本經史，方能深入古人窔奧。未有空疏淺陋、抄襲陳言而可以稱作者。《記》云：『時過然後學，則勤苦而難成；獨學而無友，則孤陋而寡聞。』予舉此以為教子弟之法焉。」君在翰林，預修《一統志》。主考江南，覃恩授徵仕郎，貤贈生父。家居十有九年，康熙四十八年十月卒，年八十一。配馮孺人，歸安

〔註2〕「禎」，底本、石印本作「正」。下同。

儒學教諭馮君鎮鼎女，前十六年卒。子一人，昆田，國子監生，賢而有文，前卒。女二人，一適吳江周能察，一適桐鄉貢生錢琰。孫二人：桂孫，國子監生；稻孫，府學生。曾孫男二人：振祖、賜書。孫女二人。

銘曰：或史而野，或經而葩。物亦有然，為蓬為麻。嗚呼！竹垞天邪？人邪？得於天者，既碩孔多，人其謂何！

朱竹垞先生年譜

同里後學楊謙纂

先生諱彝尊，字錫鬯，號竹垞。行十。晚號小長蘆釣魚師，又號金風亭長。秀水人，移居嘉興梅會里。

始祖諱煜，字西灣。明景泰四年，自吳江盛澤之三家村，贅於秀水商河陳氏，遂家焉。

七世祖諱福緣，字耕樂。恩例冠帶壽官。

六世租諱恭，字月梅。鄉飲賓，以文恪公貴，贈光祿大夫、柱國、少保、太子太保、戶部尚書、武英殿大學士。

五世祖諱彩，字慕萱。以文恪公貴，贈官如前。

高祖諱儒，字宗魯，號東山。以醫顯。仕至奉政大夫、太醫院院使。以子文恪公貴，贈官如前。事詳韓世能纂墓誌。

《嘉興府志》：「朱儒，由吳江徙居秀水，善醫。昆弟四人，析產，皆讓弟。入都，值大疫，治活無算。授太醫吏目，後升院使，嘗侍疾禁中。神宗御文華殿暖閣，召儒切脈。儒奏：聖體病在肝腎，宜寬平以養氣，安靜以益精。上首領之。兩宮太后及后妃、公主有疾，率令中涓言狀，從儒授方。士大夫爭相倒屣。所得俸入，多濟困阨。貧者不受其藥資，或潛置藥帖中，更周其急。里中人客死者，倡義經紀其喪。年七十七卒。」《嘉興縣志》：「宮中用蟾蜍錠，於每歲端午日修合，各坊車載蝦蟆至醫院者億萬計。往時取用後率斃，蓋兩目俱廢，不能跳躍也。東山朱公典院事，命止刺其一偏，得甦者甚多。此事似微，然發念甚真，為德不淺。」

曾祖諱國祚，字兆隆，號養淳。萬曆壬午經魁。癸未賜進士第一人，除翰林院修撰，知起居注，歷司經局洗馬，遷諭德，進右庶子。戊戌，以禮部左侍郎兼翰林院侍讀學士，攝本部尚書事。壬寅，轉吏部右侍郎，引疾歸。光宗即位，起南京禮部尚書。是年，命入東閣，加太子太保，進文淵閣。尋以戶部尚書兼武英殿大學士，加少傅。回籍，卒。贈太傅，諡文恪。賜祭葬，崇祀忠孝祠，敕建清師百世坊。事詳《明史》。

《志林》：朱文恪公馬人謙易。值大暑，其子某張蓋走道中，持蓋者不自斂束，至損小戶一篷〔註1〕，猶馬不止。小戶莫敢言。後數日，鄰人以其事聞於公。公呼其僕責之，且遺小戶金，慰以善言。嗣是，其子出，竟不張蓋。李臨川先生時稱其事，為士大夫勵。

祖諱大競，字君吁，號忱予。由官生除都察院照磨，歷都事署經歷司。天啟初，授階修職郎，轉後軍都督府經歷司都事，晉階文林郎。尋升太僕寺丞，遷工部營繕清吏司主事。奔文恪公喪，回籍。時御使梁夢環羅織朝士之不附己者，誣奏公協理馬政邊餉虧額，下法司提問。會莊烈帝即位，公入都，上疏自訟，獲免。出知楚雄府事。詳茂晥纂《忠貞服勞錄》。

父諱茂暉，字子若，號晦在。秀水學生。承祖蔭，授中書科中書舍人。以先生貴，敕贈徵仕郎、日講官、起居注、翰林院檢討。公好博覽，經史之外，諸子百家，靡不兼綜。性樂取友。復社第一集，同盟奉為倫魁。所輯《禹貢補注》，徐闇公謂當與程泰之、傅同叔並傳。

本生父諱茂曙，字子蘅。增廣生。甲申后棄去。及卒，鄉人私諡安度先生。以先生貴，貤贈如前官。子三人，先生其長也。以序嗣晦在公後。弟彝鑒、彝玠事詳汪琬纂墓誌。

《靜志居詩話》：本生考安度府君，早歲以文受知於吳范君文若。既而侯官曹公學佺、鄭公瑄、崑山顧公錫疇、鎮海何公楷、上虞倪公元璐、崇德吳公之屏交相賞激。暇寫山水，作行楷書。董尚書其昌見而歎曰：「不出十年，子當亂吾真矣。」家貧，無析產。崇禎中，歲飢，飛蝗蔽天，人相食。先姚唐孺人率兩姊刺繡衣裙易米，日趁乃炊，府君絕無憂色。奕譜畫鑑，覆局開圖，不改其樂也。遭亂盜劫者再，青氈盡失。凡九遷，而定居長水。敝衣破帽，口不談天下事。惟與里中耆老，枯棋一局，濁醪數杯，以消暇日。

〔註1〕石印本作「篷」。

故明崇禎二年己巳，先生一歲。

八月二十一日未時，先生生於碧漪坊舊第。

三年庚午，二歲。

四年辛未，三歲。

五年壬申，四歲。

十一月，曾祖母何太夫人卒，賜祭一壇，特恩加祭一壇。祖君籲公時知雲南楚雄府事甫八月，聞訃，力不能具舟楫。巡撫御史姜公思睿語僚寀曰：「朱守可謂身處脂膏，不能自潤，今萬里長途，豈能步還。」乃各率私錢贈行。府治百姓拒輪於道，爭賦歌詩謠辭以述德。取陸績故事繪圖，題曰《鬱林石》。其謠曰：「清貧太守一世難，百鳥有鳳鳳有鸞。」《鬱林石》所載也。

先生生數歲，屢觀神物異怪之狀，從旁者輒無所見。

六年癸酉，五歲。

七年甲戌，六歲。

始就家塾。塾師胡先生偶舉王瓜，俾作對，先生應聲曰：「后稷。」師怒，欲加夏楚。叔茀園先生茂晥，字子茀。見而奇之。

八年乙亥，七歲。

先生祖母徐安人，徐文貞公階曾孫、潘恭定公恩女孫所出。時塾師課以屬對，不協。安人因以恭定所訂《詩韻輯略》授先生，自是知別四聲矣。

胞弟彝鑒生。

九年丙子，八歲。

謁姚尚書善長，時年九十。與文恪公同榜進士，嘉興九人，至是惟尚書在。

三月，祖母徐安人卒。

六月，祖君籲公卒。

十年丁丑，九歲。

文恪公充天啟二年會試總裁官，是科中式四百人，寶應喬侍御可聘與焉。至是巡按浙江。既入境，屬吏伏謁道左。侍御首詢文恪公第宅，吏以鍾秀坊對。

旌蓋闐於藉裌之橋。侍御自巷左舍車，徒行百步入。自門升階，肅衣冠，拜祠下。復坦步出巷之右，乃升車，鼓吹導以行。於時弟子敬其先師若是。

十一年戊寅，十歲。

同譚舟石吉璁、左羽瑄、陸孝山世楷、義山棻請業於荷園先生。日記萬言。

時阮大鋮居白下，南國諸生顧杲等一百四十人，具揭攻之。吾鄉之士有八。安度先生謂先生曰：「治小人不宜過激。」

十二年己卯，十一歲。

胞弟彝玠生。

十三年庚辰，十二歲。

先生讀時藝，日二十餘篇。每發一題，下筆千言立就。於詩藝尤工。五經進士譚元孩貞良以國士許之。

嘉興道署中向有白猿。時萊陽宋公繼登備兵嘉湖，夜竊其衣冠服之，擂鼓升廳事。海寧袁秀才袾留幕中，猿入臥室披其帷。公命隸卒環守，而猿之往來如故也。一日，先生偕諸晜弟行精嚴寺。街人爭聚觀，謂猿方坐鐘樓啖果。先生審視，獨未之見。

十四年辛巳，十三歲。

時浙東西大旱，飛蝗蔽天。歲飢，人相食。安度先生家計益窘，嘗至絕食。叔祖君永大定通判成都，以蜀江米四斛貽安度先生。米色殷而糲，食之鮮可以飽。先生讀書自若也。

十五年壬午，十四歲。

時文尚浮華駢儷，荷園獨賞黃陶菴文，以稿授先生。既而語曰：「河北盜賊，中朝朋黨，亂將成矣。何以時藝為？不如舍之學古。」乃授《周官禮》、《春秋左氏傳》、《楚辭》、《文選》、《丹元子步天歌》。人皆笑以為迂。

十六年癸未，十五歲。

先生隨第六叔父子蕃茂暉觀卜氏藏帖，中有《漢淳于長夏承碑》，證為宋拓。是時已解隸法矣。

皇清順治元年甲申，十六歲。

> 按：先生詩話：鄭端簡公築別業於城東北隅，穿池中央，四面種蔬
> 藥。賓客至者，燕於池上百可亭。嗣先妣為公來孫，余嘗讀書其地。
> 又：沈上舍章，為亡弟千里婦翁，所居芋莊，略彴相通，環以水竹，
> 余嘗讀書其地。

此二條不知時日，附識於此。

二年乙酉，十七歲。

春，贅馮教諭鎮鼎宅，在碧漪坊。去文恪公第止百步。

> 馮孺人名福貞，字海媛，年十五。

華亭王鹿柴廷宰，過馮翁小飲，見先生，問曰：「曾學詩否？」對曰：「未也。」鹿柴曰：「詩有一學而能者，有終身學之而不能者，洵有別才焉。」酒至，舉古人名，俾作對。如顧野王對沈田子，鄭虎臣對沈麟士，蔡興宗對崔慰祖，蕭子雲對任伯雨，魏知古對顏相時，吉中孚對溫大有，楊完者對晁補之，杜審言對蕭思話，貢師泰對齊履謙，任蠻奴對張惡子，金安上對鄭居中，劉辰翁對逢丑父，韓擇木對李棲筠，蔡有鄰對徐無黨，王岩叟對阮佃夫，李思齊對石作蜀，柳三變對張九成，鄭櫻桃對郭芍藥，王僧綽對馬仙琕，秘彭祖對庾黔婁，劉方平對徐園朗，劉仁本對范道根之類。鹿柴語馮翁曰：「此子將來必以詩名世，其取材博矣。」

夏，安度先生去碧漪坊舊第，避兵夏墓蕩。

> 先生隨外父馮翁徙馮村五兒子橋，在練浦塘東。與友壻姚我土澍共學。

九月，本生母唐孺人病終丙舍。

> 先生朝夕擗踴，每上食，號慟不能起。

《曝書亭集》編年始此。

三年丙戌，十八歲。

> 留馮村。安度先生攜先生兩弟遷塘橋之北。

四年丁亥，十九歲。

> 生祖母蔡孺人卒。

五年戊子，二十歲。

> 讀書烏木橋村。

長子德萬生。

六年己丑，二十一歲。

移居梅會里。

> 先生挈馮孺人至塘橋侍養。安度先生所居隘，遂賃梅里道南茅亭之居，迎安度先生至里，旋移居接連橋。與里中王介人翃、周青士篔、繆天自泳、沈山子進、李斯年繩遠、武曾良年、分虎符諸先生為詩課。時先生貧甚，餘一布袍。斯年兄弟止一偏提。每遇會，則以付質庫，兩家內梱各紡績出之。過後會復然。於是遠近稱詩者咸過梅里，就先生論風雅流派，靡不心折。曹侍郎溶見先生詩文，尤賞激不置。時先生與山子先生齊名，鄉人目為朱沈。

輯《檇李先民詩》。

七年庚寅，二十二歲。

> 授徒里中。

赴十郡大社。

> 按：毛奇齡《駱明府墓誌》：「駱姓，諱復旦，字叔夜，山陰人。嘗同會稽姜承烈、徐允定、蕭山毛蛭赴十郡大社，連舟數百艘，集於嘉興南湖。太倉吳偉業、長洲宋德宜、實穎、吳縣沈世英、彭瓏、尤侗、華亭徐致遠、吳江計東，宜興黃永、鄒祗謨、無錫顧宸、崑山徐乾學、嘉興朱茂暚、彝尊、嘉善曹爾堪、德清章金牧、金范、杭州陸圻，越三日，乃定交去。」又按：尤侗《悔菴年譜》：「順治七年庚寅，宛平金冶公鋐孝廉來尋盟。盟者十子，彭雲客瓏、繆子長慧遠、章素文在茲、吳敬生愉、宋既庭實穎、汪苕文琬、宋右之德宜、宋疇三德宏、金及予也。予與彭、宋、計甫草束舉慎交社，七郡從焉。秋往衢州，訪李庚生際期觀察，遇陳公朗爌太史於柯山，訂南湖之約。」則事在庚寅明矣，但未審何月耳。

長女生。適吳江周能察。

八年辛卯，二十三歲。

> 里中授徒。

九年壬辰，二十四歲。

長子德萬卒。

八月，次子昆田生。

> 昆田字文盎，號西畯，行十。初名德壽，小名阿鏐，又名掌穀。

十年癸巳，二十五歲。

> 客華亭。

十一年甲午，二十六歲。

春，遊吳門。

秋，復至吳門。

十二年乙未，二十七歲。

三月，遊山陰。

> 外舅馮翁以歲貢生選授紹興府學訓導，先生往遊焉。過梅市，訪郝
> 公子理孫、班孫。

十月既望，遊橫山。

> 同遊者，周青士篔、繆於野永謀、鄭隨始玥、沈山子進。先生題名於
> 壁。按：《交類》止周繆、沈三子。

十二月，遊柯山。

> 偕山陰郝奕慶理孫、奕喜班孫、奕儀敷、奕明誠孫觀柯山石像，題名寺
> 壁。

次女生。適桐鄉貢生錢琰。

十三年丙申，二十八歲。

夏，遊嶺南。

> 海寧楊公雍建知高要縣事，以幣聘先生課其子中訥，即晚研先生也。

十四年丁酉，二十九歲。

> 留嶺南，時同里曹公溶官廣東左布政使，輯《嶺南詩選》，先生為之
> 甄錄焉。
>
> 先生舅氏查君培繼宰東莞，曾過訪，留宿。

十五年戊戌，三十歲。

四月，將歸，訪南雄守陸君世楷。

> 留廨北西爽亭。五月朏，同遊揚歷岩，觀瀑布水。各成古風一篇，
> 並書歲月姓名於龍祠之壁。

六月既望，烏江謁項王祠，題名乃還。

十一月初八日，移居梅里荷花池上。

注歐陽修《五代史記》。

> 引同里鍾廣漢淵映為助，廣漢力任抄撮群書。

輯《嶺外詩》一卷。

十六年己亥，三十一歲。

春，遊山陰。

七月，曹倦圃溶來會。

十月，訪蔣楚穉之翹。

> 《靜志居詩話》：「予年十七，避地練浦。歲己丑，雈苻四起，乃移家梅會里。里在大彭、嘉會二都之間，市名王店。或曰石晉時鎮遏使遠居此，故名。或曰宋尚書居正之宅，或曰元學士居泉家於是，或曰元學正綸也。傳聞各異。己亥十月，訪蔣布衣之翹於射襄城。蔣語予曰：『子知王店之所名乎？洪武中，孝廉鏞及弟鈞之所居也。』因出其所輯《橋李詩乘》，則二王詩俱在焉。並出二王合刊詩稿舊本，共一冊。燈下讀未竟，客至，轟飲而罷。」

十七年庚子，三十二歲。

五月，寒山盜畫劫梅里。

九月晦日，題杭州酒樓壁。

十月，客山陰宋觀察琬幕中。

> 宋荔裳《答曹倦圃書》：「朱子錫鬯齋手書來，並獲讀扇頭長篇。情辭斐然，風格道上，知先生於此事直復欲擠古人。錫鬯王謝家風，瓊林掩映，炙其羽儀，令人不衣自暖。愧非蓮幕，何敢維縶高賢。把酒論文之餘，僅得一介，以資蠟屐，殊使湖山笑主人耳。」

十一月朔，題黃子久《浮嵐暖翠圖》。

> 寓山陰之篔醪河，飲於萊陽宋公之廨，斟隗囂宮綠瓷盞勸客，蒸萊雞為饌，出《浮嵐暖翠圖》以示客。是日，南昌王於一猷定、長洲宋既庭實穎、金壇蔣虎臣超、仁和陳康侯晉明、吳江葉星期燮同觀。

同宋觀察遊雲門山。

> 舟中觀《許旌陽移居圖》，係崔子忠畫。

同王於一至蕺山，訪劉伯繩。

> 伯繩名汋，念臺先生長子。先生訪念臺遺書，出《三禮》草稿視之。
> 明年再訪，不復得見矣。

十八年辛丑，三十三歲。

春，留山陰。

夏，寓西湖昭慶寺。

> 時先生與曹潔躬、周元亮、施尚白諸先生先後來遊。杭人有持元《西
> 湖竹枝》請曹先生甲乙者。先生謂曰：「和者雖多，要不若老鐵。」
> 次日，群公泛舟於湖，曹先生引杯曰：「鐵崖原倡之外，誰為擅場？
> 各舉一詩，不當者罰。」周先生舉陸仁良貴作云：「山下有湖湖有灣，
> 山上有山郎未還。記得解儂金絡索，繫郎腰下玉連環。」施先生舉張
> 簡仲簡作云：「鴛鴦胡蝶盡雙飛，楊柳青青郎未歸。第六橋邊寒食雨，
> 催郎白苧作春衣。」南昌王猷定於一舉嚴恭景安作云：「湖中女兒不解
> 愁，三五蕩槳百花洲。貪看花間雙蛺蝶，不知飛上玉搔頭。」吳袁于
> 令令昭舉強珇彥栗作云：「湖上女兒學琵琶，滿頭都插鬧妝花。自從彈
> 得陽關曲，只在湖船不在家。」鄒祗謨訏士舉屠衡仲權作云：「白苧
> 衫兒雙髻丫，望湖樓子是儂家。紅船撐入柳陰去，買得雙頭茉莉花。」
> 錢唐胡介彥遠舉徐夢吉德符作云：「雷峰巷口晚涼天，相喚相呼出採
> 蓮。莫為採蓮忘卻藕，月明風定好回船。」蕭山張杉南士舉繆侃叔正
> 作云：「初三月子似彎弓，照見花開月月紅。月裏蟾蜍花上蝶，憐渠
> 不到斷橋東。」山陰祁班孫奕喜舉釋文信道元作云：「湖西日腳欲沒山，
> 湖東月出牙梳彎。南北兩峰船上看，恰似阿儂雙髻鬟。」錢唐諸九鼎
> 駿男舉馬琉文璧作云：「湖頭女兒二十多，春山兩點明秋波。自從湖
> 上送郎去，至今不唱江南歌。」先生曰：「諸公所舉皆當，未若吳興
> 沈性自成之作也。其詞云：『儂住西湖日日愁，郎船隻在東江頭。憑
> 誰移得湖山去，湖水江波一處流。』不獨寄託悠遠，且合竹枝縹緲之
> 音。」曹先生曰：「然。」於是諸公皆飲，先生亦浮一大白。

十一月，母鄭孺人卒。

康熙元年壬寅，三十四歲。

四月，復至湖上。

> 與周青士、鍾廣漢、弟千里採蓴西湖。先生貯以瓦盆，攜歸長水。

九月，訪外舅馮翁於歸安學舍。

十月，偕王明府世顯之永嘉。

      曹侍郎餞之江上，韋二為彈長亭之曲，並吹笛送行。

過緝雲，訪蔣廣文薰。

馮翁卒於歸安學舍，年七十四。

二年癸卯，三十五歲。

春，弟千里至永嘉。

十一月十四日，安度先生卒，年六十三。

      安度先生病革，先生忽心動，辭歸。未旬日而安度先生去世。

三年甲辰，三十六歲。

五月，將之雲中謁曹侍郎溶。李武曾良年作序送行。

      二十日，自武林回里，同高念祖佑釲北行。

六月，至揚州，投詩王司理士禛。

      王阮亭《答朱錫鬯過廣陵見懷》之作：「桃葉渡頭秋雨繁，喜君書札
      到黃昏。銀濤白馬來胥口，破帽瘦驢出雁門。江左清華惟汝在，文
      章流別幾人存。曹公橫槊懸相待，共醉飛狐雪夜尊。」

閏六月廿二日，發揚州。

      時念祖同舟至天津，書簏中攜《春秋意林》凡十九卷。七月，暑未
      退，先生揮汗讀之。

八月十五夜，集天津曹武備斌官舍。

      廿一日，至都門，寓查王望培繼齋。

九月初十日，出都。十九日，達雲中。

      時曹侍郎官山西按察副使，治大同。捨先生於萬物同春亭。

      《與李武曾論交書》、《與查韜荒書》、《與高念祖論詩書》、《倦圃圖
      記》、《跋師子林書畫冊》、《天津衛稽古閣重修藏經記》、《大悲院記》。

四年乙巳，三十七歲。

正月二十日，遊應州木塔寺。

      同遊者三人，山西按察司副使同里曹公溶、江西布政司參政臨請周
      君之恒、汾州推官大興孫君如銓。先生作文記之。鑱先生文於壁者，
      知州事蓋州傅君登策也。

二月，同曹副使出雁門關。

四月初五日，弟彝鑒卒。

秋，再度雁門關，至太原。

　　過晉祠，集杜少陵詩句：「文章千古事，社稷一戎衣。」書於唐太宗碑亭
柱。富平李因篤見而賞其工，因遺書與先生定交。時先生欲注《五代史》，以五
代之主，其三皆起晉陽，最後劉旻，三世固守其地。恒策馬縱遊，覽其廢墟冢
墓之文，祠堂佛刹之記，靡不搜剔，以資考證。

輯《吉金貞石志》、《粉墨春秋》、《風庭掃葉錄》等書。

　　《衡方碑跋》、《書尹宙碑後》、《唐濟安侯廟二碑跋》、《晉王墓二碑
　　跋》。

五年丙午，三十八歲。

客山西布政王公顯祚幕。

　　入春，擬為平陽之遊，適撫軍屬禁遊客，左布政廣平王公留館幕中。
　　公所藏白玉碗，直累千金，用以讌先生。先生愛之，俾留書屋，命
　　廚人月致桑落酒二甕。時同里王公庭，官右布政，公子滋萬援隨侍，
　　一垣之隔，朝夕晤言。

二月，遊香祠，登天龍山。

　　先生《遊晉祠記》云：「丙午二月，予經天龍之山，道經祠下息焉。」

三月，遊風峪，觀石刻佛經。

　　太原縣西五里，有山曰風峪。環列所刻佛經，凡石柱一百二十有六。先生
謀於王方伯顯祚、曹副使溶，將啟而徙於晉祠，築亭貯之。有方使君持不可，
乃止。

八月，至蒙山訪碑。

　　曹副使溶以入閩至太原，借先生櫪馬，訪金石刻文字。因出郭，抵晉
　　祠，宿朝陽觀。由風峪登天龍山，轉入蒙山，題名寺壁。

　　《文水縣卜子祠堂記》、《好蛢廟碑》、《卦山題名》、《唐郭君碑跋》、《晉史
匡翰碑跋》、《北漢千佛樓碑跋》。

六年丁未，三十九歲。

二月望，遊崛嵂寺。

　　寺在太原府治西三十里，同遊者王公子千之。

三月三日，重遊晉祠。

　　同永年趙秋水湛、桐鄉孔子戚與儁禊飲，題名於壁。

秋，王方伯顯祚落職。先生自代州復至雲中，訪曹副使。

　　副使雅好先生填詞，酒闌燈炧，更迭倡和。甫脫稿，即為銀箏檀板
　　所歌。《西河詩話》：「曹侍郎使陽和，時與客早飯，有言關廟外為集
　　頗盛，遣門客倪生往視。歸，詢之，云：『無可衒物，祇一建窰大士
　　像甚佳，其龕制亦雅，惜指〔註2〕壞其一，非全玩也。』侍郎云：『房
　　中人正需此作禮供具，盍估之。』遂出錢一緡，粥以示妾。妾翦墨
　　紗障龕門，晨夕作禮，甚虔且密。及踰年，將去陽和，侍郎慮馱負
　　累墜，謀送之僧舍。妾不可，決計請行。因開障捧其像出，裹以綿，
　　仍置龕間。視之則五指完具，並無壞。家人大駭，以報侍郎，不信，
　　且疑當時或未壞。回憶間，適朱檢討竹垞至，竹垞當時見其事與質
　　記，並言壞一指，無異。時有誦《雲門千指頌》以相答者，曰：『乃
　　知千手指，只作無指觀。』此竹垞在京師飲次為予言。」

八月初，至宣府，晤李秋錦良年。客守備嚴公偉宏幕。

　　入都，與譚舟石吉璁同寓。

與王阮亭士禛會。

　　阮亭《朱錫鬯自代州至京奉柬》詩：「短後曾將代馬騎，談兵絕塞偃
　　牙旗。錦囊舊事悲唐壘，碧玉春流寫晉祠。朱有《晉祠記》，最工。燕市
　　雪深衣褐敝，吳江風落酒船遲。鴛湖若買三間屋，得便從君下釣絲。」

訪孫退谷承澤於北平。

　　退谷謝客著書，不妄延接。一見先生，即定忘年之好。先生客遊南
　　北，必囊載《十三經》、《二十一史》諸書自隨。退谷過旅寓，見插
　　架，謂人曰：「吾見客長安者，務攀援馳逐車塵蓬勃間。不廢著述者，
　　惟秀水朱十一人而已。」

《靜志居琴趣》成。

　　《崛嵎寺題名》、《重遊晉祠禊飲題名》、《唐朱邪府君墓銘石蓋記》、
　　《平定州唐李謹妘神頌跋》、《王禮部詩序》、《鍾廣漢遺詩序》、《周
　　鼎銘跋》、《書王純碑後》、《題楊補之墨梅》。

─────────

〔註2〕石印本此處有「已」。

七年戊申，四十歲。

春，自都至山東，客巡撫劉公芳躅幕。

《重修泰安州東嶽廟碑》、《澄泉記》。

八年己酉，四十一歲。

春，登嶧山。

山在鄒縣之南，同登者劉公芳躅、公弟芳永、河間府推官大興牛裕範、歙人汪之魴。

過鄒縣，謁孟子廟。

遊曲阜，謁孔林，謁周公廟。

先生贊劉公疏請封周公後裔為五經博士，公即屬代為作奏。將聞於朝矣，吏言：「前巡撫周公有德曾請而不允。」劉公不為奪。會柯給事搓疏請以方孝孺從祀孔子之廡，為部臣駁詰。幕客以此阻公，事不果上。

先生《鄭固碑跋》：「己酉之春，泊舟任城南池之南，步入州學，見儀門旁列漢碑五，左二右三。《郎中鄭君固碑》，其一也。碑文全漫漶，不可辨識，舍之去。」又《開元太山銘跋》：「歲在己酉，五宿茲山之麓。」

五月，泛舟蓮子湖，飲歷下亭。

秋，歸里，葬安度先生、唐孺人於長水東之婁家橋。

買宅於鄰，宅西有竹，因以竹垞自號焉。

為子昆田娶婦。

宿州衛守備沈石文繁女。

冬，復往濟南，挈昆田以行，沈武功送之落帆亭畔。

《登嶧山記》、《謁孔林賦》、《題歷下亭》、《胥山題壁》。

九年庚戌，四十二歲。

八月，自濟南入都。

重訪孫退谷，囑題「竹垞」二字。

《釋圭》、《答孫侍郎書》、《王維伏生圖跋》、《李龍眠九歌圖卷跋》、《曹全碑跋》、《送曾青藜序》、《書淳化閣帖夾雪本後》、《周延陵季子劍銘跋》、《郎中鄭固碑跋》、《漢丹水丞陳宣碑跋》。

十年辛亥，四十三歲。

正月，遊西山。

> 偕同里李良年、吳江潘耒、上海蔡湘，自人日己未迄於壬戌，凡四日，
> 題詩於壁，傳鈔者不絕。一時朝士，爭投縞紵。每召客，輒詢坐中
> 有朱李否。

三月，出都之維揚。

> 上巳前一日，曹貞吉、黃仍緒、沈胤範、喬萊、汪懋麟、曹禾、高層雲、
> 李良年諸名士飲餞於郊，賦詩贈行。

與寧都魏冰叔禧定交。

屬錢唐戴葭湄蒼畫《煙雨歸客圖》。

《竹垞文類》成，新城王士禛、寧都魏禧篹序。

> 《西山秘魔崖題名》、《西山宏教寺題壁》、《看竹圖記》。

十一年壬子，四十四歲。

二月，長孫桂孫生。

> 原名桐孫，字楫師，號嚴客。

四月，旋里。

六月，至福州，同歙人程埏遊鼓山。

八月，復入都。

> 《題顧長康女史箴圖》、《題福州長慶寺壁》、《鼓山題名》、《聖教序
> 跋》、《五經翼序》、《朱人遠西山詩序》、《續題曹全碑後》、《蘭亭神
> 龍本跋》。

《江湖載酒集》成，嘉善曹爾堪、吳江葉舒崇篹序。

十二年癸丑，四十五歲。

> 舍館宣武門右，輯《詞綜》。

二月，避大房山。

> 同劉增美芳躅、宣人芳喆、涿州馮子湛源漳、華亭錢介維柏齡遊，題名
> 北〔註3〕岊。

秋，客潞河龔斂事佳育幕中。

〔註 3〕「北」，石印本作「此」。

十三年甲寅，四十六歲。

　　　　留潞河，屬海陵曹次岳岳寫《竹垞圖》。

作《鴛鴦湖櫂歌》。

　　　　譚舟石吉璁和韻合刊。葉封、繆永謀、李符篹序。

　　　　《春秋意林序》。

十四年乙卯，四十七歲。

六月，晦在先生歿於項氏寡姊之室，年七十八。

九月，自潞河奔喪回里。

　　　　經廣平，前方伯王公顯祚出郭相慰唁。

十五年丙辰，四十八歲。

　　　　復客潞河。

　　　　《葉指揮詩序》〔註4〕。

十六年丁巳，四十九歲。

　　　　龔僉事擢江寧布政司，先生偕至江寧。

十七年戊午，五十歲。

　　　　時聖祖仁皇帝法古制科取士。詔在廷諸臣暨督撫大吏各舉博學之彥，
　　　　毋論已仕未仕，徵詣闕下。總督倉場、戶部侍郎嚴公沆，吏科給事中
　　　　李公宗孔等交薦先生。

夏，自江寧應召入都。舍於三里河橋之南泉寺，與李徵士良年同寓。十月一日，奉上諭，各大臣題薦才學官人，除現任員外，著戶部帖，給俸廩，並薪炭銀兩，按月稽領。

《蕃錦集》成，柯維楨序，刊行之。

《詞綜》成，汪森增訂付梓。

　　　　《白玉盌記》、《萬柳堂記》、《蔣京少梧月詞序》、《溪州銅柱記跋》。

十八年己未，五十一歲。

三月朔，召試太和殿廷。發題《璇璣玉衡賦》並四六序、《省耕詩》排律二十韻。學士院散官紙，光祿布席。賜讌體仁閣下。中使傳旨：「向來殿試進士定例，立而對策。今以爾等績學博聞，特賜坐賜食。」僉謝恩畢，既納卷。閣臣

以八十卷進呈。次日,天子行大蒐禮,次鄧州,束卷授大學士高陽李公霨、寶坻杜公立德、益都馮公溥、掌院學士葉公方藹定其高下。益都讀先生卷,歎為奇絕。天子親拔置一等,得除翰林院檢討,充《明史》纂修官。

四月二十,到任。

各朝服頂帶于欽天監火神廟,齊到衙門行禮畢,次日遂赴史館。

同籍五十人集於眾春園,倣題名故事,各賦詩一首,施閏章為之序。

五月,開局內東華門外。先生分纂《文皇帝紀》。

家起原任翰林院掌院學士徐公元文為監修官,翰林院掌院學士葉公方藹、右春坊庶子兼侍講張公玉書為總裁官。

七月,移寓虎坊橋,與徐檢討釚僦舍同居。

送李檢討因篤終養。

天生入史館,亟上書陳情,請歸養其母。先生餞之慈仁寺,揮涕而別。

錢唐冀翔麟取先生所著《江湖載酒集》、李良年《秋錦詞》、李符《耒邊詞》、沈晧日《茶星閣詞》、沈岸登《黑蝶齋詞》與《紅藕莊詞》合刻於金陵,名浙西六家。陳維崧纂序。

輯《瀛洲道古錄》。

是書分十五門,制誥、講讀、儀注、選任、論議、書籍、燕賚、纂修、記注、使命、典型、廨宇,官制、雜志、附志。

《春蒐賦》、《史館上總裁七書》、《先君子五言詩書後》。

十九年庚申,五十二歲。

正月,作《平蜀詩》進呈。

四月,充延試讀卷官。

七月晦日,賜藕。

夏秋間,疾疢時作。閏八月初旬,遂爾大劇。誤服涼藥,幾死者兩次。亟投參、苓、桂、附,乃始得瘥。力欲請假歸里,掌院不允。

冬,分撰《明史·文苑傳》,又分撰嘉靖諸臣傳。

得鄭端簡曉及王廷相、顧璘、璘弟璨、王韋、陳沂、顧應祥、雷禮、黃光昇、朱希周、尹臺、孫承恩、承□□宏、陸樹聲、弟樹德、子彥章、陶承學、子奭齡、望齡諸公傳。

《送周郎中還琴山序》。

二十年辛酉，五十三歲。

是年，命增置日講官、起居注八員，先生與焉。

四月，充廷試讀卷官。夏日，瀛臺侍直。

五月丙子，侍宴保和殿。

七月，典江南鄉試。拜命之日，屏客不見。既渡江，誓於神。入闈，矢言益厲，關節不到，得胡任興、陸肯堂、黃夢麟等，盡知名士，人皆悅服。

  吳[註5]焯《讀書敏求記跋》：「絳雲未燼之先，藏書至三千九百餘部，而錢遵王此記，凡六百有一種，皆紀宋板元鈔及書之次第完闕、古今不同，手披目覽，類而載之，遵王畢生之菁華萃於斯矣。書既成，扃之枕中，出入每自攜，靈蹤微露。竹垞謀之甚力，終不可見。竹垞既應召後二年，典試江左，遵王會於白下。竹垞故令客置酒高讌，約遵王與偕。私以黃金翠裘予侍書小史，啟鐍，豫置楷書生數十於密室，半宵寫成而仍返之。當時所錄，並《絕妙好詞》在焉。詞既刻，函致遵王，漸知竹垞詭得，且恐其流傳於外也，竹垞乃設誓以謝之。」又《跋》：「遵王篹成此書，秘之笈中，知交罕得見者。竹垞檢討校士江南日，龔方伯遍召諸名士，大會秦淮河，遵王與焉。是夕，私以黃金、青鼠裘予其侍史，啟篋得是編。命藩署廊吏抄錄，並得《絕妙好詞》。既而，詞先刻，遵王疑之。竹垞為之設誓而謝之，不授人也。」按：柯崇樸《絕妙好詞序》云：「往余與朱檢討竹垞有《詞綜》之選，掇拾散逸，採掇備至。所不得見者數種，周

〔註5〕「吳」，石印本作「何」。按：所引兩跋見吳壽暘《拜經樓藏書題跋記》卷三《地志目錄·讀書敏求記》（上海古籍出版社2007年版）：

  尺鳧先生跋云：「絳雲未燼之先，藏書至三千九百餘部，而錢遵王此記□□有一種，皆紀宋板元鈔及書之次第完闕、古今不同，手披目覽，類而載之，牧齋畢生之菁華萃於斯矣。書既成，扃之枕中，出入每自攜，靈蹤微露。竹垞謀之甚力，終不可見。竹垞既應召後二年，典試江左，遵王會於白下。竹垞故令客置酒高讌，約遵王與偕，私以黃金翠裘予侍書小史啟鐍，豫置楷書生數十於密室，半宵寫成而仍返之。當時所錄，並《絕妙好詞》在焉。詞既刻，函致遵王，漸知竹垞詭得，且恐其流傳於外也，竹垞乃設誓以謝之。……康熙五十六年三月十八日，錢唐吳焯。」（第92～93頁）

  尺鳧先生跋云：「遵王篹成此書，秘之笈中，知交罕得見者。竹垞檢討校士江南日，龔方伯遍召諸名士大會秦淮河，遵王與焉。是夕，私以黃金、青鼠裘予其侍史，啟篋得是編，命藩署廊吏抄錄，並得《絕妙好詞》。既而詞先刻，遵王疑之。竹垞為之設誓而謝之，不授人也。……」（第94頁）

  楊謙《年譜》所錄與《拜經樓藏書題跋記》所錄文字偶有異，如「牧齋畢生之菁華」，《拜經樓藏書題跋記》作「遵王」，同時可以補充《拜經樓藏書題跋記》之闕字。故備錄之以為參考。

草窗《絕妙好詞》其一也。嗣聞虞山錢子遵王藏有寫本，余從子煜為錢氏族壻，因得假歸。然傳寫多訛，迨再三參攷，始釐然復歸於正，爰鏤板以行之。」據此，則非先生所詭得矣。繡谷〔註6〕之書近誣。

九月，周簣谷篔訪先生於江寧。

> 先生《周君墓表》：「予典江南秋試，榜既發，德州田公雯為予張燕。君適造予，道遇曲阜顏君光敏，偕之來。布衣紃屨，眾賓皆愕眙。顏君語曰：『此浙西詩人周青士也。諸公未之識乎？』田公肅君上坐，懽飲而散。」

十月，遊攝山。

> 同周篔、王翬、李符、龔翔麟、邵璸、弟彝玠、從子建子為攝山之遊，信宿乃還。鄭簠以分書題名於壁，王翬圖為行看子，各紀以詩。

雲南平，捷聞，聖祖謁世祖陵，告成功，上太皇太后、皇太后徽號。頒詔大赦天下。諸臣皆覃恩，封贈如其官。先生授徵仕郎，貤贈本生考安度先生。

> 《跋南朝史精語》、《梁始興安成二王墓碑跋》、《跋唐明徵君碑》、《與胡解元書》、《江南鄉試策問三首》、《天發神讖碑考序》、《唐濮陽卞氏墓誌銘跋》。

二十一年壬戌，五十四歲。

春，覆命入都。蔚州魏公象樞衣朝衣造先生，再拜曰：「吾非拜君也，慶朝使之得人也。」

> 馮孺人由水路北上，無家具，僅載書兩大麓。盜劫所居，止餐錢二千，白金不及一鎰。

天子有事春蒐，先生侍班乾清宮。

四月，充廷試讀卷官。

五月，駕在瀛臺，先生知起居注，侍班。

十二月，次孫稻孫生。

除夕，侍宴保和殿。

《竹垞文類》廿五卷刊成，高佑釲、顏鼎受纂序。

> 時先生諸稿匯刻於涇川，吳岷培董其事。

> 按：《文類》曾兩付開雕。一、二十五卷，不列名姓者，即是年所刊

之本也。一、廿六卷，首頁有「布衣秀水朱彝尊錫鬯」一行，未審
刊於何年。

　　《南泉寺新建惜字林記》、《高侍讀崑從東巡日錄序》、《送汪檢討使
　　琉球序》。

二十二年癸亥，五十五歲。

元旦，朝賀，賜宴太和門。十三日，賜宴乾清宮。是夜，賜內絟表二里一。十
五日，侍食保和殿。是日，再入保和殿侍宴。二十日，召入南書房供奉，賜禁
中騎馬。三十日，上自南苑回，賜所射兔。

二月二日，賜居禁垣景山之北，黃瓦門東南。充《一統志》纂修官。

三月，駕幸五臺回，賜金蓮花、銀盤菇。尋復賜絟，賜御衣帽，又賜醍醐飯、
鱘魚、法酒、官羊、鹿尾、梭魚等物。

十一月，陸公隴其來會。

　　《陸先生年譜》:「朱言宋元諸儒經解，今無人表章，當日就湮沒。
　　又言程、朱雖妙，然有日月必有眾星，有河海必有細流。今諸儒一
　　見與程、朱異，便以為得罪先儒，如《詩》之《鄭風》，亦不敢齒及
　　古注疏，所以議論最難。」

除夕，侍宴乾清宮。

　　《夜明木賦》、《柯寓匏振雅堂詞序》。

二十三年甲子，五十六歲。

元旦，侍宴。天子念講官家人，特賜肴果二席。馮孺人九拜受之，洵異數也。

是月，被劾謫官。

　　時輯《瀛洲道古錄》一書，以楷書手自隨，錄四方經進書。忌者潛
　　請牛學士鈕形之白簡，吏議當落職。奉旨降一級。

三月，自禁垣徒居宣武門外海波寺街古藤書屋。

八月，馮孺人浮舟潞河南還。

九月，聖駕南巡，時丹徒張公鵬巡撫山東。先生子昆田在其幕中，乃寓書張公，
當請立周公後。公得書，即草奏，置行笈中，乘間欲上。而東野氏裔沛然迎駕
直前，天語甚溫。公謂「殊恩宜出自上」，遂焚其草。

編《騰笑集》。

　　《省方賦》、《上山東巡撫張公書》、《題鵲華秋色圖》、《嚴中允瀛臺
　　侍直詩序》。

二十四年乙丑，五十七歲。

周籛谷篔至京師，數過旅話。

> 《題李唐長夏江寺圖》、《題趙子昂水村圖》、《桂林府石刻元祐黨籍跋》。

二十五年丙寅，五十八歲。

春，《騰笑集》七卷刊成，查慎行纂序，又自為之序。

夏，輯《日下舊聞》。

> 以京師為王業根本，遼、金、元、明歷代建都於是，乃採摭群書，
> 自六經以至百家二氏國史家集，方輿海外之記載，遺賢故老所傳聞，
> 靡不蒐錄，分一十三門。

輯《經義考》。

> 《居易錄》：「竹垞過邸舍，云近著一書，曰《經義存亡考》。以鄭夾
> 漈《經籍志》作骨，而附益之。不傳者，存其目。其傳者，略論作者
> 之意，辨其得失。蓋倣西亭《授經圖》，兼用晁公武《讀書志》之例
> 也。竹垞篤好經學，所錄多鄞范氏天一閣、禾中項氏及曹氏倦圃、
> 溫陵黃氏千頃堂秘本。」

十二月，張公內陞，昆田隨之入都。

> 《鄒縣重修亞聖孟子廟碑》。

二十六年丁卯，五十九歲。

秋，《日下舊聞》四十二卷成。

冬日開雕。徐尚書乾學捐貲鋟木，為之作序。馮相國溥、陳尚書廷敬、徐副相元
文、張侍郎鵬、高詹事士奇、姜著作宸英皆有序。

八月，周篔南還。

> 中秋前一日，高謇苑嚳雲招先生，同陸冰修嘉淑、譚左羽瑄、朱采章
> □□、劉禹峰中柱，集小菇村餞別。

冬，遊大房山。

> 《遼釋志願葬舍利石匣記跋》。

二十七年戊辰，六十歲。

二月，王阮亭士禎來會。

> 二十四日，留阮亭食鮑魚羮，觀米元章硯山。

九月，《日下舊聞》竣工。

二十八年己巳，六十一歲。

三月，自古藤書屋移寓槐市斜街。

查慎行《三月晦日飲朱十表兄槐樹斜街新寓，同梁藥亭、吳震一作》詩云：「槐街舊與一峰鄰，酒甕重開為洗塵。最喜今年春帶閏，遲來猶作看花人。」「兩株桃樹手親移，紅影紛紛落酒巵。特與幽庭添曲折，秫稭梭錢縛笆籬。」「古藤陰下三間屋，爛醉狂吟又一時。惆悵故人重會飲，小箋傳看洛中詩。」屬禹鴻臚尚基寫《小長蘆釣魚師圖》。

《韞光樓印譜序》、《黃徵君壽序》。

二十九年庚午，六十二歲。

補原官。

《太保孟忠毅公神道碑》。

三十年辛未，六十三歲。

秋八月，上丁，天子命大學士代祀孔子，先生充十哲分獻官。

禮畢，偕汪祭酒霦、吳司業涵遍覽國子監進士題名諸碑。

往會陸公隴其。

先生極口李燾之《長編》，言薛方山未見此書，卻作《宋元通鑑》，可笑。若王宗沐之《宋元通鑑》，則又不過掇拾《續綱目》成書。明人習氣，往往如此。

馮孺人復由江淮北上。

舟行至泊頭，運河冰合，孺人中寒而病，扶入車。既至，病漸瘥。

三十一年壬申，六十四歲。

正月，復罷官。

三月十七日，挈眷出京。王翬畫山水送別。

五月，次東昌，分水牐閉。舟車酷暑，馮孺人病又作。

六月，入汴，訪胡司臬介祉。

七月二十八日，旋里。

八月，為長孫桂孫完婚。

娶徐氏，諸暨縣訓導徐尚賢煒然女。

九月十八日，至杭州，遊洞霄宮。

時先生甥吳懷祖同行，住會城旬餘。

十月，至衢州。

> 道出西安，邑令鹿君祐強先生登岸，寓蕭寺中。遊爛柯山，逗留二十日。

十一月朔，過常山。

> 初二，舟發玉山。初十，達南昌。十二日，溯流而上，至贛州儲潭
> 廟，訪唐裴諝喜雨詩碑。

十二月，抵廣州。

> 時昆田客中丞徽陰朱公宏祚幕中。
>
> 《洞霄宮題壁》、集中作癸酉，誤。《衢州府西安縣重建儒學記》、《跋唐
> 衢州刺史嗣江王褘石橋寺詩》。

三十二年癸酉，六十五歲。

正月，在廣州。

> 陳處士飯先生於光孝寺，觀劉鋹所鑄鐵塔。

二月，挈昆田以歸。

十月，至當湖，至黃浦東高橋里。

> 《江村銷夏錄序》、《錢學士詩序》、《尚書宣示帖跋》、《續曹光孝寺
> 鐵塔銘後》。

三十三年甲戌，六十六歲。

二月十四日，馮孺人卒。

> 《馮孺人行述》。
>
> 三十四年乙亥，六十七歲。
>
> 三十五年丙子，六十八歲。

夏，結曝書亭於荷花池南，為遊憩之所。

> 有菱池、芋陂、桐堦、同心蘭砌、青桂岩、槐沜、繡鴨灘、落帆步諸景。

十月，遊山陰，寓莫氏。

> 《湘湖賦》、《羊石山題壁》。

三十六年丁丑，六十九歲。

三月，潘檢討耒過訪。

> 上巳日，閱曝書亭藏書，過天香菴探梅。

六月，池中紅蓮作並頭花，以奉太守黃公家遴。

> 廣寧黃公知嘉興府事，修治廨宇，適諏是日立礎，遂貽書請銘其堂。

十一月，訪平湖李處士延昰。

> 處士以所儲書二千五百卷貽先生，查夏重聞之，作詩云：「歎息詩人失李顒，柘湖回首舊遊非。自憐老友今無幾，且喜藏書得所歸。萬卷又增三篋富，千金直化兩蚨飛。平生謬託知交在，恨不從渠借一瓶。」《道珍堂記》、《夌山題壁》、《叔母賀太君八十壽序》。

二十七年戊寅，七十歲。

四月，偕查夏重慎行入閩。長孫桂孫隨侍。

> 從玉山至江西鉛山湖口登陸，度分水關，入崇安。遊武夷幔亭九曲諸勝，信宿沖祐宮，謁徽國公祠，登天遊觀，有終老之志。

六月，抵福州。訪汪方伯楫、汪學使薇。

> 學使，先生門下士。試竣，率諸生來謁，先期為先生介雅。

七月，發福州。林草臣、張民瞻追送於洪山橋。

> 十五夜，泊埂程，至建寧登舟，失足墮水，已而病瘧。度仙霞嶺，入衢州界，至語溪與查別。

八月初，抵家。

> 病猶未瘳，子昆田憂甚，尋亦病。

冬，胞弟彦琛彝玠卒。

三十八年己卯，七十一歲。

春，聖祖省方江浙，先生至無錫迎駕。

十月二十一日，子昆田卒。

《經義考》三百卷成，陳相國廷敬、毛檢討奇齡纂序。

> 先刊《易》、《書》、《詩》、《禮》一百六十七卷。乾隆甲戌，德州盧運使見曾倡捐，補刻一百三十卷，至乙亥告竣。丙子春，皇上臨幸闕里，見曾表上。

為子昆田定《笛漁小稾》十卷。

《曝書亭著錄》八卷成，自為序。

> 《五舫記》、《跋石淙碑》、《大唐類要跋》、《書羅浮蝴蝶歌卷後》、《題亡兒書陶靖節文》。

三十九年庚辰，七十二歲。

> 《白蘭谷天籟集序》、《商父己敦銘跋》。

四十年辛巳，七十三歲。

二月朔，遊吳門，登張氏六浮閣。

三月，遊西湖，寓昭慶寺經房。

> 《西河詩話》：「康熙四十年三月，予同朱竹垞諸子過湖上，作三日遊。第一日，舟中問寶叔塔故蹟，嫌舊志不實。一謂僧寶所建塔，『所』、『叔』形誤；一謂錢王俶入覲，民建塔保之，呼『保俶』，『俶』、『叔』聲誤。然皆無據之言。是日，有言表忠觀碑在錢王祠者，因過觀之。次日，竹垞赴李都運席，未至。第三日，雨後過二堤，覓水仙王祠，不得。泊舟回峰塔，訪小南屏山石壁書蹟。」

鄭芷畦元慶畫毛、朱二先生合像。

> 芷畦自跋：「壬午春二月，予往省會，寓昭慶慈壽房。時竹垞先生寓經房，前後樓相望，時時造請，親炙其言論風采，甚相得也。一日，西河先生來過余，語余曰：『今日吳子寶崖、顧子撝玉醵分招余與竹垞二三同年友，讌聚於湖心亭，子其同往焉。余遂與西河先生步至經房，偕竹垞先生至湖上。時竹翁先攜杖行，余奉西河先生散行。此圖是其景象也。有一舟繫於柳陰下，吳、顧二君以手招曰：『在此。』遂與兩先生同上舟，而吳慶伯先生已先在舟中矣。相見之頃，慶伯指予問竹垞先生曰：『此何人？』曰：『此吳興鄭子芷畦，最能讀書。近修其郡志，最認真者也。』遂命舟子由曲院風荷迅流出六橋，仍至昭慶寺前，一揖而別。」按：□□□□□□□〔註7〕壬午年，先生未嘗至西泠，存此跋〔註8〕以俟考。

> 《六浮閣記》、《靈隱寺題名》、《南屏題名》、《劉高士壽序》、《題江山偉觀圖》。

四十一年壬午，七十四歲。

三月，為次孫稻孫完婚。

> 娶盛氏，安吉州學正盛丹山楓女。

子婦沈氏卒。〔註9〕

四月，桂孫，稻孫析箸。

〔註7〕七空格，石印本作「此跋本不足錄，但」。

〔註8〕石印本無「此跋」。

〔註9〕自「三月」至此，石印本作「三月，媳沈氏卒。」

先生雖曾通籍，然止知讀書，不治生產，因而家計蕭然。及析箸時，
但有瘠田數十畝而已。諄諄屬兩孫以安貧守分。余曾見先生手書分
書，殊令人想見其世德之清芬也。〔註10〕

作《城南雜詠》。

有《放鶴洲》、《蟹舍》、《塔火灣》、《菱汊》諸題。〔註11〕

輯《明詩綜》，開雕於吳門白蓮涇之慧慶寺。

先生輯明詩有年矣。初名《明詩觀》，以八卦分編。至是定名曰「綜」，
以《靜志居詩話》附焉。

篝《石柱補記》一卷，吳興鄭元慶箋釋刊行。

鄭元慶《石柱記釋自序》：「頃借書醞舫，得朱彝《石柱記》，載山川
陵墓，亡者三之一；其存而不可信者，亦三之一。吾湖浙西佳郡，
何不幸而使數千百年文獻無微至於此極耶？竹垞先生惜其殘闕，為
補記二縣，既完且好。余乃一一箋釋，證其所可信，復辨其所不可
信。甫脫稿，先生見之賞擊，命鈔副本，藏曝書亭。」

《答蕭山毛檢討書》、《顏魯公石柱記釋序》、《顧俠君噉荔集序》、《跋吳寶
鼎甄字》、《蘇靈芝易州鐵像跋》。

四十二年癸未，七十五歲。

春，聖祖南巡，至無錫迎駕。

十一月，曾孫振祖生，桂孫出。

《答刑部王尚書論明詩書》。

附王尚書書：「庚辰歲，魏禹平兄南還，附有一函，仰候起居，並近刻請
政，未奉報書。弟亦尋請急歸田，不知前書竟得達籤記否？張孝廉公車入都，
始拜手示，曠如復面，喜可知也。承聞刪定有明一代之詩，甚盛甚盛。明詩選
者不一家，前輩無踰升菴太史、夢山太宰二楊公，然皆至弘〔註12〕、正止矣。

〔註10〕石印本作「竹垞老人雖曾通籍，父子止知讀書，不治生產，因而家計蕭然，但
有瘠田荒地八十四畝零。今年已衰邁，會同親族，撥付〔桂孫、稻孫〕兩孫分
管，辦糧收息。至於文恪公祭田，原係公產。下徐蕩續置蕩七畝並荒地三分，
並存老人處辦糧，分給管墳人飯米。孫等須要安貧守分。回憶老人析箸時，田
無半畝，屋無寸椽。今存產雖薄，若能儉勤，亦可少供　粥，勿以祖父無所遺，
致生怨尤。倘老人餘年再有所置，另行續析。此照」。

〔註11〕自「作城南雜詠」至此，石印本無。

〔註12〕按：原作「宏」。

後此，惟顧氏《國雅》不失古意。若夫意在庀史，則取捨未精，無關風雅。大樽裁鑒，可謂精矣。然知其一說，而不知其又有一說也。故取境甚狹，不足以窮正變之極致。先生於此道，伐毛洗髓，深且久矣。今茲之選，必能通兩家之郵，盡波瀾之致，為三百年中必不可少之書。弟又有一言進者，明詩自青丘之後，極盛於弘〔註13〕治。空同、大復為大宗，〔註14〕昌穀上翼，〔註15〕庭實下毗，此論定之公言也。繼盛於嘉、隆，滄溟、弇州皆萬人敵也。惟蹊徑稍多，古調寢失，是以不逮弘〔註16〕、正作者耳。若謂李、何已後，譌種流傳，則是是非非偵錯，黑白倒置，誦詩論世，使承學者何所適從。此明詩升降一大關鍵，非先生法眼巨手，誰使正之？故亟以斯語進。又選家通病，往往嚴於古人，而寬於近世；詳於東南，而略於西北。統惟先生力矯之。敝郡楊夢山先生詩，蕭竦簡遠，得淵明、摩詰之真。弟舊有選本，今往一冊。先世父《隴首集》新刻〔註17〕，亦寄上。當以大作表墓重耳。先從祖季木考功〔註18〕劉相國青岳鴻訓、仲子孔和詩，皆橫空盤礡，確有可傳。弟皆有定本，嗣當節錄奉寄。俠君□□久定交矣。匆遽未一。癸未上元日，弟士禛頓首頓首竹垞先生閣下。」「昨一函付俠君，並以小刻五種請正。俠君春闈失意，尚留京師，不知前書郵寄否？所寄楊太宰夢山詩，五言古今體清真簡遠，詩品當在蘇門之次，西原之上。邊司徒華泉詩，五言律沉鬱華貴，往往神到，不在李、何之下。二集皆弟手定。蓋天下萬世之公言，非鄉曲之私言也。濟寧靳少宰兩〔註19〕城學顏、於中丞念東若瀛詩，皆確乎可傳，皆有專集。蒙陰公宗伯孝與鼎暨其弟敬與鼐《問次齋》、《小東園》二集，皆卓然成家。宗伯絕句尤工妙，時本所錄，殊非其至者。至先叔祖季木考功《問山亭詩》千餘篇，說者謂其滔滔莽莽，時有齊氣，似也。至呵之為西域婆羅門，則太過矣。今擇其雅馴者，錄數十首就正，聊以解虞山之嘲。又先叔祖思止，仕為姚安府同知。詩名不逮考功，而雅馴過之。有《迂園集》十二卷，亦附錄數十首，以備採擇。長山劉節之孔和，故相國青岳先生之子，奇士也。詩最豪健奇恣，人尤磊砢任俠，死劉澤清之手。益都王湘客若

〔註13〕按：原作「宏」。
〔註14〕石印本此處有「徐」。
〔註15〕石印本此處有「邊」。
〔註16〕按：原作「宏」。
〔註17〕石印本此處有「成」。
〔註18〕石印本此處有「及」。
〔註19〕「兩」，石印本作「雨」。

之,大司徒基之孫,精於鑒別,博雅嗜古,吐納如晉人,乙酉殉節金陵。二君,人皆可傳,今各錄一卷奉寄。近刻《古懽錄》、《池北偶談》二種,再往請正。情長楮盡,不既所言。令孫止得杯酒奉候一次,甚慰甚慰。弟名專肅。」

《寄禮部韓尚書書》。

四十三年甲甲,七十六歲。

二月,遊洞庭。

> 徐七來請遊洞庭,先生偕馮念祖、胡期真、沈翼,坐赤馬船,渡太湖,抵西山,宿消夏灣,縱遊石公、林屋諸勝,題名包山寺中。

八月,過陸元公上沙別業。

十一月,遊江寧。

> 初七日,從鎮江至江寧。初九日,入朝陽門,寓承恩寺。

《明詩綜》一百卷雕刻竣工。

輯《禾錄》。

> 《書拓本玉帶生銘後》、《水木明瑟園賦》。

四十四年乙酉,七十七歲。

春,聖祖南巡。三月,先生至無錫迎駕。越三日,朝見行殿。尋幸浙江。四月初九日,朝聖祖於行殿。進《經義考·易》、《書》二種。上諭查供奉昇:「朱彝尊此書甚好,留在南書房。可速刻完進呈。」查公傳命。是日同諸公留駕。特賜「研經博物」四字匾額,跪領謝恩而出。十二日,駕回蘇州。尋同諸公送駕至無錫皋橋而返。

秋,至三城,訪曹通政寅。

> 曹視鹺政,兼校書局。先生過訪,囑輯《兩淮鹽筴書》。

葬外舅馮公暨配胡孺人,繼董孺人於馮氏祖塋之旁。

> 按:《馮孺人行述》云:「姚胡孺人,生母沈氏。」又《馮君墓誌》云:「娶俞氏,早卒。再娶胡氏,賢而無子。」與先生《行述》所云不合,何歟?按:《馮君墓誌》,《文類》中已載,並非作於此時也。

為內弟原潔金溁立後。

十二月,曾孫賜書生,稻孫出。

> 《明詩綜序》、《西陂記》、《點鼠圖跋》、《寄查德尹書》、《唐張長史郎官石記跋》。

四十五年丙戌，七十八歲。

正月，葬生祖妣蔡孺人、考晬在先生、妣鄭孺人、叔子荃公、叔母陸孺人、弟千里、弟婦沈孺人三世七棺於下徐蕩。先生立雨雪中，親視井槨，葬畢而返。

　　《莆田陳氏九朝編年備要跋》、《播芳文粹跋》、《跋洪遵翰苑群書》、

　　《元史類編序》、《棟亭詩序》。

四十六年丁亥，七十九歲。

三月，聖祖復南巡，先生仍往無錫迎駕。尋幸浙江，朝於西湖行殿。偕相國陳公、學生佟公，先後酬唱。駕回，先生以足疾復發，送至五里亭。上遙見，顧問內侍曰：「這是朱彝尊麼？」內侍傳問，回奏：「臣是朱彝尊。」時御舟行速，不及再奏。

　　《淳熙三山志跋》、《景定建康志跋》、《跋新莽錢範文》、《杭州洞霄宮提舉題名記》、《跋李紫篔畫卷》。

四十七年戊子，八十歲。

春，送查編修慎行入都。

　　先生途至杉青牐，值風雪交作。誦「無將故人酒，不敵石尤風」二語送別。
七月中，先生倡始為粥，以食餓者。

　　時連年水旱，米穀騰貴，飢民塞路，先生偕朱別駕芷閣謙、先祖司訓公，諱汝霜，字璀文。暨里中之好義者，每日輪施，遠近就食者，日數千人。

八月二十一日，先生八十初度。

　　適有從弟有舟彝六之戚，罷稱觴焉。

編《曝書亭集》八十卷成，潘檢討耒序。

《兩淮鹽莢書》二十卷成。

　　《嚴氏春秋傳注跋》、《書新安志後》、《後周幽州刺史贈少保豆盧恩碑跋》、《唐龍門奉先寺盧舍那像龕記跋》、《唐崇仁寺陀羅尼石幢記跋》、《唐郎官石柱題名跋》、《明正音跋》、《碧溪詩話跋》〔註20〕。

四十八年己丑，八十一歲。

正月，復為粥於古南禪院。

〔註20〕石印本無「碧溪詩話跋」。

時菽麥未熟，飢民轉多。先生復偕諸公為粥於古南禪院，請太守臧
公委官董其事。每日就食者，幾二萬人。自二月初至三月中乃止。

四月，至維揚，留真州。

交所輯《鹽莢書》於曹通政，許為刊集。適李大理煦、李都運斯佺來
會。都運尋以畫舫送行。

六月丁未，舟發江都，渡江而歸。

七月，發雕《曝書亭集》。

每日刪補校勘，忘其勞焉。未幾，先生下世。至甲午六月竣工，查
編修慎行復為之序。

九月，得澤州陳公寄懷長律。

先生誦其「入直居人後，投林在鳥先」等句，謂可稱詩史。

十月十三日，子時卒。

初七日，值掃少保東山公墓，先生感微疾，不能往。明日，起坐娛老軒中閱書，
微有倦態，食粥一甌，午後不復進食。自此寒熱間作，然神氣如故。謂次孫稻
孫曰：「吾集不知何時可刻完。年老之人，不能久待。奈何！」又謂：「《建文實
錄》曲學紕繆，附會成書。我病少差，尚當考正續為之，無使後世滋惑也。」
從子襲遠甫田自吳門來問疾，先生張目曰：「汝吳中來，知太守陳公近績否？」
次日，桐鄉錢女夫琰來，先生以同時被薦百九十餘人皆著作之材，不可無傳。
思輯為《鶴書集》，未暇採錄，因屬其踵成焉。謙少時於王梧村案頭見先生手槁數十
番，名《鶴徵錄》。至晚，猶數問局中剞劂事。俄而微睡，聲息漸沉。至漏下三鼓，
遂長逝矣。

《五代史記注序》、《跋元豐九域志》、《續題溪州銅柱記後〔註21〕》、
《開元太山銘跋》、《橋李賦》、《古南禪院重建方丈記》、《跋濟生拔
萃方》。

雍正三年乙巳

葬先生於百花莊文恪公墓南五里，澤州陳公廷敬纂墓誌銘。

查慎行《偕德尹弟至梅里送竹垞表兄葬》詩：「平生載酒論文地，今
日偕為執紼行。萬卷書留良史宅，百花莊近相公塋。銘傳有道辭無
愧，淚落天傭表未成。十七年來餘痛在，待看宿草慰哀情。」

〔註21〕石印本無「後」。

按：《嘉興府志》：「翰林朱彝尊墓在王店北婁家橋。」誤。《浙江通志》：「檢討朱彝尊墓在百花莊朱文恪賜塋之西南。」《敬業堂續集》：「卜兆百花莊，距文恪公賜塋五里。」

曝書亭集詩注卷一

嘉興　楊謙　纂

嘉興　李集　參

旂蒙作噩順治乙酉

村舍二首〔註1〕

　　《村舍》，朱生感遇作也。《唐書‧陳子昂傳》：「子昂始為《感遇詩》。」
〔註2〕生年十七，為贅壻，避兵五兒子橋。《嘉興縣志》：「大彭都五兒子橋。」
　　村舍有牛宮，《越絕書》：「桑里東、今舍西者，故吳所畜牛、羊、豕、雞也，
名為牛宮。」〔註3〕陸龜蒙《祝牛宮辭序》：「冬十月，耕牛違〔註4〕寒，築宮納而皂
之。」架以曲尺木。牪牯盈四三，《祝牛宮辭》：「四牪三牯，中一去乳。」戀
此共泥伏。朱穆《絕交詩》：「飢則木攬，飽則泥伏。」〔註5〕牧童驅使行，跨之
上原陸。日夕齊下來，《詩》：「日之夕矣，羊牛下來。」〔註6〕各自舐其犢。
《後漢‧楊彪傳》：「猶懷老牛舐犢之愛。」〔註7〕吾生命不辰，早歲去邦族。父
母謂他人，《詩》〔註8〕：「謂他人父。」又：「謂他人母。」安敢望拊畜。《詩》：

〔註1〕康熙本《曝書亭集》題下有「並序」。
〔註2〕《新唐書》卷一百七《陳子昂傳》：「初，為《感遇詩》三十八章。」
〔註3〕袁康《越絕書》卷二《越絕外傳記吳地傳第三》。
〔註4〕「違」，石印本同，陸龜蒙《笠澤叢書》叢書丙《祝牛宮辭並序》、陸龜蒙《唐
　　　甫里先生文集》卷十六《祝牛宮辭並序》作「為」。
〔註5〕《後漢書》卷四十三《朱穆傳》李賢《注》。
〔註6〕《王風‧君子于役》。
〔註7〕《後漢書》卷五十四。
〔註8〕《王風‧葛藟》。

「拊我畜我。」〔註9〕吁嗟犢不如，寢訛從所欲。《詩》：「或寢或訛。」〔註10〕

村舍有雞柵，樹近蓬門樞。曉日披其樊，一雌將眾雛。《樂府‧隴西行》：「鳳凰鳴啾啾，一母將九雛。」〔註11〕村嫗導之前，握粟呼朱朱〔註12〕。《詩》：「握粟出卜。」〔註13〕《風俗通》：「呼雞朱朱，俗說雞本朱公化為之，而今呼雞皆朱朱也。」〔註14〕當前或更卻，母啄子必俱。吾生早離家，南北忽相踰。父母謂他人，眾中益羇孤。吁嗟雞不若，骨肉長相須。

夏墓蕩二首 《嘉興縣志》：「夏墓在嘉善西北，入汾湖，東入西白蕩，抵吳江界。」《禾錄》：「夏墓蕩在嘉善西北三十六里。昔有大姓夏氏築墓於此，因以為名。」

夏墓蕩前停釣艣，荒溝極浦易迷津。夕陽滿地北風起，飛遍蘆花不見人。

干戈靜處見漁師，羨爾花源信所之。陶潛《桃花源記》：「武陵人捕魚為業，緣溪行，忘路之遠近。忽逢桃花林，夾岸數百步，中無雜樹。」豈意叉魚艇子集，潘岳《西征賦》：「垂餌出入，挺叉來往。」《注》：「叉，取魚叉也。」〔註15〕殺機不異銳頭兒〔註16〕。杜甫詩：「長陵銳頭兒，出獵待明發。」〔註17〕

過邱生 《靜志居詩話》：「先叔父茮園先生避兵夏墓蕩之北，有故人邱岳，託其子於先生。先生為之娶婦，教以學文。」〔註18〕

邱生避地夏湖曲，《橋李詩繫》：「夏湖在嘉善治北三十里，又曰夏墓蕩也。」〔註19〕獨伴流泉結書屋。茅柴酒薄留故人，韓子蒼《茅柴酒》：「飲慣茅柴諳苦硬，不知如蜜有香膠。」〔註20〕破甌夜燒風折木。白居易詩：「木秀遭風折。」〔註21〕

〔註 9〕《小雅‧蓼莪》。
〔註 10〕《小雅‧無羊》。
〔註 11〕《玉臺新詠箋注》卷一。
〔註 12〕國圖藏本眉批：《伽藍記》：「沙門寶公曰：『把粟與雞呼朱朱。』」
〔註 13〕《小雅‧小宛》。
〔註 14〕《太平御覽》卷九百一十八《羽族部五》。
〔註 15〕《文選》卷十。
〔註 16〕國圖藏本眉批：《春秋後語》：「平原君曰：『臣觀武安之為人，頭小而銳，難與爭鋒。』」
〔註 17〕《遣興五首》之二，見《杜詩鏡銓》卷五。
〔註 18〕朱彝尊《靜志居詩話》卷二十三《朱茂晥》。
〔註 19〕沈季友《橋李詩繫》卷三十九周忱《夏湖泛月》。
〔註 20〕韓駒《陵陽集》卷三《庚子年還朝飲酒六絕句》之一。
〔註 21〕白居易《白氏長慶集》卷十三《代書詩一百韻寄微之》。

柔兆閹茂丙戌

曉入郡城

輕舟乘閏入，繫纜壞籬根。古道橫邊馬，孤城閉水門。星含兵氣動，月傍曉煙昏。辛苦鄉關路，重來斷客魂。

悲歌

我欲悲歌，誰當和者。四顧無人，笍笍曠野。

過吳大村居 名蓝，字沅思，嘉興人。著《兔園冊》。

泛舟經谷口，迢遞入林端。一徑野煙夕，孤村返照寒。榴花赤瑪瑙，庾信《楊柳歌》：「銜雲酒杯赤瑪瑙。」〔註22〕竹色青琅玕。元稹《種竹》詩：「一一青琅玕。」〔註23〕滿酌主人酒，休歌行路難。《樂府題解》：「《行路難》，備言世路艱難及離別傷悲之意。」〔註24〕

漫感

淮陰昔未遇，旅食昌亭年。《史記·淮陰侯傳》：「韓信，淮陰人也。常數從其下鄉南昌亭長寄食，數月，亭長妻患之，乃晨炊蓐食。食時，信往，不為具食。」〔註25〕王勃《餞唐少府》：「下驛窮交日，昌亭旅食年。」〔註26〕《一統志》：「南昌亭在淮南府城西三十五里。」薄俗愛惜費，《古詩》：「愚者愛惜費，但為後世嗤。」〔註27〕晨炊固宜焉。哀哉趙元叔，日歎囊無錢。《後漢·文苑傳》：「趙壹，字元叔。」《疾邪賦》：「文籍雖滿腹，不如一囊錢。」又：「哀哉復哀哉，此是命矣夫。」〔註28〕男兒雖落魄，《史記·酈生傳》：「家貧落魄。」〔註29〕寧受眾目憐。杜甫詩：「常受眾目憐。」〔註30〕相逢遊俠子，白馬黃金鞭。曹植《白馬篇》：「白

〔註22〕庾信《庾子山集》卷二。
〔註23〕元稹《元氏長慶集》卷二。
〔註24〕《玉臺新詠箋注》卷九《行路難四首》，作「樂府解題」。
〔註25〕《史記》卷九十二《淮陰侯列傳第三十二》。
〔註26〕王勃《王子安集》卷三《白下驛餞唐少府》。
〔註27〕《文選》卷二十九《古詩一十九首》。
〔註28〕《後漢書》卷八十下《文苑列傳第七十下》。
〔註29〕《史記》卷九十七。
〔註30〕《贈李五五丈別》，見《杜詩鏡銓》卷十三。

馬飾金羈，連翩西北馳。借問誰家子，幽并遊俠兒。」〔註31〕岑參詩：「金鞭白馬紫遊韁。」〔註32〕**揖我入酒家，飲我斗十千。**曹植《名都篇》：「美酒斗十千。」〔註33〕**臨觴忽不御，**王維《春中田園》句。〔註34〕**拔劍心茫然。**李白《行路難》：「拔劍四顧心茫然。」〔註35〕

暝

暝投人外宿，桑柘藹陰陰。獨樹歸禽少，平川隱霧深。松篁初月上，鍾磬夕陽沉。漸覺微風起，寥寥山水音。

平陵東〔註36〕

《古今注》：「《平陵東》，東漢翟義門人所作也。」古辭：「平陵東，松柏桐，不知何人劫義公。劫義公在高堂下，交錢百萬兩走馬。兩走馬，亦誠難，顧見追吏心中惻。心中惻，血出漉，歸告我家賣黃犢。」〔註37〕

平陵東，蒿艾蓬。爾為誰，劫義公。摐者金，伐者鼓。高適《燕歌行》：「摐金伐鼓下榆關。」〔註38〕**縛義公，大旗下。帳前力士頭虎毛，**杜甫《大食刀歌》：「壯士短衣頭虎毛，憑軒拔鞘天為高。」〔註39〕**傳呼欲下五尺刀**〔註40〕。《樂府·琅琊王歌》：「新買五尺刀，懸著中樑柱。」〔註41〕**如可贖，君歸賣白馬，我歸賣黃犢。**

〔註31〕《文選》卷二十七。

〔註32〕岑參《岑嘉州詩》卷二《送張獻心充副使歸河西雜句》，「鞭」作「鞍」。

〔註33〕《文選》卷二十七。

〔註34〕《王右丞集箋注》卷三《春中田園作》。

〔註35〕《李太白詩集注》卷三。

〔註36〕國圖藏本眉批：《樂府解題》曰：「《平陵東》，漢翟義門人所作也。義為丞相方進少子，為東郡太守。以王莽篡漢，舉兵討之，不克而見害。門人作歌以怨之。」

〔註37〕《宋書》卷二十一《樂志三》。

〔註38〕高適《高常侍集》卷五。

〔註39〕原題作《荊南兵馬使太常卿趙公大食刀歌》。

〔註40〕國圖藏本眉批：左延年《秦女休行》：「兩徒夾我持刀，刀五尺餘。刀未下，朣朧擊鼓赦書下。」

〔註41〕《樂府詩集》卷二十五《琅琊王歌辭》。

強圉大淵獻丁亥

捉人行〔註42〕

　　步出西郭門，遙望北郭路。里胥來捉人，縣官一何怒。縣官去邊兵，來中流簫鼓。官船開漢武帝《秋風辭》：「汎樓船兮濟汾河，橫中流兮揚素波，簫鼓鳴兮發棹歌。」〔註43〕牛羊，橐駝蔽原野。《爾雅翼》：「古語謂之橐馳。」橐，囊也。馳，負也。今云駱駝，蓋橐音之轉。天風蓬勃飛塵埃，陳邁菴《韻語》：「《桂枝大風謠》：『大風蓬勃揚塵埃。』」大船峩峩駐江步，何景明《津市打魚歌》：「大船峩峩繫江岸，鮎魴鱗鱗收百萬。小船取速不取多，往來拋網如擲梭。」〔註44〕柳宗元《鐵爐步志》：「江之滸，凡舟可縻而上下者曰步。」〔註45〕小船捉人更無數。頹垣古巷無處逃，生死從他向前路。杜甫詩：「生死向前去，不勞吏怒嗔。」〔註46〕沿江風急舟行難，身牽百丈腰環環。《南史·朱超石傳》：「宋武北伐，超石董舟師入河陽，軍人緣河南岸牽百丈，有漂度北岸者。」〔註47〕《演繁露》：「劈竹為大瓣，以麻索連貫為牽，其名百丈。」〔註48〕《樂府·女兒子》：「我欲上蜀，蜀水難蹋。蹀珂頭，腰環環。」〔註49〕腰環環，過杭州，千人舉櫂萬人謳〔註50〕。杜甫詩：「千人舞，萬人謳。」〔註51〕老拳毒手爭毆逐，《晉書·載記》：「石勒引李陽臂，笑曰：『孤往日厭卿老拳，卿亦飽孤毒手。』」〔註52〕慎勿前頭看後頭。《樂府·企喻歌》：「前頭看後頭，齊著鐵鉅鍒。」〔註53〕

馬草行

　　陰風蕭蕭邊馬鳴，健兒十萬來空城。角聲嗚嗚滿街道，《音樂旨歸》：

〔註42〕國圖藏本題下批：杜甫《石壕吏》詩：「暮投石壕村，有吏夜捉人。」
〔註43〕《文選》卷四十五。
〔註44〕何景明《何大復先生集》卷十一。
〔註45〕柳宗元《河東先生集》卷二十八《永州鐵爐步志》。
〔註46〕《前出塞九首》之三，見《杜詩鏡銓》卷二。
〔註47〕《南史》卷十六。
〔註48〕程大昌《演繁露》卷十五《百丈》。
〔註49〕郭茂倩《樂府詩集》卷四十九。
〔註50〕國圖藏本眉批：《三秦記》：「甘泉歌云：『運石甘泉口，渭水為不流。千人唱，萬人謳。』」
〔註51〕《封西嶽賦》，見《杜詩詳注》卷二十四。
〔註52〕《晉書》卷一百五《石勒載記下》。
〔註53〕郭茂倩《樂府詩集》卷二十五。

「角長五尺，形如竹筒，本細末大。今鹵簿及軍中用之。或以竹木，或以皮為之也。」
縣官張燈征馬草。階前野老七十餘，身上鞭扑無完膚。杜甫《哀王孫》：
「身上無有完肌膚。」〔註54〕里胥揚揚出官署，《史記・管晏傳》：「意氣揚揚，
甚自得也。」〔註55〕未明已到田家去。橫行叫罵呼盤飧，《左傳》：「乃饋盤
飧。」〔註56〕闌牢四顧搜雞豚。《晏子》：「公之牛馬，老於闌牢。」〔註57〕歸
來輸官仍不足，元稹《田家詞》：「輸官不足歸賣屋。」〔註58〕揮金夜就倡樓
宿。

北邙山行《十道志》：「邙山在洛陽北十里。」楊佺期《洛城記》：「邙山，古今東洛
九原之地也。」

北邙山前望行路，素車白馬紛朝暮。《〈漢書・高帝紀〉注》：「素車白馬，
喪人之服。」〔註59〕誰家丘墓樹蘢茷，白楊枌檟松柏桐。劉昌《懸笥瑣探》：
「丘冢間多白楊，葉尖，圓如杏，枝頗勁。」《白虎通》：「庶人無墳，樹以楊柳。」
〔註60〕仲長子《昌言》：「古之葬者，松柏梧桐以識其墳也。」黃金為鳧石為馬，
《漢書・劉向傳》：「人膏為燈燭，水銀為江海，黃金為鳧雁。」〔註61〕《金石例》：
「《事庭廣記》云：『炙轂子曰：秦、漢以來，帝王陵寢有石麟、辟邪、兕、馬之屬，
人臣墓有石人、羊虎柱之類，皆表飾墳壠，如生前儀衛。』」〔註62〕魚燈熒熒照泉
下。《史記・秦始皇紀》：「始皇穿治酈山，以水銀為百川江河大海，人魚膏為燈。」
〔註63〕古碑崩剝無歲年，後人於此犁為田。《古詩》：「古墓犁為田，松柏摧為
薪。」〔註64〕雄狐优优兔矍矍，《楚辭》：「豺狼從目，往來优优些。」〔註65〕《易》：
「視矍矍。」〔註66〕人聲夜哭烏聲樂。

〔註54〕《杜詩詳注》卷四。
〔註55〕《史記》卷六十二。
〔註56〕僖公二十三年。
〔註57〕《晏子春秋》內篇諫下第二《景公登路寢臺望國而歎晏子諫第十九》。
〔註58〕元稹《元氏長慶集》卷二十三。
〔註59〕《漢書》卷一上。
〔註60〕班固《白虎通德論》卷十《崩薨》。
〔註61〕《漢書》卷三十六。
〔註62〕潘昂霄《金石例》卷一《石人羊虎柱制度》，作「《事祖廣記》」。
〔註63〕《史記》卷六。
〔註64〕《文選》卷二十九《古詩一十九首》。
〔註65〕《招魂》。
〔註66〕《震》上六。

春晚過放鶴洲《靜志居詩話》:「城南放鶴洲,相傳為唐相裴休別業,名曰裴島。然考新、舊《唐書》,俱不言休流寓吳下。《至元嘉禾志》、弘〔註67〕正間儀真柳琰《府志》、萊陽於鳳喈《補志》,亦未之載。或曰:南渡初,禮部郎中朱敦儒營之,以為墅洲,名其所題。雖不見地志,觀《樵歌》一編,多在吾鄉所作,此說近是。世父子葵〔註68〕拓地百畝,自湖之田,有堂有亭,有橋有船,有岡有樹,有庖有湢,褧樹花果瓜疇,芋區菜圃,靡所不具。陳少詹懿典為作記,董尚書其昌為書扁,李少卿日華為寫圖,後先觴詠者題壁淋漓。今則大樹飄零,高臺蕪沒,止存臥柳、斷橋而已。」〔註69〕

問訊裴公島,春來幾度遊。古牆修竹上,潭水落花浮。煙雨無人境,山泉放鶴洲。鷗夷今不見,《史記》:「范蠡浮海出齊,變姓名,自謂鴟夷子皮。」〔註70〕往事問漁舟。

雨後即事二首

暑雨涼初過,高雲薄未歸。泠泠山溜遍,陸機詩:「山溜何泠泠。」〔註71〕淅淅野風微。日氣晴虹斷,霞光白鳥飛。農人乍相見,歡笑款柴扉。

一雨平林外,群山倚杖前。蛙聲浮岸草,鳥影度江天。鳴磬上方寺,《維摩經》:「汝往上方界,分度四十二恒河沙佛土。」〔註72〕劉長卿詩:「上方鳴夕磬。」〔註73〕揚帆何處船。坐疑秋氣近,蕭瑟感流年。《楚辭》:「悲哉,秋之為氣也!蕭瑟兮,草木搖落而變衰。」〔註74〕

野外

野外疏行跡,深林客到遲。江湖殊後會,風雨惜前期。秋草飛黃蝶,《楊升庵集》:「胡蝶或黑或白,或五采皆具,惟黃色一種,至秋乃多,蓋感金氣也。李白詩:『八月胡蝶黃』,深中物理。」〔註75〕浮萍漾綠池。南樓夜吹笛,寥落

〔註67〕「弘」,底本、石印本作「宏」。
〔註68〕「子葵」,《靜志居詩話》無。
〔註69〕朱彝尊《靜志居詩話》卷十九《朱茂時》。
〔註70〕《史記》卷四十一《越王句踐世家第十一》。
〔註71〕《招隱詩》,見《文選》卷二十二。
〔註72〕《維摩詰所說經》卷下《香積佛品第十》。
〔註73〕《宿北山禪寺蘭若》。
〔註74〕《九辯》。
〔註75〕楊慎《升菴集》卷八十一《黃蝶》。
      國圖藏本眉批:「秋草飛黃蝶」,止引李白詩可也。又白居易詩「秋蝶黃茸茸」,

故園思。

舟經震澤《尚書集傳》：「震澤，太湖也。」《集說》：「三吳之水悉注於震澤。震澤之水，三江分泄之以入海。」

澤國東南遠，《周禮》：「澤國用龍節。」**樓船舊荷戈**。《晉書·王濬傳》：「荷戈長鶩，席捲萬里。」〔註76〕**明霞開組練，惡浪走蛟鼉。橫海將軍號**，庾信句。〔註77〕《史記·東越傳》：「餘善刻武帝璽自立，詐其民，為妄言天子遣橫海將軍韓說出句章，浮海從東方。」〔註78〕**臨江節士歌**。《漢書·藝文志》：「臨江王及愁思節士歌詩四篇。」〔註79〕**重來已陳跡，歎息此經過。**

著雍困敦戊子

董逃行〔註80〕《樂府解題》：「古《董逃行》詞云：『吾欲上謁從高山，山頭危險道路難』，言五嶽之上，可以求長生不死之術，令天神擁護君上以壽考也。若陸機、謝靈運《董逃行》，但言節物芳華，可及時行樂，無使徂齡坐徙而已。」

我欲上登崆峒，《史記正義》：「《括地志》云：『空桐山在肅州祿福縣東南。』抱朴子云：『黃帝過空桐，從廣成子受自然之理』，即此山。《括地志》又云：笄頭山，一名崆峒山，在原州平陽西百里。《輿地志》云：『或即雞頭山也。』酈道元云：『蓋大隴山異名也。』《莊子》云：『廣成子學道崆峒山。』黃帝問道於廣成子蓋此。按：二處崆峒皆云黃帝登之，未詳孰是。」〔註81〕**謁見仙人韓終。**《漢書·郊祀志》：「秦

亦可目引。若楊升庵之論，似有病。謂秋蝶之黃蓋感金氣，殊不知金屬白，不屬黃。五行之金，統金銀銅鐵言之，非專以黃金為金也。升菴牽合之論最多，不足以作訓詁。

〔註76〕《晉書》卷四十二。

〔註77〕庾信《庾子山集》卷三《奉報趙王出師在道賜詩》。

〔註78〕《史記》卷一百十四。

〔註79〕《漢書》卷三十。

國圖藏本眉批：《樂府·臨江王節士歌》，宋陸厥作。

按：陸厥《臨江王節士歌》，見《樂府詩集》卷第八十四。

〔註80〕國圖藏本眉批：崔豹《古今注》：「《董逃歌》，後漢遊童所作也。終有董卓作亂，率以逃亡，後人習之以為歌章，樂府奏之，以為儆戒。」

《神仙傳》：「劉根初學道，到華山，見一人乘白鹿，從十餘玉女。根頓首，乞一言。神人乃一住，曰：『爾聞有韓眾否？』答曰：『定聞有之。』答曰：『即我是也。』『眾』一作『終』。」

〔註81〕《史記》卷一《五帝本紀第一》。

始皇初併天下，甘心於神仙之道，遣徐福、韓終之屬，多齎童男童女入海，求神采藥。」〔註82〕**兩驂白鹿雲中**，《樂府》：「王子喬驂駕白鹿雲中遨。」〔註83〕**輕車超忽西東。駕者何人木公**，《仙傳拾遺》：「木公，亦云東王父，亦云東王公。昔漢初小兒於道歌曰：『著青裙，入天門。揖金母，拜木公。』時人皆不識，惟張子房知之，乃再拜之，曰：『此乃東王公之玉童也。』」**旁有千載玉童，耳長覆發豐茸**。《樂府》：「仙人騎白鹿，髮短耳何長。」〔註84〕**天門閽者蘇林**〔註85〕，《列仙傳》：「蘇林，濮陽人。漢元帝神爵二年三月六日，語弟子曰：『我昨被玄洲召為真人，上領太極中候大夫。今別汝矣。』明日，果有雲車羽蓋、驂龍駕虎、侍從數百人迎林。林即日登天，冉冉從西北而去。」**復開閶闔招尋**。《楚辭》：「吾令帝閽開關兮，倚閶闔而望予。」〔註86〕**青藍紫桂成陰**，《拾遺記》：「闇河之北，有紫桂成林，其實如棗，群仙餌焉。韓終《採藥》四言詩曰：『闇河之桂，實大如棗。得而食之，後天而老。』」〔註87〕**清風細雨吹襟。提壺設席盇簪，蒼龍白虎交臨**。《樂府》：「青龍前鋪席，白虎持榼壺。」〔註88〕《史記‧天官書》：「東宮蒼龍。西宮。參為白虎。」〔註89〕**投壺六博無方**，《古樂府》：「井公能六博，玉女善投壺。」〔註90〕**中筵促坐芝房**。見卷二《南安客舍》。**有美一人清揚**，《詩》：「有美一人，清揚婉兮。」〔註91〕**輕軀暢舞洋洋**。《晉白紵舞歌》：「輕軀徐起何洋洋，高舉兩手白鵠翔。宛若龍轉乍低昂，凝停善睞容儀光。」〔註92〕《齊拂舞歌》：「暢飛暢舞氣流芳。」〔註93〕**宛若龍游鵠翔**，傅毅《舞賦》：「體若遊龍。」〔註94〕**清歌妙曲難忘。四坐歡樂未央**，《晉白紵舞歌》：「舞以盡神安可忘，晉世方昌樂未央。」〔註95〕**瞳瞳日出榑桑**。李白

〔註82〕《漢書》卷二十五下。

〔註83〕魏津《（弘治）偃師縣志》卷四《晉古辭》。

〔註84〕《樂府詩集》卷三十《長歌行》。

〔註85〕國圖藏本眉批：《樂府》：「蘇林開天門，趙尊閉地戶。」
　　　　按：郭茂倩《樂府詩集》卷四十七《宿阿曲》。

〔註86〕《離騷》。

〔註87〕王嘉《拾遺記》卷一《顓頊》。

〔註88〕《太平御覽》卷五百三十九《禮儀部十八》。

〔註89〕《史記》卷二十七。

〔註90〕楊慎《升菴集》卷五十八《井公六博》。

〔註91〕《鄭風‧野有蔓草》。

〔註92〕郭茂倩《樂府詩集》卷五十五《晉白紵舞歌詩》。

〔註93〕郭茂倩《樂府詩集》卷五十五《齊拂舞歌‧濟濟辭》。又見卷五十四《晉拂舞歌詩‧濟濟篇》。

〔註94〕吳淑《事類賦》卷十一《樂部》。

〔註95〕郭茂倩《樂府詩集》卷五十五《晉白紵舞歌詩》。

詩：「已見日曈曈。」〔註96〕《淮南子》：「日出於暘谷，浴於咸池，拂於榑桑，是謂晨明。」〔註97〕《十洲記》：「扶桑在碧海中。樹長數千里，一千餘圍，兩兩同根，更相依倚，故曰扶桑。」

五游篇《樂府詩集》，曹植有《五游篇》。

　　崑崙有鳥，自名希有。東覆木公，西藏金母。一解。《山海經》：「崑崙墟在西北，方八百里，高萬仞。」《神異經》：「崑崙有大鳥，名曰希有。南向張左翼，覆東王公；右翼覆西王母。背上小處無羽一萬九千里。西王母歲登翼上，之東王公也。其鳥銘曰：『其鳥希有，綠赤煌煌。不鳴不食，東覆東王公，西覆西王母。王母欲東，登之自通。陰陽相次，唯會益工。』」《仙傳拾遺》：「西王母亦云金母。」飄風東來，吹我西征。路從弱水，阿母未經。二解。《山海經》：「崑崙之丘，其下有弱水之川。」《注》云：「其水不勝鳥毛。」《仙傳拾遺》：「穆王涉弱水，魚鱉黿鼉以為梁，遂登於舂山，又觴西王母於瑤池之上。」《漢書·西域傳》：「安息長老傳聞條支有弱水，西王母亦未嘗見。」〔註98〕雲車隆隆，《博物志》：「漢武帝好道，西王母七月七日乘紫雲車而來。」《古今注》：「成帝建始四年，天雷如擊連鼓，音可四五刻，隆隆如車聲不能絕。」土鼓逢逢。《禮》：「土鼓蕢桴。」〔註99〕《詩》：「鼉鼓逢逢。」〔註100〕道逢仙人，言葬雷公。三解。《穆天子傳》：「天子升崑崙，封豐隆之葬。」郭璞云：「豐隆筮師御雲，得《大壯》卦，遂為雷師。」《論衡》：「圖雷之狀，纍纍如連鼓形，又圖一人，若力士之容，謂之雷公，使之左手引連鼓，右手推之。」〔註101〕河鼓渡河，《爾雅》：「河鼓謂之牽牛。」天孫設食。《史記·天官書》：「織女，天女孫也。」〔註102〕奔星馳驅，《爾雅》：「奔星為彴約。」《注》曰：「流星。」《晉書·天文志》：「流星，天使也。」〔註103〕不見太白。四解。《東方朔內傳》：「秦並六國，太白星竊織女侍兒梁玉清、衛承莊逃入衛城少仙洞，四十六日不出，天帝怒，命五嶽搜捕焉。」〔註104〕方丈之山，其高五千。群仙往

〔註96〕非李白詩，出賀朝《宿香山閣》，見芮挺章《國秀集》卷中、《全唐詩》卷一百十七。
〔註97〕《淮南子·天文訓》。
〔註98〕《漢書》卷九十六上。按：此語早見《史記》卷一百二十三《大宛列傳第六十三》。
〔註99〕《禮記·明堂位第十四》。
〔註100〕《大雅·靈臺》。
〔註101〕王充《論衡》卷六《雷虛篇》。
〔註102〕《史記》卷二十七。
〔註103〕《晉書》卷十二《天文志中·流星》。
〔註104〕李昉《太平廣記》卷五十九《女仙四·梁玉清》。

來，不願昇天。五解。《十洲記》：「方丈洲在東海中央，東西南北岸相去正等。方丈方五千里。群仙不欲昇天者，皆往來此洲。」

少年子《樂府遺聲》：「遊俠二十一曲，有《少年子》。」

臂上黑彫弧，張說詩：「彫弧月半上，畫的暈重圓。」〔註105〕腰間金僕姑。《左傳》：「魯莊公以金僕姑射南宮長萬。」《注》：「金僕姑，矢名。」〔註106〕突騎五花馬，《楊升庵集》：「李詩『朝騎五花馬』，又『五花馬，千金裘』；杜詩『蕭蕭千里馬，箇箇五花文』。以馬鬃剪為五花，或三花，皆象天文也。」〔註107〕射殺千年狐。岑參詩：「臘月〔註108〕射殺千年狐。」

雀飛多

雀飛多飲，啄野田裏。《莊子》：「澤雉十步一啄，百步一飲。」〔註109〕曹植有《野田黃雀行》。奈何卒逢黃鶬子。《樂府》：「蛺蝶之遨遊東園，奈何卒逢三月養子燕。」〔註110〕又：「郎非黃鶬子，那得雲中雀。」〔註111〕誰其救者彈以丸，何用報君雙玉環。玉環如可得，不惜黃花與爾食。《續齊諧記》：「漢弘〔註112〕農楊寶性慈愛，九歲至華陰山，見一雀為鴟鴞所搏，墜地，螻蟻攢之。寶懷歸，置巾箱中，餌以黃花。百餘日，雀愈，朝去暮來。忽一夕，變為黃衣童子，以白玉環四枚與寶，曰：『令君子孫潔白，位登三公，當如此環。』」

獨不見《樂府遺聲》：「怨思三十五曲，有獨不見。」《題解》：「言思而不見也。」

青樓百尺狹巷旁，中有桂樹臨高堂。啼烏自將八九子，《樂府》：「烏生八九子，端坐秦氏桂樹間。」〔註113〕杜甫詩：「暫止飛烏將數子。」〔註114〕鳴鶴散立東西廂。《樂府·相逢行》：「音聲何嘈嘈，鶴鳴東西廂。」〔註115〕情人碧玉小

〔註105〕張說《張說之文集》卷四《玄武門侍射》。
〔註106〕莊公十一年。
〔註107〕楊慎《升菴集》卷八十一《五花三花》。又見楊慎《丹鉛總錄》卷五《鳥獸類·五花馬》。
〔註108〕「月」，石印本同，岑參《岑嘉州詩》卷二《玉門關蓋將軍歌》作「日」。
〔註109〕《莊子·內篇·養生主第三》。
〔註110〕《蝶蝶行》。
〔註111〕《慕容家自魯企由谷歌》。
〔註112〕「弘」，底本、石印本作「宏」。
〔註113〕郭茂倩《樂府詩集》卷二十八《烏生》。
〔註114〕《堂成》，見《杜詩詳注》卷九。
〔註115〕郭茂倩《樂府詩集》卷三十四。

家女，《樂府·碧玉歌》：「碧玉小家女，不敢攀貴德。」〔註116〕《樂苑》：「《碧玉歌》者，宋汝南王作也。碧玉，汝南王妾名，以寵愛之甚，所以歌之。」〔註117〕孫綽有《情人碧玉歌》。**快馬琅琊大道王。**《樂府·琅琊王歌》：「琅琊復琅琊，琅琊大道王。陽春二三月，單衫繡襦襠。」又：「憐馬高纏鬃，遙知身是龍。」〔註118〕**陽春三月獨不見，夜如何其守空牀。**《詩》：「夜如何其？」〔註119〕《古詩》：「空床難獨守。」〔註120〕

曹三秀才山秀讀書馨菴同吳大苣訪之遇雨留信宿

《唐書·選舉志》：「唐制：取士之科，其目有秀才，有明經，有俊士，有進士。」〔註121〕先生《曹君墓誌》：「諱山秀，字中峽，嘉興人。幼習詩，補縣學生員。歲乙酉，予年十七，依外父馮君避地練浦塘東。君世居幽浜，予兄事之。有吳君苣者，人目為狂生。家橫涇水曲，相去各二里，而近中道為五兒子橋。三人者，暇輒相訪，粗飯一盂，肉一料，酒一注，留必醉飽。」〔註122〕《梅里志》：「馨菴在里東曹墩之北。」

故人多寂寞，杜甫詩：「故人還寂寞。」〔註123〕而子寄僧房。不見長相憶，因之暫裹糧。《莊子》：「子輿與子桑友，而霖雨十日，子輿曰：『子桑殆病矣。』裹飯而往食之。」〔註124〕野雲停曲几，涼雨滴虛廊。欲問歸津渡，蒹葭一水長。

晚

白屋〔註125〕生寒早，蒼煙向晚陰。松門清磬遠，楓岸夕陽深。坐聽農人語，多諳靜者心〔註126〕。荊扉猶未掩，倚杖數歸禽。

〔註116〕郭茂倩《樂府詩集》卷四十五《碧玉歌三首》之二。
〔註117〕郭茂倩《樂府詩集》卷四十五《碧玉歌三首》之二。
〔註118〕郭茂倩《樂府詩集》卷二十五《琅琊王歌辭》。
〔註119〕《小雅·庭燎》。
〔註120〕《文選》卷二十九《古詩一十九首》。
〔註121〕《新唐書》卷四十四。
〔註122〕朱彝尊《曝書亭集》卷七十八《文學曹君墓誌銘》。
〔註123〕《贈高式顏》，見《杜詩詳注》卷六。
〔註124〕《莊子·內篇·大宗師第六》。
〔註125〕國圖藏本眉批：《漢書·蕭望之傳》顏師古《注》：「白屋，茅屋也。」
〔註126〕國圖藏本眉批：杜詩：「靜者心多妙。」
　　　　　按：《寄張十二山人彪三十韻》，見《杜詩詳注》卷八。

題項叟聖謨畫柳《檇李詩繫》：「聖謨，字孔彰，號易菴，自稱胥山樵，元汴之孫。畫得家法，稱逸品。著有《朗雲堂集》。」〔註127〕

吾家舊宅由拳北，《吳地記》：「嘉興縣本號長水縣，秦改由拳縣。」恰與胥山樵對門。巷柳蕭條今已盡，《隋書·何妥傳》：「蘭陵蕭睿住青楊巷，妥住白楊頭，時人語曰：『世有兩儁，白楊何妥，青楊蕭睿。』」〔註128〕春風猶喜畫圖存。

屠維赤奮若己丑

春江花月夜《晉書·樂志》曰：「《春江花月夜》、《玉樹後庭花》，並陳後主所作。後主嘗與宮中女學士及朝臣相和為詩，太常令何胥又善於文詠，採其尤艷麗者以為此曲。」〔註129〕

今夜江中月，兼花照水濱。春潮寒不起，定有弄珠人。王適詩：「不知春色早，疑是弄珠人。」〔註130〕

芳樹《樂府正聲》：「漢短簫鐃歌。」《題解》：「古詞有云：妬人之子，愁殺人君有他心，樂不可禁。若王融『相思早春日』，謝朓『早春華池陰』，但言時暮，眾芳歇絕而已。」

芳樹不知名，當君階下生。三春三月暮，李白詩：「三春三月憶三巴。」〔註131〕一雨一番晴。劉昭禹《聞蟬》句。〔註132〕看舞山蘺曲，蘇軾題跋：「李陶有子，素不作詩。忽詠落梅，詩云：『流水難窮日，斜陽易斷腸。誰問研光帽，一曲舞山香。』若有物憑附者，自云是謝中舍問研光事，云西王母宴群仙，有舞者戴研光帽，帽上簪花，舞山香一曲未終，花皆落去。」聽吹玉笛聲。李白詩：「黃鶴樓中吹玉笛，江城五月落梅花。」〔註133〕相思人不見，終日遶花行。

〔註127〕沈季友《檇李詩繫》卷二十二《胥山樵項聖謨》。
　　　　國圖藏本眉批：原注：胥山樵，項叟自號也。
　　　　按：此為朱彝尊注，見《曝書亭集》卷二。
〔註128〕《隋書》卷七十五。
〔註129〕郭茂倩《樂府詩集》卷四十七《春江花月夜二首》。
〔註130〕計有功《唐詩紀事》卷六《王適》。又見洪邁《萬首唐人絕句詩》卷十九，題為《江濱梅》。（明嘉靖刻本）
〔註131〕《宣城見杜鵑花》，見《李太白詩集注》卷二十五。
〔註132〕阮閱《詩話總龜》卷二十。
〔註133〕《與史郎中欽聽黃鶴樓上吹笛》，見《李太白詩集注》卷二十三。

擬古

東鄰有女，司馬相如《美人賦》：「臣之東鄰，有一女子。雲髮豐豔，蛾眉皓齒。」
自名碧玉。見前《獨不見》。**問年幾何，三六未足。**《羅敷陌上桑》：「羅敷年幾
何，二十尚不足，十五頗有餘。」〔註134〕**言採柔桑，不盈一匊。**《詩》。〔註135〕
愧無南珠，《格古論要》：「南珠出南蕃海蚌中。南蕃者好，廣西者易黃。」**以慰心
曲。原田有雉，艾而張羅。**〔註136〕**愛而不見，傷如之何。**《詩》。〔註137〕

靜夜思 李白有《靜夜思》。

靜夜涼風天氣清，宋之問《明河篇》：「八月涼風天氣清。」**開軒白露滋前
楹。優人佇立愁屏營，**張衡《定情歌》：「思美人兮愁屏營。」**仰觀北斗懸高城。**
蘇頲詩：「城上平臨北斗懸。」〔註138〕**浮雲飄忽蒼煙平。誰家青樓葳蕤鑰，**《述
異記》：「葳蕤鑰，金縷相連，屈伸在人。」〔註139〕《樂府·烏夜啼》：「歡下葳蕤籥，
交儂那得住？」**月寒沉沉夜飛鵲。**

阿那瓖二首 《北史》：「阿那瓖，蠕蠕國王。」〔註140〕

黃塵起跋跌，《樂府·折楊柳》：「跋跌黃塵下。」**乃自渭橋過。**《樂府·阿
那瓖》：「驅馬渭橋來。」**小袖織錦袍，足踏深雍鞾。**《南史·蠕蠕傳》：「蠕蠕辮
髮，衣錦小袖袍，小口褲，深雍鞾。」〔註141〕

問客家何方，揚鞭兩走馬。王維《隴西行》：「十里一走馬，五里一揚鞭。」
《樂府·平陵東》：「交錢百萬兩走馬。」**四角白虎幡，**《文獻通考》：「幡有告止、傳
教、信幡，皆絳帛。錯采為字，上有朱絲小蓋，四角垂羅紋，佩繫龍頭竿上。錯采字

〔註134〕郭茂倩《樂府詩集》卷二十八。

〔註135〕《小雅·采綠》：「終朝采綠，不盈一匊。」

〔註136〕國圖藏本眉批：《樂府》：「南山有鳥，北山張羅。鳥自高飛，羅將奈何。」
　　　　漢鐃歌：「艾而張羅，夷於何行。」
　　　　按：原詩曰「艾而張羅，夷於何。行成之，四時和」，「何」字當下讀。

〔註137〕兩句分見《邶風·靜女》、《陳風·澤陂》。

〔註138〕《奉和春日幸望春宮應制》。

〔註139〕國圖藏本眉批：《藝林伐山》引葳蕤鑰，以為見《錄異記》。陳晦伯《正楊》
　　　　以《錄異記》杜光庭著，無葳蕤鑰事，謂見《錄異傳》。此標《述異記》，當
　　　　考。

〔註140〕國圖藏本批註：《通典》曰：「蠕蠕自拓跋初徙雲中，即有種落。後魏太武神
　　　　廳中強盛，盡有匈奴故地。阿那瓖，孝明帝時蠕蠕國主，辭云匈奴主也。」

〔註141〕卷七十九《夷貊列傳下》。

下，告止為雙鳳，傳教為雙白虎，信幡為雙龍。」〔註142〕《樂府・襄陽樂》：「四角龍子幡，環環江當柱。」**招搖來闕下**。《禮》：「左青龍而右白虎，招搖在上，急繕其怒。」〔註143〕

那呵灘《古今樂錄》：「《那呵灘》，舊舞十六人，梁八人。其和云：郎去何當還。多敘江陵及揚州事。那呵，蓋灘名也。」

聞歡當遠行，泣下不可止。大艑開江津，懊惱鐵鹿子。〔註144〕《樂府・懊儂歌》：「長檣鐵鹿子，布帆阿那起。」

烏棲曲梁簡文帝有《烏棲曲》。

天河漫漫月流光，錦筵紅袖燈輝煌。岑參詩：「軍中置酒夜撾鼓，錦筵紅袖月未午。」〔註145〕**城頭烏棲夜擊鼓，吳王更衣西子舞。**〔註146〕李白《烏棲曲》：「姑蘇臺上烏棲時，吳王宮裏醉西施。」

同作　　王翃〔註147〕

深宮烏啼天未旦，城頭擊鼓明星爛。吳王讌罷星已希，繁霜落樹烏驚飛。

劉生《樂府正聲》漢鼓角橫吹曲題解：「劉生，不知何代人。觀齊、梁以來劉生之詞，皆稱其任俠豪放，周遊三秦之地。或云抱劍崇徵，為符節官，所未詳也。按《古今樂錄》梁鼓角橫吹曲，有《東平劉生歌》，疑即此劉生也。」

京華多俠客，勇略重劉生。徐陵《劉生》：「劉生殊倜儻，任俠遍京華。」**一劍酬然諾，**梁元帝《劉生》：「游〔註148〕俠有劉生，然諾重西京。」**千金問姓名。歌鍾喧北里，**《史記・殷本紀》：「紂使師涓作淫聲，北里之舞，靡靡之樂。」〔註149〕**冠蓋隘東平。**《樂府・劉生歌》：「東平劉生安東子，樹木稀，屋裏無人看阿誰。」

〔註142〕卷一百十七《王禮考十二》。
〔註143〕《禮記・曲禮上》。
〔註144〕國圖藏本眉批：《那呵灘》：「聞歡下揚州，相送江津灣。」
　　　　《估客樂》：「大艑珂峨頭。」
〔註145〕《與獨孤漸道別長句兼呈嚴八侍御》。
〔註146〕國圖藏本眉批：張籍《吳宮怨》：「吳王醉後欲更衣。」
〔註147〕四庫本《曝書亭集》作「嘉興王翃介人」。
〔註148〕「遊」，石印本同，梁元帝詩作「任」。
〔註149〕卷三。

聞道龍城戰，庾信《華林園馬射賦》：「新回馬邑之兵，始罷龍城之戰。」軍前更請纓。《漢書·終軍傳》：「軍自請：『願受長纓，必羈南越王而致之闕下。』」〔註150〕

當壚曲

吳姬春酒解當壚，辛延年《羽林郎》：「胡〔註151〕姬年十五，春日獨當壚。」隨意絲繩瀉玉壺。《羽林郎》：「就我求清酒，絲繩提玉壺。」五馬漫誇秦氏女，《羅敷陌上桑》：「使君從南來，五馬立踟躕。使君遣吏往，問是誰家姝。秦氏有好女，自名為羅敷。」雙鬟愁殺霍家奴。《羽林郎》：「昔有霍家奴，姓馮名子都。」又：「一鬟五百兩，兩鬟千萬餘。」

小長干曲〔註152〕
左思《吳都賦》：「長干延屬，飛甍舛互。」《注》：「建業南五里有山岡，其閒平地，吏民雜居。東長干中有大長干、小長干，皆相連。大長干在越城東，小長干在越城西。地有長短，故號小大長干。」

江水東流急，風波正未安。郎今何處去，留妾小長干。

上章攝提格庚寅

同沈十二詠燕先生《沈君墓誌》：「諱進，字山子，初名馭。補學官，弟子更焉。先世自湖州徙居嘉興梅里。君年十七，時文要非所好。既交予，日以詩篇酬和，鄉人目曰朱沈。」〔註153〕

節物驚人往事非，愁看燕子又來歸。春風無限傷心地，莫近烏衣巷口飛。《方輿勝覽》：「烏衣巷在秦淮南，去朱雀橋不遠，王、謝子弟所居。」劉禹錫詩：「朱雀橋邊野草花，烏衣巷口夕陽斜。舊時王謝堂前燕，飛入尋常百姓家。」〔註154〕

同作　　沈進

細雨春江汎白沙，東風雙燕啄飛花。金窗繡戶知何限，不是王家是謝家。

〔註150〕卷六十四下。
〔註151〕「胡」，石印本作「吳」。
〔註152〕國圖藏本眉批：《樂府遺聲》：「都邑三十四，曲有長干行。」
〔註153〕《曝書亭集》卷七十四《文學沈君墓誌銘》。
〔註154〕《金陵五題》其二《烏衣巷》。

夏至日為屠母壽《嘉興府志》:「屠明讜妻褚氏,梅里人。讜年少游庠,負雋才。家貧,以母喪未葬,三十年不娶。氏父重其義,以女歸焉。讜卒,氏二十三歲,遺孤爝甫周。矢志守節,年六十七卒。崇禎〔註155〕間,巡按題旌。」

臨高臺,《樂府》:「何承天:『臨高臺,望天衢』,則言超帝鄉而會瑤臺也。」將進酒。〔註156〕《樂府》:「『將進酒,乘大白』,大略以飲酒放歌為言。」君提壺,我鼓缶。《易》:「不鼓缶而歌。」〔註157〕《說文》:「缶,瓦器。所以盛酒漿。秦人擊之以節歌。」君子且勿誼,小人鼓缶歌一言。《淮南子》:「君子有酒,小人鼓〔註158〕缶。」鮑照《東武吟》:「主人且勿喧,賤子歌一言。」我昔從東海上,親見上元夫人。《漢武內傳》:「上元夫人是三天上元之官,統領十萬玉女名籙也。」李白詩:「我昔東海上,勞山餐紫霞。親見安期生,食棗大如瓜。」〔註159〕指爪長長,《神仙傳》:「麻姑爪似鳥。」鬢髮翩翩。《漢武內傳》:「俄而夫人至,年可二十餘。頭作三角髻,余髮散垂至腰。」吹瑤笙,擊石鼓,宴者誰有金母。《漢武內傳》:「王母自設天廚,命侍女董雙成吹雲和之笙,婉靈華拊五靈之石。」投壺玉女為客豪,《仙傳拾遺》:「木公或與一玉女,更提壺〔註160〕焉。」《樂府·戰城南》:「為我謂鳥,且為客豪。」青虯白鹿相招邀。盧照鄰《懷仙引》:「駕青虯兮乘白鹿。」鍾山之李綏山桃,《漢武內傳》:「李少君謂帝曰:『鍾山之李大如瓶,臣取食之而生奇光。』」《列仙傳》:「葛由刻木為羊,騎入蜀。貴家追之,上綏山,食桃得仙。諺曰:『得綏山一桃,雖不得仙,亦足以豪。』」李如瓶,桃如斗,柳貫《題宋徽宗獻壽桃核圖》詩:「青鳥銜書昨夜來,蟠桃如斗核如杯。」得而食之皆老壽。〔註161〕《樂府》:「千秋萬歲皆老壽。」今日高堂,上壽稱觴。《史記·滑稽列傳》:「侍酒於前,時賜餘瀝,奉觴上壽。」〔註162〕一年三百六十日,三百五十九日無如此日長。《漢官儀》:「周澤為太常,恒齋。其妻憐其老疲病,問之,澤大怒,以為干齋。諺曰:『居世不諧太常妻,一歲三百六十日,三百五十九日齋,一日不齋醉如泥。』」

按:同時壽詩甚多,陸講山、朱近修作序。

〔註155〕「禎」,底本、石印本作「正」。
〔註156〕國圖藏本眉批:《臨高臺》、《將進酒》為漢鐃歌篇名。
〔註157〕《離》九三。
〔註158〕「鼓」,石印本作「歌」。
〔註159〕《寄王屋山人孟大融》。
〔註160〕《太平廣記》卷第一《神仙一·木公》作「投壺」。
〔註161〕國圖藏本眉批:韓終《採藥詩》:「得而食之,後天而老。」
〔註162〕卷一二六。

夏日閒居二首同范四路作

《明詩綜》：「范路，字遵甫，蘭溪布衣。流寓嘉興。門人私謚貞簡先生。有集。」

蘭草羅含宅，〔註163〕《晉書·羅含傳》：「致仕還家，階庭忽蘭菊叢生。」〔註164〕蓬蒿仲蔚園。《三輔決錄》：「張仲蔚，扶風人。隱居不仕。所居蓬蒿沒人。」江淹詩：「顧念張仲蔚，蓬蒿滿中園。」〔註165〕桐陰初覆井，李郢詩：「桐陰覆井月斜明。」〔註166〕瓜蔓漸踰垣。魏明帝詩：「種瓜東井上，冉冉自踰垣。」〔註167〕歸鳥簷前樹，斜陽嶺上村。無家昧生計，漂泊信乾坤。

草閣親魚鳥，《後漢·逸民傳·論》：「豈必親魚鳥、樂林草哉，亦云介性所至而已。」〔註168〕江天滿芰荷。杜甫詩：「春日繁魚鳥，江天足芰荷。」〔註169〕行吟多澤畔，《楚辭》：「屈原既放，遊於江潭，行吟澤畔，顏色憔悴。」〔註170〕晞發自陽阿。《楚辭》：「晞汝發兮陽之阿。」〔註171〕傍水看垂釣，因風聽伐柯。高陽尋酒伴，〔註172〕乘醉亦來過。《晉書·山簡傳》：「鎮襄陽時，習氏有佳園池。簡每之池上，置酒輒醉，名之曰高陽池。兒童歌曰：『山公出何許，往至高陽池。日夕倒載歸，酩酊無所知。時時能騎馬，倒著白接羅。舉鞭問葛彊：何如并州兒？』彊家在并州，簡愛將也。」〔註173〕

放言五首

長門賣賦司馬，司馬相如《長門賦序》：「孝武皇帝陳皇后，別在長門宮。聞成都司馬相如天下工為文，奉黃金百斤，為相如、文君取酒，因於解悲愁之辭。而相如為文以悟主上，皇后復得幸。」秦市懸書呂韋。《史記·呂不韋傳》：「呂不韋乃使其客人人著所聞，集論以為八覽、六論、十二紀，二十餘萬言，號曰《呂氏春秋》。布

〔註163〕國圖藏本眉批：《一統志》：「羅含宅在荊州府城內，今承天寺即其故址。庾信亦居之。杜詩：『庾信羅含皆有宅。』」
〔註164〕卷九十二《文苑列傳》。
〔註165〕《雜體詩三十首》其十三《左記室思詠史》。
〔註166〕《曉井》。
〔註167〕《種瓜篇》。
〔註168〕卷一百十三。
〔註169〕《暮春陪李尚書李中丞過鄭監湖亭泛舟》。
〔註170〕《漁父》。
〔註171〕《九歌·少司命》。
〔註172〕國圖藏本眉批：《史記·酈生傳》：「吾高陽酒徒也。」
〔註173〕卷四十三。

咸陽市門，懸千金其上，延諸侯遊士賓客有能增損一字者予千金。」〔註174〕**吾生恨不能早，手載其金以歸**。《揚雄集》：「《呂氏春秋》懸金市門，無能增損。恨不生其時，手載其金以歸。」

步兵真成老卒，《晉書・阮籍傳》：「籍聞步兵營人善釀，有貯酒三百斛，乃求為步兵校尉。」〔註175〕《唐摭言》：「皇甫湜與李生書：『近風偷薄，進士尤甚。讀詩未有劉長卿一句，已呼阮籍為老兵矣。』」〔註176〕**德祖亦是小兒**。《後漢書・禰衡傳》：「嘗稱曰：『大兒孔文舉，小兒楊德祖。』」〔註177〕**功名豎子先遂**，《戰國策》：「龐涓曰：『遂成豎子之名。』」**詩賦壯夫不為**。《法言》：「或問：『吾子少而好賦？』曰：『然。童子雕蟲篆刻。』俄而曰：『壯夫不為也。』」〔註178〕

高士南州磨鏡，《後漢・徐稺傳》：「郭林宗有母憂，稺往弔之，置生芻一束於廬前而去。林宗曰：『此必南州高士徐孺子也。《詩》不云乎？生芻一束，其人如玉。吾無德以堪之。』」〔註179〕《世說》：「徐孺子嘗事江夏黃公，後黃公亡歿，孺子往會葬，無資以自致，齎磨鏡具自隨，所在取直，然後得前。」〔註180〕**大夫吳市吹簫**。《戰國策》：「伍子胥亡楚，奔至吳，鼓腹吹簫，乞食於吳市。」**男兒不妨混跡，何用匡居寂寥**。

為文思以冢葬，劉蛻《文冢銘序》：「文冢者，長沙劉蛻為文，不忍棄其草，聚而封之也。」**對客寧將硯焚**。陸雲《與兄機書》：「君苗見兄文，輒欲焚筆硯。」**當年必無鍾子**，《呂氏春秋》：「伯牙善鼓琴，鍾子期聽之。方鼓琴而志在太山，鍾子期曰：『善哉乎鼓琴，巍巍乎若太山。』少選之間，而志在流水，子期又曰：『善哉乎鼓琴，湯湯乎若流水。』鍾子期死，伯牙破琴絕弦，終身不復鼓琴，以為世〔註181〕無足復為鼓琴者。」〔註182〕**後世定有揚雲**。韓愈《與馮宿論文書》：「昔揚子雲著《太玄》，人皆笑之，子雲之言曰：『世不我知，無害也。後世復有揚子雲，必好之矣。』」李那《答徐陵書》：「豈直揚雲藻翰，獨留千金。」

〔註174〕卷八十五。
〔註175〕卷四十九。
〔註176〕卷五。
〔註177〕卷一百十上《文苑列傳》。
〔註178〕《吾子》。
〔註179〕卷五十三。
〔註180〕何良俊《語林》卷一《德行第一》。
〔註181〕石印本下有「人」字。
〔註182〕《孝行覽第二・本味》。

種南山一頃豆，楊惲《報孫會宗書》：「田彼南山，蕪穢不治。種一頃豆，落而為萁。」瞻西疇三徑松。陶潛《歸去來辭》：「三徑就荒，松菊猶存。」又：「將有事於西疇。」耕桑若得數畝，吾豈不如老農。

八月十五夜望月懷陳大忱

《嘉興府志》：「字用宣，順治甲午副榜。少孤，力學，能默誦五經。詩文力追古人。鍵戶著書，時與曹溶、朱彝尊往來賦詩。有《誠齋詩集》。」

明月生滄海，天橫一氣中。遙憐今夜客，相對與誰同。應有良朋過，銜杯學孟公。《漢書·陳遵傳》：「字孟公。嗜酒，每大飲，賓客滿堂。輒關門，取客車轄投井中。」〔註183〕思之不得見，清露小庭空。

贈諸葛丈

旅館張燈夜未央，相逢跋扈少年場。《後漢·梁冀傳》：「此跋扈將軍也。」〔註184〕同來大道朱樓上，王褒詩：「青樓臨大道。」〔註185〕並坐佳人錦瑟傍。杜甫詩：「何時詔此金錢會，暫醉佳人錦瑟傍。」〔註186〕白首悲歌非往日，青春把酒是他鄉。杜甫詩：「白首放歌須縱酒，青春作伴好還鄉。」〔註187〕襄陽耆舊今寥落，《隋書·經籍志》：「《襄陽耆舊傳〔註188〕》五卷，習鑿齒撰。」乘醉還須問葛疆。見前《夏日閒居》。

懷鄭玼客淞江

先生《鄭君壙誌》：「字原道，更字隨始。世居嘉興縣梅會里。間擬樂府，音節出入漢晉間。一及諸經疑義，解說紛綸，闡前賢所未發。」〔註189〕《名勝志》：「淞江，《禹貢》三江之一，即古笠澤江也。自太湖分派，由縣東門外垂虹橋北合麗山湖，轉東入長洲界。」

連江楓樹外，煙水隔層波。歲暮飢寒逼，荒城雨雪多。故人居谷口，《逸士傳》：「鄭樸，字子真，褒中人，隱於谷口。」策馬去山阿。幾日離居恨，還應獨嘯歌。

〔註183〕卷九十二《游俠傳》。
〔註184〕卷三十四。
〔註185〕《古曲》。
〔註186〕《曲江對雨》。
〔註187〕《聞官軍收河南河北》。
〔註188〕「傳」，《隋書》卷三十三作「記」。
〔註189〕《曝書亭集》卷七十七《文學鄭君壙誌銘》。

寄家孝廉一是《漢書・武帝紀》：「元光元年，初令郡國舉孝廉各一人。」〔註190〕
《嘉興縣志》：「朱一是，字近修。壬午舉人。住嘉興王店鎮。為文古雋，膾炙一時，
名重海內。有《為可堂集》行世。」

懷歸當歲晏，木落徧江潭。庾信《枯樹賦》：「昔年種柳，依依漢南。今看
搖落，悽愴江潭。」**作客應相憶，離群自不堪。陰風連晦朔，**孟浩然詩：「窮
陰連晦朔，積雪徧山川。」〔註191〕**寒日下西南。早晚依同病，**《吳越春秋》：
「子胥曰：『我之怨與嚭同。子聞河上之歌者乎？同病相憐，同愛相救。』」**窮愁意
亦甘。**

重光單閼辛卯

春日閒居

幽棲城市隔，好鳥亦來翔。閉戶野橋畔，讀書春草堂。有時欹皁帽，
《魏志・管寧傳》：「常著皁帽、布襦袴、布裙，隨時單復。」〔註192〕**終日據繩牀。**
《演繁露》：「今之交床，始名胡床，隋改為交床，又名繩床。」**且賃鄰家酒，**《史
記・高帝紀》：「常從王媼、武負賃酒，醉臥。」〔註193〕**狂歌盡一觴。**

按：是時，先生迎安度先生至梅里，從茅亭移居接連橋。安度所著有《春草堂遺
稿》。近余購得千里手稿一帙，亦名《春草堂集》。所謂「閉戶野橋畔，讀書春草堂」
者，乃紀實也。

懷朱山人扉先生《朱開仲墓誌》：「姓朱氏，諱扉，嘉興人。少有文。自以多病，不
娶。好覽方書，知醫方。予避兵練浦，君居南村，予村北。每相值，覽予詩，欣然肯
和。予病，為治藥裹，留終日不去。」〔註194〕

別時桂樹秋，相送衡門夜。不見所思來，春水生堂下。《楚辭》：「鳥次
兮屋上，水周兮堂下。」〔註195〕

〔註190〕卷六。
〔註191〕《赴京途中遇雪》。
〔註192〕卷十一。
〔註193〕卷八。
〔註194〕《曝書亭集》卷七十四《朱開仲墓誌銘》。
〔註195〕《九歌・湘君》。

語溪道中《一統志》：「語溪在崇德縣東南，一名語兒中涇。」

小縣初成市，經春罷荷戈。陂塘湖水緩，桑柘石門多。《桐鄉縣志》：「石門在縣西北。春秋時，吳拒越，壘石為門以為限。」徐正卿詩：「問水來天目，看桑過石門。」入饌鵝兒酒，《方輿勝覽》：「鵝黃乃漢中酒名，蜀中無能及者。」杜甫詩：「鵝兒黃似酒。」〔註196〕愁人阿子歌。〔註197〕《樂府解題》：「阿子歌者，嘉興人養鴨兒，鴨兒即死，因有此歌。」蒲帆十八幅，《國史補》：「江西編蒲為帆，大者或數十幅。」一半客經過。

按：曹侍郎溶《語溪道中同錫鬯作四首》其四云：「近傳收伏莽，大澤罷橫戈。麴米春旗濕，雲帆柳浪多。舟居宜盛暑，石隱得狂歌。不借籃輿力，涼花枕上過。」先生〔註198〕是作，蓋和侍郎韻也。

東飛伯勞歌《左傳》：「伯趙氏。」《注》：「伯趙，伯勞也。以夏至鳴，冬至止。」《通卦驗》：「伯勞性好單棲。」《樂原·古東飛伯勞歌》：「東飛伯勞西飛燕，黃姑織女時相見。誰家女兒對門居，開顏發豔照里閭。南窗北牖桂〔註199〕月光，羅帷綺帳脂粉香。女兒年幾十五六，窈窕無雙顏如玉。三春已暮花隨風，空留可憐與誰同。」

伯勞飛來燕飛去，參辰天上重相遇。《法言》：「吾不睹參辰之相比也。」〔註200〕宋衷曰：「辰，龍星也。參，虎星也。我不見龍虎俱見。」誰家女兒十五余，織成湘綺三條裾。《羅敷陌上桑》：「緗綺為下裙，紫綺為上襦。」繁欽《定情詩》：「何以答懽悅？紈素三條裾。」回身微步乍生塵，曹植《洛神賦》：「凌波微步，羅襪生塵。」巧笑明眸善避人。鬱金為堂桂為柱，《樂府》：「盧家蘭室桂為梁，中有鬱金蘇合香。」〔註201〕沈佺期詩：「盧家少婦鬱金堂。」〔註202〕《說文》：「鬱金，香草也。」《魏略》：「大秦國出鬱金。」中庭新種相思樹。左思《吳都賦》：「楠榴之木，相思之樹。」陽春已暮花漸稀，可憐高下從風飛。

〔註196〕《舟前小鵝兒》。
〔註197〕國圖藏本眉批：「阿子歌」句下有自注：「見吳兢《樂府解題》。」此將自注刪去，竟引《解題》云云，非是。應存自注。下接「按解題」云云，方妥。
〔註198〕「生」，石印本誤作「王」。
〔註199〕「桂」，《類聚》四十三、《樂府詩集》六十八作「掛」。
〔註200〕《學行》。
〔註201〕蕭衍《河中之水歌》。
〔註202〕《古意呈補闕喬知之》，一作《獨不見》。

樹萱篇《述異記》:「萱草又名忘憂草，吳中書生謂之療愁。嵇康《養生論》云:『萱草忘憂。』」

朱明四五月，《爾雅》:「夏為朱明。」**萱草滿中園。**謝惠連《雪賦》:「折園中之萱草。」**花花連枝發，葉葉從風翻。**一解。宋子侯《董嬌嬈》:「花花自相對，葉葉自相當。」**移萱南湖濱，**《嘉興府志》:「滮湖，治南二里，一名馬場湖，即今南湖也。宋從事郎聞人滋嘗為《南湖草堂記》云:『檇李澤國也，東、南皆陂湖，而南湖尤大。稽其故履，當有百二十頃。』」**樹萱北庭側。**《詩》:「焉得諼草，言樹之背。」〔註 203〕《注》:「背，北堂也。」**亮無同心人，馨香詎相識。**二解。**兔絲自有枝，**《草木蟲魚疏》:「兔絲蔓生草上，黃赤如金。」**桃葉自有根。**王獻之《桃葉歌》:「桃葉復桃葉，桃樹連桃根。相憐兩樂事，獨使我殷勤。」**黃花特小草，何用通慇懃。**三解。**冶容無故懽，**《易》:「冶容誨淫。」〔註 204〕**柔條易顛倒。**陸機《文賦》:「喜柔條於芳春。」**本是忘憂花，翻成斷腸草。**四解。《述異記》:「秦、趙間有相思草，狀若石竹，而節節相續。一名斷腸草。」李白詩:「昔作芙蓉花，今成斷腸草。」〔註 205〕

休洗紅

休洗紅，洗多紅漸白。古辭:「休洗紅，洗多紅色淡。」〔註 206〕**人心初不同，愛好非前日。紅顏絕世眾所尤，美女入室惡女仇。**《史記・外戚世家》:「諺曰:『美女入室，惡女之仇。』」〔註 207〕

採蓮曲《樂錄》:「草木二十四曲，有《採蓮曲》。」

採蓮女，兩槳橋頭去。梁武帝《西洲曲》:「兩槳橋頭渡。」**錦石清江日落時，**杜甫詩:「清江錦石傷心麗。」〔註 208〕劉方平《採蓮曲》:「落日清江裏，荊歌豔楚腰。」**羅裙玉腕花深處。**王勃《採蓮曲》:「桂棹蘭橈下長浦，羅裙玉腕輕搖櫓。」**採蓮童，素舸遊湖中。江謳越吹歌未歇，**王勃《採蓮曲》:「葉嶼花潭極望平，江謳越吹相思苦。」**朱脣玉面來相逢。**梁簡文帝詩:「朱脣玉面燈前

〔註 203〕《衛風・伯兮》。
〔註 204〕《繫辭傳上》。
〔註 205〕按:李白《妾薄命》:「昔日芙蓉花，今成斷根草。」另，(宋)洪諮夔《古意》:「昔為連理枝，今為斷腸草。」
〔註 206〕《休洗紅二首》其一。
〔註 207〕卷四十九。
〔註 208〕《滕王亭子》。

出。」〔註209〕共道江南可採蓮，湖中蓮葉已田田。《樂府》：「江南可採蓮，蓮葉何田田。」〔註210〕攀花風動飄香袂，梁簡文帝詩：「玉手乍攀花。」〔註211〕李白《採蓮曲》：「日照新妝水底明，風飄香袂空中舉。」照水萍開整翠鈿。李康成《採蓮曲》：「翠鈿紅袖水中央，青荷蓮〔註212〕子雜衣香。」翠鈿香袂逢人少，回看蘭澤多芳草。《古詩》：「涉江採芙蓉，蘭澤多芳草。」〔註213〕青鳥飛來啄紫鱗，白蘋斷處生紅蓼。雲起暮流長，飛花鏡裏香。李白詩：「荷花鏡裏香。」〔註214〕雙雙金翡翠，《異物志》：「赤而雄者曰翡，青而雌者曰翠。」一一錦鴛鴦。謝氏《詩源》：「霍光園中鑿大池，植五色睡蓮。鴛鴦三十六對，望之爛若舒錦。」鴛鴦翡翠飛無數，蘭橈並著輕搖櫓。素藕連根絲更柔，紅蓮徹底心偏苦。《樂府》：「蓮心徹底紅。」〔註215〕《爾雅》：「荷，芙蕖，其華菡萏，其實蓮，其根藕，其荷中的中薏。」《注》：「實為蓮房，的謂子，薏謂蓮子中苦心。」誰家年少垂楊下，李白《採蓮曲》：「岸上誰家遊冶郎，三三五五映垂楊。」出入風姿獨妍雅。《世說》：「王景文風姿為一時之冠。」〔註216〕岸上徘徊七寶鞭，《晉書·明帝紀》：「見逆旅嫗，以七寶鞭與之。」〔註217〕湖邊躑躅千金馬。淥江腸斷起歌聲，惆悵方塘一望平。水上輕衣吹乍濕，風中細語聽難明。李端詩：「細語人不聞，北風吹裙帶。」〔註218〕沙棠舟繫青絲絆，梁元帝詩：「沙棠作船桂為楫，夜渡江南採蓮葉。」〔註219〕郎士元詩：「青絲絆引木蘭船。」〔註220〕相邀盡說江南樂，白露初看翠蓋飄。梁元帝《採蓮賦》：「綠房兮翠蓋，素實兮黃螺。」秋風漸見紅衣落，趙嘏詩：「紅衣落盡渚蓮愁。」〔註221〕橫塘燈火採蓮歸，王勃：「採蓮歸，綠水芙蓉衣，秋風起浪鳧雁飛。」〔註222〕隔浦歌聲聽已希。劉孝威《採蓮

〔註209〕《烏棲曲四首》其四。
〔註210〕《江南》。
〔註211〕《孌童詩》。
〔註212〕「蓮」，石印本作「葉」。
〔註213〕《古詩十九首》其六。
〔註214〕《別儲邕之剡中》。
〔註215〕《西洲曲》。
〔註216〕何良俊《語林》卷二十二《容止第十八》。
〔註217〕卷六。
〔註218〕《拜新月》。
〔註219〕《烏棲曲四首》其一。
〔註220〕按：非郎士元詩，出《韓翃送冷朝陽還上元》。
〔註221〕《長安晚秋》。
〔註222〕《採蓮曲》。

詩》：「蓮香隔浦度，荷葉滿江鮮。」**雲間月出開煙樹，惟見沙明白鷺飛。**梁簡文帝《採蓮曲》：「棹動芙蓉落，船移白鷺飛。」

寄胡明府振芳《賓退錄》：「明府，漢人以稱太守，唐人以稱縣令。」《嘉興縣志》：「胡振芳，字來子。天啟丁卯舉人，諭慈谿，陞山東嶧縣，調補蘄水。赴任未一月，流寇陷城，家屬十三人盡被殺戮，追芳奪印。冒死墮城，握印赴府，請兵恢復。賊又破府，為賊所執，迫降不從，刀砍中肩，氣絕復甦。至省納印，放還故里。」

　　老去甘垂釣，秋深歎轉蓬。虛堂驚蟋蟀，涼露滿梧桐。隱吏思梅福，《漢書‧梅福傳》：「梅福字子真，九江壽春人也。為郡文學，補南昌尉。後去官歸壽春。」〔註223〕杜甫詩：「隱吏逢梅福。」〔註224〕**忘年得孔融。**《後漢‧禰衡傳》：「始弱冠，孔融年四十，遂與為交友。」〔註225〕**飄零方有日，清宴幾時同。**

雞鳴

　　東方未白雞長鳴，〔註226〕**離人束帶步前楹。中閨切切再三語，曉寒入室燈光清。家童驅雞誤相觸，膈膈膊膊飛上屋。**《樂府》：「膈膈膊膊雞初鳴，磊磊落落向曙星。」〔註227〕張籍詩：「紫陌旌旗暗相觸，家家雞犬驚上屋。」〔註228〕

讀曲歌《宋書‧樂志》：「《讀曲歌》者，民間為彭城義康所作。」〔註229〕《樂錄》說：「元嘉十七年，袁后崩，百官不敢作聲歌，或因酒讌，止竊聲讀曲，細吟而已，以此為名。」

　　素藕生池中，紅荷浮水面。與汝同一身，蘇武詩：「況我連理枝，與子同一身。」〔註230〕**本自不相見。**

華山畿三首《樂錄》〔註231〕：「宋少帝時，南徐一士子從華山畿往雲陽。見客舍

〔註223〕卷六十七。
〔註224〕《送裴二虬作尉永嘉》。
〔註225〕卷一百十下《文苑列傳下》。
〔註226〕國圖藏本眉批：陶潛詩：「束帶候雞鳴。」
〔註227〕《古兩頭纖纖詩》。
〔註228〕《永嘉行》。
〔註229〕卷十九。
〔註230〕《李陵錄別詩二十一首》其四（骨肉緣枝葉）。
〔註231〕引文頗有省略，影響文意。據《樂府詩集》卷四十六《清商曲辭》錄原文：
　　　　《古今樂錄》曰：「《華山畿》者，宋少帝時懊惱一曲，亦變曲也。少帝時，
　　　　南徐一士子從華山畿往雲陽。見客舍有女子年十八九，悅之無因，遂感心疾。

女子，悅之無因，遂感心疾。母為至華山尋訪，見女。女聞感之，因脫蔽膝，令母密置其席下臥之，當已。少日果差。忽舉席，見蔽膝抱持，吞食而死。葬時車載，從華山度。比至女門，牛不肯前。女妝點沐浴而出，歌曰：『華山畿，君既為儂死，獨活為誰施？歡若見憐時，棺木為儂開。』棺應聲開，女遂入棺，家人叩打，無如之何，乃合葬，呼曰神女冢。」

華山畿，弩張不發箭，知子未投機。《書》：「若虞機張，往省括於度，則釋。」〔註232〕《疏》：「如射者弩以張訖機關，先省矢、括與所射之物，三者於法度相當，乃後釋弦發矢，則射必中矣。」

兩相望，儂非弧矢星，安能長對狼？《史記・天官書》：「西宮七宿，觜星東有大星曰狼。狼下四星曰弧。弧屬矢，擬射於狼。弧不直狼則盜賊起。」〔註233〕《圖書編》：「弧矢九星在狼東南，天弓也，以備盜賊，常向狼。」〔註234〕

奈何許，《樂府・華山畿》句。**安得鳳凰子，**王叔之《擬古》：「遠行無他資，惟有鳳凰子。」**迎接儂與汝。**王獻之《桃葉歌》：「我自迎接汝。」

游仙三首 郭璞有《游仙詩》。

東土非吾好，西征豈憚勞。何能從桂父，《列仙傳》：「桂父者，象林人也。色黑而時白時黃時赤，南海人見而尊事之。」**且自學盧敖。**《淮南子》：「盧敖遊乎北海，至於蒙谷之上，見一士焉。與之語曰：『子殆可與敖為友乎！』若士者曰：『子處矣，吾與汗漫期於九垓之外，吾不可以久駐。』若士舉臂而竦身，遂入雲中。」〔註235〕**入水騎龍竹，**《後漢書・方術傳》：「長房辭歸，翁與一竹杖，曰：『騎此任所之，則自至矣。既至，可以杖投葛陂中也。』長房乘杖，須臾來歸。即以杖投陂，顧視則龍也。」〔註236〕**耕煙種鴨桃。**李賀《天上謠》：「王子吹笙鵝管長，呼龍耕

母問其故，具以啟母。母為至華山尋訪，見女具說聞感之因。脫蔽膝，令母密置其席下臥之，當已。少日果差。忽舉席，見蔽膝而抱持，遂吞食而死。氣欲絕，謂母曰：『葬時車載，從華山度。』母從其意。比至女門，牛不肯前，打拍不動。女曰：『且待須臾。』妝點沐浴，既而出。歌曰：『華山畿，君既為儂死，獨活為誰施？歡若見憐時，棺木為儂開。』棺應聲開，女遂入棺。家人叩打，無如之何。乃合葬，呼曰『神女冢』。」
〔註232〕《太甲》。
〔註233〕卷二十七。
〔註234〕卷十七《二十八宿總敘》。
〔註235〕《道應訓》。
〔註236〕卷一百十二下。

煙種瑤草。」王績《游仙》:「鴨桃聞已種,龍竹未經騎。」**不知閬風去**,《十洲記》:「崑崙山有三角。一角正北,名閬風巔。」**員闕幾重高**。曹植詩:「員闕出浮雲。」〔註237〕

　八桂何時植,《山海經》:「桂林八樹在賁隅東,桂水出焉。」**雙鸞此日鳴**。**然犀分水族**,《晉書‧溫嶠傳》:「嶠旋武昌,至牛渚磯,水深不可測。世云其下多怪物,嶠然犀角而照之。須臾,見水族覆火,奇形異狀,或乘馬車,著赤衣者。其夜,夢人謂己曰:『與君幽明道別,何意相照也。』」〔註238〕**懸鏡照山精**。《抱朴子》:「道士以明鏡九寸懸於背,老魅不敢近。」〔註239〕徐陵《山齋》:「懸鏡厭山神。」**片石臨河見**,《荊楚歲時記》:「漢武帝令張騫使大夏,尋河源。乘槎經月而至一處,見織女支機石,與騫而還。」**浮槎貫月行**。《拾遺記》:「堯登位三十年,有巨槎浮於西海。查上有光,夜明晝滅,乍大乍小,若星月。常浮繞四海,十二年一周天,名貫月查,又名掛星查,羽人棲息其上。」**心知逢織女,不待問君平**。《博物志》:「天河與海通。有人居海渚者,年年八月有浮槎去來。多齎糧,乘槎而往。十餘日,至一處。遙望宮中多織婦,一丈夫牽牛渚次飲之。其人還至蜀,問嚴君平,曰:『某年某月,有客星犯牽牛宿。』計年月,正此人到天河也。」〔註240〕《漢書‧王貢傳‧序》:「蜀有嚴君平,卜筮於成都市。裁日閱數人,得百錢足自養,則閉肆下簾而講《老子》。」

　少小璿宮織,《拾遺記》:「少昊以金德王母曰皇娥,處璿宮而夜織。」**當窗機九張**。《樂府雅詞》有《九張機》詞。《高麗史‧樂志》:「文宗二十七年十一月,教坊女弟子楚英奏新傳《九張機》,用弟子十人。」**天孫分重錦,價直百千強**。《木蘭詩》:「賞賜百千強。」**欲渡明河去,牽牛不服箱**。《詩》:「睆彼牽牛,不以服

〔註237〕《贈丁儀王粲詩》。
〔註238〕卷六十七。按:早見《異苑》卷七:「晉溫嶠至牛渚磯,聞水底有音樂之聲,水深不可測。傳言下多怪物,乃燃犀角而照之。須臾,見水族覆火,奇形異狀,或乘馬車著赤衣幘。其夜,夢人謂曰:『與君幽明道隔,何意相照耶?』嶠甚惡之,未幾卒。」
〔註239〕《抱朴子內篇‧登涉卷》。
〔註240〕引文刪減過多,已乖原意。張華《博物志》卷十:舊說天河與海通。近世有人居海渚者,每年八月有浮槎去來,不失期,人有奇志,立飛閣於槎上,多齎糧,乘槎而去。十餘日中猶觀星月日辰,自後茫茫忽忽,亦不覺晝夜。去十餘月,奄至一處,有城郭狀,屋舍甚嚴。遙望宮中有織婦,見一丈夫牽牛渚次飲之。牽牛人乃驚問曰:「何由至此?」此人為說來意,並問此是何處,答云:「君還至蜀都,訪嚴君平,則知之。」竟不上岸,因還如期。後至蜀,問君平,君平曰:「某年某月,有客星犯牽牛宿。」計年月,正此人到天河時也。

箱。」〔註241〕**謫來北斗下，**〔註242〕**無計挹仙漿。**《詩》：「維北有斗，不可以挹酒漿。」〔註243〕

臣里

臣里東家子，宋玉《登徒子好色賦》：「臣裏之美者，莫若東家之子。」**生來十指柔。**綠珠《懊儂歌》：「綠〔註244〕布澀難逢〔註245〕，令儂十指穿。」**已矜能挾瑟，**《樂府·相逢行》：「小婦無所為，挾瑟上高堂。」**不自解梳頭。蠟淚挑珠鳳，**虞淳熙詩：「彩燭融珠鳳，紅英擁木犀。」〔註246〕**風簾控玉鉤。日長消午夢，鬪草及春遊。**《荊楚歲時記》：「三月三日，四民並蹋百草。今人又有鬪百草之戲。」

玄〔註247〕默執徐壬辰

南湖夜聞歌者

輕舟暗度〔註248〕**古城東，惆悵霜天落塞鴻。誰向夜深歌水調，**《樂苑》：「《水調歌》始隋煬帝，鑿汴河，製此曲。唐用其名。《唐書》：『天寶末，明皇乘月登花萼樓。有進李嶠《水調》者，曰：山川滿目淚沾衣，富貴榮華能幾時。不見祇今汾水上，惟有年年秋雁飛。』」**傷心不待管絃終。**趙嘏詩：「不待管絃終，搖鞭背花去。」〔註249〕

舟次平望驛《平望志》：「唐建驛樓，宋置寨。」《吳江縣志》：「唐置驛，元置水馬二站，明設水驛。」

舟人爭利涉，《易》：「利涉大川。」〔註250〕**日夕更揚舲。一水分平望，**

〔註241〕《小雅·大東》。
〔註242〕國圖藏本浮簽：李亢《獨異志》：「秦並六國，時太白星竊織女侍兒梁玉清。衛承莊逃入衛城少仙洞。天帝怒，命五嶽搜捕太白歸位，承莊逃焉。玉清謫於北斗下。」
〔註243〕《小雅·大東》。
〔註244〕「綠」，石印本同，《樂府詩集》四十五作「絲」。
〔註245〕「逢」，石印本同，《樂府詩集》四十五作「縫」。
〔註246〕《中秋西湖社集分韻得齊字一百韻》。
〔註247〕「玄」，底本、石印本作「元」。
〔註248〕「度」，《曝書亭集》同，石印本作「渡」。
〔註249〕《汾上宴別》。
〔註250〕《需》卦辭、象；《同人》卦辭、象；《蠱》卦辭；《大畜》卦辭、象；《頤》上九；《益》卦辭、象；《渙》卦辭、象；《中孚》卦辭、象；《未濟》六三。

群山接洞庭。《一統志》：「洞庭山在蘇州府西一百三十里太湖中。」風來潮約約，煙積雨冥冥。《楚辭》：「雷填填兮雨冥冥。」〔註 251〕愁聽嚴更發，班固《西都賦》：「衛以嚴更之署。」中宵尚未寧。

楓橋夜泊《吳郡圖經》：「楓橋在吳縣西九里。」

　　初月開平林，繁星羅遠戍。驚禽沙上鳴，漁子夜深語。遙聞歌吹聲，暗入楓橋去。

治平寺《蘇州府志》：「治平寺在上方山下。梁天監二年建，名楞伽。宋治平元年改今名。」

　　招提下山路，《僧輝記》：「招提者，梵言『拓鬭提奢』，唐言『四方僧物』。後人傳寫，以『拓』為『招』，又省『鬭』、『奢』二字，止即招提，即今十方住持寺院是也。」一徑轉回塘。堵影開初地，《姑蘇志》：「楞伽寺在楞伽山上，俗云上方山寺，寺有浮圖七級。隋大業四年，司戶嚴德盛撰銘，司倉魏瑗書。」按：治平寺舊亦名楞伽，而《吳志》云寶積寺亦名楞伽，山頂有堵，隋人書碑。今此寺自在楞山上，而寶積歸併治平，蓋不可考，豈皆一寺所分耶？《首楞嚴經》：「於大菩提善得通達覺通如來，盡佛境界，名歡喜地，即初地也。」鐘聲落上方。按：「堵影」一聯用陳熙昌《東湖雜詩》句。陰崖深樹綠，斜日亂峰黃。湖上扁舟興，沉吟意不忘。杜甫詩：「詩罷聞吳詠，扁舟意不忘。」

中峰尋讀徹上人不遇《百城煙水》：「支硎山中峰寺，明弘〔註 252〕、正間廢，地歸王文恪公鏊。天啟中，文恪公元孫永思臨歿，遺言仍還〔註 253〕淨域。是時，一雨潤公住華山，因施為淨室。門人汰如明公、蒼雪徹公嗣開講習。徹公歿，元道、曉菴相繼主之。」《池北偶談》：「南來蒼雪法師名讀徹，居吳之中峰。貫穿教典，尤以詩名。」〔註 254〕

　　中峰藤蘿上，亭午傳齋鐘。梁元帝《纂要》：「日正午曰亭午。」岑參詩：「平明相送到齋鐘。」〔註 255〕無復憚長路，因之策短筇。山明石齒齒，見卷二《山陰道歌》。樹暗雲容容。《楚辭》：「雲容容兮而在下。」〔註 256〕不見支公

―――――――――――――――――――

〔註 251〕《九歌·山鬼》。
〔註 252〕「弘」，底本、石印本作「宏」。
〔註 253〕「還」，石印本作「歸」。
〔註 254〕卷十三《南來詩》。
〔註 255〕《虢州西山亭子送范端公》。
〔註 256〕《九歌·山鬼》。

鶴，《姑蘇志》：「支遁，字道林，始入道，住剡溪東岇山。後居吳支硎山報恩寺南峰院。性好鶴，鎩其翮，不復飛，視有懊喪意。後養令翮成，致使飛去。」〔註257〕**相隨塵外蹤。**

白紵詞二首《宋書·樂志》：「《白紵舞詞》有巾袍之言，紵本吳地所出，疑是吳舞也。」

吳王宮中夜欲闌，歐陽玄〔註258〕詞：「吳王宮中宴未闌，銀絲斫膾飛龍鸞。」〔註259〕**秋江露白芙蓉殘。青娥二八羅裳單，左鋋右鋋**原集作「鋌」，誤。**何婆娑盤。**岑參《田使君美人舞如蓮花北鋋歌》：「回袖轉裾若飛雪，左鋋右鋋生旋風。」曹植詩：「主人起舞婆娑盤。」〔註260〕**明星滿天月三五，**《禮》：「播五行於四時，和而後月生也，是以三五而盈，三五而闕。」**城頭坎坎夜擊鼓。**丁仙芝《餘杭醉歌》：「城頭坎坎鼓聲曙，滿庭新種櫻桃樹。」**君王既醉不知音，猶向燈前作歌舞。**張籍《吳宮怨》：「吳宮四面秋江水，江清露白芙蓉死。吳王醉後欲更衣，座上美人嬌不起。宮中千門復萬戶，君王反覆誰能數。君心與妾既不同，徒向君前作歌舞。」

天橫北斗夜沉沉，美人竝進揚清音。白紵輕衣香氣深，玉釵亂墮無人尋。〔註261〕袁凱詩：「前時玉釵墮，侍婢不能尋。」〔註262〕**此時但恐君恩竭，急管繁絃那能歇。**白居易詩：「急管停還奏，繁絃慢更張。」〔註263〕**明燈忽滅烏夜啼，醉起更衣滿江月。**

江亭杜甫有《江亭》詩。

楊柳官亭外，春來送客頻。傷心車馬地，淚盡復生塵。

〔註257〕按：早見《世說·言語》：「支公好鶴。住剡東岇山，有人遺其雙鶴，少時翅長欲飛。支意惜之，乃鎩其翮。鶴軒翥不復能飛，乃反顧翅垂頭，視之如有懊喪意。林曰：『既有凌霄之姿，何肯為人作耳目近玩！』養令翮成，置使飛去。」

〔註258〕「玄」，底本、石印本作「元」。

〔註259〕《題捕魚圖》。

〔註260〕《妾薄命行》。

〔註261〕國圖藏本眉批：王建《白紵歌》：「墮釵遺佩滿中庭，此時但願可君意。」

〔註262〕《絕句五首》其一。

〔註263〕《江南喜逢蕭九徹因話長安舊遊戲贈五十韻》。

古興二首

空井雙桐落葉深，魏明帝詩：「雙桐生空井，枝葉自相加。」〔註264〕銅缾百丈響哀音。杜甫詩：「銅瓶未失水，百丈有哀音。」〔註265〕美人不見涼風至，愁對秋雲日暮陰。

羅生芳草綠汀洲，《楚辭》：「秋蘭兮麋蕪，羅生兮堂下。」〔註266〕少婦明妝北渚遊。《楚辭》：「帝子降兮北渚，目渺渺兮愁予。」日暮清歌何處發，蘋花秋水木蘭舟。《述異記》：「木蘭川在潯陽江中，多木蘭。吳王闔閭植此構宮殿。又七里洲中，魯班刻木蘭為舟，至今存。」

哭萬兒 先生長子名德萬。

提攜猶昨日，髣髴憶平生。夜火銅盤淚，庾信《對燭賦》：「銅荷承淚蠟。」春風竹馬聲。《杜祭酒別傳》：「六七歲與小兒輩為竹馬戲。」〔註267〕無錢輕藥物，《左傳》：「盡心力以事君，舍藥物可也。」〔註268〕瀕死念聰明。迢遞黃泉道，沉沉慟汝行。

送王翃遊粵 王庭《王介人傳》：「翃字介人，嘉興之梅會里人。余族兄也。時余遠守嶺南。壬辰秋，同吳興南來，舟次贛州，夜被盜，介人赴水僅免。所攜《春槐堂》、《秋槐堂集》及雜著、小說、詩餘沒水無餘。抵羊城署，為余道，深痛惜。每終夜擁被，呻唔記憶諸著述，旦起鈔錄，終什不得一也。」

好去羊城道，《一統志》：「五羊城即廣州府城。尉佗築。初有五仙人騎羊至此，故名。」〔註269〕吁嗟契闊深。離群空悵望，惜別重登臨。零雨哀南土，晨風念北林。《詩》：「鴥彼晨風，鬱彼北林。」〔註270〕征途祭酒客，王維詩：「官橋祭酒客，山木女郎祠。」〔註271〕天末渡江吟。常建詩：「洽洽花下琴，君唱渡江

〔註264〕《猛虎行》。

〔註265〕《銅瓶》。

〔註266〕《九歌‧少司命》。

〔註267〕國圖藏本眉批：《杜氏幽求》：「小兒五歲有鳩車之戲，七歲有竹馬之戲。」

〔註268〕昭公九年。

〔註269〕錢易《南部新書》：「舊志：吳脩為廣州刺史，未至州，有五仙人騎五色羊，負五穀而來。今州廳梁上，畫五仙人騎五色羊為瑞，故廣南謂之五羊城。」

〔註270〕《秦風‧晨風》。

〔註271〕《送楊長史赴果州》。

國圖藏本眉批：王維詩注：「漢法：上客曰祭酒。」

吟。」〔註272〕**煙火蠻鄉少，山雲驛路陰。桄榔交嶺樹，**郭義恭《廣志》：「桄榔樹大四五圍，長五六丈，直上無條支，可作杖。」**孔雀擾家禽。**《世說》：「孔融字文舉。時楊脩年十餘歲，來謁。座設楊梅。融指楊梅示脩曰：『此是君家果。』脩應聲曰：『未聞孔雀是夫子家禽。』」〔註273〕**去問楊孚宅，**《百越先賢志》：「楊孚，字孝先，南海人。家江滸北岸。嘗移洛陽，松柏種植宅前，隆冬蜚雪盈樹，人因目其所向為河南。」**歸看陸賈金。**《漢書·陸賈傳》：「高祖使陸賈賜尉佗印，為南越王。佗賜陸生橐，中裝直千金。」〔註274〕**梅花如可寄，**《荊州記》：「陸凱自江東遣使詣長安，寄梅花一枝與范蔚宗，並詩云：『折梅逢驛使，寄與隴頭人。』」**幸慰故人心。**

立秋後一夕同眭修季俞亮朱一是繆永謀集屠爌齋李繩遠《繆先生墓誌》：「諱永謀，字天自，後更泳，字於野，又字潛初，亦曰一潛，號荇溪。居嘉興之嘉會鄉。弱冠考補邑校諸生。」《嘉興府志》：「屠爌，字問〔註275〕伯。善事母。隱居講學，脯修之入輒以周宗鄰。」《梅里志》：「屠爌宅在里東梅溪橋北。」

涼風吹細雨，蕭瑟度庭陰。把袂來何暮，當杯夜已深。天邊同落魄，江上獨愁心。張說有《江上愁心賦》。誰念新亭淚，〔註276〕飄零直至今。

送袁駿還吳門字重其，蘇州人。

袁郎失意歸去來，彈鋏長歌空復哀。《戰國策》：「齊人有馮諼者，使人屬孟嘗君，願寄食門下。居有頃，倚柱彈其劍，歌曰：『長鋏歸來乎！食無魚。』居有頃，復

〔註272〕《送李十一尉臨溪》。

〔註273〕《世說新語·言語第二》：「梁國楊氏子，九歲，甚聰惠。孔君平〔王隱《晉書》曰：「孔坦字君平，會稽山陰人。善春秋，有文辯。歷太子舍人，累遷廷尉卿。」〕詣其父，父不在，乃呼兒出，為設果。果有楊梅，孔指以示兒曰：『此是君家果。』兒應聲答曰：『未聞孔雀是夫子家禽。』」

余嘉錫《箋疏》：「程炎震云：『《御覽》三百八十五、四百六十四引《郭子》同，五百二十八引《郭子》作楊脩、孔融。』李慈銘云：『案：《金樓子·捷對篇》作楊子州答孔永語，《太平廣記》諧謔門引《啟顏錄》作晉楊脩答孔君平。』嘉錫案：楊德祖非晉人，晉亦不聞別有楊脩，《啟顏錄》誤也。敦煌本殘類書曰：『楊德祖少時與孔融對食梅。融戲曰：此君家菜。祖曰：孔雀豈夫子家禽？』與諸書又不同。皆一事而傳聞異辭。」

〔註274〕卷四十三。按：早見《史記》卷九十七《陸賈列傳》。

〔註275〕「問」，石印本作「閭」。

〔註276〕國圖藏本眉批：《晉書·王導傳》：「過江人士，每至暇日，相邀出新亭飲宴。周顗歎曰：『風景不殊，舉目有河山之異。』相視流涕。」

按：早見《世說新語·言語》：「過江諸人，每至美日，輒相邀新亭，藉卉飲宴。周侯。中坐而歎曰：『風景不殊，正自有山河之異！』皆相視流淚。」

彈其鋏，歌曰：『長鋏歸來乎！出無車。』後有頃，復彈其劍鋏，歌曰：『長鋏歸來乎！無以為家。』**天寒好向汝南臥**，《後漢‧袁安傳》：「字邵公，汝南汝陽人也。」〔註277〕《汝南先賢傳》：「時大雪積地丈餘，洛陽令自〔註278〕出案行，見人家皆除雪出。至袁安門，無有行路。謂安已死，令人除雪入戶〔註279〕，見安僵臥。問〔註280〕何以不出。安曰：『大雪人皆餓，不宜干人。』」**酒盡誰逢河朔杯。**〔註281〕《典略》：「劉松、袁紹以盛夏三伏之際，晝夜酣飲，以避一時之暑。故河朔有避暑〔註282〕飲。」**遠岸楓林孤櫂入，平江秋水夕陽開。要離墓上經過地**，《後漢‧逸民傳》：「梁鴻卒，伯通為求葬地於要離冢傍。」〔註283〕《吳地記》：「要離墓在閶門金閶亭旁。」**知爾相思日幾迴。**

題畫四首

林深屐齒未曾經，萬壑松濤偶坐聽。我若支筇來此地，便攜酒榼上茅亭。

綠蕪遠近山參差，露氣暗浮松樹枝。烏篷七尺屢回首，看到月明歸未遲。

長林楓葉早霜催，絕磴鳴泉激石回。料得山樓聽不盡，絃桐欲寫又徘徊。

竹梢藤蔓淨飛沙，冷翠疏林不著花。羨殺幽人此高臥，更無剝啄到山家。韓愈《剝啄行》：「剝剝啄啄，有客至門。」

集句題王《續本事詩》作「陳」女史畫蓮《續本事詩》：「吳興女子陳小住為朱十畫扇，作竝頭蓮，朱十集唐人句題之。」又《集唐贈陳校書並索其畫扇二首》：「不將清瑟理霓裳，笑倚東軒白玉床。小疊紅箋書恨字，屏風誤點惑孫郎」；「葡萄美酒夜光杯，夜半高堂客未回。知我憐君畫無敵，且將團扇暫徘徊。」

〔註277〕卷七十五。
〔註278〕此處《汝南先賢傳》即《後漢書》卷四十五《袁安傳》李賢注所引。「自」，李賢注作「身」。
〔註279〕「戶」，石印本誤作「臥」。
〔註280〕石印本此下有「安」。
〔註281〕國圖藏本眉批：杜甫詩：「江上徒逢袁紹杯。」
〔註282〕「避暑」，石印本作「晝夜」。
〔註283〕卷一百十三。

可愛深紅間〔註284〕淺紅，杜甫。滿池荷葉動秋風。竇鞏。〔註285〕縈回
謝女題詩筆，劉禹錫。〔註286〕一片西飛一片東。王建。〔註287〕

昭陽大荒落癸巳

即席送王廷璧朱士稚同之松江王字雙白，武進人。朱字伯虎，更字朗詣，山陰人。

楊柳青青覆板橋，春江花月夜生潮。隋煬帝《春江花月夜》：「暮江平不動，
春花滿正開。流波將月去，潮水帶星來。」停杯又是他鄉別，無那相思一水遙。
李白詩：「別後空愁我，相思一水遙。」〔註288〕

遣悶

一雨竟十日，蕭條成暮春。歡娛那有地，歲月漸過人。煙草天邊路，
風花陌上塵。良遊如可再，尊酒莫辭頻。

閒情八首陶潛有《閒情賦》。《黑蝶齋小牘》：「秀水朱十負異才，吳梅村遊檇李，見
其詩，評曰：『若遇賀監，定有謫仙人之目。』嘗效俞羨長古意新聲題，賦《閒情》詩
三十首。錢塘陸麗京誦之傾倒，作《望遠曲》思勝之，不敵也。一序尤為計孝廉甫草
擊節，辭多不錄。」

邂逅重門露翠鈿，梁武帝《西洲曲》：「日暮伯勞飛，風吹烏臼樹。樹下即門
前，門中露翠鈿。」娉婷不嫁惜芳年。杜甫詩：「不嫁惜娉婷。」〔註289〕徒勞暇
日窺香掾，《世說》：「賈充闢韓壽為掾。充女於青瑣中窺而悅之，遂與通。是時外國
進異香，襲衣經月不散。帝以賜充，女竊與壽。充覺而秘之，以女妻壽。」〔註290〕

〔註284〕「間」，《江畔獨步尋花七絕句》其五作「愛」。
〔註285〕《秋夕》。
〔註286〕《柳絮》。
〔註287〕《宮詞一百首》其九十。
〔註288〕《寄王漢陽》。
〔註289〕《秦州見敕目薛三璩授司議郎畢四曜除監察與二子有故遠喜遷官兼述索居凡
三十韻》。
〔註290〕改動頗大。《世說新語‧惑溺》：
韓壽美姿容，賈充闢以為掾。充每聚會，賈女於青瑣中看，見壽，說之。恒
懷存想，發於吟詠。後婢往壽家，具述如此，並言女光麗。壽聞之心動，遂
請婢潛修音問。及期往宿。壽蹻捷絕人，踰牆而入，家中莫知。自是充覺女
盛自拂拭，說暢有異於常。後會諸吏，聞壽有奇香之氣，是外國所貢，一箸

漫想橫陳得小憐。宋玉《諷賦》:「主人之女為臣歌曰:『內怵惕兮徂玉床,橫自陳兮君之旁。』」《北史・后妃傳》:「齊馮淑妃名小憐,大穆后從婢也。穆后愛衰,以五月五日進之,號曰『續命』。慧黠能彈琵琶,工歌舞。後主惑之,坐則同席,出則竝馬。」〔註 291〕李商隱詩:「小憐玉體橫陳夜。」〔註 292〕**洞口桃花何灼灼**,李敬方詩:「洞口桃花也笑人。」〔註 293〕**江南蓮葉更田田**。見前《採蓮曲》。**輸他三戶人僥倖**,〔註 294〕《會稽典錄》:「范蠡,字少伯,越之上將軍也。本是楚宛三戶人。」**載上胭脂滙畔船**。胭脂滙在檇李,相傳范蠡載西施處。〔註 295〕《嘉興府圖記》:「胭脂滙在濮院鎮。」

生來里是比肩名,《誠齋雜記》:「海鹽陸東美妻朱氏,有容止,夫妻相重,寸步不相離,時人號為『比肩人』。後死合葬,冢上生梓樹同根,二身相抱而合成一樹。每有雙雁,常宿於上。孫權封其里曰比肩。」〔註 296〕**兩美須知定合併**。《楚辭》:「兩美其必合兮。」〔註 297〕王粲詩:「何懼不合併。」〔註 298〕**北地佳人矜絕世**,《漢書・外戚傳》:「李延年歌:『北方有佳人,絕世而獨立,一顧傾人城,再顧傾人國。不惜傾城與傾國,佳人難再得!』」〔註 299〕**西鄰名士悅傾城**。梁劉緩有《敬酬劉長史詠名士悅傾城詩》。**何緣珠樹成連理**,《山海經》:「三株樹生赤水上,其為樹如柏,葉皆為珠。」《晉中興徵祥記》:「連理,仁木也。或異枝還合,或兩樹共合。」**便擬香車駕六萌**。《樂府・青驄白馬歌》:「問君可憐六萌車,迎取窈窕西曲娘。」**不**

人,則歷月不歇。充計武帝唯賜己及陳騫,餘家無此香,疑壽與女通,而垣牆重密,門閤急峻,何由得爾?乃託言有盜,令人修牆。使反曰:「其餘無異,唯東北角如有人跡。而牆高,非人所踰。」充乃取女左右婢考問,即以狀對。充秘之,以女妻壽。

〔註 291〕卷十四。

〔註 292〕《北齊二首》其一。

〔註 293〕不詳。又見(明)汪廷訥《懶畫眉》。

〔註 294〕國圖藏本眉批:《吳越春秋》:「范蠡乃楚宛三戶人也。」

〔註 295〕此係自注。

〔註 296〕《太平廣記》卷第三百八十九《冢墓一・陸東美》:
吳黃龍年中,吳都海鹽有陸東美,妻朱氏,亦有容止。夫妻相重,寸步不相離,時人號為比肩人。夫婦云:「皆比翼,恐不能佳也。」後妻卒,東美不食求死。家人哀之,乃合葬。未一歲,冢上生梓樹,同根二身,相抱而合成一樹。每有雙鴻,常宿於上。孫權聞之嗟歎,封其里曰「比肩」,墓又曰「雙梓」。後子弘與妻張氏,雖無異,亦相愛慕。吳人又呼為「小比肩」。〔出《述異記》〕

〔註 297〕《離騷》。

〔註 298〕《雜詩》。

〔註 299〕卷九十七上。

分秦臺漏消息，玉簫先有鳳凰迎。《列仙傳》：「蕭史者，秦穆公時人，善吹簫，能致孔雀、白鶴於庭。穆公有女字弄玉，好之。公遂以女妻焉，日教弄玉作鳳鳴。公為作鳳臺。夫婦止其上，不下數年，一旦皆隨鳳凰飛去。」

　　家臨大道不難知，夾岸楊枝踠地垂。庾信詩：「河邊楊柳百尺枝，別有長條踠地垂。」〔註300〕春水白魚多比目，《爾雅》：「東方有比目魚焉，不比不行，其名謂之鰈。」秋風紅豆最相思。《粧樓記》：「相思子即紅豆，赤如珊瑚。」杜甫詩：「秋風紅豆底，日日坐相思。」〔註301〕王維《相思子》：「此物最相思。」飛龍藥店虛存骨，《樂府·讀曲歌》：「飛龍落藥店，骨出只為汝。」走馬章臺執畫眉。《漢書·張敞傳》〔註302〕：「敞無威儀，時罷朝會，過走馬章臺街，使御吏驅，自以便面拊馬。」又：「宣帝時，職京兆尹，為婦畫眉。帝知，問之，對曰：『臣聞閨房之內，有過於畫眉者。』」《三輔故事》：「章臺街在長安舊城內。」多事定情繁音婆。主簿，《文章志》：「繁欽，字休伯，潁川人。少以文辯知名，以豫州從事稍遷至丞相主簿。」山南山北淚連絲。繁欽《定情詩》：「與我期何所？乃期山南陽。」又：「乃期山北岑。」又：「自傷失所欲，淚下如連絲。」

　　宛轉吳歌別有腔，〔註303〕蜻蛉舟小露紅窗。梅花日暮風吹樹，《龍城錄》：「隋開皇中，趙師雄遷羅浮。一日天寒日暮，憩於松竹林間酒肆旁。見一美人，淡妝素服出，迓師雄與語，芳香襲人，因與扣酒家飲。少頃，見一綠衣童來，笑歌戲舞，師雄醉寢。久之，東方已白，起視，乃在大梅花樹下，上有翠羽啾嘈，月落參橫，但惆悵而已。」桃葉春深夜渡江。《樂錄》：「《桃葉歌》者，晉王子敬之所作也。桃葉，子敬妾名。詞云：『桃葉復桃葉，渡江不用楫。』」荀令香消煙寂寂，《襄陽記》曰：「劉季和性愛香，謂張坦曰：『荀令君至人家，坐幕三日，香不歇。為我何如？』坦曰：『醜婦效顰，見者必走也。』」元稹詩：「荀令香消潘簟空。」〔註304〕何郎燭暗影幢幢。何遜《看伏郎新昏》：「何如花燭夜，輕扇掩紅粧。」韓偓詩：「何郎燭暗誰能詠。」元稹詩：「殘燈無燄影幢幢。」〔註305〕思憑謝女題詩筆，《晉書》：「謝安又嘗內集，俄而雪驟下。安曰：『何所似也？』兄子朗曰：『散鹽空中差可擬。』道

〔註300〕《楊柳歌》。
〔註301〕不詳。按：朱彝尊《懷汪進士煜》：「人日梅花落，懷君過嶺時。安床紅豆底，日日坐相思。」
〔註302〕卷七十六。
〔註303〕國圖藏本眉批：《宛轉歌》見《續齊諧志》。
〔註304〕《答友封見贈》。
〔註305〕《聞樂天授江州司馬》。

韞曰：『未若柳絮因風起。』安大悅。」〔註306〕**畫作輕鸞六百雙。**李商隱詩：「千二百輕鸞。」〔註307〕

　　蓮花細步上蘭階，《南史·齊東昏侯紀》：「鑿金為蓮花以帖地，令潘妃行其上，曰：『此步步生蓮花也。』」〔註308〕**徐整同心七寶釵。**《西京雜記》：「趙飛燕為皇后，其女弟在昭陽殿上同心七寶釵。」**入室便應金作屋，**《漢武故事》：「帝為膠東王。年數歲，長公主問曰：『兒欲得婦否？』曰：『欲得。』指其女問：『阿嬌好否？』帝曰：『若得阿嬌，當以金屋貯之。』」**當壚須得酒如淮。**《漢書·司馬相如傳》：「相如之臨邛，盡賣其車騎，買一酒舍酤酒，而令文君當壚。」〔註309〕《左傳》：「有酒如淮。」〔註310〕**身前容易風吹袖，**梁簡文帝詩：「風吹鳳凰袖。」〔註311〕**夢裏分明月墮懷。**《〈吳志·吳夫人傳〉注》：「《搜神記》曰：初，夫人孕而夢月入其懷，既而生策。」〔註312〕謝靈運《東陽溪中贈答》：「可憐誰家婦，緣流灑素足。明月在雲間，迢迢不可得」；「可憐誰家郎，緣流乘素舸。但問情若為，月就雲中墮。」**五角六張看過了，何愁作事兩難諧。**《嬾真子》：「五角六張，此古語也。謂五日遇角宿，六日遇張宿。此兩日作事都不成。」

　　按：孫鈜《皇清詩選》此首作王鳴雷《無題詩》，「上蘭階」作「繞蘭階」，「入室」作「入戶」，結作「此日文園已消渴，莫教重犯太常齋。」

　　舍後方池一水流，《樂府》：「舍後有方池，池中雙鴛鴦。」〔註313〕**鸂鶒鸂鶒鷺信沉浮。**杜甫詩：「鸂鶒鸂鶒鷺滿晴沙。」〔註314〕**從教露井生桃樹，**《樂府》：「桃生露井上，李樹生桃傍。」〔註315〕**更遣中庭種若榴。**《廣雅》：「若榴，石榴也。」蔡邕詩：「庭陬有若榴，綠葉含丹榮。」〔註316〕**錦段未通千里字，**臧榮緒

〔註306〕卷九十六《列女傳》。按：《世說新語·言語》：「謝太傅寒雪日內集，與兒女講論文義。俄而雪驟，公欣然曰：『白雪紛紛何所似？』兄子胡兒曰：『撒鹽空中差可擬。』兄女曰：『未若柳絮因風起。』公大笑樂。即公大兄無奕女，左將軍王凝之妻也。」
〔註307〕《擬沈下賢》。
〔註308〕卷五。
〔註309〕卷五十七上。按：早見《史記》卷一百一十七《司馬相如列傳》。
〔註310〕昭公十二年。
〔註311〕《西齋行馬詩》。
〔註312〕吳書五《妃嬪傳》。
〔註313〕《雞鳴》。
〔註314〕《曲江陪鄭八丈南史飲》。
〔註315〕《雞鳴》。
〔註316〕《翠鳥詩》。

《晉書》：「竇滔妻蘇氏，善屬文。苻堅時，滔為秦州刺史，被徙〔註317〕流沙。蘇氏思之，織錦為迴文詩寄滔。循環宛轉以讀之，詞甚悽切。」**玉簫猶隔幾層樓。不知桑葉城南路，五馬寧能共載不。**《羅敷陌上桑》：「羅敷喜蠶桑，採桑城南隅。」又：「使君從南來，五馬立踟躕。」又：「使君謝羅敷，寧可共載不。」

水北花南路不紆，盧綸詩：「花南水北雨濛濛。」〔註318〕**形相色授兩心輸。**溫飛卿《南歌子》詞：「偷眼暗形相，不如從嫁與，作鴛鴦。」司馬相如《上林賦》：「色授魂與。」**莫須遠結千絲網，**李商隱詩：「莫將越客千絲網，網得西施別贈人。」〔註319〕**且緩平量十斛珠。**《嶺表錄異》：「綠珠井在廣西白州雙角山下。昔梁氏之女有容色，石季倫以真珠三斛買之。」喬知之詩：「石家金谷重新聲，明珠十斛買娉婷。」〔註320〕**大婦亦憐中婦豔，**陳後主《三婦豔》：「大婦酌金杯，中婦照粧臺。小婦偏妖冶，下砌折新梅。」《妒記》：「桓溫平蜀，以李勢女為妾。郡主凶妒，拔刃往李所，欲斫之。見在窗梳頭，資貌端麗，徐徐結髮，斂手向主，神色閒正，辭甚悽婉。主於是擲刀，前抱之曰：『阿子，我見汝亦憐，何況老奴！』遂善之。」**新人定與故人殊。**古詩：「新人雖言好，未若故人殊。」〔註321〕**鴛鴦有分成頭白，**《禽經》：「雄曰鴛，雌曰鴦。」《古今注》：「匹鳥也。」李商隱詩：「鴛鴦兩白頭。」**肯許飛還野鴨俱。**《樂府》：「鴛鴦逐野鴨，恐畏不成雙。」〔註322〕

一自神珠別漢皋，《列仙傳》：「鄭交甫至漢皋臺下，見二女佩兩珠，大如荊雞卵。二女解與之。既行，及顧二女，不見，珮珠亦失。」**經春不見意徒勞。門前種樹名烏臼，**〔註323〕**水上飛花盡碧桃。三里霧同千里遠，**謝承《後漢書》：「河南張楷，字公超，好道術，居華陰，能作五里霧。時關西人裴優亦能作三里霧。」蘇軾詩：「不見便同三〔註324〕里遠。」**九重樓恨十重高。**《慕容家自魯企由谷歌》：「郎在十重樓，妾在九重閣。」**無因得似紅襟燕，**郭氏《玄〔註325〕中記》：「胡燕

〔註317〕石印本此下有「於」。
〔註318〕《曲江春望》其二。
〔註319〕《寄成都高苗二從事》。
〔註320〕《綠珠篇》。
〔註321〕《古詩五首》其一（上山採蘼蕪）。
〔註322〕《夜黃》。
〔註323〕國圖藏本眉批：溫庭筠《西洲曲》：「門前烏白樹。」
〔註324〕「三」，《次答邦直子由五首》其四作「千」。
〔註325〕「玄」，底本、石印本作「元」。

斑胸，聲小；越燕紅襟，聲大。」丁仙芝詩：「曉幕紅襟燕，春城白項烏。」〔註 326〕
恣拂簾鉤日幾遭。

渡黃浦《松江府志》：「黃浦在郡南境，即古之東江，乃《禹貢》三江之一也。戰國
時，楚黃歇鑿其傍支流，後與江合。土人相傳，稱為黃浦。又以歇故，或稱春申浦云。」

　　極浦連天闕，驚濤壯海門。揚舲辭驛路，放溜入雲根。白霧魚龍伏，
蒼煙日月昏。杜甫詩：「白帝城中雲出門，白帝城下雨翻盆。高江急峽雷霆鬥，古
木蒼藤日月昏。」〔註 327〕樓臺朝作市，雷雨暗翻盆。疏鑿千年久，舟航萬
里奔。摩霄盤野鶴，《輿地志》：「吳大帝以漢建安中封陸遜為華亭侯，即以其所居
為封谷，出佳魚、蓴菜，又多白鶴清唳。故陸機歎曰：『千里蓴菜，未下鹽豉。』及臨
刑，歎曰：『華亭鶴唳，不可復聞。』」〔註 328〕吹浪湧江豚。許渾《金陵懷古》：「石
燕拂雲晴亦雨，江豚吹浪夜還風。」〔註 329〕杳渺通長島，虛無出遠村。祠因
黃歇起，茸以陸機存。《嘉禾志》：「吳王獵場，舊經雲在華亭谷。東吳陸遜生此，
子孫嘗所遊獵，後人呼為陸機茸。其地後為桑陸。」按陸龜蒙《吳中書事》詩云：「五
茸春草雉媒嬌。」注謂：「五茸者，吳王獵所，茸各有名。」所謂陸機茸者，豈其一耶？
上客今何在，《史記‧春申君傳》：「客三千餘人，其上客皆躡珠履。」〔註 330〕高
文不可論。《西京雜記》：「揚〔註 331〕子雲曰：『廊廟之上，朝廷之中，高文典冊用
相如。』」乘槎應未得，搖落問乾坤。

龍潭曉發《嘉禾志》：「白龍潭在松江府西北三里。考證：世傳有龍蟠伏於中，歲旱
嘗禱雨焉。」〔註 332〕

　　曉發白龍潭，移舟綠楊岸。篙師暗中語，行客水邊飯。雞鳴潮始來，
月落天未旦。冥冥煙霧生，稍稍城鴉散。乘風萬里外，《宋書‧宗愨傳》：
「字元幹。叔父炳，高尚不仕。愨年少時，炳問其志，愨曰：『願乘長風破萬里浪。』」
〔註 333〕擊楫中流半。《晉書‧祖逖傳》：「渡江中流，擊楫而誓曰：『祖逖不能清中

〔註 326〕《餘杭醉歌贈吳山人》。
〔註 327〕《白帝》。
〔註 328〕按：《世說新語‧尤悔》：「陸平原河橋敗，為盧志所讒，被誅。臨刑歎曰：『欲
　　　　　聞華亭鶴唳，可復得乎！』」
〔註 329〕《金陵懷古》。
〔註 330〕卷七十八。
〔註 331〕「揚」，石印本作「楊」。
〔註 332〕《至元嘉禾志》卷五。
〔註 333〕卷七十六。

原而復濟者，有如大江！』」〔註334〕杜甫詩：「日暮中流半。」〔註335〕**慷慨遊子心，臨江起長歎。**

嫁女詞

唉唉重唉唉，張籍《春水曲》：「鴨鴨嘴唉唉。」**鴛鴦隨野鴨。誰家可憐窈窕孃，容顏精妙難意量。大姑生兒仲姑嫁，**《樂府·湖就歌曲》：「湖就赤山磯。大姑大湖東，仲姑居湖西。」**小姑獨處猶無郎。**《樂府·青溪小姑曲》：「開門白水，側近橋樑。小姑所居，獨處無郎。」**媒人登門教裝束，**《古詩》〔註336〕：「媒人下床去。」又：「交語速裝束。」**黃者為金白者玉。**蘇伯玉妻《盤中詩》：「黃者金，白者玉。」**阿婆嫁女重錢刀，**卓文君《白頭吟》：「男兒重意氣，何用錢刀為。」**何不東家就食西家宿。**《戰國策》：「齊有一女，二家求之。其母語女曰：『欲東家則左袒，欲西家則右袒。』其女兩袒，曰：『欲東家食而西家宿。』以東家富而醜，西家貧而美也。」〔註337〕

七夕詠牛女二首

浪傳靈匹幾千秋，《樂府·七夕夜女歌》：「靈匹怨離處，索居隔長河。」**天路微茫不易求。今夜白榆連理樹，**《樂府·隴西行》：「天上何所有，歷歷種白榆。」**明朝銀浦斷腸流。**李賀詩：「銀浦流雲學水聲。」〔註338〕

瓜果中筵笑語微，《荊楚歲時記》：「七月七日設瓜果於庭中以乞巧，有蟢子布網於瓜上，則為得巧。」**西樓涼月夜開扉。無因得泛浮槎去，親向天孫乞巧歸。**

〔註334〕卷六十二。

〔註335〕《白沙渡》。

〔註336〕《孔雀東南飛》。

〔註337〕厲鶚《樊榭山房集》續集卷二《題姚敬直西塞山居圖》：「妙處欲兩袒。」董兆熊注與此全同。（《樊榭山房集》，上海古籍出版社1992年版，第1070頁）
按：此兩注當是據《佩文韻府》，然《戰國策》實無此語。
《藝文類聚》卷四十禮部下：
《風俗通》曰：兩袒，俗說齊人有女，二人求之，東家子丑而富，西家子好而貧，父母疑不能決，問其女定所欲適，難指斥言者，偏袒令我知之，女便兩袒，怪問其故，云欲東家食，西家宿，此為兩袒者也。

〔註338〕《天上謠》。

南湖即事

南湖秋樹綠，放櫂出回塘。簫鼓聞流水，見前《捉人行》。蒹葭泛夕陽。心隨沙〔註339〕雁滅，〔註340〕目斷楚雲長。杜甫詩：「遙空秋雁滅，半嶺暮雲長。」〔註341〕惆悵佳人去，憑誰詠鳳凰。孟浩然詩：「綵筆題鸚鵡，佳人詠鳳凰。」〔註342〕

送林佳璣還莆田佳璣，字衡者，莆田人。有《東山詩集》。吳偉業《送林衡者還閩序》：「衡者為人質樸，修志行，詩文雅健有師法。其叔父小眉公，以前進士隱居著述，衡者能世其家風雲。」

高樓置酒觴今夕，愁聽驪歌送行客。《大戴禮》：「《驪駒》，逸詩篇名，客欲去歌之。」其辭云：「驪駒在門，僕夫具存。驪駒在路，僕夫整駕。」搖落深知羈旅情，杜甫詩：「搖落深知宋玉悲。」〔註343〕飄零況是雲山隔。孟浩然詩：「雲山從此隔〔註344〕。」林生磊落無等倫，鳳雛驥子誰能馴。杜甫詩：「寶侍御，驥之子，鳳之雛。」〔註345〕顏延之詩：「龍性誰能馴。」〔註346〕一朝忼慨辭鄉里，幾載飢寒傍路人。平生崔嵬好奇服，《楚辭》：「余幼好此奇服兮，年既老而不衰。帶長鋏之陸離兮，冠切雲之崔嵬。」〔註347〕流離恥作窮途哭。《晉書·阮籍傳》：「時率意獨駕，不由徑路，車跡所窮，輒慟哭而反。」〔註348〕杜甫詩：「舌存恥作窮途哭。」〔註349〕往往詩歌泣鬼神，杜甫詩：「詩成泣鬼神。」〔註350〕時時談笑驚流俗。林生林生骨相奇，昂藏不異并州兒。見前《夏日閒居》。看君富貴當自有，《史記·蔡澤傳》：「富貴吾所自有，不知者壽也。」〔註351〕不合憔悴留天涯。高秋別我閩中去，《史記·東越傳》：「秦并天下，

〔註339〕「沙」，石印本同，康熙本《曝書亭集》作「胡」，四庫本《曝書亭集》作「江」。
〔註340〕國圖藏本浮簽：「心隨沙雁滅」，「沙」，初印本作「胡」。
〔註341〕《薄遊》。
〔註342〕不詳。
〔註343〕《詠懷古蹟五首》其二。
〔註344〕「隔」，孟浩然《送友人之京》作「別」。
〔註345〕《入奏行贈西山檢察使竇侍御》。
〔註346〕《五君詠五首》其二《嵇中散》。
〔註347〕《離騷》。
〔註348〕卷四十九。
〔註349〕《暮秋枉裴道州手札率爾遣興寄近呈蘇渙侍御》。
〔註350〕《寄李十二白二十韻》。
〔註351〕卷七十九。

廢閩越王無諸及越東海王搖為君長，以其地為閩中郡。」〔註352〕**行李蕭條慘徒御。**
《左傳》：「行李之往來。」〔註353〕杜甫詩：「徒御慘不悅。」〔註354〕**客舍清江萬**
里船，鄉心紅葉千山樹。九里湖邊倚翠屏，《列仙傳》：「何氏兄弟九人遊湖側，
丹成，各乘赤鯉去。莆田人為之立廟。其湖名九里湖。」**轂城山下俯清泠。**《廣輿
記》：「轂城山在興化府城東南。」**寒風江路兼山路，落日長亭更短亭。**庾信《哀
江南賦》：「十里五里，長亭短亭。」李白《菩薩蠻》：「何處是歸程？長亭更短亭。」
嗟予分手天南遠，惆悵河橋送君返。遠客休辭行路難，高堂應念還家晚。

送十一叔遊中州二首 《橋李詩繫》：「朱茂昉，字子葆，秀水人。承父司寇大啟蔭。」

木葉下亭皋，柳惲詩：「亭皋木葉下。」〔註355〕**西風一雁高。驅車千里**
道，結客五陵豪。《漢書·原涉傳》：「郡國諸豪及長安五陵諸為節氣者皆歸慕之。」
〔註356〕**河水浮官渡，**《水經注》：「陽武縣故城東為官渡。曹操與袁紹相持於官渡
口，即此。」**關門鎮虎牢。**〔註357〕《新唐書·地里志》：「汜水，武德四年析置成
皋縣，有虎牢關。」〔註358〕**驪駒方在路，尊酒意徒勞。**

旅館涼風起，秋城畫角哀。杜甫詩：「城闕秋生畫角哀。」〔註359〕**天涯方**
遠客，祖道且深杯。《四民月令》：「祖道神祀，以求道路之福。」**山色陰中嶽，**
《爾雅》：「嵩高為中嶽。」**河流繞吹臺。**《陳留風俗傳》：「縣有倉頡師曠城，城上
有列仙。吹臺，梁王築。」《元和郡縣制》：「吹臺在開封縣東南六里。」**梁園多雨雪，**
謝惠連《雪賦》：「梁王不悅，遊於兔園。俄而微霰零，密雪下。」《一統志》：「梁園在
開封府東南，一名梁苑，漢梁孝王遊賞之所。」**歲暮好歸來。**

送通門和尚住持太白山 《梅里志》：「通門，字牧雲，號澹翁，又號樗叟。吳郡張

澄宇子。薙度於洞門和尚，為天童玉林法師嗣。明崇禎〔註360〕之季，開法古南提，

〔註352〕卷一百一十四。
〔註353〕僖公三十年。
〔註354〕杜甫《鐵堂峽》：「徒旅慘不悅。」按：江總《并州羊腸阪詩》：「關山定何許，
　　　　徒御慘悲涼。」
〔註355〕《搗衣詩》其二。
〔註356〕卷九十二。
〔註357〕國圖藏本眉批：《春秋》：「襄二年，會於戚遂，城虎牢。」
〔註358〕卷三十九。
〔註359〕《野老》。
〔註360〕「禎」，底本、石印本作「正」。

唱宗風。有《嬾齋集》、別集等著。識者比之雲樓法彙云。」《名勝志》：「太白山在嵊縣西七十里，絕高者為太白。」

越山東望路迢迢，澗口寒藤度石橋。惆悵空林飛錫遠，〔註361〕《釋氏要覽》：「比丘持錫有二十五威儀，空中不得著地，必推於壁。故遊行僧為飛錫，安住僧為掛錫。」海門秋雨浙江潮。《浙江潮候圖說》：「浙江之口，南為龕山，北為赭山，謂之海門。」

送屠爌入閩

故人千里去，風雪上行車。古詩：「前日風雪中，故人從此去。」張籍詩：「年年道上隨行車。」〔註362〕南浦悲長路，江淹《別賦》：「送君南浦，傷如之何！」西河歎索居。《禮》：「退而老於西河之上。」又：「吾離群而索居。」江猿啼遠近，天水入空虛。莫作經年別，高堂正倚閭。《戰國策》：「王孫賈母曰：『汝朝出而晚來，則我倚門而望；暮出而不還，則我倚閭而望。』」

逢姜給事埰〔註363〕

《明史稿》：「埰，字如農，萊陽人。崇禎〔註364〕四年進士。十五年，擢禮科給事中。初，體仁及薛國觀排異己及建言者。延儒至，盡反其所為。忌者乃造二十四氣之說，以指朝士二十四人，直達御前。帝適下詔戒諭百官，責言路尤至。埰疑帝已入其說，乃上言：『陛下視言官獨重，故責之獨嚴。』帝怒，立下詔獄。逮至午門，杖一百。十七年二月始釋埰，戍宣州衛。」〔註365〕

〔註361〕國圖藏本眉批：《要覽》：「高僧鄧隱峰遊五臺，出淮泗，擲錫飛空而往西天，下接比丘」云云。

〔註362〕《車遙遙》。

〔註363〕國圖藏本眉批：毛僧開詩話：「埰謫戍宣州，會國破，暫居吳門，自號宣州老兵。」

〔註364〕「禎」，底本、石印本作「正」。

〔註365〕按：（清）徐鼒《小腆紀傳》卷五十六《遺臣列傳一》（中華書局2018年版，第654頁）：「姜埰，字如農，萊陽殉節諸生瀉里次子也。崇禎辛未進士；由知縣入為禮部主事，擢禮科給事中。在官五月，上三十餘疏；卒以論二十四氣蜚語事，與熊開元同下詔獄。逮至午門，杖一百幾死，復繫刑部獄。甲申正月，謫戍宣州衛。乙酉，南都亡，與弟垓避兵天台；魯監國召為兵部侍郎。詔使敦促；埰知事不可為，竟不起，寓居蘇州。嘗奉母歸萊陽；我山東巡撫將薦諸朝，乃佯墜馬折股，乘間復馳至蘇州，自號宣州老兵。欲結廬敬亭山，不果。病革，語其子曰：『敬亭，吾戍所也。未聞後命，吾猶罪人也；敢以異代背吾死君哉！』卒，葬宣城。子安節字勉中，徙家依墓傍卒。同人私諡曰孝明。」
另，姜埰《敬亭集》（華東師範大學出版社2011年版）卷首有《姜貞毅先生自著年譜》、《府君貞毅先生年譜續編》。

黃門先生官左掖，《通典》：「凡禁門黃闥，故號黃門。其官給事於黃闥之內，故號曰黃門。」〔註366〕力欲拔山氣辟易。《史記·項羽紀》〔註367〕：「力拔山兮氣蓋世。」又：「人馬俱驚，辟易數里。」虎豹天關閉九重，《楚辭》：「魂兮歸來！君無上天些。虎豹九關，啄害下人些。」〔註386〕孤臣血肉徒狼藉。《明史稿》：「弟垓，字如須。埰下獄，盡力營護。埰杖畢，已死，垓口溺灌之，乃復蘇。」東萊蜃市易沉淪，南國相逢淚滿巾。青鞋布韈江湖外，杜甫《山水障歌》：「青鞋布韈從此始。」誰念當時折檻人。《漢書·朱雲傳》：「『臣願賜尚方斬馬劍，斷佞臣一人，以厲其餘。』上問：『誰也？』對曰：『安昌侯張禹。』上大怒，曰：『小臣居下訕上，廷辱師傅，罪死不赦。』御史將雲下，雲攀殿檻，檻折。雲呼曰：『臣得下從龍逄、比干遊於地下，足矣！未知聖朝何如耳？』御史遂將雲去。左將軍辛慶忌叩頭流血，上意解。及後當治檻，上曰：『勿易！因而輯之，以旌直臣。』」〔註369〕

簡陳秀才光緯《梅里詩鈔》作《戲簡毛十九》。《橋李詩繫》：「光緯，字緯度，號謙山，海鹽人。許廷子。少為張西銘所知。上巳浮觴，與王處卿聯席，因摘論漢史數則，王遂以女字之。女亦能詩。」《小石林文外》：「王辰若煒，太倉人，陳光緯室，與卞夫人為師弟交，得其清秀蒼韻之傳，有林下風。」

幾日秦嘉去，應留贈婦篇。秦嘉有《留郡贈婦詩》。盤龍明鏡好，《北堂書鈔》：「漢秦嘉與婦徐淑書，以明鏡餉之。」庾信《燕歌行》：「盤龍明鏡餉秦嘉，辟惡生香寄韓壽。」雙笑玉臺前。《樂府·子夜秋歌》：「羅幃有雙笑。」《世說》：「劉聰為玉鏡臺，溫嶠關劉越石長史，北徵得之。後娶姑女下焉。」〔註370〕

長安賣卜行贈吳三統持集杜句《嘉興縣志》：「吳統持，字巨手。少有異質，雄才博學，名著遠近。崇禎〔註371〕甲申，棄諸生業，隱鴛湖。坐臥危樓，饘粥不繼，

〔註366〕卷二十一。
〔註367〕卷七。
〔註386〕《招魂》。
〔註369〕卷六十七。
〔註370〕文本改換頗大。《世說新語·假譎》：
　　　　溫公喪婦，從姑劉氏，家值亂離散，唯有一女，甚有姿慧，姑以屬公覓婚。公密有自婚意，答云：「佳婿難得，但如嶠比云何？」姑云：「喪敗之餘，乞粗存活，便足慰吾餘年，何敢希汝比？」卻後少日，公報姑云：「已覓得婚處，門地粗可，婿身名宦，盡不減嶠。」因下玉鏡臺一枚。姑大喜。既婚，交禮，女以手披紗扇，撫掌大笑曰：「我固疑是老奴，果如所卜！」玉鏡臺，是公為劉越石長史，北徵劉聰所得。
〔註371〕「禎」，底本、石印本作「正」。

晏如也。嘗賣卜四方，或稱胥山樵子，或稱頑谷，或稱危齋卍居士。以詩酒自放，卒年未五旬。所著有《卍齋稿》。」《府志》：「統持著《典林》、《明月樓集》、《危齋逸稿》。妻項名珮，字吹聆。時相唱和。著《藕花樓集》。」

翻手作雲覆手雨，〔註372〕長安布衣誰比數。〔註373〕天涯涕淚一身遙，〔註374〕避地何時免愁苦。〔註375〕男兒性命絕可憐，〔註376〕實籍君平賣卜錢。〔註377〕身上須繒腹中實，〔註378〕長安市上酒家眠。〔註379〕酒酣拔劍肝膽露，〔註380〕勾陳蒼蒼玄〔註381〕武暮。〔註382〕人生萬事無不有，〔註383〕世人那得知其故。〔註384〕揚眉結義黃金臺，〔註385〕亦知窮愁安在哉。〔註386〕可憐懷抱向人盡，〔註387〕黃帽青鞋歸去來。〔註388〕寂寞江天雲霧裏，〔註389〕舍南舍北皆春水。〔註390〕龐公隱時盡室去，〔註391〕我獨何為在泥滓。〔註392〕強移棲息一枝安，〔註393〕百遍經過意未闌。〔註394〕復有樓臺銜暮景，〔註395〕也從江檻落風湍。〔註396〕多才

〔註372〕《貧交行》。
〔註373〕《秋雨歎三首》其三。
〔註374〕《野望》。
〔註375〕《發閬中》。
〔註376〕《偪仄行贈畢曜》。
〔註377〕《清明二首》其一，「君平」作「嚴君」。
〔註378〕《狂歌行贈四兄》。
〔註379〕《飲中八仙歌》。
〔註380〕《魏將軍歌》，「酣拔」作「闌插」。
〔註381〕「玄」，底本、石印本「元」。
〔註382〕《魏將軍歌》。
〔註383〕《可歎》。
〔註384〕《送孔巢父謝病歸遊江東兼呈李白》。
〔註385〕《晚晴》。
〔註386〕《蘇端薛復筵簡薛華醉歌》。
〔註387〕《所思》。
〔註388〕《發劉郎浦》。
〔註389〕《嚴中丞枉駕見過》。
〔註390〕《客至》。
〔註391〕《寄從孫崇簡》。
〔註392〕《奉先劉少府新畫山水障歌》。
〔註393〕《宿府》。
〔註394〕《遣悶戲呈路十九曹長》。
〔註395〕《院中晚晴懷西郭茅舍》。
〔註396〕《將赴成都草堂途中有作先寄嚴鄭公五首》其四。

依舊能潦倒，〔註397〕百壺且試開懷抱。〔註398〕但覺高歌有鬼神，〔註399〕不知明月為誰好。〔註400〕吾兄吾兄巢許倫，〔註401〕路難悠悠長傍人。〔註402〕可憐為人好心事，〔註403〕終日坎壈纏其身。〔註404〕

無題六首李商隱有《無題》詩。

金谷繁華地，石崇《金谷詩序》：「余有別廬，在河南縣界金谷澗中。」李清詩：「金谷繁華石季倫。」〔註405〕風流石季倫。儲光羲句。〔註406〕量珠凡幾斛，買取墮樓人。見《閒情》。《晉書》：「孫秀求綠珠不得。石崇將刑，珠墮樓死。」〔註407〕杜牧詩：「可憐金谷墜樓人。」〔註408〕

織女牽牛匹，《續齊諧記》：「天河之東有織女，天帝之女也，年年勞於機杼。天帝憐其獨處，許嫁牽牛。遂廢織紝，天帝怒，責令歸河東，使一年一會。」姮娥后羿妻。《論衡》：「羿請不死之藥於西王母，羿妻嫦娥竊以奔月。」〔註409〕神人猶薄命，嫁娶不須啼。卓文君《白頭吟》句。

夢逐山頭去，身從掌上回。黃金如結屋，先築避風臺。《漢書》：「趙后以體輕，故名飛燕。為掌上舞，如流風回雪。體不勝風，製七寶避風臺。」〔註410〕

月映凌波襪，見《東飛伯勞歌》。風飄出水衣。《宣和畫譜》：「曹不興古稱善畫，作人物，表紋縐皺。畫家謂曹衣出水，吳帶當風。」莫教仙犬吠，曹唐《游

〔註397〕《戲贈閿鄉秦少公短歌》。
〔註398〕《蘇端薛復筵簡薛華醉歌》。
〔註399〕《醉時歌》。
〔註400〕《秋風二首》其二。
〔註401〕《狂歌行贈四兄》。
〔註402〕《九日》，「長」作「常」。
〔註403〕《閿鄉姜七少府設膾戲贈長歌》。
〔註404〕《丹青引贈曹將軍霸》。
〔註405〕《詠石季倫》。
〔註406〕《秋庭貽馬九》。
〔註407〕卷三十三《石崇傳》。
〔註408〕《題桃花夫人廟》。
〔註409〕按：《淮南子·覽冥訓》：「譬若羿請不死之藥於西王母，恒娥竊以奔月。」高誘《注》：「恒娥，羿妻。羿請不死之藥於西王母，未及服之，恒娥盜食之，得仙，奔入月中為月精。」
〔註410〕《陳檢討四六》卷八《徐昭華詩集序》「舞袖才回，遽誇飛燕」注。按：《漢書》卷九十七下《外戚傳下·孝成趙皇后》無此語。

仙》:「願得花間有人出，不令仙犬吠劉郎。」**花下阮郎歸**。《神仙傳》:「劉晨、阮肇入天台採藥，遠不得返。經十三日，饑甚。遙望山上有桃樹子熟，遂躋險援葛至其下，噉數枚，饑止體充。欲下山，以杯取水。復見有一杯流出大溪，溪邊有二女子，色甚美。見二人持杯，便笑曰:『劉、阮二郎捉向所流杯來。』劉、阮驚。二女遂忻然如舊相識。」

漢皐珠易失，洛浦珮難分。李白詩:「洛浦有宓妃。」〔註 411〕曹植《洛神賦》:「願誠素之先達兮，解玉珮以要之。」**不及閒男女，肩挑六幅裙**。楊无咎詞:「掌託鞵兒肩拖裙，子悔不做閒男女。」〔註 412〕李群玉詩:「裙拖六幅湘江水，鬢聳巫山一段雲。」〔註 413〕

養就芙蓉粉，《藝林伐山》:「養紙芙蓉粉，薰衣荳蔻香。上句薛濤事，下句霍小玉事。」〔註 414〕《文房寶飾》:「養紙以芙蓉粉，借其色也。」〔註 415〕**勻成十樣牋**。《寰宇記》:「浣花溪在成都城外，屬犀浦，薛濤家其旁，以潭水造紙為十色牋。」《成都古今記》:「蜀牋十樣曰:深紅、粉紅、杏紅、明黃、深青、〔註 416〕淺綠、銅綠、淺雲。又有松花、金沙、彩霞諸色。十色，舉成數耳。」**相思無別語，只解勸歸船**。

哭王處士翃六首王庭《王介人傳》:「壬辰秋，同吳瑱南來。明年，辭余歸。四月，泊京口。無疾，晚膳如常。寢，過夜半，微有夢囈聲，同行者呼之不應，遂長逝，年五十一。子女多夭。晚置一妾，不容於室，遂無後。取同祖兄賓之次子承祀。葬於長水塘西之新塋。」

書信傳初到，銘旌已在途。《周禮》:「司常，大喪其銘旌，建廞車之旌。」《檀弓》:「明旌也，以死者為不可別，故以旗識之。」《注》:「銘曰某氏某之柩。」**今來紛涕淚，昔別念須臾**。《僧祇律》:「二十念為一瞬，二十瞬名一彈指，二十彈指名一羅預，二十羅預名一須臾。」**迢遞悲長道，艱難喪老儒**。**山陽懷舊賦**，《魏氏春秋》:「嵇康寓居河南之山陽縣，與河內向秀相友善。」《晉書·向秀傳》:

〔註 411〕《感興六首》其二。

〔註 412〕《夜行船》其三《周三五》(寶髻雙垂煙一縷)。

〔註 413〕《同鄭相併歌姬小飲戲贈》。

〔註 414〕《御定佩文韻府》卷四十二。

〔註 415〕《白孔六帖》卷十四、《說孚》卷一百十九上《養硯墨筆紙》。

〔註 416〕曹學佺《蜀中廣記》卷六十七引《成都古今記》，此處尚有「曰淺青、曰深綠」，方足「十色」之數。

「秀經山陽舊廬，鄰人有吹笛者，發聲寥亮，秀乃作《思舊賦》。」〔註417〕**流恨滿江湖。**

遠道將歸客，孤舟返舊林。招魂迷楚水，《楚辭》：「《招魂序》曰：『《招魂》者，宋玉之所作也。宋玉憐哀屈原，厥命將落，作《招魂》，欲以復其精神，延其年壽也。』」李商隱詩：「楚水招魂遠，邙山卜宅孤。」〔註418〕**臥病絕吳吟。**《戰國策》：「陳軫曰：『王獨不聞吳人之遊楚者乎？楚人甚愛之，病，故使人問之，曰：誠病乎？意亦思乎？左右曰：臣又知其思與不思，誠思則將吳吟。』」**夢裏羅含鳥，**《晉書》：「羅含，字君章。嘗晝臥，夢一鳥文采異常，飛入口中，因驚起。自此後藻思日新。」〔註419〕**囊中陸賈金。**見前《送王翃》。**猶憐別時語，淒斷故人心。**

江海飄零日，秦川喪亂餘。謝靈運《擬鄴中詩》：「王粲家本秦川貴公子，遭亂離寓，自傷情多。」〔註420〕**淒涼蒿里曲，**《古今注》：「《薤露》、《蒿里》，並喪歌也，本出田橫門人。橫自殺，門人傷之，為作悲歌。至漢武帝時，李延年分為二曲，《薤露》送王公貴人，《蒿里》送士大夫庶人，使挽柩者〔註421〕歌之。」**生死秣陵書。**劉澹《重答劉秣陵沼書》，《注》：「沼作書未出而死，有人於沼家得書，以示孝標。孝標乃作此書答之。」〔註422〕**零雨沾青草，高原哭素車。**《後漢‧範式傳》：「式字巨卿，張劭字元伯，相與為友。元伯卒，式夢元伯告曰：『吾死，以某日葬。』已發，柩不前。見巨卿素車白馬，號哭而來。」〔註423〕**南山桂搖落，**盧照鄰《長安古意》：「寂寂寥寥揚子居，年年歲歲一床書。獨有南山桂花發，飛來飛去襲人裾。」**無復子雲居。**王績詩：「花暗子雲居。」〔註424〕

知已從今少，平生負汝多。人生看到此，江淹《恨賦》：「人生到此，天

〔註417〕卷四十九。

〔註418〕《哭虔州楊侍郎》。

〔註419〕卷九十二《文苑傳》。

〔註420〕按：謝靈運《擬魏太子鄴中集詩八首》其二《王粲》：「家本秦川，貴公子孫。遭亂流寓，自傷情多。」

〔註421〕「者」，石印本作「執紼之人悉」。

〔註422〕《六臣注文選》卷四十五劉良注。

〔註423〕國圖藏本眉批：《範式傳》：「式字巨卿，與汝南張劭為友。劭字元伯。元伯卒。式夢元伯呼曰：『巨卿，吾以某日死，當以爾時。』喪已發引，柩不肯進。其母撫之曰：『元伯，豈有望邪？』移時，見有素車白馬，號哭而來。其母曰：『是必范巨卿也。』巨卿既至，因執紼而引柩，於是乃前。」注引《範式傳》，將原本改易增添，因另錄本文。

〔註424〕《田家三首》其二。

道寧論！」**天道復如何**。鮑照《蕪城賦》：「天道如何，吞恨者多。」**流水笳簫曲，**李嘉祐《輓歌》：「車馬行仍止，笳簫咽又悲。」**悲風薤露歌。王猷竹林在，**《晉書·王徽之傳》：「嘗寄居空宅中，便令種竹。或問其故，但嘯詠，指竹曰：『何可一日無此君耶！』」〔註425〕**舊徑不堪過**。庾信《思舊銘》：「王子猷之舊徑惟餘竹林。」

落日明丹旐，王褒《送葬詩》：「丹旐書空位。」**飄風卷總帷**。謝朓詩：「總帷飄井榦。」〔註426〕**途窮偏作客，身老獨無兒**。《晉書·鄧攸傳》：「天道無知，使伯道無兒。」〔註427〕朱慶餘詩：「身後獨無兒。」〔註428〕**書籍今何託，**《三國志》：「蔡邕才學顯著，聞王粲在門，倒屣迎之。曰：『此王公孫也，有異才，吾不如也。吾家書籍文章，當盡與之。』」〔註429〕**人琴不可知**。《晉書·王徽之傳》：「獻之卒，徽之奔喪不哭，直上靈床坐，取獻之琴彈之，久而不調，歎曰：『嗚呼子敬，人琴俱亡。』」〔註430〕**高山空有調，回首失鍾期**。見前《放言》。

相送悲長別，還家慘獨行。流連簡書札，次第念交情。杜甫詩：「次第尋書札，呼兒檢贈詩。」〔註431〕**自有篋中作，**《唐書·經籍志》：「元結《篋中集》一卷。」〔註432〕**何難身後名**。《世說》：「張季鷹縱任不拘，時人號為江東步兵。曰：『使我有身後名，不如即時一杯酒。』」〔註433〕**泉臺應快意，未必似平生**。

按：元結選《篋中集》，凡七人，詩二十四首，皆開、寶間詩人不遇者。處士歿後，遺稿無有。先生有選鈔一帙，邁人先生〔註434〕序而梓之，名曰《二槐詩存》。

曝書亭集詩注卷一　　　　　　　　　　　　　　　男　蟠　挍〔註435〕

〔註425〕卷八十。

〔註426〕《同謝諮議詠銅爵臺》。

〔註427〕卷九十《良吏傳·鄧攸傳》。按：早見《世說新語·賞譽第八》。

〔註428〕《過孟浩然舊居》。

〔註429〕卷二十一。

〔註430〕《晉書》卷八十。按：早見《世說新語·傷逝第十七》，曰：「王子猷、子敬俱病篤，而子敬先亡。子猷問左右，何以都不聞消息，此已喪矣。語時了不悲，便索輿來奔喪，都不哭子敬。素好琴，便徑入，坐靈床上，取子敬琴彈。弦既不調，擲地，云：『子敬子敬，人琴俱亡。』因慟絕良久，月餘亦卒。」

〔註431〕《哭李常侍嶧二首》其二。

〔註432〕《新唐書》卷六十。

〔註433〕《任誕第二十三》。

　　　　　另，國圖藏本眉批：或謂之曰：「卿縱一時，獨不為身後名耶？答曰云云。」

〔註434〕王庭，字言遠，一字邁人。撰《王介人傳》。

〔註435〕按：石印本無「曝書亭集詩注卷×　男　蟠　挍」。下同。

曝書亭集詩注卷二

嘉興　楊謙　纂

嘉興　金蓉　參

閼逢敦牂甲午

同舍人五《文類》〔註1〕作「夏士」**兄登觀山頂**《唐書·百官志》：「中書省舍人六人，起居舍人二人，通事舍人十六人。」〔註2〕彝器，字夏士，承祖蔭中書科中書舍人。「觀山」，見卷六《香奩體》。

　　杖策荒塗外，左思《招隱詩》：「杖策招隱士，荒塗橫古今。」憑高遠樹重。微茫開積水，縹緲見孤峰。王鏊《登莫釐峰記》：「兩洞庭分峙太湖，其峰之最高者，西曰縹緲，東曰莫釐。」細雨春歸雁，深山日暮鐘。何年共招隱，相伴入雲松。

送王汸遊嶺南字千明，嘉興梅里人。秀水學生。

　　送君西去大江深，回首雲煙楓樹林。孟浩然詩：「所思在夢寐，欲往大江深。日夕望江口，煙波愁我心。心馳茅山洞，目極楓樹林。」〔註3〕嶺路千山萬山外，岑參詩：「別君只有相思夢，遮莫千山與萬山。」〔註4〕相思孤月夢中尋。〔註5〕王昌齡詩：「曉夕雙帆歸鄂渚，愁將孤月夢中尋。」〔註6〕《韓非子》：「六國時，張敏與

〔註1〕按：指《竹垞文類》，《四庫全書存目叢書》集部第248冊收錄北京圖書館藏清康熙二十一年刻增修本。

〔註2〕《新唐書》卷四十七。

〔註3〕《宿揚子津寄潤州長山劉隱士》。

〔註4〕《原頭送范侍御》。

〔註5〕國圖藏本眉批：沈約詩：「夢中不識路，何以慰相思。」

〔註6〕《送人歸江夏》。

高惠二人為友，每相思不能得見，敏便於夢中往尋。但行至半道，即迷不知路，遂回。如此者三。」〔註7〕

寄懷徐孝廉之瑞之瑞字蘭生，臨安人，崇禎〔註8〕丙子舉人。有《橫秋堂集》。黃宗羲《壽徐蘭生序》：「先生之詩，長於樂府。嘗為《西湖竹枝詞》，流傳唱和，彷彿鐵崖。」〔註9〕

憶別吳山事隱淪，《杭州府志》：「吳山在鎮海樓之右。」《新論》：「天下神人，一曰神仙，二曰隱淪。」相思煙草歷冬春。餘杭溪水空千尺，《方輿紀要》：「隋置杭州府，唐因之，亦曰餘杭。」《一統志》：「餘杭縣在杭州府城西北七十里。」不見雙魚白錦鱗。李白《贈漢陽輔錄事》：「漢口雙魚白錦鱗，令傳尺素報情人。其中字數何多少，祇是相思秋復春。」

贈別王山人元慧字無穎，號白榆山子。李良年《墨竹冊記》：「錢塘有魯孔孫，崑山有王無穎，並以畫竹名吳越間。」

王猷原愛竹，見卷一《哭王處士》。圖畫得天真。梁獻《王昭君》：「圖畫失天真。」老去貧尤甚，年來妙入神。與余情不淺，傾蓋日相親。《子華子》：「子華子反自剄，遭孔子於途，傾蓋而顧，相遇終日，甚相親也。」紈扇題教遍，見卷四《贈沈華》。《晉書·王羲之傳》：「嘗在蕺山見一老姥持六角竹扇賣之，羲之書其扇，各為五字。姥初有慍色，因謂姥曰：『但言是王右軍書，以求百錢耶？』姥如其言，人競買之。」〔註10〕屏風點更新。《吳錄》：「曹不興善畫，孫權使畫屏風，誤落筆點素，因就以作蠅。既進御，權以為真蠅，舉手彈之。」蕭疎抽直幹，蒼翠染叢筠。雨暗瀟湘夕，〔註11〕錢希言《楚小志》：「瀟、湘本二水名，今已合流，俱滙洞庭。」煙浮鄠杜春。《漢書·地里志》：「秦地有鄠杜竹林，南山檀柘，號稱陸海，為九州膏腴。」〔註12〕枝柯紛異色，水石盡堪珍。國史傳文苑，君家有舍人。舍人名紞，善畫竹，不苟作。嘗退朝，黔國以雙縑呼之，不應，至三年始致之。

〔註7〕《文選》卷二十沈約《別范安成詩》「夢中不識路，何以慰相思」李善注。又見《陳檢討四六》卷六《戴無忝詩序》「沈約懷人，慣識夢中之路」注。按：《韓非子》未見此語。

〔註8〕「禎」，底本、石印本作「正」。

〔註9〕原題作《壽徐蘭生七十序》。

〔註10〕卷八十。

〔註11〕國圖藏本眉批：宋史九韶《瀟湘八景圖記》：「苦竹叢集，鷓鴣哀鳴。此瀟湘之夜雨也。」按：史九韶乃明人，非宋人。「叢集」原作「叢翳」。

〔註12〕卷二十八下。

又月夜聞鄰人吹簫，因圖尺幅與之，曰以簫材報汝。其人更求別幅，並前畫裂之。
〔註13〕先生《王紱傳》：「字孟端，無錫人。博學工歌詩，能書，寫山水竹石妙絕一時。洪武中，坐累戍朔州。永樂初，用薦以善畫供事文淵閣，除中書舍人。」〔註14〕**風流存髣髴**，杜甫《丹青引》：「文采風流今尚存。」**清切典絲綸**。劉楨《贈徐幹》：「誰謂相去遠，隔此西掖垣。拘限清切禁，中情無由宣。」**散直矜通籍**，《漢書·元帝紀》：「令從官給事宮司馬門中者得為父母兄弟通籍。」《注》：「籍者為尺二竹牒，記其年紀名字物色，掛之宮中，按省相應，乃得入也。」〔註15〕**吹簫狎比鄰。一朝翻毀裂，萬里幾逡巡。能事原殊俗，當時信絕倫。昔賢從脫略，似爾實悲辛。白髮重湖海，青山廢隱淪。狂歌老藤杖**，杜甫詩：「兼將老藤杖。」〔註16〕**醉脫小烏巾**。杜甫詩：「頭戴小烏巾。」〔註17〕**不厭經過密，惟應歎息頻。物情輕一藝，有識定千緡**。鮮于樞《范寬雪山圖》：「亂離何處得此本，張侯好事輕千緡。」**相賞知何地，思歸及此辰。郊扉餘舊業，雲壑息勞筋**。杜甫詩：「區區甘累趼，稍稍息勞筋。」〔註18〕**早晚扁舟就，三江共採蓴**。

示弟彝玠字彥琛。庠生。

攤書仍不學，萬慮亦徒然。就市非長策，躬耕少薄田。請纓今日事，見卷一《劉生》。作賦幾時傳。莫效諸兄嬾，蹉跎媿昔年。

彝公過字西堂，梅里古南寺僧，善詩。

遲客無三逕，謝靈運詩：「臨江遲來客。」〔註19〕《三輔決錄》：「杜陵蔣詡，字元卿，為兗州刺史。移病歸鄉里，荊棘塞門。捨中有三逕，不出，惟求仲、羊仲從之遊。二人皆治車為業，挫廉逃名，時人謂之二仲。」**浮杯自獨園**。孫逖詩：「獨園餘興在。」〔註20〕**林棲堪永日，瓢飲坐忘言**。《逸士傳》：「許由隱箕山，無杯器，以手捧水飲之。人遺一瓢，得以操飲。飲訖，掛於樹上。風吹瀝瀝有聲，由以為煩，遂去之。」**竹戶青蟲網，荷風翠鳥翻。更看涼月上，徙倚向南軒**。

〔註13〕此係自注。
〔註14〕《曝書亭集》卷六十三。
〔註15〕卷九。《注》乃顏師古引「應劭曰」。
〔註16〕《路逢襄陽楊少府入城戲呈楊員外綰》。
〔註17〕《奉陪鄭駙馬韋曲二首》其一。
〔註18〕《贈王二十四侍御契四十韻》。
〔註19〕《南樓中望所遲客詩》。
〔註20〕《酬萬八賀九雲門下歸溪中作》。

七月八日夜對月

素月絃初直，《釋名》：「弦月，半之名。其形一旁曲，一旁直，如張弓弦也。」清宵漏轉添。乍堪盈手贈，陸機詩：「安寢北堂上，明月入我牖。照之有餘輝，攬之不盈手。」〔註21〕張九齡詩：「不堪盈手贈，還寢夢佳期。」〔註22〕無復兩頭纖。《樂府》：「兩頭纖纖月初生，半白半黑眼中晴。」〔註23〕影動明河鵲，《淮南子》：「七夕，烏鵲填河成橋，渡織女。」〔註24〕涼生碧海蟾。《五經通義》：「月中有兔與蟾蜍何？月陰也，蟾蜍陽也。而與兔並，明陰繫於陽之義。」玲瓏看不定，試上水晶簾。李白《玉階怨》：「卻下水精簾，玲瓏望秋月。」

得譚七表兄吉璁西陵書集杜 字舟石，嘉興人。國學生，試補宏文院撰文中書，遷延安府同知。戊午舉宏博，遷登州知府。有《嘉樹堂集》。

鰕菜忘歸范蠡船，〔註25〕斷腸分手各風煙。〔註26〕更為後會知何地，〔註27〕自斷此生休問天。〔註28〕縱酒欲謀良夜醉，〔註29〕將詩不必萬人傳。〔註30〕江山路遠羈離日，〔註31〕郭外誰家負郭田。〔註32〕

俞汝言移居八首集杜 字右吉，秀水人。移家梅曾裏。與繆永謀同居。有《漸川集》。

亂後居難定，〔註33〕臨江卜宅新。〔註34〕入門高興發，〔註35〕對酒

〔註21〕《擬明月何皎皎詩》。
〔註22〕《望月懷遠》。
〔註23〕《古兩頭纖纖詩》。
〔註24〕《白孔六帖》卷九：「《淮南子》：『烏鵲填河成橋，而渡織女。』」又見卷九十五，無「而」字。四庫本《淮南鴻烈解》卷首提要：「然白居易《六帖》引『烏鵲填河事』，云出《淮南子》，而今本無之，則尚有脫文也。」
〔註25〕《贈韋七贊善》。
〔註26〕《公安送韋二少府匡贊》。
〔註27〕《送路六侍御入朝》。
〔註28〕《曲江三章章五句》其三。
〔註29〕《臘日》。
〔註30〕《公安送韋二少府匡贊》。
〔註31〕《重贈鄭鍊》。
〔註32〕《惠義寺園送辛員外》。
〔註33〕《入宅三首》其二。
〔註34〕《賓至》。
〔註35〕《與李十二白同尋范十隱居》。

滿壺頻。〔註36〕為客裁烏帽，〔註37〕呼兒正葛巾。〔註38〕平生飛動意，〔註39〕披豁對吾真。〔註40〕

寂寞書齋裏，〔註41〕幽偏得自怡。〔註42〕美花多映竹，〔註43〕小水細通池。〔註44〕丘壑曾忘返，〔註45〕招邀屢有期。〔註46〕論文或不媿，〔註47〕步屧過東籬。〔註48〕

田園須暫住，〔註49〕版築不時操。〔註50〕落景聞寒杵，〔註51〕牆頭過濁醪。〔註52〕雜花分戶映，〔註53〕亂石閉門高。〔註54〕試問垂綸客，〔註55〕吾何隨汝曹。〔註56〕

簡易高人意，〔註57〕村花不埽除。〔註58〕日長唯鳥雀，〔註59〕客至罷琴書。〔註60〕曬藥安垂老，〔註61〕鈔詩聽小胥。〔註62〕由來意氣

〔註36〕《漫成二首》其二。
〔註37〕《九日五首》其四。
〔註38〕《賓至》。
〔註39〕《贈高式顏》。
〔註40〕《奉簡高三十五使君》。
〔註41〕《冬日有懷李白》。
〔註42〕《獨酌》。
〔註43〕《奉陪鄭駙馬韋曲二首》其二。
〔註44〕《過南鄰朱山人水亭》。
〔註45〕《大曆三年春白帝城放船出瞿塘峽久居夔府將適江陵漂泊有詩凡四十韻》。
〔註46〕《陪李七司馬皂江上觀造竹橋即日成往來之人免冬寒入水聊題短作簡李公二首》其二。
〔註47〕《范二員外邈吳十侍御郁特枉駕闕展待聊寄此》。
〔註48〕《重過何氏五首》其二。
〔註49〕《留別賈至嚴武二閣老兩院補闕》。
〔註50〕《臨邑舍弟書至苦雨黃河泛溢堤防之患簿領所憂因寄此詩用寬其意》。
〔註51〕《與李十二白同尋范十隱居》。
〔註52〕《夏日李公見訪》。
〔註53〕《李鹽鐵二首》。
〔註54〕《崔駙馬山亭宴集》。
〔註55〕《渡江》，「試」作「戲」。
〔註56〕《飛仙閣》。
〔註57〕《觀李固請司馬弟山水圖三首》其一。
〔註58〕《寄李十四員外布十二韻》。
〔註59〕《春遠》。
〔註60〕《過客相尋》。
〔註61〕《獨坐二首》其二。
〔註62〕《贈李八秘書別三十韻》。

合，〔註63〕歲晚莫情疎。〔註64〕

　　卜宅從茲老，〔註65〕幽居不用名。〔註66〕倒衣還命駕，〔註67〕高枕笑浮生。〔註68〕弟子貧原憲，〔註69〕諸公厭禰衡。〔註70〕看君多道氣，〔註71〕攜手日同行。〔註72〕

　　隱者柴門內，〔註73〕無村眺望賒。〔註74〕圓荷浮小葉，〔註75〕秋竹隱疎花。〔註76〕帖石防隤岸，〔註77〕傾壺就淺沙。〔註78〕何時一茅屋，〔註79〕來問爾東家。〔註80〕

　　牀上書連屋，〔註81〕庭中藤刺簷。〔註82〕看君用幽意，〔註83〕勝槩欲相兼。〔註84〕棗熟從人打，〔註85〕杯乾自可添。〔註86〕此時同一醉，〔註87〕與汝定無嫌。〔註88〕

〔註63〕《贈王二十四侍御契四十韻》。
〔註64〕《寄高三十五詹事》。
〔註65〕《為農》。
〔註66〕《遣意二首》其一。
〔註67〕《重過何氏五首》其一。
〔註68〕《戲作俳諧體遣悶二首》其二。
〔註69〕《寄岳州賈司馬六丈巴州嚴八使君兩閣老五十韻》。
〔註70〕《敬贈鄭諫議十韻》。
〔註71〕《過南鄰朱山人水亭》。
〔註72〕《與李十二白同尋范十隱居》。
〔註73〕《秋日阮隱居致薤三十束》。
〔註74〕《水檻遣心》其一。
〔註75〕《為農》。
〔註76〕《溪上》。
〔註77〕《早起》。
〔註78〕《春歸》。
〔註79〕《秦州雜詩二十首》其十四。
〔註80〕《陪鄭廣文遊何將軍山林十首》其四。
〔註81〕《陪鄭廣文遊何將軍山林十首》其九。
〔註82〕《絕句六首》其五。
〔註83〕《重過何氏五首》其四。
〔註84〕《入宅三首》其一。
〔註85〕《秋野五首》其一。
〔註86〕《晚晴》，「自可」作「可自」。
〔註87〕《舍弟觀歸藍田迎新婦送示兩篇》其二。
〔註88〕《送張二十參軍赴蜀州因呈楊五侍御》。

滿目悲生事，〔註89〕終朝有底忙。〔註90〕世人皆欲殺，〔註91〕詞客未能忘。〔註92〕回首驅流俗，〔註93〕過逢類楚狂。〔註94〕吾生無倚著，〔註95〕配爾亦茫茫。〔註96〕

懷黃十三倪客閩字細侯，徽州人。官游擊。善畫。

八月霜清木葉飛，盧弼詩：「八月霜飛柳變黃。」〔註97〕關河秋望淚沾衣。寒山桂樹今搖落，謝靈運詩：「桂樹陵寒山。」〔註98〕惆悵王孫尚不歸。劉安《招隱士》：「桂樹叢生兮山之幽。」又：「王孫遊兮未歸。」

鷥脰湖寄周四吉亥《蘇州府志》：「鷥脰湖南去吳江四十五里。平望南，舊以湖形似鷥脰，故名。」周，吳江人。

鷥脰湖邊水，臨流好結廬。桑麻深杜曲，《雍錄》：「樊川韋曲東十里有南杜、北杜，杜固謂之南杜，杜曲謂之北杜。二曲，名勝之地。」杜甫詩：「杜曲幸有桑麻田。」〔註99〕雞犬擾秦餘。陶潛《桃花源記》：「阡陌交通，雞犬相聞。」紅葉層層樹，銀花寸寸魚。〔註100〕耦耕兼有伴，暇擬著叢書。《唐書·藝文志》：「陸龜蒙《笠澤叢書》三卷。」〔註101〕

八月十三日夜汎月太湖《一統志》：「太湖在府城西南五十里，《禹貢》謂之震澤，《周官》、《爾雅》謂之具區，《史記》、《國語》謂之五湖。」

為愛清秋月，中流獨扣舷。蘇軾《前赤壁賦》：「於是飲酒樂甚，扣舷而歌之。」艱難群盜路，寂寞五湖船。《徐州先賢傳》：「句踐滅吳，謂范蠡曰：『吾將

〔註89〕《秦州雜詩二十首》其一。
〔註90〕《寄邛州崔錄事》。
〔註91〕《不見》。
〔註92〕《寄彭州高三十五使君適虢州岑二十七長史參三十韻》。
〔註93〕《上韋左相二十韻》。
〔註94〕《遣悶》。
〔註95〕《自閬州領妻子卻赴蜀州山行三首》其一。
〔註96〕《四松》。
〔註97〕《和李秀才邊庭四時怨》其三，「變」作「半」。
〔註98〕《入華子岡是麻源第三谷詩》，「陵」作「凌」。
〔註99〕《曲江三章章五句》其三。
〔註100〕國圖藏本眉批：《具區志》：「銀魚狀類鱠殘而小，長者不過三寸，吳江人以為鱸可致遠。」張先詩：「春後銀魚霜下鱸，遠人曾到合思吳。」其名已著。
〔註101〕《新唐書》卷六十。

與子分國而有之。』蠡曰：『君行令，臣行意。』乃乘扁舟浮五湖，終不返焉。」白髮
從今夜，青山憶往年。酒闌愁不寐，相顧意茫然。

十七日夜月

待月涼宵靜，更深醉玉缸。岑參詩：「花撲玉缸春酒香。」〔註102〕空城懸
北斗，見卷一《靜夜思》。流水入西江。落葉紛無數，驚鳧起一雙。孟郊詩：
「浪鳧驚亦雙。」〔註103〕高樓思蕩婦，茲夕定當窗。徐陵《關山月》：「思婦高
樓上，當窗應未眠。」

旅興呈舍人五兄二首

舊宅烏衣巷，見卷一《詠燕》。涼秋白苧歌。《樂府》有《白苧歌》。湖山
歸路遠，風雨閉門多。暗壑隱松桂，孔稚珪《北山移文》：「誘我松桂，欺我
雲壑。」深潭漂芰荷。美人日遲暮，《楚辭》：「恐美人之遲暮。」〔註104〕芳草
奈愁何。

按：朱文恪為長洲何氏贅壻，遺宅近臨頓里門，西向臨河，有隙地曰朱衙場是也。
此詩作於吳門，「舊宅」句殆謂是與？

旅館三秋客，端居百慮違。張衡長不樂，張衡《四愁詩序》：「張衡不樂，
久處機密。」王粲竟無依。《魏志》：「王粲，字仲宣，山陽高平人。徙居長安，後依
荊州劉表。」〔註105〕夜月彈長鋏，見卷一《送袁駿》。涼風歎短衣。杜甫詩：
「哀歌歎短衣。」天涯芳草盡，我馬亦懷歸。

寂寞行

寂寞復寂寞，四壁歸來竟何託。《史記·司馬相如傳》：「文君夜亡奔相如，
相如乃與馳歸成都，家居徒四壁立。」〔註106〕男兒不肯學干時，終當餓死填溝
壑。《漢書·朱買臣傳》：「家貧，好讀書，不治產業。常艾薪樵，賣以給食。擔束薪，
行且誦書。其妻亦負戴相隨，數止買臣毋歌謳道中。買臣愈益疾歌，妻羞之，求去。
買臣笑曰：『我年五十當富貴，今已四十餘矣。汝苦日久，待我富貴報汝功。』妻恚怒

〔註102〕《韋員外家花樹歌》。
〔註103〕《送諫議十六叔至孝義渡後奉寄》。
〔註104〕《離騷》。
〔註105〕《三國志》卷二十一。
〔註106〕卷一百一十七。

曰：『如公等，終餓死溝中耳。』」〔註107〕杜甫《醉時歌》：「焉知餓死填溝壑。」布衣甘蹈湖海濱，飢來乞食行負薪。陶潛《乞食》詩：「飢來驅我去。」不然射獵南山下，《漢書·李廣傳》：「屏居藍田，南山中射獵。」〔註108〕猶勝長安作貴人。

九日同張璵繆永謀集錢汝霖宅分賦張字白方，海鹽人。錢字雲士，號商隱，海鹽人，有《紫雲遺稿》。

魯酒飲未醉，《莊子》：「魯酒薄而邯鄲圍。」〔註109〕李白詩：「魯酒不可醉，齊歌空復情。」〔註110〕商歌調復勞。《淮南子》：「寧戚〔註111〕欲干齊桓公，困窮無以自達，於是為商旅，將任車，以商於齊，暮宿於郭門外。桓公郊迎客，夜開門，闢任車，爝火甚眾〔註112〕。越飯牛車下，擊牛角而疾商歌。」〔註113〕百年齊下淚，九日罷登高。短發參軍帽，《晉書·孟嘉傳》：「為桓溫參軍，九月九日宴龍山，僚佐畢集，有風至，吹嘉帽墮落，嘉不之覺。」〔註114〕重寒范叔袍。《史記·范雎傳》：「須賈曰：『今叔何事？』范雎曰：『臣為人庸賃。』須賈意哀之，留與坐飲食，曰：『范叔一寒如此哉！』乃取其一綈袍以賜之。」〔註115〕舊來飛動意，空羨五陵豪。見卷一《送十一叔》。

〔註107〕卷六十四上。

〔註108〕卷五十四。按：早見《史記》卷一百零九《李將軍列傳》。

〔註109〕《胠篋》。

〔註110〕《沙丘城下寄杜甫》。

〔註111〕「戚」，《道應訓》作「越」，與後「越飯牛車下」相應。

〔註112〕「爝火甚眾」，《呂氏春秋》、《淮南子》作「爝火甚盛，從者甚眾」。

〔註113〕按：早見《呂氏春秋·離俗覽·舉難》。

〔註114〕卷九十八。按：陶潛《晉故征西大將軍長史孟府君傳》：「九月九日，溫遊龍山，參佐畢集，四弟二甥咸在坐。時佐吏並著戎服，有風吹君帽墮落。溫目左右及賓客勿言，以觀其舉止。君初不自覺，良久如廁。溫命取以還之。廷尉太原孫盛為諮議參軍，時在坐。溫命紙筆，令嘲之。文成示溫。溫以著坐處。君歸見嘲，笑而請筆作答。了不容思，文辭超卓，四坐歎之。」

又，《世說新語·識鑒》「武昌孟嘉作庾太尉州從事」條，劉孝標《注》引《孟嘉別傳》曰：「後為征西桓溫參軍，九月九日溫遊龍山，參僚畢集，時佐史並著戎服，風吹嘉帽墮落，溫戒左右勿言，以觀其舉止。嘉初不覺，良久如廁，命取還之。令孫盛作文嘲之，成，箸嘉坐。嘉還即答，四坐嗟歎。」

〔註115〕卷七十九。

旃蒙協洽乙未

謁廣陵侯廟並序

　　錢塘江干有廣陵侯廟，其來古矣。乙未三月，將之越中，問渡，展謁廟下。按枚乘《七發》：「觀濤於廣陵之曲江」，《七發》：「將以八月之望，與諸侯遠方交遊，兄弟並往，觀濤於廣陵之曲江。」世疑廣陵國為今揚州府治。《史記‧五宗世家‧江都王建》：「國除，地入於漢，為廣陵郡。」〔註116〕《漢書‧地理志》：「廣陵國，景帝四年更名江都，武帝元狩三年更名廣陵。」〔註117〕然元季錢思復試《羅剎江賦》，證曲江即浙江，楊廉夫韙之，時號曲江處士。《明史稿》：「錢惟善，字思復，錢塘人。至正元年省試《羅剎江賦》，時鎖院三千人，獨惟善據枚乘《七發》辨錢塘江為曲江，由是得名，號曲江居士。官副提舉。張士誠據吳，遂不仕。」而曾子固撰《越郡趙公救災記》，中有廣陵斗門。合之伍子之山、胥母之場，《七發》：「弭節伍子之山，通厲骨母之場。」《注》：「《越絕書》曰：『闔廬旦食鮂山，晝遊於胥母』，疑『骨母』字之誤也。」疑義可析。因賦絕句紀之。江月松風者，思復自題其集名也。《輟耕錄》：「浙江一名錢唐江，一名羅剎江。」

　　按：南豐《越州趙公救災記》無「廣陵斗門」之語，乃見於序《越州鑑湖圖》，蓋先生誤引，當時未及改正爾。

　　昔聞江月松風客，賦證錢唐是曲江。不見郊關廣陵廟，靈風長拂舊旛幢。按：思復以《羅剎江賦》得名，其首句云：「惟羅剎之巨江兮，實發源於太末。」又按：《江月松風集》十二卷，不載是賦。

固陵懷古《水經注》：「浙江又逕固陵城北。昔范蠡築城於浙江之濱，言可以固守，謂之固陵。今之西陵也。」

　　越王此地受重圍，《史記‧伍子胥傳》：「二年後伐越，敗越於夫椒。越王句踐乃以余兵五千棲於會稽之上。」〔註118〕置酒江亭感式微。《吳越春秋》：「越王句踐五年與大夫種、范蠡入臣於吳，群臣送至浙江之上，臨水祖道，軍陳固陵。大夫前為祝詞曰：『君臣生離，感動上皇。眾夫哀悲，莫不感傷。臣請薦脯，行酒三觴。』」《詩》：「式微式微，胡不歸？」〔註119〕想像諸臣紛涕淚，淒涼故國久暌違。

〔註116〕卷五十九。
〔註117〕卷二十八上。
〔註118〕卷六十六。
〔註119〕《邶風‧式微》。

天寒竹箭參差見，《爾雅》：「東南之美者，有會稽之竹箭焉。」日暮烏鳶下上飛。
《吳越春秋》：「句踐入臣於吳，登船，夫人乃據船哭，顧烏鵲啄江渚之蝦，飛去復來，
因哭而歌曰：『仰飛鳥兮烏鳶，凌玄虛兮翩翩。集洲渚兮憂恣，啄蝦矯翮兮雲間。驪驪
獨兮西往，孰知返兮何年。』」猶羨當年沼吳日，《左傳》：「伍員諫，弗聽，退而告
人曰：『越十年生聚，十年教訓。二十年之外，吳其為沼乎？』」〔註120〕六千君子
錦衣歸。《國語》：「越王中分其師，以為左右軍，以其私卒君子六千人為中軍。」
《史記·越世家》：「句踐發習流二千、教士四萬人、君子六千人、諸御千人，伐吳。」
〔註121〕李白《越中懷古》：「越王句踐破吳歸，義士還家盡錦衣。」〔註122〕

蕭山道中《唐書·地理志》，越州會稽郡有蕭山縣。《越志》：「蕭山，句踐與夫差戰，
敗，以餘兵棲此，四顧蕭然，故名。一名蕭然山。」

古樹參差暗，春禽旦暮鳴。東西開水市，高下築山城。翠竹千家靜，
清江二月平。昔賢棲隱地，《西峰字說》：「縣西里許有蕭然山，舊傳晉許洵於此
憑林築舍，有蕭然自得之趣。」巖壑有同情。

梅市《一統志》：「梅市在紹興府城西三十里，相傳以梅福得名。」

仙吏經過處，空江日夜流。何年市門去，《漢書·梅福傳》：「元始中，王
莽顓政，福一朝棄妻子，去九江，至今傳以為仙。其後，人有見福於會稽者，變名姓，
為吳市門卒云。」〔註123〕千載渺難求。竹暗清溪路，沙明白石樓。羈鴻與
孤客，歸思兩悠悠。

鑑湖《地理志》：「南湖一名鑑湖，在會稽，漢太守馬臻開鑿。」

狂客當年歸四明，《唐書·賀知章傳》：「知章自號四明狂客。天寶初，請為道
士，還鄉里，詔許之。又詔賜鏡湖剡川一曲。」〔註124〕經過遺跡不勝情。澄湖
一曲明如鏡，身在山陰道上行。《世說》：「王子敬云：『從山陰道上行，山川自
相映發，使人應接不暇。』」〔註125〕

〔註120〕哀公元年。
〔註121〕卷四十一。
〔註122〕《越中覽古》。
〔註123〕卷六十七。
〔註124〕《新唐書》卷一百九十六《隱逸列傳》。
〔註125〕《言語第二十一》。

雨坐文昌閣

　　芳草辭南浦，晨風寄北林。見卷一《送王翃》。佳人天路隔，帝子水雲深。風雨他鄉別，羇愁薄暮心。冬青已無樹，忍向六陵尋。《浙江通志》：「宋攢宮諸陵俱在會稽寶山，今名攢宮山。元至元中，西僧楊璉真珈奏發諸陵。宋遺民山陰唐玨潛易以偽骨，取真者瘞之山陰天章寺前，六陵各為一函，獨理宗顱巨，恐易之事泄，不敢易。楊璉真珈遂築白墖於錢塘，藉以諸帝骨，而以理宗顱為飲器。楊髡髮冢時，又有太學生林德陽，故為丐者，背一籮，手持竹夾，遇物挾之，投籮中。又鑄小銀牌，置腰間，賄西僧，求得高、孝兩帝骨。僧左右之，果得骨，歸葬東嘉。與唐玨事略異，今竝存之。明洪武二年，詔下北平，返理宗顱，歸舊陵。冬青穴在府城西南三十里天章寺前，宋唐、林二義士埋宋陵骸骨處也。六陵各為穴，上植冬青樹六根云。」《山陵考》：「淳熙十四年，高宗崩，殯會稽，上陵曰永思。紹熙五年六月，孝宗崩，殯永思陵西，上陵曰永阜。慶元六年八月，光宗崩，殯會稽，上陵曰永崇。嘉定十七年閏八月，寧宗崩，詔遷泰寧寺，而以其基定卜，上陵曰永茂。景定五年十月，理綜崩，殯會稽，上陵曰永穆。咸淳十二年七月，度宗崩，上陵曰永紹。」〔註126〕

偕謝晉吳慶楨登倪尚書衣雲閣〔註127〕 謝字無可，更名孔淵。會稽諸生。吳，
山陰人。《靜志居詩話》：「尚書晚築室於紹興府城南隅，窗櫺法式，皆手自繪畫，巧匠見之束手。既成，始歎其精工。〔註128〕時方患目疾，取程君房、方於魯所製墨塗壁，默坐其中。堂東飛閣三層，扁曰衣雲。憑闌則萬壑千岩，皆在鳥下。適石齋黃公至越，施以錦帷，張燈四照。黃公不怡，謂國步多艱，吾輩不宜宴樂。尚書笑曰：「會與公訣爾。」既北行，遂殉寇難。閣，順治初尚存，曩嘗攜舍弟千里，暇輒登焉。今已鞠為荒草矣。」

　　飛樓跨百尺，楊大年詩：「危樓高百尺，手可摘星辰。」〔註129〕畫棟長氤氳。我來偕客一延佇，置身髣髴雲中君。《楚辭》有《雲中君》。憶昔樓成時，尚書歸田里。蔣平階《倪文正公傳》：「以國子監祭酒削籍，家居七年。上思之，特詔起兵部左侍郎。」北海方看尊酒開，《後漢·孔融傳》：「融舉北海相，拜大中大夫。喜誘益後進。賓客日盈其門。嘗歎曰：『座上客常滿，尊中酒不空，吾

〔註126〕見江注卷一《南鎮》「千載六陵餘劍烏」。
〔註127〕按：《曝書亭集》題下原有注：「閣初成日，倪公讌漳浦黃公於此。」
　　　　另，國圖藏本眉批：原集題下有自注：「閣初成日，讌漳浦黃公於此」十一字。
〔註128〕石印本此處有「其」字。
〔註129〕《登樓》。

無憂矣。』」〔註130〕**東山終為蒼生起**。溫庭筠《題裴晉公林亭》句。《晉書‧謝安傳》：「安年已四十餘，桓溫請為司馬。將發新亭，朝士咸送，中丞高崧戲之曰：『卿累違朝旨，高臥東山，諸人每言：安石不肯出，將如蒼生何！蒼生今亦將如卿何？』」〔註131〕《倪文正公傳》：「陳演入告曰：『天下匈匈，兵農不得人。廷臣惟倪元璐、馮元飆可重用。』上不察演意，以為推轂此二臣，即日拜公戶部尚書。」**自從龍馭歸鼎湖**，《拾遺記》：「周穆王巡行天下，馭八龍之駿。」《史記‧封禪書》：「黃帝鑄鼎於荊山下。鼎既成，有龍垂鬍髯下迎黃帝。黃帝上騎，群臣後宮從上者七十餘人。餘小臣不得上，乃悉持龍髯。龍髯拔，墮黃帝之弓。百姓乃抱其弓與龍髯號，故後世因名其處曰鼎湖，其弓曰烏號。」〔註132〕**公亦仗節死京都**。《倪文正公傳》：「公聞賊入，束帶稽首，北謝闕，南向別大夫人。畢，命酒，酹所懸關壯繆畫像。酹盡數卮，出就廳事，援筆題桼几曰：『南都尚可為。死，我分也。勿以衣衾斂暴我屍。聊誌我痛。』遂南面坐，以帛自經而絕。」**子規燕市尋常見**，《蜀記》曰：「昔有人姓杜名宇，王蜀，號望帝。宇死，俗說雲化為子規。子規，鳥名也。蜀人聞子規啼，皆曰望帝也。」**白鶴遼東歲月徂**。《續搜神記》：「遼東城門華表柱，忽有白鶴來集。人或欲射之。鶴於空中歌曰：『有鳥有鳥丁令威，去家千年今來歸。城郭如故人民非，何不學仙冢壘壘。』」**十餘年間亭已壞，遊客經過增感慨。噫籲嘻！黃公授命大中橋**，《明史‧黃道周傳》：「福王監國，拜禮部尚書。明年，南都亡。見唐王聿鍵於衢州，奉表勸進，王以道周為武英殿大學士。道周請自往江西圖恢復，所至遠近〔註133〕向應，得義旅九千餘人。由廣信出衢州。至婺源，遇大清兵，戰敗被執。至江寧，幽別室中，囚服著書。臨刑，過東華門，坐不起，曰：『此與高皇帝陵寢近，可死矣。』監刑者從之。」〔註134〕按：大中橋，舊名白下橋，在江寧府治東。**魂兮欲歸不可招。千門白下總蕭瑟**，班固《西都賦》：「張千門而立萬戶。」《輿地紀勝》：「上元縣金陵鄉有白下城，故基去城十八里。」

〔註130〕卷一百。
〔註131〕卷七十九。按：《世說新語‧排調》：
　　　　謝公在東山，朝命屢降而不動。後出為桓宣武司馬，將發新亭，朝士咸出瞻送。高靈時為中丞，亦往相祖。先時，多少飲酒，因倚如醉，戲曰：「卿屢違朝旨，高臥東山，諸人每相與言：『安石不肯出，將如蒼生何？』今亦蒼生將如卿何？」謝笑而不答。
〔註132〕卷二十八。
〔註133〕「皆」，石印本無。
〔註134〕萬斯同《明史》卷二百五十五、張廷玉《明史》卷二百五十五。

何況尚書一室屢。請君下樓歌莫哀，杜甫詩：「王郎酒酣拔劍斫地歌莫哀。」〔註135〕回首高城月東出。

謁大禹陵二十韻《皇覽》曰：「禹冢在山陰縣會稽山上。會稽山本名苗山，在縣南，去縣七里。」《紹興志》：「嘉靖中，知府南大吉立石，刻大禹陵三大字，覆以亭。」

夏后巡遊地，《史記·夏本紀》：「帝禹東巡狩，至於會稽而崩。」〔註136〕或言禹會諸侯江南，計功而崩，因葬焉，命曰會稽。會稽者，會計也。茅峰會計時。《吳越春秋》：「禹巡天下，登茅山，以朝群臣，乃大會計，更名茅山為會稽。」雙圭開日月，《遁甲開山圖》：「宛委山上有石匱，禹發之，得赤珪如日，碧珪如月，長一尺二寸。」四載集轎橇。《書》：「予乘四載，隨山刊木。」〔註137〕《傳》：「所載者四，謂水乘舟，陸乘車，泥乘轎，山乘橇。」國有防風戮，《國語》：「仲尼曰：『昔禹致群臣於會稽之山，防風氏後至，殺而戮之，其骨節專車。』」書仍宛委披。《吳越春秋》：「乃按《黃帝中經》，見聖人所記，曰：在九疑山東南，曰天柱山，號宛委，承以文玉，覆以磐石，其書金簡青玉為字，編以白銀。禹乃東巡衡山，殺白馬以祭之。見赤繡文衣男子，自稱玄夷蒼水使者，謂禹曰：『欲得我簡書，知導水之方者，齋於黃帝之嶽。』禹乃齋，登石簣山，果得其文，乃知四瀆之根、百川之理，鑿龍門、伊闕，遂〔註138〕周行天下，使伯益記之，為《山海經》。」貢金三品入，《書》：「淮海惟楊〔註139〕州，厥貢惟金三品。」〔註140〕《傳》：「三品，金、銀、銅也。」執帛萬方隨。《左傳》：「禹合諸侯於塗山，執玉帛者萬國。」〔註141〕相古洪流割，《書》：「相古先民有夏。」〔註142〕又：「湯湯洪水方割。」〔註143〕欽承帝曰諮。《書》：「帝曰：『俞諮禹，汝平水土。』」〔註144〕寸陰輕尺璧，《帝王世紀》：「禹有聖德，堯命以為司空，繼鯀治水。乃勞身涉勤，不重徑尺之璧，而愛日之寸陰。」昆命有元龜。《書》：「昆命於元龜。」〔註145〕自授庚辰籍，《真仙通鑒》：「夏禹治水，老君

〔註135〕《短歌行贈王郎司直》。
〔註136〕卷二。
〔註137〕《禹貢》。
〔註138〕石印本此處有「得」。
〔註139〕「楊」，石印本作「揚」。
〔註140〕《禹貢》。
〔註141〕哀公七年。
〔註142〕《召誥》。
〔註143〕《堯典》。
〔註144〕《舜典》。
〔註145〕《大禹謨》。

遣雲華夫人往，陰相之。時禹駐巫山之下，大風卒至，崖谷振隕，力不能制。忽遇雲
華夫人，禹拜而求助，夫人即敕侍女授禹策，召鬼神之書，因命其神狂章、虞余、黃
魔、大翳、庚辰、童律、巨靈等助其斬石疏波，決塞道阨。」**寧論癸甲期**。《書》：
「禹曰：『予創若時，娶於塗山，辛、壬、癸、甲。啟呱呱而泣，予弗子，惟荒度土功。』」
〔註146〕**清都留玉女**，《列子》：「清都、紫微、鈞天、廣樂，帝之所居。」〔註147〕
《太平御覽》：「《禮含文嘉》曰：『禹卑宮室，垂意於溝洫，百穀用成，神龍至，靈龜
服，玉女敬養，天錫妾。』」**惡浪鏁支祁**。《古嶽瀆經》：「禹理淮水，三至桐柏山，
功不能興。禹怒，召集百靈，搜命九胝。乃獲淮渦水神，名無支祈〔註148〕。善應對
言語，辨淮之淺深，原隰之遠近。形若猿猱，縮鼻高額，青軀白首，金目雪牙。頸
伸百尺，力輸五象，掉〔註149〕擊騰趠，疾奔輕利。禹授之同律，同律不能制；授之
烏木田〔註150〕，烏木田不能制。授之庚辰，庚辰遂頸鏁大鐵，鼻穿金鈴，徙淮之陰
〔註151〕龜山之足，淮水乃安，流注於海。」**荒度功收賴，平成理自宜**。《書》：
「地平天成。」〔註152〕**神奸魑魅屏**，《左傳》：「昔夏之方有德也，遠方圖物，貢金
九牧，鑄鼎象物，百物而為之備，使民知神奸。故民入川澤山林，不逢不若。魑魅罔
兩，莫能逢之。」〔註153〕**典則子孫貽**。《書》：「有典有則，貽厥子孫。」〔註154〕
明德由來遠，《左傳》：「劉定公館於雒汭，曰：『美哉禹功，明德遠矣！』」〔註155〕
昇遐亦在茲。《禮》：「天王崩，告喪曰天王登假。」〔註156〕《注》：「假音遐。」潘
岳《西征賦》：「武王忽其昇遐。」**丘林無改列**，《漢書·劉向傳》：「禹葬會稽，不改
其列。」〔註157〕《注》：「不改林木百物之列也。」**弓劍祇同悲**。《列仙傳》：「軒轅
自擇亡日，與群臣辭，還葬橋山。山崩，棺空，惟有劍舄在焉。」牛弘〔註158〕《隋
文帝頌》：「慕深考妣，哀纏弓劍。」**回首辭群后，傷心隔九疑**。《史記·五帝紀》：

〔註146〕《益稷》。
〔註147〕《周穆王篇》。
〔註148〕「祈」，《古嶽瀆經》作「祁」。
〔註149〕「掉」，《古嶽瀆經》作「搏」。
〔註150〕「田」，《古嶽瀆經》作「由」。下同。
〔註151〕「淮之陰」，《古嶽瀆經》作「淮陰之」。
〔註152〕《大禹謨》。
〔註153〕宣公三年。
〔註154〕《五子之歌》。
〔註155〕昭公元年。
〔註156〕《禮記·曲禮下》。
〔註157〕卷三十六。
〔註158〕「弘」，底本原作「宏」。

「舜南巡狩，崩於蒼梧之野。葬於江南九疑，是為零陵。」〔註159〕**烏耘千畝徧，**
《水經注》：「大禹東巡狩，崩於會稽，因而葬之。有鳥來為之耘，春拔草根，秋啄其
穢。」**龍負一舟移。**《呂氏春秋》：「禹南省，方濟江，黃龍負舟，舟中之人皆失色。
禹仰天歎曰：『吾受命於天。生，性也。死，命也。余何憂於龍焉？』龍俯首曳尾而逝。」
〔註160〕宋之問《謁禹廟》：「舟遷龍負壑，田變鳥芸蕪。」**斷草山阿井，**《一統志》：
「禹井在會稽山。《水經注》云：『山南〔註161〕有硎，去廟七里，謂之禹井。』」宋之
問《謁禹廟》：「山阿井詎枯。」**空亭嶽麓碑。**《浙江通志》：「禹碑亭在禹廟旁。明嘉
靖中，張季文守長沙，從嶽麓書院攜碑文歸，知府張明道刻入石。字奇古難辨，成都
楊慎譯之曰：『承帝曰嗟，翼輔佐卿。洲渚與登，鳥獸之門。參身洪流，明發爾興。久
旅忘家，宿嶽麓庭。智營形折，心罔勿辰。往求平定，華嶽泰衡。宗疏事裒，勞餘伸
禋。鬱塞昏徒，南瀆衍亨。衣製食備，萬國其寧，竄舞永奔。』」**芒芒懷舊跡，**《左
傳》：「虞人之箴曰：『芒芒禹跡，畫為九區。』」〔註162〕**蕭蕭禮荒祠。黃屋神如
在，**宋之問《謁禹廟》：「旋聞厭黃屋，更道出蒼梧。」**桐棺記有之。**《墨子》：「禹
葬會稽，衣裳三領，桐棺三寸。」〔註163〕**筵誰包橘柚，**《書》：「厥包橘柚錫貢。」
〔註164〕**隧或守熊羆。**杜甫《重經昭陵》：「陵寢盤空曲，熊羆守翠微。」注：「熊羆
謂護陵之軍。」**共訏梅梁失，**《四明圖經》：「鄞縣大梅山頂有梅木，伐為會稽禹廟
之梁。張僧繇畫龍其上，夜或風雨，飛入鏡湖與龍鬥。後人見梁上水淋漓，始駭異之，
以鐵索鎖於柱。」然今所存乃他木，猶絆以鐵索，存故事耳。**因探窆石遺。**《嘉泰
志》：「是山之東有壟，隱若劍脊。西向而下，下有窆石，或云此正葬處。」先生《會
稽山禹廟窆石題字跋》：「《圖經》：『禹葬於會稽，取石為窆。』石本無字。迨漢永建元
年五月，始有題字刻於石，此王厚之《復齋碑錄》定以為漢刻，殆不誣矣。石崇五尺，
在今禹廟東南小阜，覆之以亭，相傳千夫不能撼。及歲在乙酉，有力士拔之，石中斷，
部下健兒迭相助，乃拔，陷地纔扶寸爾。土人塗之以漆，仍立故處。」〔註165〕**竭來
憑弔處，拜手獨陳辭。**《楚辭》：「就重華而陳辭。」〔註166〕

〔註159〕卷一。
〔註160〕《恃君覽第八·知分》。
〔註161〕「南」，《水經注》卷四十、《大清一統志》卷一百六作「東」。
〔註162〕襄公四年。
〔註163〕《節葬下》。
〔註164〕《禹貢》。
〔註165〕《曝書亭集》卷四十七。
〔註166〕《離騷》。

南鎮《西峰字說》:「南鎮廟在會稽山之北,酈道元以為鎮山也。《周禮·職方氏》:『揚州之鎮山,曰會稽。』祭用牲犢、圭璧。每歲以春秋二仲後禹陵一日祀。」

稽山形勝鬱嵯峨,《晉書·夏統傳》:「先公惟寓稽山,朝會萬國。」〔註167〕潘岳詩:「修芒鬱嵯峨。」〔註168〕**南鎮封壇世代遙**。《浙江通志》:「唐開元十四年,封四鎮山為公,會稽曰永興公,有南鎮永興公祠。」**絕壁暗愁風雨至,陰崖深護鬼神朝**。沈佺期詩:「暗谷疑風雨,陰崖若鬼神。」〔註169〕張才詩:「夜深疑有鬼神朝。」〔註170〕**雲雷古洞藏金簡**,見前《謁大禹陵》。**燈火春祠奏玉簫。千載六陵餘劍舄,帝鄉魂斷不堪招。**

晚過寶林山寺相傳山自琅琊東武海中,一夕飛至,人民皆徙焉。〔註171〕《名勝志》:「龜山在臥龍山南三里,一名飛來山,又名怪山,又名寶林山。」

春風從何來,吹彼芳樹枝。客心坐惆悵,日夕千里思。出門異南北,獨往任所之。眷言登茲山,已見西日馳。群峰趨戶外,出沒成參差。置身空蒙間,怳忽飛來時。《吳越春秋》:「越王欲築城郭,范蠡乃觀天文,擬法於紫宮,築作小城。城既成,而怪山自生,琅琊東武海中山,一夕自來,故名怪山。」《水經注》:「此山飛來於此,厭死數百家。」向下聽雞犬,極視窮高卑。沉沉西林路,光闇從此辭。回瞻白雲合,林外鐘聲遲。

遠門山

修途緣廣隰,川暝高煙平。迢迢前山路,落日西林明。捨舟復登陸,慰我巖壑情。斧斤山林外,白石丁丁鳴。按:越人採石於此,山為之蝕。危梯懸木杪,幽谷聞人聲。陰晴古壁暗,高下蒼崖傾。或見山火出,時聞猿鳥驚。平看雷雨黑,下視源潭清。微風吹素浪,日夕泛泛生。杜甫詩:「泛泛逆素浪。」〔註172〕山田足禾黍,水石明柴荊。何年此幽棲,深謝世上名。無為在城市,戚戚多所營。

〔註167〕卷九十四。
〔註168〕《河陽縣作詩二首》其一。
〔註169〕《巫山高》。
〔註170〕不詳。
〔註171〕此係自注。
〔註172〕《次空靈岸》。按:王逸《九思》其八《哀歲》:「流水兮泛泛。」

舟中望柯山《浙江通志》：「柯山在紹興府城西南三十里。」

朝光麗華薄，清川蕩浮瀾。檥楫臨江皋，流目肆遐觀。丹葩眩重谷，素雲冒曾巒。我行既遲回，顧景多所歡。青林翳巖桂，香風過崇蘭。空亭邈孤高，《一統志》：「柯亭在山陰西北。蔡邕避難柯亭，仰見椽竹，知有奇音，取之作笛。」修竹自檀欒。謝朓詩：「檀欒蔭修竹。」〔註173〕緬懷古之人，知音良已難。

蓬萊閣晚望《一統志》：「蓬萊閣在紹興府內臥龍山上。五代時，錢武肅建。舊說蓬萊山正屬會稽，閣名蓬萊以此。」

源水桃花樹樹，春風燕子家家。目斷江南歸思，愁人不在天涯。

再過倪尚書宅題池上壁

尚書池館古城邊，卷幔山光繞座前。一自鼎湖龍去後，難期華表鶴歸年。虞集《挽文丞相》詩：「雲暗鼎湖龍去遠，月明華表鶴歸遲。」石廊細雨生春草，蒿里悲風起墓田。枉付尼師作精舍，粥魚茶版此安禪。沈與求《石壁寺》：「粥魚茶版莫相誇。」

若耶溪《寰宇記》：「在會稽縣東二十八里。」

若耶溪頭春水深，南風北風樵採音。《輿地紀勝》：「樵風涇在會稽東南十五里。鄭宏採薪，得遺箭。人覓之，問宏何欲。宏知其神人，答曰：『若邪溪載薪為難，願朝南風，暮北風。』後果然。」〔註174〕浣紗女兒不得見，施宿《會稽志》：「西施石在若耶溪，一名西子浣紗石。」清江日暮愁人心。

蕺山亭子《浙江通志》：「紹興府蕺山產蕺，越王句踐曾採食之。」

石磴層層上，憑高四望同。君王遺跡在，寂寞古亭空。《西河詩話》：「蕺山即故越王採蕺地也。舊有兼山亭。今累累特荒冢耳。」綠水人家外，青林島嶼中。昔年生聚日，見前《固陵懷古》。辛苦舊江東。

〔註173〕《和王著作融八公山詩》。

〔註174〕《後漢書》卷三十三《鄭弘傳》：「鄭弘，字巨君，會稽山陰人也。」李賢《注》：孔靈符《會稽記》曰：「射的山南有白鶴山，此鶴為仙人取箭。漢太尉鄭弘嘗採薪，得一遺箭，頃有人覓，弘還之，問何所欲，弘識其神人也，曰：『常患若邪溪載薪為難，願旦南風，暮北風。』後果然。故若邪溪風至今猶然，呼為『鄭公風』也。」

弔王義士毓蓍義士受學於都御史劉公宗周。公聞南都不守，絕食。義士上書於公，曰：「慎勿為王炎午所笑。」乃衣儒巾藍衫，投柳橋下死。與義士先後死者，潘生集、周生卜年。〔註175〕王字玄趾，會稽人。郡學生。私諡正義先生。

中丞弟子舊家風，杖屨相隨誓始終。閉戶坐憂天下事，臨危真與古人同。杜甫詩：「臨危憶古人。」〔註176〕短書燕市遺丞相，見卷二十《玉帶生》。余恨平陵哭義公。見卷一《平陵東》。此地由來多烈士，千秋哀怨浙江東。《史記》：「水至會稽山陰為浙江。」《注》：「浙者，折也。蓋取其潮出海曲折而周流也。」〔註177〕

岳忠武王墓《杭州府志》：「忠烈廟祀宋少保鄂國忠武王岳飛。王誣死，後孝宗為雪其冤，改葬於棲霞嶺，復官，賜諡。廢智果院為祠，賜額曰褒忠衍福寺。寶慶二年，改諡忠武。嘉定四年，追封鄂王。」

宋室偏安日，真忘帝業艱。但愁諸將在，《宋史》：「南渡名將，張俊、韓世忠、劉錡、岳飛四人並稱。」不計兩宮還。《宋史·韓世忠傳》：「兀朮窮蹙，求會，世忠曰：『還我兩宮，復我疆土，庶可相會。』」〔註178〕鄂國英雄士，淮陰伯仲間。〔註179〕見卷一《漫感》。《典論》：「傅毅之於班固，伯仲之間耳，而固小之。」策名先部曲，《漢書·百官表》：「將軍領軍皆有部曲。大將軍營五部，部校尉一人。部有曲，曲有軍侯一人。」〔註180〕《綱目》：「靖康元年，康王至相。相州人岳飛少負氣節，有神力。劉韐宣撫真定，募取戰士，飛與焉，屢擒劇賊。至是，因劉浩以見王，以為承信郎。」薄伐自江關。赤縣期全復，〔註181〕《史記·孟子傳》：「所謂中國者，於天下乃八十一分居其一分耳。中國名曰赤縣神州。赤縣神州內自有九州，禹之序九州是也。」〔註182〕黃河度幾灣。龍庭生馬角，《後漢·竇憲傳》：「焚

〔註175〕此係自注。

〔註176〕《遣憂》。

〔註177〕《咸淳臨安志》卷三十一：「《史記》云：『水至會稽山陰為浙江。』盧肇曰：『浙者，折也。蓋取其潮出海曲折而倒流也。』」所謂「《史記》云」，乃《史記集解》卷六《秦始皇本紀》「臨浙江」引「晉灼曰」。

〔註178〕卷三百六十四。

〔註179〕國圖藏本眉批：按：古來名將惟淮陰侯及忠武王戰未嘗北，故曰「伯仲間」。

〔註180〕按：卷五十四《李廣傳》顏師古《注》引「《續漢書·百官志》云」。

〔註181〕國圖藏本眉批：《宋史》本傳：「飛數見帝，論恢復之略。又手疏言：臣欲陛下假臣日月，便則提兵趨京、洛，據河陽、陝府、潼關，以號召五路叛將。五叛將既還，遣王師前進，彼必棄汴而走河北，京畿、陝右可以盡復。」

〔註182〕卷七十四。

老上之龍庭。」〔註183〕《史記索隱》：「燕丹求歸，秦王曰：『烏頭白，馬生角，乃可耳。』丹乃仰天歎，烏頭即白，馬亦生角。」〔註184〕朱弁《送徽宗大行文》：「歎馬角之未生，魂消雪窖。」**雪窖視刀鐶**。《漢書·蘇武傳》：「單于愈益欲降之，迺幽武，置大窖中，絕不飲食。天雨雪，武臥齧雪，與旃毛並咽之。乃徙武北海上無人處，使牧羝，羝乳乃得歸。武杖漢節牧羊，臥起操持，節旄盡落。」〔註185〕《樂府》：「何當大刀頭，破鏡飛上天。」〔註186〕《解題》：「刀頭有環。環，還也。『破鏡飛上天』，言月半缺當還也。」**城下盟何急**，《左傳》：「為城下之盟而還。」〔註187〕《注》：「城下盟，諸侯所深恥。」**師中詔已頒**。《宋史·岳飛傳》：「檜知飛意銳不可回，乃先請張浚、楊沂中等歸，而後言飛孤軍不可久留，乞令班師。一日奉十二金字牌，飛憤惋泣下，東向再拜曰：『十年之力，廢於一旦。』」〔註188〕**盈庭尊獄吏**，《漢書·周勃傳》：「吾嘗將百萬軍，安知獄吏之貴也！」〔註189〕蘇軾詩：「一見刺史天，稍忘獄吏尊。」〔註190〕**囊木謝朝班**。《後漢·范滂傳》：「皆三木囊頭，暴於階下。」**相狡妻兼煽**，《詩》：「豔妻煽方處。」〔註191〕《精忠類編》：「秦檜妻王氏，素陰險，出檜上。歲方暮，王誣獄不成。檜自都堂出，獨坐煖閣，默默不樂。適與王氏向火東窗下，侍兒偶傳柑。檜取柑一枚，爪其皮幾盡，若有思者。王氏問之，檜語之故。王氏笑曰：『縛虎易，縱虎難。』檜意遂決。手書小紙，令老吏赴獄中，遂報王死。」**和成主愈孱**。《史記·張耳傳》：「趙相貫高曰：『吾王孱王也。』」〔註192〕**長城隳道濟**，《南史·檀道濟傳》：「道濟見收，乃脫幘投地曰：『乃壞汝萬里長城。』魏人聞之，皆曰：『道濟已死，吳子輩不足復憚。』」〔註193〕《宋史·岳飛傳·論》：「昔劉宋殺檀道濟，道濟下獄，嗔目曰：『自壞汝萬里長城！』高宗忍自棄其中原，故忍殺飛。嗚呼冤哉！」〔註194〕**大勇喪成覵**。《廣韻》：「覵，人名，出《孟子》，齊景公勇臣成

〔註183〕卷五十三。
〔註184〕《史記索隱》卷二十一《刺客列傳第二十六》，稱「《燕丹子》曰」。
〔註185〕卷五十四。
〔註186〕《古絕句四首》其一。
〔註187〕桓公十二年。
〔註188〕卷三百六十五。
〔註189〕《史記》卷五十七《絳侯周勃世家》：「吾嘗將百萬軍，然安知獄吏之貴乎！」
〔註190〕《送黃師是赴兩浙憲》。
〔註191〕《小雅·十月之交》。
〔註192〕卷八十九。
〔註193〕卷十五。按：《宋書》卷四十三《檀道濟傳》：「初，道濟見收，脫幘投地曰：『乃復壞汝萬里之長城！』」
〔註194〕卷三百六十五。

巇。」《岳飛傳》:「兀朮遺檜書曰:『汝朝夕以和請,而岳飛方為河北圖,必殺飛,始可和。』檜亦以飛不死,終梗和議,已必及禍。故力謀殺之。以諫議大夫万俟卨與飛有怨,風卨劾飛,又風中丞何鑄、侍御史羅汝楫交章彈論。檜遣使捕飛父子。命万俟卨鞫之。誣獄不成,檜手書小紙付獄,即報飛死。」**舊井銀餅失**,王逢《銀瓶娘子辭序》:「娘子者,宋岳鄂王女。聞王被收,負銀餅投井死。」**高墳石虎閒**。見卷一《北邙山行》。**銘功存版碣**,陳子龍《吳越武肅王祠》:「崇功銘版碣。」**鑄像列神奸**。《張待軒集》:「岳鄂王墓在棲霞嶺之麓。正統間,指揮李隆鐵鑄秦檜夫妻、万俟卨,裸身反接,跪墓前。萬曆中,司禮中貴孫隆益鑄張俊而為四。遊人拋石碎其首,溺之。」**曠世心猶感**,韓愈《祭田橫墓文》:「事有曠百世而相感者,余不自知其何心。」**經過淚獨潸。傳聞從父老,流恨滿湖山。朔騎頻來牧,南枝尚可攀。**《一統志》:「岳飛墓上古木枝皆南向,識者謂其忠義所感云。」**墓門人寂寞,**《詩》:「墓門有棘。」〔註195〕《傳》:「墓門,墓道之門。」鄭元祐《募修岳鄂王廟記》:「塞墓道,毀神棲,風雨遂頹廟貌。」**江樹鳥縣蠻。**《詩》:『縣蠻黃鳥。』〔註196〕《傳》:「縣蠻,小鳥貌。」薛君注:「縣蠻,文貌。」《集傳》:「縣蠻,鳥聲。」按:「縣」,《禮記》作「緜」。**宿草經時綠,**《禮》:「朋友之墓,有宿草而不哭焉。」〔註197〕《注》:「宿草,謂陳根也。」**秋花滿目斑。依然潭水月,**岳飛詩:「潭水寒生月,松風夜帶秋。」〔註198〕《浙江通志》:「西湖十景有三潭印月。」**終古照潺湲。**王逸《楚辭注》:「《考工記注》:『齊人之言終古,猶言常也。』」〔註199〕劉淵林《吳郡賦注》:「終古,猶永古也。」

表忠觀《吳越忠懿王世家》:「熙寧時,知杭州軍州事趙抃言錢氏父祖妃夫人子孫墳廟在錢塘者二十有六,在臨安者十有二,願以龍山妙因院為觀,使錢氏之孫為道士曰自然者治其祠墳。神宗命賜名曰表忠觀。理宗給田三百畝付觀旌功焉。」《一統志》:「表忠觀在杭州府城南一十里龍山。」

　　城邊碧瓦樹靈旐,廟口明湖濯翠微。《水經注》:「錢塘縣南江側有明聖湖,父老傳言湖有金牛,古見之,神化不測,湖取名焉。」**罷聽緩歌歸夜月,**吳越王遺夫人書:「陌上花開,可緩緩歸矣。」**獨存豐碣對閒扉。**《梅里詩鈔》、《名家詩選》

〔註195〕《陳風·墓門》。
〔註196〕《小雅·縣蠻》。
〔註197〕《禮記·檀弓上》。
〔註198〕《遊罘石山寺》。
〔註199〕《離騷》「懷朕情而不發兮,余焉能忍與此終古」注。

—123—

俱作「斜暉」。《石林燕語》：「蘇子瞻作《表忠觀碑》，王荆公置之坐隅，曰：『斯文甚似西漢。』」〔註200〕耿湋詩：「高枕對閒扉。」〔註201〕**錢塘白馬回犀弩**，《水經注》：「文種沒後，錢塘於八月望，見有銀濤白馬依期往來。」《十國春秋·吳越武肅王世家》：「築捍海石塘，江濤洶湧，板築不時就，王於疊雪樓架強弩五百以射潮，潮為頓斂，遂定其基，以鐵緪貫幢斡，用石楗之，而塘成。」蘇軾詩：「安得夫差水犀手，三千強弩射潮低。」〔註202〕**玉座青苔上錦衣**。謝莊《宋孝武宣貴妃誄》：「金釭曖兮泣玉座」，謂靈座也。杜甫詩：「苔移玉座春。」〔註203〕武肅王《還鄉歌》：「三節還鄉兮掛錦衣。」〔註204〕**保障東南功不細，祠官異代豈相違**。《漢書·高祖紀》：「豐公，蓋太上皇父，墳墓在豐。及高祖即位，置祠祀官。」〔註205〕

歸

江南春事早，二月已飛花。孫逖詩：「二月飛花滿江草。」〔註206〕眼見芳菲盡，吾生信有涯。《莊子》：「吾生也有涯，而知也無涯。」〔註207〕妻兒空待米，杜甫詩：「妻兒待米且歸去。」〔註208〕風雨獨還家。自斷無長策，何勞感歲華。按：第三語用李頎《臨川送張諲入蜀》詩句。

橫山蛟潭《嘉禾志》：「橫山在海鹽縣西南三十里，顧況所居。唐縣令劉長卿有《過橫山顧山人》詩。山有寺，曰禪寂院。」先生《橫山題名》：「自梅花溪達橫山十五里而近，予徙居溪上凡七年，始一至焉。上有顧逋翁讀書臺，翁詩所云『遙向雙峰禮磬聲』者是已。同遊者，周篔青士、繆永謀於野、鄭玥隨始、沈進山子也。順治十有二年歲在乙未十月既望。」〔註209〕

雲根雁齒階，旁覷怪石裂。傳聞此山隈，有蛟出自穴。崖傾箭栝門，杜甫《望嶽》：「箭栝通天有一門。」水暗玄〔註210〕黃血。《易》：「其血玄黃。」〔註211〕

〔註200〕《御定佩文韻府》卷四之一。
〔註201〕《晚夏即事臨南居》。
〔註202〕《八月十五日看潮五絕》其五。
〔註203〕《謁先主廟》。
〔註204〕原題《巡衣錦軍制還鄉歌》。
〔註205〕卷一下《高帝紀下》。
〔註206〕《山陰縣西樓》。
〔註207〕《內篇·養生主》。
〔註208〕《別李秘書始興寺所居》。
〔註209〕《曝書亭集》卷六十八。
〔註210〕「玄」，底本原作「元」。下同。
〔註211〕《坤》上六。

不見下山人，怊悵芳菲節。山為顧況舊居，有《讀書臺下山歌》云：「日日兮春風，芳菲兮欲歇」，況所作也。〔註212〕

歸次西小江行舟被捉夜宿蔡村田舍二首《山陰縣志》：「西小江去縣西北四十五里，其源在諸暨之浣江，分為二派，初出天樂，經流蕭山，轉東北達於海。」

石壕逢小吏，日暮捉人船。杜甫詩：「暮投石壕村，有吏夜捉人。」〔註213〕斷續清江樹，冥濛細雨天。一身無倚著，三命苦迍遭。《吳萊集》：「天文星曆五行之說尚矣。黃帝、風后、漢河上公有《三命一家》，《藝文志》不著錄也。梁陶弘〔註214〕景始述《三命抄略繼善篇注》，三命謂天元、地元、人元也。」《易》：「迍如遭如。」〔註215〕《說文》：「迍同屯。」亟把迷津問，蕭山何處邊。

野老原頭立，《漢書·藝文志》：「《野老》十七篇。」《注》：「六國時，在齊、楚間。應劭曰：『年老居田野，相民耕種，故號野老。』」〔註216〕逢迎禮數增。江村寒抱被，茅屋夜張燈。兵革愁何極，桑麻話未能。孟浩然詩：「把酒話桑麻。」〔註217〕為言官道近，一舍是西興。《一統志》：「西興渡在紹興府蕭山縣一十二里。本名西陵，五代錢鏐以非吉語，改之。」

擬古折楊柳辭左克明《古樂府》：「《折楊柳》、《梅花落》皆鼓角橫吹曲。」

手折楊柳條，倒樹孟津河。《戰國策》：「夫楊，橫樹之則生，倒樹之亦生，折而樹之又生。」十年來繫馬，楊柳今婆娑。《樂府·楊柳歌辭》：「遙看孟津河，楊柳鬱婆娑。」

同作　　祁班孫〔註218〕

上馬不執鞭，但折楊柳枝。出門不垂淚，但歌楊柳辭。

對月簡周篔繆永謀周初名筠，字公貞，更字青士，又字簣谷。嘉興梅里人。有《采山堂集》。

楓林初落日，秋露漸沾窗。仰視明明月，魏武帝《短歌行》：「明明如月，

〔註212〕此係自注。
〔註213〕《石壕吏》。
〔註214〕「弘」，底本、石印本作「宏」。
〔註215〕《屯》六二。
〔註216〕卷三十。
〔註217〕《過故人莊》。
〔註218〕按：四庫本《曝書亭集》上有「山陰」。

何時可掇。」**遙臨湛湛江**。《楚辭》:「湛湛江水兮上有楓。」〔註219〕**遊思陶謝竝**,杜甫詩:「焉得思如陶謝手,令渠述作與同遊。」〔註220〕**客有阮何雙**。《南史》:「宋孝武選侍中四人,並以風貌,王彧、謝莊為一雙,阮韜與何偃為一雙。」〔註221〕杜甫詩:「雲仍王謝並,風貌阮何雙。」〔註222〕**待發清溪櫂,相要醉玉缸。**

次韻畲竹垞對月見寄　周篔

批襟對初夕,散髮倚前窗。素影繞離樹,清輝已墮江。晴巒開歷歷,沙鳥起雙雙。正憶韋郎宅,飛花滿玉缸。

柔兆涒灘丙申

山陰道歌送沈十二進

我從山陰來,卻憶山陰道。客舍高歌一送君,江南愁思盈芳草。賈至詩:「江南芳草初冪冪,愁殺江南獨行〔註223〕客。」**芳草碧迢迢,離人千里遙。青山謝公屐**,《南史‧謝靈運傳》:「尋山陟嶺,必造幽峻。登躡常著木屐,上山則去其前齒,下山則去其後齒。」〔註224〕**白馬伍胥潮**〔註225〕。《錢塘志》:「伍子胥死,浮於江中,因流揚波。或見乘白馬素車在潮頭,因為立廟。每歲仲秋既望,潮水極大,杭人以旗鼓迓之。」〔註226〕**潮來潮去春江路,行車遠發西陵渡。**〔註227〕**雲暗清溪梅市空,**〔註228〕**風吹修竹柯亭暮。迤邐鏡湖邊,**

〔註219〕《招魂》。
〔註220〕《江上值水如海勢聊短述》。
〔註221〕《南齊書》卷三十二《阮韜傳》:「宋孝武選侍中四人,並以風貌。王彧、謝莊為一雙,韜與何偃為一雙。」
〔註222〕按:非杜甫詩。另,《升菴集》卷五十六《阮何雙》:「唐詩:『雲仍王謝並,風貌阮何雙。』《南史》:『宋孝武選侍中四人,並以風貌,王彧、謝莊為一雙,阮韜、何偃為一雙。」
〔註223〕「行」,《巴陵寄李二戶部張十四禮部》作「愁」,見《文苑英華》卷二百五十三。
〔註224〕卷十九。按:先見《宋書》卷六十七《謝靈運列傳》。
〔註225〕「潮」,石印本誤作「湖」。
〔註226〕《吳越春秋》卷五《夫差內傳》:
遂伏劍而死。吳王乃取子胥屍盛以鴟夷之器,投之於江中……乃棄其軀,投之江中。子胥因隨流揚波,依潮來往,蕩激崩岸。
〔註227〕國圖藏本眉批:《一統志》:「西陵渡在紹興蕭山縣十二里。五代錢鏐以非吉語,改為西興渡。」
〔註228〕國圖藏本眉批:《一統志》:「梅市在紹興府城西三十里,相傳以梅福得名。」

施宿《會稽志》:「鏡湖在會稽縣東二里,故南湖也,一名長湖。週三百十里。王逸少有云:『山陰路上行,在鏡中游。』鏡湖之得名以此。」**中流記採蓮。**見卷三《越江詞》。**樵風空舊跡,**見前《若耶溪》。**沉釀自成川。**《博物志》:「沉釀川者,漢鄭弘〔註229〕靈帝時為鄉嗇夫,從宦入京,未至,夜宿於此。逢故人,四顧荒郊,村落絕遠,沽酒無處,情抱不申,乃投錢於水中而共飲,盡夕酣暢,皆得大醉。因便名為沉釀川。明旦分首而去。弘仕至尚書。」**誰家青翰長相見,**《說苑》:「鄂君子晳汎舟於新波之中,乘青翰之舟,張翠羽之蓋,會鍾鼓之音。越人擁楫而歌,曰:『今夕何夕兮,搴舟中流。今日何日兮,得與王子同舟。山有木兮木有枝,心悅君兮君不知。』於是鄂君子揄袂而擁之,舉繡被而覆之。」**何處紅妝不可憐。溪風橋,雲門寺,**《浙江通志》:「雲門山在會稽縣城南三十里。晉義熙二年,中書令王獻之居此,有五色雲見,詔建雲門寺。」**流泉淙淙石齒齒。**高適詩:「石泉淙淙若風雨。」〔註230〕韓愈《柳州羅池廟碑》:「桂樹團團兮白石齒齒。」**我昔愛奇未到此,送君遠遊從此始,直上秦山望海水。**《浙江通志》:「秦望山在紹興府城南四十里,秦始皇登之,以望東海。」

送舍弟彝鑒之山陰字千里。有《笏在堂遺稿》。周篔《朱千里稿序》:「錫鬯故不能家食而為遊計,千里未及弱冠,亦慨然慕山水友朋之樂,遂輕裝以往。從山陰道上求蘭亭遺跡觀之,為賦詩追感,低回不忍去。」

別情不可道,送汝益淒其。分手悵前路,離居感後時。山中伯禹穴,〔註231〕《書》:「伯禹作司空。」〔註232〕《水經注》:「會稽山東有穴,深不見底,謂之禹穴。東遊者多探其穴。」江上伍胥祠。何處無芳草,池塘遶夢思。《南史》:「謝惠連十歲能屬文,兄靈運愛賞之。嘗於永嘉西堂作詩,未就。夢見惠連,覺而得『池塘生春草』之句。曰:『此語有神助〔註233〕,非吾能及也。』」

午日吳門觀渡

勝日銜杯罷,輕舟解纜初。盡傳迎伍相,〔註234〕李端《幽居作》:「迴潮迎伍相。」不比弔三閭。《荊楚歲時記》:「五月五日競渡,俗謂此日屈原投汨羅,

〔註229〕「弘」,底本作「宏」,據《博物志》改。下同。
〔註230〕《賦得還山吟送沈四山人》。
〔註231〕國圖藏本眉批:司馬遷《自敘》:「上會稽,探禹穴」
〔註232〕《舜典》。
〔註233〕「助」,《南史》卷十九《謝靈運傳》作「功」。
〔註234〕國圖藏本眉批:《曹娥碑》:「盱能撫節,按歌婆娑。樂神以五月時迎伍君。」

—127—

人傷其死,故以舟楫救之。」**畫舫龍鱗見,飛樓蜃市居。雲**〔註235〕**濤看震盪,雷雨任吹噓。**《晉書·夏統傳》:「統,會稽永興人。上巳至浮橋,太尉賈充曰:『卿頗能作土地間曲乎?』統於是以足扣舷,引聲喉囀,清激慷慨,大風應至,含水漱天,雷雨向集,叱吒讙呼,雷電晝冥,集氣長嘯,沙塵煙起。」〔註236〕**別有張筵客,相邀吳市墟。王孫五花馬,**見卷一《少年子》。**少婦六萌車。**見卷一《閒情》。**芳樹晴川外,平沙夕照餘。泉聲間絲竹,人影亂芙蕖。為樂時將晚,當歌恨不除。閭閻成土俗,天地感權輿。**揚雄《劇秦美新》:「權輿天地,睢睢盱盱。」**江表遺風在,**《楚辭》:「哀州土之平樂兮,悲江介之遺風。」〔註237〕**承平舊事虛。吾生多涕淚,高會輒歔欷。**邯鄲淳《曹娥碑》:「以漢安二年五月時迎伍君。」

將遊嶺南留別故園諸子

驪駒長路起秋塵,遠客清樽不厭頻。握手相看猶未醉,滿堂明月照離人。

錄別

飄飄山上雲,決決溝中水。居人語前除,行子夜中起。鮑照《代東門行》:「居人掩閨臥,行子夜中飯。」攬衣候雞鳴,束帶復隱几。秦嘉《留郡贈婦詩》:「束帶待雞鳴。」上堂辭嚴親,入室慰妻子。戚戚對弟昆,依依向鄰里。臨當掩柴扉,行復顧桑梓。瞻彼雙飛鴻,徘徊不能已。

金山登妙高臺 《江南通志》:「金山在鎮江府治西七里。」《南畿志》:「妙高臺在金山,了元建。」

高臺堪極目,落景一登臨。**眾水金陵下,**《吳錄》:「張紘言於孫權曰:『秣陵,楚武王所置,名曰金陵。秦始皇時,望氣者雲金陵有王氣,故斷連岡,改名秣陵。』」**孤城鐵甕深。**〔註238〕《南畿志》:「孫吳時,已目為京城。復築子城,固以甓,號

〔註235〕「雲」,《曝書亭集》同,石印本作「雪」。
〔註236〕卷九十四《隱逸列傳》。
〔註237〕《九章》其三《哀郢》。
〔註238〕國圖藏本眉批:程大昌《演繁露》:「潤州城古號鐵甕,人但知其取喻以堅而已。乾道辛卯,予過潤,蔡子平置燕於江亭。亭據郡治前山絕頂,而顧子城雉堞緣岡彎環,四合其中,州治諸廨在焉。圓深之形,正如卓甕。始知喻以為甕者,指子城也。」

為鐵甕。」**平沙依雁宿**，常建《泊舟盱眙》句。**橫笛想龍吟。**《樂纂》：「橫笛，小篴也。樂書：笛者，滌也。為三尺，二調成均。翿靈夢之霜筠，法龍吟之異韻。」李白詩：「笛奏龍吟水，簫鳴鳳下空。」**不見安禪叟，寥寥江上心。**

秣陵《江南通志》：「城在府舊治宮城南八里。」

　　秣陵城闕暮雲封，估客帆檣落日逢。何大復詩：「估客帆檣落照餘。」〔註239〕**萬里星霜沙塞雁，五更風雨掖門松。**《江南通志》：「吳都城宮城在江寧府淮水之北五里，有八門，前五門曰公車，曰昇賢，曰明陽，曰左掖，曰右掖。」李夢陽詩：「退朝曾對掖門松。」〔註240〕**長江鐵鎖空千尺，**《晉書·王濬傳》：「濬發自成都，攻吳丹楊，尅之。吳人於江險磧要害之處，並以鐵鎖橫絕之。濬作火炬，長十餘丈，大數十圍，灌以麻油，在船前，遇鎖，然炬燒之。須臾，融液斷絕，於是船無所礙，順流鼓棹，徑造三山。」〔註241〕劉禹錫《金陵懷古》：「千尋鐵鎖沉江底。」**大道朱樓定幾重。**駱賓王《帝京篇》：「小堂綺帳三千戶，大道青樓十二重。」**此夕愁人聽鼓角，驚心不似景陽鐘。**《南史·齊武帝紀》：「以內深隱，不聞端門鼓漏，置鐘景陽樓上，應五鼓及三鼓。宮人聞鐘聲，早起粧飾。」〔註242〕《江寧府志》：「景陽樓在法寶寺西南。」

采石〔註243〕《輿地紀勝》：「采石山在當塗縣北二十餘里、牛渚北一里。《江源記》云：『商旅於此取石，因名采石山。北臨江，有磯，曰采石，曰牛渚。』」

　　采石磯邊積雪晴，橫江館外暮潮生。李白詩：「橫江館前津吏迎，向余東指海雲生。」〔註244〕**金陵美酒百斛盡，**李白詩：「甕中百斛金陵春。」〔註245〕**明月滿江空復情。**

〔註239〕《送衛進士推武昌》。
〔註240〕《限韻贈黃子》。
〔註241〕卷四十二。
〔註242〕按：非出《南史·齊武帝紀》，出《南史》卷十一《后妃列傳上·武穆裴皇后》。另，《南齊書》卷二十《皇后列傳·武穆裴皇后》：「宮內深隱，不聞端門鼓漏聲，置鐘於景陽樓上，宮人聞鐘聲，早起裝飾。至今此鐘唯應五鼓及三鼓也。」
〔註243〕國圖藏本眉批：《唐書·李白傳》：「向嘗乘月，與崔宗之自采石揚帆金陵，著宮錦袍，放歌豪飲石斛，旁若無人。」
〔註244〕《橫江詞六首》其五。
〔註245〕《寄韋南陵冰餘江上乘興訪之遇尋顏尚書笑有此贈》。

小孤山錢紳《同安志》：「小孤山在宿松縣東南一百二十里，與江州彭澤縣接界。」

北船乘長風，見卷一《龍潭》。南船載柔櫓。李白詩：「南船正東風，北船來自緩。」〔註246〕篙師戒晨徵，渡口動津鼓。陳孚詩：「渡頭動津鼓。」〔註247〕霧淨開孤峰，《寰宇記》：「小孤山高三十丈，周迴一里，在彭澤古城西北九十里。孤峰聳峻，半入大江。」沙明橫極浦。《楚辭》：「望涔陽兮極浦，橫大江兮揚靈。」〔註248〕迤邐經前山，日色未亭午。半嶺界樓臺，參差近可覩。離離金碧光，蘇軾詩：「雙闕眩金碧。」〔註249〕窅窅神靈雨。《楚辭》：「東風飄兮神靈雨。」〔註250〕遠望空愁心，沿流採芳杜。

大孤山《一統志》：「山在九江府城東南彭蠡湖中，東南與都昌分界，四面洪濤，屹然上聳。上有神祠，過者必致祭焉。」

兩孤去百里，宛在中流半。匡獨形勝殊，氣亦變昏旦。謝靈運詩：「昏旦變氣候。」〔註251〕天梯鬼斧開，吳萊詩：「錯落鬼斧鐫。」〔註252〕廟火神鴉散。《風土記》：「甘寧戰死，神鴉翼覆其屍，有遺壘。至今田家鎮上下三十里，神鴉乞食，集檣頂，得則飛去。」《岳陽風土記》：「巴陵鴉甚多，土人謂神鴉，無敢弋者。」昭昭雲月輝，歷歷明星爛。空水既澄鮮，謝靈運詩：「空水共澄鮮。」〔註253〕浮光亦凌亂。飄飆禦泠風，《莊子》：「列子御風而行，泠然善也。」〔註254〕怳忽度銀漢。未有歸與情，空深逝者歎。

舟中望廬山《寰宇記》：「廬山在江州南，高三千三百六十丈，周回二百五十里。其山九疊，川亦九派。《郡國志》云：『廬山疊嶂九層，崇岩萬仞。』《山海經》所謂三天子鄣，亦曰天子都也。周武王時，匡俗字子孝，兄弟七人皆有道術，結廬於此。仙去，空廬尚存，故曰廬山。」

昔予志名山，夢寐五老峰。《寰宇記》：「五老峰在廬山東，懸崖突出，如五

〔註246〕《寄韋南陵冰餘江上乘興訪之遇尋顏尚書笑有此贈》。
〔註247〕《瀟湘八景》其六《遠浦歸帆》。
〔註248〕《九歌》其三《湘君》。
〔註249〕《次韻定國見寄》。
〔註250〕《九歌》其三《山鬼》。
〔註251〕《石壁精舍還湖中作詩》。
〔註252〕《大食瓶》。
〔註253〕《登江中孤嶼詩》。
〔註254〕《逍遙遊》。

人相列之狀。」**今茲遠行邁**，陸機詩：「辭家遠行邁。」〔註 255〕**舟楫欣來逢。中流望員闕，隱見金芙蓉。**李白《登廬山五老峰》：「廬山東南五老峰，青天削出金芙蓉。」**空翠非一色，飛雲渺千重。歷歷澗中水，青青崖上松。**吳闡思《匡廬紀遊》：「招隱橋喬松千樹，皆南唐以來舊物，夾道千尺，亭亭如雲。」**所嗟限于役，**《詩》：「父曰：嗟！予子行役。」〔註 256〕**策杖誰相從。空愁石樑在，**陳沂《遊廬山記》：「石樑長數十丈，所謂三峽橋也。」**緬懷虎溪蹤。**《遊廬山記》：「廬山之陰有山曰上方，下有東林寺。始與慧遠法師與慧永居精舍，其徒日眾，別居於林之東，因曰西林寺。遠師送客，至虎溪而止。今山門內屋於橋上，水湮塞雲，即虎溪。」**巖棲不得遂，惆悵東林鍾。**陸游《遊東林寺記》：「至東林太平興隆寺，正對香爐峰。峰分一支，東行自北而西，環抱西合〔註 257〕，東林在其中。」

望湖亭對月《一統志》：「望湖亭在南昌府北吳城山。」

山色匡廬近，《南康志》：「負匡廬，面彭蠡。」**湖光彭蠡開。**《荊州記》：「宮亭湖即彭蠡湖也，亦謂之彭澤湖，一名瀦澤。」**異鄉頻見月，孤客乍登臺。遠樹霧中失，浮雲川上來。離心似黃鵠，中道一徘徊。**蘇武詩：「黃鵠一遠別，千里顧徘徊。」〔註 258〕

封谿聶侯廟《水經注》：「臨水又西南逕封陽縣東為封溪水。又西南流入廣信縣，南流注於鬱水，謂之封溪水口者也。」《搜神後記》：「吳聶友，字文悌，豫章新淦人。常射獵。夜照見一白鹿，射中之。明，尋蹤血，見箭著梓樹枝上。伐之，樹微有血，遂裁截為板二。牽著陂塘中，板常沉沒，然時復浮出，家輒有吉慶。仕宦大如願，仕至丹陽太守。今新淦北二十里曰封溪，有聶友截梓樹板濤。」

返照封谿上，停橈思惘然。地傳白鹿渚，人記赤烏年。《吳志》：「赤烏元年，詔曰：『間者赤烏集於殿前，朕所親見，改年宜以赤烏為元。』」〔註 259〕**簫鼓迎神曲，帆檣送客船。誰令戎馬日，萬里入南天。**

〔註 255〕按：出（明）鄭亮《送林季聰進士使三湘圖》。另，陸機《君子有所思行》：「人生誠行邁」；《擬行行重行行詩》：「悠悠行邁遠」；《為顧彥先贈婦詩二首》其一「辭家遠行遊」。

〔註 256〕《魏風·陟岵》。

〔註 257〕出陸游《入蜀記》卷二。「環抱西合」，《入蜀記》作「環合四抱」。

〔註 258〕舊題李陵錄《別詩二十一首》其六。

〔註 259〕《三國志》卷四十七《吳主傳》。

灘行口號六首《一統志》：「江西吉安府城東贛江下流一百里，凡二十四灘。」莊綽《雞肋編》：「吉州萬安縣至虔州，陸路二百六十里，由贛水經十八灘，三百八十里。去虔州六十里，始出贛石。惶恐灘在縣南五里。惶恐之南，次名漂城、延津、大蓼、小蓼、武朔、崑崙、梁口、橫石、清洲、銅盤、落瀨、大湖、狗腳、小湖、箸機、天注、鱉口，凡十八灘。自梁口灘屬虔州界。」

白鷺洲前動客愁，《廣輿記》：「白鷺洲在贛江中，長數里。」黃公灘畔駐行舟。《廣輿記》：「府城東章、貢二水相合，流至萬安界，凡十八灘。惟黃公灘最險，訛稱為皇恐灘。」誰開瘴嶺天邊路，惟見清江石上流。

銅盤灘急水西東，兩岸高山四面風。絕壁倒飛巫峽雨，宋玉《高唐賦》：「昔先王嘗遊高唐，夢見一婦人，王因幸之。去而辭曰：『妾在巫山之陽，高丘之岨，旦為行雲，暮為行雨。朝朝暮暮，陽臺之下。』」《一統志》：「巫峽在四川夔州府巫山東三十里，即巫山也。」懸流直下呂梁洪。《莊子》：「孔子觀於呂梁，懸水三十仞，流沫四十里，黿鼉魚鱉之所不能遊也。」〔註260〕《南畿志》：「呂梁山在徐州城東南五十里，下有二洪。」

黃茅峽外野人居，潭影空明漾碧虛。長箭短衣朝射虎，鳴榔持火夜驚魚。潘岳《西征賦》：「鳴榔厲響。」《注》：「鳴榔以毆魚也。」

斷壑陰崖百丈牽，斜風細雨萬山連。見卷十六《山陰客舍》。長年三老愁無力，〔註261〕杜甫詩：「長年三老歌聲〔註262〕裏。」《古今詩注》：「謂川陝以篙手為三老。」戴植《鼠璞》：「海壖呼篙師為長年。」羨殺南來下瀨船。《漢書·武帝紀》：「甲為下瀨將軍，下蒼梧。」臣瓚曰：「吳越謂之瀨，中國謂之磧。伍子胥書有下瀨船。」

紅霞深樹嶺雲平，兩槳戈船石罅行。《漢書·武帝紀》：「歸義越侯嚴為戈船將軍，出零陵，下離水。」臣瓚曰：「伍子胥書有戈船，以載干戈，因謂之戈船也。」浦口清猿催客淚，一時齊作斷腸聲。《世說》：「桓溫入蜀，至三峽，部伍中有得猿子者，其母緣岸哀號，行百餘里不去。遂跳船上，至便即絕。破視腹中，腸皆寸斷。」〔註263〕

〔註260〕《達生》。
〔註261〕國圖藏本眉批：陸游《入蜀記》：「長讀如長幼之長。長年二老，梢工是也。」按：《入蜀記》卷三原作「問何謂長年三老，云梢工是也。長讀如長幼之長」。
〔註262〕「歌聲」，杜甫《夔州歌十絕句》其七作「長歌」。另，杜甫《撥悶》：「長年三老遙憐汝。」
〔註263〕《黜免第二十八》。

羊腸鳥道幾千盤，唐明皇《登太行山》詩：「火龍明鳥道，鐵騎遶羊腸。」設險寧惟十八灘。按志：自贛縣至萬安，中有三百灘，孟襄陽所謂「贛石三百里」是也。然《陳書》云：「贛水本二十四灘，武帝發虔州水，暴漲高數丈，三百里巨石皆沒，止存十八灘耳。」世稱十八灘者，當本此。見說一灘高一丈，直從天上望南安。《明詩綜》：「萬安上灘諺：『一灘高一丈，南安在天上。』」〔註264〕

虔州懷古《一統志》：「隋罷郡，置虔州。宋紹興間改為贛州。」

橫浦樓船靜，見後《越王臺》。西風草樹凋。城荒百戰在，地入九江遙。《書》：「過九江至於東陵。」〔註265〕《傳》曰：「江分為九道，在荊州。東陵，地名。」《水經》：「江水又南過江陵縣南。」《注》云：「縣江有洲，號曰枝迴州。江水自此兩分而為南北江也。」豪傑爭先後，山陵慘寂寥。鬱孤臺下水，《一統志》：「鬱孤臺在贛州隆阜，鬱然孤起。唐刺史李勉登其上，歎曰：『吾雖不及子牟，而心懸魏闕一也。』易曰望闕。」流恨自南朝。

南安客舍逢陸郡伯兄世楷以滕王閣詩見示漫賦《南安志》：「秦屬九江郡，漢為豫章郡。」《嘉興府志》：「陸世楷，字英一，號孝山。順治戊子以貢授平陽通判，遷登州郡丞，陞南雄守。」先生《楊歷岩題名》：「當太守兄之官日，楊明府自西知高要縣事，期予同往，兩舟共泊蒜山之麓，太守語予：『五千里長路，必有山水絕勝，吾黨足以留連酬和。』是晚北風甚烈，揚帆拔矴，兩舟齊發。次日，行八百里，或先或後，楳不相及。迨抵南安驛，始相值焉。」《西峰字說》：「滕王閣在章江、廣潤二門之間。唐顯慶四年，元嬰都督洪州，營建甫完，而滕王之封適至，因以名之。」

憶昨君從柘湖至，《嘉禾志》：「柘湖在府南七十里湖中。有小山生柘樹，因以為名。」揚舲爭發吳趨市。《吳郡志》：「吳趨坊，皋橋西。」京口相逢借問君，艤舟揚子江心寺。《漢書·項籍傳》：「烏江亭長艤船待羽。」如淳曰：「南方人謂整船向岸曰艤。」〔註266〕《一統志》：「大江在江寧府界者，凡二百餘里，名揚子江。」晴雲縹緲散碧空，歘忽破波生長風。見卷一《龍潭曉發》。孤舟如巨魚，鼓鬣洪濤中。川原迢遞不可極，布帆飄忽隨西東。我從鹿渚超長薄，見前《封溪》。君到洪都更棲泊。王勃《滕王閣序》：「南昌故郡，洪都新府。」遠望開襟彼一時，憑高獨上滕王閣。茲樓崛起天下雄，珠簾繡柱垂文虹。當年

〔註264〕卷一百《萬安上灘諺》。
〔註265〕《禹貢》。
〔註266〕卷三十一。

王師此高宴，一時詞賦推群公。留題真蹟不可見，煙雲過眼須臾變。《因樹屋書影》：「蘇東坡《寶繪堂記》云：『煙雲之過眼，百鳥之感耳』，為留意於書畫者發也。元周密記所見書畫，著《雲煙過眼錄》四卷，本東坡語也。」古來文采光燄長，韓愈詩：「李杜文章在，光燄萬丈長。」〔註267〕千載王郎信堪羨。《摭言》：「王勃年十三，遊江左，舟次馬當。遇老叟，問曰：『子非王勃乎？來日重九，南昌都督命客作《滕王閣序》，子盍往賦之？』勃曰：『此去南昌七百餘里，今已九月八日矣。』叟曰：『子誠往，吾助清風一席。』勃翼〔註268〕日昧爽已抵南昌，會府帥閻公宴僚屬於滕王閣，宿命其壻作序以誇客。因遍請客，皆辭。至勃，輒受頃而文成。都督乃歎曰：『天才也。』」〔註269〕君家兄弟才難伍，岑參《韋員外家花樹歌》：「君家兄弟不可當，列卿御史尚書郎。」按：太守弟荣，原名世枋，字義山，號雅坪。由中書入翰林，擢閣學。甫里聲名動江左。《唐書·隱逸傳》：「陸龜蒙，字魯望，時謂江湖散人，或號天隨子、甫里先生。」揮毫落紙氣凌雲，杜甫詩：「揮毫落紙如雲煙。」〔註270〕《漢書》：「司馬相如奏《大人賦》，武帝閱之，謂飄飄有凌雲氣。」〔註271〕坐令長才失千古。我亦天南萬里行，白衣搖櫓度江城。《吳志·呂蒙傳》：「使白衣搖櫓，作商賈人服。」〔註272〕閒雲潭影徒回首，南浦西山空復情。王勃《滕王閣》詩：「畫棟朝飛南浦雲，珠簾暮捲西山雨。閒雲潭影日悠悠，物換星移幾度秋。」大庾城邊日將酉，下馬逢君復攜手。座上新開北海樽，見前《衣雲閣》。客中飲我蘭陵酒。李白詩：「蘭陵美酒鬱金香。」〔註273〕《常州志》：「城北有蘭陵城古蹟。」酒闌相示絕妙辭，《世說》：「魏武嘗過曹娥碑下，楊脩從，碑背上見題『黃絹幼婦，外孫虀臼』八字。魏武謂修：『卿未可言，待我思之。』行三十里，魏武乃曰：『我已得。』令修別記所知。修曰：『黃絹，色絲也，於字為絕。幼婦，少女也，於字為妙。外孫，女子也，於字為好。虀臼，受辛之器也，於字為辭。所謂絕妙好辭也。』魏武亦記，與脩同。」〔註274〕九莖勝食齋房芝。《漢書·武帝紀》：

〔註267〕《調張籍》。
〔註268〕「翼」，《古今合璧事類備要》、《山堂肆考》作「翌」。
〔註269〕《古今合璧事類備要》前集卷十四《時令門》、《山堂肆考》卷十三《時令·王勃作序》。
〔註270〕《飲中八仙歌》。
〔註271〕按：《史記》卷一百一十七《司馬相如列傳》：「相如既奏大人之頌，天子大說，飄飄有凌雲之氣，似遊天地之間意。」《漢書》卷五十七下《司馬相如傳下》：「相如既奏大人賦，天子大說，飄飄有陵雲氣，遊天地之間意。」
〔註272〕《三國志》卷五十四吳書九。
〔註273〕《客中行》。
〔註274〕《捷悟第十一》。

「元封二年六月，甘泉宮內中產芝，九莖連葉。作《芝房之歌》。」〔註275〕《禮樂志》：「芝生甘泉，齋房作。」〔註276〕**曲終定有湘娥怨**，杜甫詩：「今晨清鏡中，勝食齋房芝。余發喜卻變，白間生黑絲。昨夜舟火滅，湘娥簾外悲。」〔註277〕**讀罷如聞帝子悲**。王勃《滕王閣》詩：「閣中帝子今何在，檻外長江空自流。」**當前勝地不得上，使我沉吟一惆悵。舟楫重過定幾時，雲山滿目知無恙。明發梅花嶺外看**，《嶺南雜記》：「庾嶺，又名梅嶺，以漢庾勝、梅鋗得名。然庾嶺多梅，古昔已然。自有『折梅逢驛使，淚盡北枝花』之句，而好事者往往增植之。自宋迄明，往來遊宦者多有補種。」**長從驛使報平安**。見卷一《送王翃》。**側身天地多知己**，杜甫詩：「側身天地更懷古。」〔註278〕**且莫頻歌行路難**。

度大庾嶺《南康記》：「漢兵擊呂嘉，眾潰，有裨將戍是嶺。以其姓庾，因名大庾嶺。」《一統志》：「大庾嶺在廣東南雄府城北八十里。」

雄關直上嶺雲孤，《一統志》：「梅關在大庾嶺上，兩岸壁立，最高且險。」《方輿紀要》：「梅關嘗為天下必爭之處，有驛路在石壁間，相傳唐開元中張九齡所鑿。宋嘉祐中復修廣之。」**驛路梅花歲月徂。丞相祠堂虛寂寞**，《一統志》：「張文獻祠在大庾嶺雲封寺前，祀唐宰相張九齡。」**越王城闕總荒蕪**。《一統志》：「趙佗城在廣州府城西二十七里，即佗都城也。」**自來北至無鴻雁，從此南飛有鷗鴣**。《南越志》：「鷗鴣，其名自呼，飛必南向。雖東西迴翔，然開翅之始，必先南翥。」**鄉國不堪重佇望，亂山落日滿長途**。

湞陽峽《水經注》：「溱水又西南歷皋口、大尉二山之間，是曰湞陽峽。兩岸傑秀，壁立虧天。嘗鑿石架閣，令兩岸相接。」

吳山多透迤，粵山獨嶄嵒。壁立千仞餘，洞壑俯穹嵌。王昌齡詩：「邑西有路緣石壁，我欲從之臥穹嵌。」**子午見日月，朝夕鳴松杉。天風一以至，蕭瑟吹江帆。懸崖答長嘯，空翠濕征衫。側聞飛仙度**，《十洲記》：「蓬萊山周迴五千里，有圓海繞山，無風而洪波百丈，不可往來，惟飛仙能到其處耳。」**遠見浮雲銜。何當斸靈藥，坐惜無長鑱**。杜甫《七首》：「長鑱長鑱白木柄，我生托子以為命。」〔註279〕

〔註275〕卷六。
〔註276〕卷二十二。
〔註277〕《蘇大侍御訪江浦賦八韻記異》。
〔註278〕《將赴成都草堂途中有作先寄嚴鄭公五首》其五。
〔註279〕《乾元中寓居同谷縣作歌七首》其二。

香爐峽《廣東通志》:「大廟峽,一曰香爐。當虞山夫人廟右有一峰,狀若香爐,故名。」

何年香爐峽,擅此香爐名。匡廬與會稽,慧遠《廬山記》:「東南有香爐山,其上氤氳若香爐。」《紹興府志》:「會稽山有香爐峰。」秀色同削成。篁徑散彩翠,溪流澹澄明。青雲結車蓋,魏文帝詩:「西北有浮雲,亭亭如車蓋。」〔註280〕白日懸霓旌,孤舟泛容與。《史記‧司馬相如傳》:「楚王乃弭節裴回,翱翔容與。」〔註281〕《西京雜記》:「太液池中有容與舟。」百丈紛縱橫,人影如沙蟲。《抱朴子》:「周穆王南征,一軍盡化,君子為猿鶴,小人為沙蟲。」〔註282〕林林川上行,柳宗元《貞符》:「惟人之初,總總而生,林林而群。」夕陽下長阪,猨鳥盡哀鳴。征途渺何極,惻惻使心驚。

大廟峽《廣東通志》:「峽山廟一名大廟,在英德縣下流五十里,前臨大江,有怪石,為舟楫患,過者神而祀之。」

連山何迢迢,迢迢夕陽外。我行曾幾時,虛舟入青靄。崖傾斷車箱,廟古陰松檜。遙見靈旗翻,微風響清籟。川光與天容,上下如衣帶。纍纍白石明,《樂府‧豔歌行》:「石見何累累,遠行不如歸。」窅窅浮雲晦。日夕故鄉心,山川渺吳會。《困學紀聞》:「吳會謂吳、會稽二郡也,石湖辨之甚詳。魏文帝詩:『行行至吳會。』」〔註283〕

羚羊峽《廣東通志》:「羚羊峽在高要縣,出硯高峽,山在肇慶府城東三十五里。相傳山有羊化石,因名羚羊峽,又名高要峽。」

泠泠高峽水,際曉煙光微。一聞征橈發,宿鳥皆驚飛。浦樹既迢迢,山雲亦依依。谿回修竹靜,日出行人稀。雙崖信奇峻,屹立如重圍。猨猱相叫嘯,水石湛清輝。謝混詩:「景昃〔註284〕鳴禽集,水木湛清華。」遂令遊子心,萬里亦忘歸。謝靈運詩:「清暉能娛人,遊子憺忘歸。」〔註285〕林棲如可得,願息漢陰機。《莊子》:「子貢過漢陰,見一丈人為圃畦,抱甕而灌。子貢曰:『有械於此,用力寡而功多。』曰:『奈何?』曰:『鑿木為機,其名為槔。』」

〔註280〕《雜詩二首》其二。
〔註281〕卷一百一十七。
〔註282〕《藝文類聚》卷九十、卷九十五。
〔註283〕卷十八《評詩》。
〔註284〕「昃」,謝混《遊西池詩》作「晨」。
〔註285〕《石壁精舍還湖中作詩》。

圃者忿然作色而笑曰：『有機械者必有機事，有機事者必有機心。吾羞而不為也。』」〔註286〕

寄遠

　　南風日夕度江潭，旅夢還家路未諳。寄語寒衣休憶遠，更無霜雪到天南。《桂海虞衡志》：「靈川、興安之間有嚴關，朔雪至此輒止，大盛則度關至桂州城下，不復南矣。北城舊有樓，曰雪觀，所以誇南州也。」〔註287〕

強圉作噩丁酉

元日陰

　　黯黮窮陰合，蕭條歲序遷。故鄉應雨雪，絕域尚烽煙。更憶高堂上，頻思遠信傳。辛盤空自好，《風土記》：「元日造五辛盤。辛所以發五臟之氣。」誰為介樽前。

首春端州述懷寄故鄉諸子《廣東通志》：「高要縣附郭，隋置端州。」

　　客舍千山外，春城萬里心。賈至詩：「極浦三春草，高樓萬里心。」〔註288〕草青仍一度，《北史》：「突厥不知年歷，惟以青草為記。」〔註289〕雲暗結重陰。謝惠連《詠冬》：「積寒風愈切。繁雲起重陰。」〔註290〕往事隨蓬轉，謀生愈陸沉。《莊子》：「方且與世違，而心不屑與之俱，是陸沉者也。」〔註291〕承歡違菽水，《禮》：「孔子曰：『啜菽飲水盡其歡，斯之謂孝。』」〔註292〕兄弟渺商參。《左傳》曰：「子產曰：『昔高辛氏有二子，伯曰閼伯，季曰實沉，居於曠林，不相能，日尋干戈，以相征討。后帝不臧，遷閼伯於商丘，主辰，商人是因，故辰為商星；遷實沉於大夏，主參，唐人是因，故參為晉星。』」〔註293〕負米情空在，《家語》：「昔

〔註286〕《天地》。
〔註287〕石印本無此注。
〔註288〕《岳陽樓宴王員外貶長沙》。
〔註289〕卷九十九。
〔註290〕《詠冬詩》：「履霜冰彌堅，積寒風愈切。繁雲起重陰，迴飆流輕雪。」
〔註291〕《則陽》。
〔註292〕《檀弓下》。
〔註293〕昭公元年。

者由也為親百里負米。」〔註294〕離鴻思不禁。此邦非樂土，《詩》：「適彼樂土。」
〔註295〕何處好懷音。《詩》：「誰將西歸，懷之好音。」〔註296〕枉作窮途哭，虛
勞澤畔吟。蒼梧晴峽遠，桂水暮流深。《水經注》：「桂水出桂陽縣北界山。應
劭曰：『桂水出桂陽東北入湘。』」夢斷梅鋗嶺，見前《南安客舍》。囊空陸賈金。
見卷一《送王翃》。楓林悲落月，杜甫詩：「楓〔註297〕林纖月落。」苔石憶同岑。
郭璞《贈溫嶠》：「及爾臭味，異苔同岑。」燕笑應如昨，沉吟獨至今。魏武帝《短
歌行》：「但為君故，沉吟至今。」北歸徒躑躅，南望益蕭森。瓊樹佳人隔，《陳
書》：「後主製新曲，有《玉樹後庭花》、《臨江樂》等，其略云：『璧月夜夜滿，瓊樹朝
朝新。』大抵美張貴妃、孔貴嬪之容色。」〔註298〕李陵詩：「思得瓊樹枝，以解長饑
渴〔註299〕。」梅花驛使臨。短書知可報，珍重問江濤。

珠江午日觀渡《一統志》：「珠江在資縣治南。昔江中有光夜現，人以為珠，因
名。」

　　蠻歌撫節下空江，畫舸朱旗得幾雙。想像戈舡猶昔〔註300〕日，見前
《灘行口號》。忽驚風土異鄉邦。鮑照詩：「君王遲京國，遊子思鄉邦。」〔註301〕
芙蓉遠水迷花渡，琥珀深杯覆酒缸。李白詩：「玉碗盛來琥珀光。」〔註302〕近
市青樓經亂盡，知無紅粉出當窗。《古詩》：「盈盈樓上女，皎皎當窗牖。娥娥紅
粉妝，纖纖出素手。」〔註303〕

〔註294〕《家語・致思第八》：「昔者由也事二親之時，常食藜藿之實，為親負米百里之
　　　　外。」
〔註295〕《魏風・碩鼠》。
〔註296〕《檜風・匪風》。
〔註297〕「楓」，《夜宴左氏莊》作「風」。
〔註298〕《陳書》卷七：「後主每引賓客對貴妃等遊宴，則使諸貴人及女學士與狎客共
　　　　賦新詩，互相贈答，採其尤豔麗者以為曲詞，被以新聲，選宮女有容色者以
　　　　千百數，令習而歌之，分部迭進，持以相樂。其曲有《玉樹後庭花》、《臨春
　　　　樂》等，大指所歸，皆美張貴妃、孔貴嬪之容色也。其略曰：『璧月夜夜滿，
　　　　瓊樹朝朝新。』」
〔註299〕「饑渴」，舊題李陵錄《別詩二十一首》其十一（晨風鳴北林）作「渴饑」。
〔註300〕「昔」，四庫本《曝書亭集》作「漢」。
〔註301〕《還都口號詩》。
〔註302〕《客中行》。
〔註303〕《古詩十九首》其二（青青河畔草）。

五羊觀孫蕡《五仙觀記》:「在廣城藩治西側。」按舊志,治城建時,五仙騎羊臨之,持穗祝曰:「願此闤闠,永無饑荒之虞。」辭訖,遽去,羊化為石,邦人德之,用啟今祀。《一統志》:「五仙觀在廣州府城南大市街。」

中天台殿倚南溟,《列子》:「西極化人見周穆王,王為改築宮室。其高千仞,臨終南之上,號曰中天之臺。」〔註304〕《莊子》:「南溟者,天池也。」〔註305〕玉珮雲衣散百靈。瘴雨不開煙樹黑,驚濤直下海門青。騎羊舊說朝仙馭,《南部新書》:「吳修為廣州刺史,未至州,有五仙人騎五色羊負五穀而來。今州廳梁上畫五仙人騎五色羊為瑞。」銜谷何年降楚庭。《廣州記》:「六國時,廣州屬楚。高固為楚相,五羊銜谷至其庭。」歎息遺墟今寂寞,高林空度羽人經。

篷軒落成曹方伯溶招飲納涼即席分韻溶字潔躬,又字秋嶽,號倦圃,嘉興人。崇禎〔註306〕丁丑進士。官戶部侍郎。時為廣東右布政。

卷幔溪光夕,開軒露氣澄。參差交月樹,李咸用詩:「團團月樹懸青青。」〔註307〕升降護風燈。習鑿齒詩:「風與燈升降。」〔註308〕幕府容疎放,《史記·李廣傳》:「幕府省約文書籍事。」《索隱》:「凡將軍謂之幕府者,蓋兵門合施〔註309〕帷帳,故稱幕府。」蠻天罷鬱蒸。杜甫詩:「炎天避鬱蒸。」〔註310〕南園多勝友,《明詩綜》:「孫蕡、王佐、黃哲、李德、趙介,世所稱南園五先生也。」〔註311〕又:「李少偕罷官歸里,與梁公寔、黎惟敬、歐楨〔註312〕伯、吳蘭皋結社,稱南園後五先生。」趙介《聽雨》:「南園多酒伴,有約候新晴。」況挹酒如澠。杜甫《贈特進汝陽王》句。

羊城客舍同萬泰嚴煒陳子升薛始亨醉賦萬字履安,鄞縣人。崇禎〔註313〕丙子舉人。有《寒松齋稿》。嚴字伯玉,常熟人。文靖公訥之孫。有《滄浪集》。陳字喬生,南海人。諸生。以薦舉官給事中。有《中洲集》。薛字岡生,順德人。

客舍所居堂,杜甫《客居》句。勝侶時相求。興來攜手一展眺,怳如孫

〔註304〕《周穆王第三》。
〔註305〕《逍遙遊》。
〔註306〕「禎」,底本、石印本作「正」。
〔註307〕《送人》。
〔註308〕《藝文類聚》卷八十。
〔註309〕「門合施」,《史記》卷一百九《李將軍列傳》之《索隱》作「行舍於」。
〔註310〕《贈特進汝陽王二十韻》。
〔註311〕卷十一「孫蕡」。
〔註312〕「楨」,《明詩綜》卷四十八《李時行》作「禎」。
〔註313〕「禎」,底本原作「正」。

楚之酒樓。李白有《玩月金陵城西孫楚酒樓》詩。**樓頭取酒恣驩謔，遠勝十千宴平樂。**曹植《名都篇》：「歸來宴平樂，美酒斗十千。」李白《將進酒》：「陳王昔時宴平樂，斗酒十千恣歡謔。」**海寺鐘聲風末聞，江城帆影樽前落。**米芾詩：「三峽江聲流筆底，六朝帆影落樽前。」〔註314〕**夕陽飄忽晴滿林，須臾急雨來庭陰。蠻天五月不知暑，座客相看寒已深。我本蘆中人，**見卷六《登胥山》。**易下新亭淚。莫辭魯酒薄，拚作高陽醉。出亦復苦愁，入亦復苦愁。**甄后詩句。〔註315〕**黃河之清不可俟，**《左傳》：「俟河之清，人壽幾何！」〔註316〕《拾遺記》：「黃河千年一清，聖人之大瑞也。」**何用長懷千載憂。**《古詩》：「生年不滿百，長懷千歲憂。」〔註317〕**陳拾遺，**《唐書·陳子昂傳》：「拜麟臺正字，再轉右拾遺。」〔註318〕**嚴夫子，**《漢書·司馬相如傳》：「梁孝王來朝，從游說之士，齊人鄒陽、淮陰枚乘、吳嚴忌夫子之徒，相如見而悅之。」〔註319〕《注》：「嚴忌當時尊尚，號曰夫子。」**羅浮四明兩道士，**《廣東通志》：「羅浮山乃羅山、浮山合體，謂之羅浮，在增城、博羅二縣之境，高三千六百丈。」四明，見前《鑑湖》。**意氣寧從杯酒生。文章本是千秋事，**杜甫詩：「文章千古事，得失寸心知。」〔註320〕**況今生涯羈旅中，**杜甫詩：「生涯能幾何，常在羈旅中。」〔註321〕**時危得不悲途窮。丈夫三十不自立，一身漂泊隨秋蓬，**杜甫詩：「此身飄泊苦西東。」〔註322〕**雖未白頭成老翁。**魏文帝《與吳質書》：「已成老翁，但未白頭耳。」**當前有酒且痛飲，明朝岐路仍西東。**

同陳五子升過光孝寺《廣州通志》：「光孝寺，本南粵王建德故宅。三國吳虞翻居此，以為圃，多植蘋婆訶子樹，名曰虞苑。晉隆和中，僧罽賓始創為王園寺。劉宋永初間，陀羅三藏飛錫至此，指訶子樹曰：『此西番訶梨勒果之林，宜曰訶林。』」

浩劫虞翻宅，《度人經》：「惟有元始浩劫之家部制我界。」《廣異記》：「儒謂之世，釋謂之劫，道謂之塵。」**沙門大士居。寒煙萬井外，春樹六朝餘。**是日

〔註314〕《望海樓》。

〔註315〕《塘上行》：「出亦復苦愁，入亦復苦愁。」

〔註316〕襄公八年。

〔註317〕《古詩十九首》其十五。

〔註318〕《舊唐書》卷一百九十中《苑列傳中》。

〔註319〕卷五十七上。

〔註320〕《偶題》。

〔註321〕《遣興五首》其四。

〔註322〕《清明二首》其二。

風旛動，《指月錄》：「慧能至廣州法信寺，值印宗法師講《涅槃經》，寓止廊廡間。暮夜風颺刹旛，聞二僧對論，一曰旛動，一曰風動，往復不已。祖曰：『不是風動，不是旛動，仁者心動。』一眾竦然。」諸天夕照虛。更尋濠上樂，偶坐一觀魚。《莊子》：「莊子與惠子游於濠梁之上。莊子曰：『儵魚出遊從容，是魚樂也。』」〔註323〕

越王臺懷古

《一統志》：「越秀山在廣州府城內稍北，上有越王臺故址，昔趙佗因山為之。」

君不見越山高高越臺古，複道逶迤接南武。《方輿紀要》：「廣州城，今府城也。舊圖經云：廣州州城始築自越人公師隅，號曰南武。《吳越春秋》云：『闔廬子孫避越嶺外，築西武城。後楚滅越，越王子孫避入始興，令師隅修吳故南武城』是也。」北望山頭徧白雲，《一統志》：「白雲山在廣州府城北二十里，常有白雲覆其上。」西臨城下環珠浦。《一統志》：「珠母海在廉州府巨海中，有平江、楊梅、青嬰三池，中出大蚌，剖而得珠，即古合浦也。」由來形勝盡高丘，萬里天南此壯遊。驚濤暗向扶胥落，韓愈《南海神廟碑》：「廟在廣州治之東南道八十里，扶胥之口，黃木之灣。」佳氣晴連鬱水浮。《水經注》：「『鬱水即夜郎豚水也。』《山海經》曰：『鬱水出象郡，而西南注南海，入項陵東南』者也。」憶昔中原逐秦鹿，《史記·淮陰侯傳》：「秦失其鹿，天下共逐之。」〔註324〕魏徵詩：「中原還逐鹿。」〔註325〕五軍失利屠睢歿。《淮南子》：「秦皇利越之犀角、象齒、翡翠、珠璣，乃使尉屠睢發卒五十萬為五軍，與越人戰。越人皆入叢薄中，與禽獸處，莫肯為秦虜。相置桀駿以為將，而夜攻秦人，大破之，殺尉屠睢。」〔註326〕番君一出王衡山，《漢書·吳芮傳》：「芮，秦時番陽令也，甚得江湖間民心，號曰番君。率越人舉兵以應諸侯。沛公攻南陽，乃遇芮。芮將梅鋗，與偕攻析、酈，降之。及項羽相王，以芮率百越佐諸侯，從入關，故立芮為衡山王。其將梅鋗功多，封十萬戶，為列侯。項籍死，上以鋗有功，從入武關，故德芮，徙為長沙王。」〔註327〕戶將從征入函谷。《漢書注》：「函谷，今桃林縣南洪溜澗是也。」〔註328〕天教霸象開南溟，宵分東井聚五

〔註323〕《秋水》。
〔註324〕卷九十二。
〔註325〕《述懷》。
〔註326〕《人間訓》。
〔註327〕卷三十四。
〔註328〕卷三十一《陳勝項籍列傳·贊》。

星。《南越志》:「秦二世,五星會於南斗牛。南海尉任囂知其偏霸之氣,遂有志焉。」
《史記・張耳傳》:「甘公曰:『漢王之入關,五星聚東井。東井,秦分也。先至必霸。』」
〔註329〕**龍川縣令起嶺表,被書移檄馳邊庭。聲言三關盜兵至,一時按法
誅秦吏。**《史記・南越尉陀傳》:「南越王尉陀者,真定人也,姓趙氏。秦時用為南海
龍川令。至二世時,南海尉任囂病且死,即被陀書,行南海尉事。陀即移檄告橫浦、
陽山、湟谿關曰:『盜兵且至,急絕道聚兵自守!』因稍以法誅秦所置長吏。即擊並桂
林、象郡,自立為南越武王。」〔註330〕**萬人既築滇陽城,**《一統志》:「滇山在韶
州府英德縣北四十里,滇水所出,尉陀作萬人城於此。」**千里還開雒王地。**《水經
注〔註331〕》:「《外域記》曰:『交趾者,未有郡縣時,土地有雒田,其田從潮水上下。
民墾食其田,因名為雒民。設雒王、雒侯主諸郡縣,縣多為雒將。後蜀王子將兵三萬
來討雒王、雒侯,服諸雒將。蜀王子因稱為安陽王,後南越王尉陀舉眾攻安陽王。安
陽王有神人,名皋通,為王治神弩一張,一發殺三百人。南越王知不可戰,卻軍,遣
太子名始降服安陽王。安陽王不知通神,遇之無道,通便去。安陽王有女,名眉珠,
與始通。始令取父弩視之。始見弩,便盜以鋸截弩。訖便歸,報越王。進兵攻之。安
陽王發弩,弩折,遂敗。下船逕出於海。』」〔註332〕**漢帝當年為剖符,**《尉陀傳》:
「漢十一年,遣陸賈因立佗為南越王,與剖符通使。」**陸生燕喜出西都。**劉峻《廣
絕交論》:「陸大夫燕喜西都。」**冠裳魋結須臾變,**〔註333〕《史記・陸賈傳》:「陸
生至,尉佗魋結箕踞見陸生。」〔註334〕**文錦蒲桃絕世無。**《西京雜記》:「南越王
佗獻高帝鮫魚荔枝,帝報以蒲桃錦四匹。」**番禺之交一都會,**《史記・貨殖傳》:「番
禺亦其一都會也。」〔註335〕《南越志》:「番禺縣有番、禺二山,因以為名。」**因山
築臺落天外。百丈回盤信壯觀,三時朔望長陛拜。**《廣州記》:「尉佗立臺,
以朝漢室。圓基千步,直峭百丈,螺道登進,頂上三畝。朔望陛拜,號為朝臺。」《輿
地紀勝》:「朝臺在番禺縣西五里。」**自古羈縻稱外藩,**《漢書・蕭望之傳》:「外夷
稽首稱藩,中國讓而不臣,此則羈縻之誼,謙亨之福也。」〔註336〕**誰令市鐵禁關**

〔註329〕卷八十九。
〔註330〕卷一百一十三《南越列傳》。
〔註331〕「注」,石印本作「傳」。
〔註332〕卷三十七。
〔註333〕國圖藏本眉批:服虔注:「魋音椎。今兵士椎頭結。」《索隱》曰:「結音計。
　　　　謂為髻一撮以椎而結之。」
〔註334〕卷九十七。
〔註335〕卷一百二十九。
〔註336〕卷七十八。

門。《尉陀傳》：「高后時，有司請禁南越關市鐵器。」**不見鮫魚重入貢，旋看黃屋自言尊。**《尉陀傳》：「佗乃自尊號為南越武帝，乘黃屋，左纛稱制。」《樂府》：「淮南王，自言尊。」〔註337〕**漢使陳觸更行樂，紫貝明犀雙孔雀。**《漢書·南粵王傳》：「文帝元年，初鎮撫天下。詔丞相平舉可使粵者，平言陸賈先帝時使粵。上召賈為太中大夫，謁者一人為副使，賜佗書。佗亦再拜上書。獻白璧一雙、翠鳥千、犀角十、紫貝五百、桂蠹一器、生翠四十雙、孔雀二雙。」〔註338〕**重來錦石已成山，**《一統志》：「錦石山在肇慶府德慶州西五十里。漢陸賈使南越時，設錦繡帷帳於此，因名。」**歸去黃金遂盈橐。**見卷一《送王翃》。**一從蒟醬啟唐蒙，**〔註339〕《史記·西南夷傳》：「唐蒙風曉南越，食蒙蜀蒟醬。蒙問所從來，曰：『道西北牂牁，牂牁江廣數里，出番禺城下。』」〔註340〕《南方草木狀》：「蒟醬，蓽茇也。生於蕃國者，大而紫，謂之蓽茇。生於番禺者，小而青，謂之蒟焉。可以為食，故謂之醬。」**越騎校尉甘泉中。**《漢書·百官表》：「屯兵越騎校尉。」《注》：「越人內附，以為騎也。」〔註341〕《關輔記》：「甘泉宮在今池陽縣西甘泉山，本秦造，漢武建元中增廣之。」**是誰僇殺棄繻者，江淮巴蜀紛來攻。**《漢書·終軍傳》：「初，軍從濟南嘗詣博士，步入關，關吏與軍繻。軍問：『以此何為？』吏曰：『為復傳，還當以合符。』軍曰：『大丈夫西遊，終不復傳還。』棄繻而去。軍為謁者，使行郡國，建節東出關，關吏識之，曰：『此使者乃前棄繻生也。』後南越與漢和親，軍往說越王，越王聽許。越相呂嘉不欲內屬，發兵攻殺其王及漢使者，皆死。」〔註342〕**伏波下瀨軍三面，樓船戈船齊教戰。**《南粵王傳》：「元鼎四年，呂嘉反，立明王長男粵妻子術陽侯建德為王。武帝令粵人及江淮以南樓船十萬師往討之。五年秋，衛尉路博德為伏波將軍，出桂陽，下湟水；主爵都尉楊僕為樓船將軍，出豫章，下橫浦；故歸義粵侯二人為戈船、下瀨將軍，出零陵，或下離水，或抵蒼梧；使馳義侯因巴蜀罪人，發夜郎兵，下牂柯江；咸會番禺。六年冬，樓船居東南面，伏波居西北面。攻敗越人。戈船、下瀨將軍兵及馳義侯所發夜郎兵未下，南粵已平。遂以其地為儋耳、珠崖、南海、蒼梧、鬱林、合浦、交阯、九真、日南九郡。」**合浦珠崖隸海隅，**《一統志》：「廉州府，

〔註337〕《淮南王》。
〔註338〕卷九十五。
〔註339〕國圖藏本眉批：《漢書音義》：「枸木似谷樹，其葉如桑葉。用其葉作醬酢，美，蜀人以為珍味。」《玉篇》：「枸亦作蒟。」
〔註340〕卷一百一十六。
〔註341〕卷十九上。
〔註342〕卷六十四下。

秦為象郡地。漢武平南越，置合浦郡。」又：「瓊州府，漢武平南越，置珠崖、儋耳二郡。」**山薑扶荔移深殿**。《西京雜記》：「元鼎六年，破南越，起扶荔宮，以植所得奇草異木，菖蒲、山薑、桂、龍眼、荔枝、檳榔、橄欖、甘橘之類。」《南方草木狀》：「山薑花莖葉即姜也，根不堪食，於葉間吐花作穗如麥粒，紅色。」又：「破南越，建扶荔宮。扶荔者，以荔枝得名也。」**尉佗城圮夕陽原**，見上《度大庾嶺》。**建德園荒秋樹根**。《南海古蹟記》：「南越王弟建德故宅，在西城內。吳虞翻移交州時有園池。」**虛傳避暑遊宮闕，幾見浮杯出石門**。《太平御覽》：「《郡國志》曰：『廣州越井岡，一云越王井，言趙佗誤墜酒杯於井，遂浮出石門。故諺曰石門通越井也。』」〔註343〕《元和郡縣志》：「石門水一名貪泉，出廣州南海縣西。」〔註344〕**木棉花開山雨積**，《漁洋詩話》：「越王臺枕廣州北城女牆間，皆木棉，花時紅照天外，亦奇觀也。」**鷓鴣啼處蠻煙碧。舊井潛移郭璞城**，〔註345〕《晉書‧郭璞傳》：「西南郡縣有陽名者，井當沸。」**離宮半入虞翻宅**。見上《光孝寺》。**人事消沉洵可哀，千秋朝漢餘高臺。漢家遺跡不可問，吁嗟乎歌風柏梁安在哉**！《一統志》：「歌風臺在沛縣，漢高帝宴父老於此。」又：「柏梁臺在漢未央宮北闕。」

東官書所見

《一統志》：「東宮在東莞縣，晉義熙中置。東官郡以寶安縣屬焉。隋廢。」

浦樹重重暗，郊扉戶戶關。**長年搖櫓至**，見上《灘行口號》。**少婦採珠還**。《南州異物志》：「合浦民善遊，採珠兒年十餘歲，便教入水。官禁民採珠，巧盜者蹲水底刮蚌，得好珠，吞而出。」**金齒屐一尺**，《南越志》：「軍安縣女子趙嫗，著金箱齒屐。」李白《浣紗石上女》：「一雙金齒屐，兩足白如霜。」**素馨花兩鬟**。陸賈《南中行記》：「南中百花，惟素馨香特酷烈，彼女子以彩絲穿花心，繞髻為飾。梁張隱《素馨》詩：『細花穿弱縷，盤向綠雲鬟。』」〔註346〕**摸魚歌未闋**，《廣東雜記》：「粵俗好謳，其歌之長調者，如唐人《連昌宮詞》、《琵琶行》等，至數百前言，以三絃合之，每空中絃以起止，蓋太蔟調也，名曰《摸魚歌》。」**涼月出雲間**。〔註347〕

〔註343〕卷一百八十九。
〔註344〕卷三十五。
〔註345〕國圖藏本眉批：「舊井」句，注未的。
〔註346〕楊慎《丹鉛餘錄》卷十、卷二十兩引陸賈《南中行紀》，「梁張隱《素馨》詩」作「梁章隱《詠素馨花》詩」。
〔註347〕《曝書亭集》此下有：
　　東官客舍屆五過譚羅浮之勝時因道阻不得遊悵然有懷作詩三首
　　枉作名山約，茲來不易逢。雨梢千徑竹，苔冷萬年松。錦鳥青丘下，霞書石

贈張山人穆《續圖繪寶鑒》：「字穆之，東莞人，別號鐵橋道人。有文集行世。長於鷺、馬。」

鐵橋山人逸興長，《西峰字說》：「鐵橋峰在羅、浮二山相接處。」草堂卜築東溪傍。李白詩：「東溪卜築歲將淹。」〔註348〕彈棊擊劍有奇術，傅玄《彈棋賦序》：「漢成帝好蹴鞠，劉向以謂勞人體，竭人力，非至尊所宜御，因其體作彈棋。今觀其道，蹴鞠道也。」《夢溪筆談》：「彈碁，今人罕為之。有譜一卷，蓋唐人所為。碁局方二尺，中心高如覆盂，其巔為小壺，四角隆起。李商隱詩：『莫近彈碁局，中心最不平』，謂其中高也。白樂天詩：『彈碁局上事，最妙是長斜』，長斜謂抹角斜彈，一發過半局。今譜中具有此法。柳子厚《敘碁》『用二十四棋』者，即此戲也。」〔註349〕《浮溪館吟稿》：「鐵橋善劍術，有古短劍，常藏之腰間。」飲酒賦詩多樂方。逢人豈憚霸陵尉，《漢書‧李廣傳》：「嘗夜從一騎出，從人田間飲。還至亭，霸陵尉醉，呵止廣。廣騎曰：『故李將軍。』尉曰：『今將軍尚不得夜行，何故也！』」〔註350〕畫馬不數江都王。《名畫記》：「江都王緒霍，王元軌之子，太宗皇帝猶子也。多才藝，善書畫。鞍馬擅名。」杜甫詩：「國初已來畫鞍馬，神妙獨數江都王。」〔註351〕莫道雄心今老去，猶能結客少年場。曹植詩：「結客少年場。」〔註352〕

贈張五家珍字璩子，東莞人。有《寒木樓遺詩》。

可歎張公子，《漢‧五行志》：「成帝時童謠：『燕燕，尾涎涎，張公子，時相

　　室封。向來獨往地，惆悵閟仙蹤。

　　傳道朱明洞，堪留白石樵。鸞凰曾可禦，蛇虎為誰驕。細草香金澗，寒雲束鐵橋。梅花清夢斷，彼美罷相要。

　　勾漏來仙令，神靈得鮑姑。丹砂不死藥，竹葉辟兵符。白日飛蝙蝠，紅雲泣鷓鴣。何能振衣去，敢復計窮途。

　　過朱十夜話　番禺屈大均

　　黃木灣頭月，扶胥渡口舟。日方逾北至，火已漸西流。過雨收紅豆，連波狎白鷗。夫君若薋草，一見即忘憂。

　　按：四庫本《曝書亭集》無。

〔註348〕《題東溪公幽居》。

〔註349〕卷第十八《技藝》。

〔註350〕《漢書》卷五十四。按：《史記》卷一百九《李將軍列傳》：「嘗夜從一騎出，從人田間飲。還至霸陵亭，霸陵尉醉，呵止廣。廣騎曰：『故李將軍。』尉曰：『今將軍尚不得夜行，何乃故也！』」

〔註351〕《韋諷錄事宅觀曹將軍畫馬圖》。

〔註352〕《結客篇》。

見。』」〔註353〕流離自妙年。《詩》:「流離之子。」〔註354〕身孤百戰後,門掩萬山前。易下窮途淚,難耕負郭田。《史記‧蘇秦傳》:「且使我有雒陽負郭田二頃,吾豈能佩六國相印乎!」〔註355〕平陵松柏在,見卷一《平陵東》。餘恨滿南天。

按:孫鋐《皇清詩選》作吳兆騫贈張璥子詩。

贈高儼《續圖繪寶鑒》:「字望公,廣東人。詩文筆墨印於嶺南。」

高生老畫師,杜甫詩:「鄭公樗散鬢成絲,酒後常稱老畫師。」〔註356〕往往賦新詩。能事絲來重,狂歌和者誰。飲知犀首好,《史記‧陳軫傳》:「楚使陳軫過梁,見犀首。曰:『公何好飲也?』曰:『無事也。』」〔註357〕《犀首傳》:「犀首者,魏之陰晉人也,名衍,姓公孫氏。」〔註358〕司馬彪曰:「犀首,魏官名。」情識虎頭癡。《晉書‧顧愷之傳》:「字長康。義熙初,為散騎常侍。世傳有三絕:才絕、藝絕、癡絕。嘗為虎頭將軍,人號顧虎頭。」〔註359〕不向銅鞮去,李白《襄陽歌》:「落日欲沒峴山西,倒著接䍦花下迷。襄陽小兒齊拍手,攔街爭唱白銅鞮。」尋常倒接䍦。

哀莫處士以寅

濃花細雨落前簷,憶別江樓暮捲簾。今日天涯同調盡,白楊荒草哭陶潛。陶潛《輓歌》:「荒草何茫茫,白楊亦蕭蕭。」

食龍目

龍目原奇樹,《南方草木狀》:「龍眼樹如荔枝,但枝葉稍小。形圓如彈丸。核如木梡子而不堅。」嘉名自海區。何年賦旁挺,左思《蜀都賦》:「旁挺龍目,側生荔枝。」得與側生俱。黃擬支郎眼,《海錄碎事》:「魏高僧支謙博覽經籍,眼多白而睛黃,時人為之語曰:『支郎眼多黃,形軀雖細是知囊。』」圓分漢女珠。見卷一《閨

〔註353〕卷二十七中。
〔註354〕《邶風‧旄丘》。
〔註355〕卷六十九。
〔註356〕《送鄭十八虔貶台州司戶傷其臨老陷賊之故闕為面別情見於詩》。
〔註357〕附卷七十《張儀列傳》。
〔註358〕附卷七十《張儀列傳》。
〔註359〕《陳檢討四六》卷十二《顧元山印譜序》「染以胭脂,永志虎頭之傑作」注。
　　　　按:房玄齡《晉書》卷九十二《文苑列傳》:「顧愷之,字長康,晉陵無錫人也。……故俗傳愷之有三絕:才絕,畫絕,癡絕。」

情》。**幾人曾嗜此，昌歜未應殊。**《左傳》：「王使周公閱來聘，饗有昌歜，形鹽。」〔註360〕杜預曰：「昌歜，昌蒲葅。」《呂氏春秋》：「文王好昌歜葅，孔子聞之，蹙頞而食之三年，然後美之。」〔註361〕韓愈詩：「來尋吾何能，何殊嗜昌歜。」〔註362〕

送曹方伯還里按：倦圃先生時持大母喪歸里。

惆悵紅亭酒，岑參詩：「柳彈鶯嬌花欲殷，紅亭綠酒送君還。」〔註363〕**登艫奈別何。**鮑照詩：「登艫眺淮甸。」〔註364〕**秋風空日夜，岐路渺關河。重以歸與歎，**李頎詩：「客有歸與歎，淒其霜露濃。」〔註365〕**因之勞者歌。**謝混詩：「信此勞者歌。」〔註366〕李善《注》：「《韓詩序》：『《伐木》，廢朋友之道缺，勞者歌其事。詩人伐木，自苦其事，故以為文。』」孟浩然詩：「重以觀魚樂，因之鼓枻歌。」〔註367〕**還憑長短笛，**古歌詞：長笛短笛，常願陛下，保壽無極。〔註368〕《樂纂》：「歌聲濁者用長笛，清者用短笛。」〔註369〕**吹出感恩多。**《錦海珠鱗》：「唐樂有《感恩多》曲。李群玉詩：『唯有管絃知客意，分明唱出感恩多。』」

夜泊西南驛

生煙平楚夕，謝朓詩：「寒城一以眺，平楚正蒼然。」〔註370〕**隱隱見西南。獵火寒歸騎，津亭暗落帆。往來仍嶺外，憔悴即江潭。**見卷一《夏日閒居》。**縱有還家夢，**令狐楚《從軍辭》句。**愁多已不堪。**

三水道中按：明嘉靖五年，始析南海、高要二縣。地置以洭水、溘水、陶水三水合流而名。

浦樹高原盡，人家負郭稀。夕陽明斷塔，風色上征衣。老馬長途伏，

〔註360〕僖公三十年。

〔註361〕《孝行覽第二·遇合》。

〔註362〕《送無本師歸范陽》。

〔註363〕《暮春虢州東亭送李司馬歸扶風別廬》。

〔註364〕《上潯陽還都道中作詩》。

〔註365〕《望秦川》。

〔註366〕《遊西池詩》。

〔註367〕《尋梅道士》。

〔註368〕《事類賦》卷十一。

〔註369〕《太平御覽》卷五百八十《樂部十八》。按：《晉書》卷一十六《律曆志上》：「歌聲濁者用長笛長律，歌聲清者用短笛短律。」

〔註370〕《宣城郡內登望詩》。

杜甫詩：「古來存老馬，不必取長途。」〔註371〕**飢鷹側翅飛**。杜甫詩：「飢鷹未飽肉，側翅隨人飛。」〔註372〕**寒江日西下，不送北船歸。**

崧臺晚眺《廣東通志》：「崧臺在高要縣外六里，廣六十餘丈，高二百餘仞，為上帝觴百神之所。古名岡臺，唐天寶中改名。」

　　傑閣臨江試獨過，貢師泰《題滕王閣圖》：「雄城控華甸，傑閣臨芳洲。」**側身天地一悲歌。蒼梧風起愁雲暮**，顧微《南海經》：「蒼梧山左右出風，故號風門。」**高峽晴開落照多**。見上《羚羊峽》。**綠草炎洲巢翠羽**，《十洲記》：「炎洲在南海中。」陳子昂詩：「巢翠巢南海，雄雌珠樹林。殺身炎州里，委羽玉堂陰。」〔註373〕**金鞭沙市走明駝**。《酉陽雜俎》：「明駝千里腳，謂駝臥腹不帖地，屈足漏明，故曰明駝。」**平蠻更憶當年事，諸將誰同馬伏波**。《後漢‧馬援傳》：「十七年，拜伏波將軍。又二十四年，武威將軍劉尚擊武陵五溪蠻夷，深入，軍沒，援因復請行。時年六十二。〔註374〕帝遂遣征。」

七星巖水月宮《水經注》：「七星岩，在肇慶府城北。曲折森列，如北斗狀。中一峰，洞壑開廣，可容數百人。奇石穹窿，清泉映帶，真勝境也。」《高要舊志》：「七星岩，在瀝湖中，一曰岡台山，一曰圓屋。二十餘里，若貫珠引繩，璇璣迴轉。」王士禎〔註375〕《北歸志》：「水月宮在寶陀岩下，中奉摩利支天象。」

　　晨策遵北渚，初暾麗陽崖。顏混詩：「新興麗初暾。」〔註376〕謝靈運詩：「朝旦發陽崖。」〔註377〕**淒清曾飆發，鬱述素雲靆**。曹植詩：「慶雲從北來，鬱述西南征。」〔註378〕**橫術越故蹊**，《廣韻》：「術，道也。」《漢書‧燕刺王傳》：「橫術何廣廣兮。」〔註379〕謝靈運詩：「來人忘新術，去子感故蹊。」〔註380〕**交林**

〔註371〕《江漢》。
〔註372〕《送高三十五書記》。
〔註373〕《感遇詩三十八首》其二十三。
〔註374〕此處引文有刪節，致「遂」字語義不相銜接。《後漢書》卷五十四《馬援列傳》：時年六十二，帝愍其老，未許之。援自請曰：「臣尚能被甲上馬。」帝令試之。援據鞍顧眄，以示可用。帝笑曰：「矍鑠哉是翁也！」遂遣援率中郎將馬武、耿舒、劉匡、孫永等，將十二郡募士及弛刑四萬餘人征五溪。
〔註375〕「禎」，底本、石印本作「正」。
〔註376〕《登峴山觀李左相石尊聯句》。
〔註377〕《於南山往北山經湖中瞻眺詩》。
〔註378〕《喜雨詩》。
〔註379〕卷六十三《武五子傳》。
〔註380〕《登石門最高頂詩》。

冠高齋。蒼煙秀松果，韓愈詩：「松果連南亭。」〔註381〕白石崇基階。謝惠連詩：「積石擁基階。」〔註382〕以茲清曠地，結念澄中懷。瑤琴雖無音，山水調長諧。何必答歡歌，魚鳥即朋儕。懷新意猶眷，撫往跡誠乖。即事非浮歡，謝靈運詩：「浮歡昧眼前。」〔註383〕真樂亮難偕。

入景福洞登璇璣臺《北歸志》：「七星岩各自離立。出北郭，行七八里，至石室岩，漸入穹窿，如十間屋，天光穿漏，石級斜上，曰璇璣臺。石壁上多唐、宋人題字，半不可辨。惟東壁『景福』二大字，李北海書。洞門之右，又有北海《石室記》。」

　　紺宇陟既窮，靈域探未竭。援蘿巡傾崖，謝靈運詩：「援蘿聆〔註384〕青崖。」窺巖辨修碣。滅跡超重深，張載詩：「願因流波超重深。」〔註385〕拂衣避硨砆。入窞驚坎窞，《易》：「習坎，入於坎窞，凶。」〔註386〕出泉自蒙發。《易》：「山下出泉，蒙。」又：「發蒙。」〔註387〕泄雲晴未歸，石火寒不伐。《拾遺記》：「羽山之山有文石生火，煙色以隨四時而見，名為淨火。」吹萬聆天風，《莊子》：「『敢問天籟。』子綦曰：『夫吹萬不同，而使其自己也。』」〔註388〕明兩見日月。《易》：「日月麗乎天。象曰：明兩作離。」〔註389〕芳塵凝花堂，謝靈運詩：「芳塵凝瑤席。」〔註390〕象緯逼金闕。杜甫詩：「天闕象緯逼。」〔註391〕陰澗待息心，陽阿足晞髮。見卷一《夏日閒居》。歲晏當來遊，毋令蕙草歇。《爾雅翼》：「一幹一花而香有餘者，蘭。一幹數花而香不足者，蕙。」耿湋詩：「蕙草芳菲歇。」〔註392〕

由香關至玉虛觀遂轉登絕頂杭董浦世駿曰：「香關當是霄關。」

　　山行不辭勞，況非道路長。石門敧層阿，沙草敷陽岡。仄徑既窈窕，

〔註381〕《示兒》。
〔註382〕按：江浩然注作「謝靈運詩」。出謝靈運《登石門最高頂詩》，原作「積石擁階基」。
〔註383〕《石壁立招提精舍詩》。
〔註384〕「聆」，謝靈運《過白岸亭詩》作「臨」。
〔註385〕《擬四愁詩四首》其四。
〔註386〕《坎》初六。
〔註387〕《蒙·象》、初六。
〔註388〕《齊物論》。
〔註389〕《離》。
〔註390〕《石門新營所住四面高山回溪石瀨茂林修竹詩》。
〔註391〕《遊龍門奉先寺》。
〔註392〕《晚夏即事臨南居》。

連峰覆青蒼。登高睞千里，矯首凌八荒。飛鳥遺之音，《易》。〔註393〕埃
風吹我裳。覽彼終南詩，有紀亦有堂。《詩》：「終南何有？有紀有堂。」〔註394〕
亭亭翠旗列，宛宛朱鳳翔。忘憂豈在遍，為樂誠多方。何當啟閶闔，見
卷一《董逃行》。高舉朝紫皇〔註395〕。

下扶嘯臺陟閶風崖自蓬壺徑汎舟入鍾鼓洞《高要舊志》：「七星岩東峰名玉
屏者，以磴道勝。初折而上，一石半嵌山腰，大丈餘，甚平，為扶嘯臺。」

　　高寒肆冥搜，幽異愜心賞。窮梯背樵蘇，密徑面篠蕩。睇後路既回，
瞻前渚彌枉。謝靈運詩：「彌棹薄枉渚。」〔註396〕緬辭蘇門嘯，《晉書·阮籍傳》：
「嘗於蘇門山遇孫登，與商略今古及棲神導氣之術，皆不應，籍因長嘯而退。至半嶺，
聞有聲若鸞凰〔註397〕之應，響動岩谷，乃登之嘯也。」〔註398〕重作剡溪訪。《輿
地志》：「剡溪在嵊縣。王徽之雪夜因此訪戴逵。」〔註399〕泉石匪自今，亭臺已
成曩。其鏜異短聞，音問。《詩》：「擊鼓其鏜。」〔註400〕《考工記》：「鼓大而短，
則其聲疾而短聞。」無射中奇響。《左傳》：「景王將鑄無射，泠州鳩曰：『王其以心
疾死乎！』」〔註401〕《七星岩記》：「中多石乳，其乳幹者膏膩，嚼之，淅淅有聲。其

〔註393〕《小過》象辭。
〔註394〕《秦風·終南》。
〔註395〕「皇」，石印本誤作「星」。
〔註396〕《九日從宋公戲馬臺集送孔令詩》。
〔註397〕「凰」，《晉書》卷四十九作「鳳」。
〔註398〕按：《世說新語·棲逸》：
　　　　阮步兵嘯，聞數百步。蘇門山中，忽有真人，樵伐者咸共傳說。阮籍往觀，
　　　　見其人擁膝巖側。籍登嶺就之，箕踞相對。籍商略終古，上陳黃、農玄寂之道，
　　　　下考三代盛德之美，以問之，仡然不應。復敘有為之教，棲神導氣之術以觀
　　　　之，彼猶如前，凝矚不轉。籍因對之長嘯。良久，乃笑曰：「可更作。」籍復
　　　　嘯。意盡，退，還半嶺許，聞上嗷然有聲，如數部鼓吹，林谷傳響。顧看，
　　　　乃向人嘯也。
　　　　《三國志》卷二十一《魏書·阮籍傳》，裴松之《注》引《魏氏春秋》：
　　　　籍少時嘗遊蘇門山，蘇門山有隱者，莫知名姓，有竹實數斛、白杵而已。籍從
　　　　之，與談太古無為之道，及論五帝三王之義，蘇門生蕭然曾不經聽。籍乃對之
　　　　長嘯，清韻響亮，蘇門生逌爾而笑。籍既降，蘇門生亦嘯，若鸞鳳之音焉。
〔註399〕按：《世說新語·任誕》：「王子猷居山陰，夜大雪，眠覺，開室，命酌酒。四
　　　　望皎然，因起仿偟，詠左思《招隱詩》。忽憶戴安道，時戴在剡，即便夜乘小
　　　　船就之。經宿方至，造門不前而返。人問其故，王曰：『吾本乘興而行，興盡
　　　　而返，何必見戴？』」
〔註400〕《邶風·擊鼓》。
〔註401〕昭公二十一年。

薄而成片者，聲皆清越，中訇竅穴，以衣覆而叩之，作鼓聲，杖擊則作鐘聲。」偉茲造化功，流形信无妄。津逮興故超，神淵道斯廣。懷哉謝人寰，歸與授吾黨。

阻風珠江口漫成十韻

疾風江上起，舟楫盡停橈。靜聽千林折，驚傳百丈喠。見卷一《捉人行》。飛鳴連雁落，高下斷蓬飄。急鼓峒人伐，《峒谿纖志》：「銅鼓多馬伏波及武侯所製，故稱曰諸葛鼓。大苗峒方能有之。」殘虹颶母驕。《國史補》：「南海人言海風四面而至，本名曰颶風。颶風將至，則多虹霓，名颶母。」土囊愁岌嶪，〔註402〕宋玉《風賦》：「夫風生於地，起於青蘋之末，侵淫谿谷，盛怒於土囊之口。」板屋歎漂搖。《詩》：「在其板屋。」〔註403〕又：「風雨所漂搖。」〔註404〕望入孤城近，真成一水遙。空倉寒聚雀，蘇伯玉妻《盤中詩》：「空倉雀，常苦饑。」深樹晝聞鴉。長短誰家笛，見前《送曹方伯》。東西背郭樵。卓文君《白頭吟》：「郭東亦有樵，郭西亦有樵。兩樵相推與，無親為誰驕。」驅馳嗟異域，搖落感今朝。惆悵王孫路，懷歸不自聊。《楚辭》：「歲暮兮不自聊。」〔註405〕

送嚴煒之惠陽

相期且樂酒，相見輒悲歌。相送有如此，相思知若何。晴川疏樹遠，落日亂山多。別後豐湖月，《一統志》：「豐湖在惠州府城西，廣袤一十里，中有漱玉灘、點翠洲、明月灣、花島、披雲島、歸霞洞在焉。」聞鐘應獨過。

按：孫鋐《皇清詩選》作吳兆騫《送嚴伯玉》詩，評曰：「『落日』句非精於詩者不能道。」

鬱洲寒望

一丘回枉渚，獨往失斜曛。到地無南雪，杜甫詩：「南雪不到地，青崖沾未消。」〔註406〕連天有朔雲。貪泉懷刺史，《晉書·吳隱之傳》：「廣州包帶山海，珍異所出，一篋之寶，可資數世。故前後刺史皆多黷貪。朝廷欲革嶺南之弊，以

〔註402〕國圖藏本眉批：杜甫詩：「岌嶪土囊口。」
〔註403〕《秦風·小戎》。
〔註404〕《豳風·鴟鴞》。
〔註405〕《招隱士》。
〔註406〕《又雪》。

隱之為刺史。未至州二十里，地名石門，有貪泉。因賦詩曰：『古人云此水，一歃懷千金。試使夷齊飲，終當不易心。』」〔註407〕**蠻語問參軍**。《世說》：「郝隆為桓公南蠻參軍，作詩云：『娵隅躍清池。』蠻名魚為娵隅。公問：『何以作蠻語？』隆曰：『千里投公，始得蠻府參軍，那得不作蠻語？』」〔註408〕**漸聽寒潮落，昏鐘隔浦聞。**

曝書亭集詩注卷二　　　　　　　　　　　　　　　　　　　　男　蟠　校

〔註407〕卷九十《良吏列傳》。
〔註408〕《排調第二十五》。

曝書亭集詩注卷三

嘉興　楊謙　纂

海鹽　朱琰　參

著雍閹茂戊戌

將歸留別粵中知己

請君膝上琴，彈我遊子吟。張籍詩：「請君膝上琴，彈我白頭吟。」〔註1〕蘇武詩：「請為遊子吟，泠泠一何悲！」〔註2〕哀絃激危柱，離思難為音。賓御皆煩紆，何況居者心。于役既有年，歸哉方自今。不辭路悠長，眷此朋盍簪。《易》：「朋盍簪。」〔註3〕山川一以隔，邈若商與參。見卷二《首春端州》。行邁日靡靡，《詩》：「行邁靡靡。」〔註4〕憂心亦欽欽。《詩》：「憂心欽欽。」〔註5〕汎舟滄浪天，驅車過雲岑。中誠何用寫，執手情靡任。

峽山飛來寺

《廣輿記》：「峽山在清遠縣，一名中宿峽，崇山峻立，中貫江流。舊傳黃帝二少子隱此，因號二禺山。梁時，峽有二神人化為方士，往舒州延祚寺，夜叩真俊禪師曰：『峽據清遠上游，欲建一道場，足標勝槩。師許之乎？』俊諾。中夜風雨大作，遲明啟戶，佛殿寶像已神運至此山矣。師乃安坐，語偈曰：『此殿飛來，何不回去？』忽聞空中語曰：『動不如靜。』賜額飛來寺。」

花宮蕭瑟暮雲間，《白帖》：「佛寺曰蓮界花宮。」絕磴藤蘿迥莫攀。一自

〔註1〕《白頭吟》。

〔註2〕舊題李陵錄《別詩二十一首》其六（黃鵠一遠別）。

〔註3〕《豫》九四。

〔註4〕《王風·黍離》。

〔註5〕《秦風·晨風》。

高風留帝子，《山海經》：「黃帝生禺虢，禺虢生禺京，處南海。一曰二禺山。或云黃帝二庶子善音律，南採崑崙竹，製黃鐘宮，遂隱此山。」至今修竹滿空山。澄潭犀去沉金鏁，《一統志》：「金鏁潭在廣州府清遠縣東三十里。相傳秦時崑崙貢犀牛，帶金鏁，走入潭中。晉時有羅公者，釣潭中，收綸得金索，曳之，有犀牛出，掣斷其索，得尺許。」古洞猿歸帶玉環。顧夐《袁氏傳》：「孫恪納袁氏為室，後挈家至南康。過峽山寺，袁持一玉環獻，化為白猿奔去。僧方悟此猿是沙彌時所養。高力士以束帛易之，擾於上陽宮。玉環，胡人所施，隨猿臂而往。」此夕登艫渾不寐，更教沿月弄潺湲。謝靈運詩：「乘月弄潺湲。」〔註6〕

凌江道中《一統志》：「在南雄府城西，源出百順都丈山，下流合昌水，至城西合湞水。宋天禧中，保昌令凌皓建陂其間，故名。」

遠客千行淚，韓愈詩：「休垂越徼千行淚，共汎清湘一葉舟。」〔註7〕離程一葉舟。《軒後紀》：「見浮葉，乃為舟。」黃閔《五陵沅記》：「五陵鼎口望沅川中舟，如樹一葉。」生憎江上水，不肯向東流。

楊歷巖觀瀑布水《方輿勝覽》：「楊歷巖距南雄州城西北二十里，山巔方廣百餘丈，飛泉瀉空，有龍祠，祈禱輒應。」先生《楊歷岩題名》：「順治戊戌，予歸自南海，將踰嶺。太守平湖陸兄世楷咸一留予廨北西爽亭，積雨翻盆，三旬不止。五月朒曉，起覩日出，迺聯騎入山，循梯磴入祠，憑闌眺聽。」〔註8〕

瞻塗越修畛，謝靈運詩：「含酸赴修畛〔註9〕。」遵渚拂芸苔。《詩》：「苕之華，芸其黃矣。」〔註10〕駕言陶嘉月，《楚辭》：「陶嘉月兮總駕。」〔註11〕採隱滌氛曀。王季友詩：「采山仍採隱，在山不在深。」〔註12〕捨車循曲汜，捫葛升陵喬。柔荑挺英蕊，劉琨詩：「英蕊夏落。」〔註13〕灌木蔚豐條。仰沾潺湲沫，俯聆載道飆。潘岳詩：「瞥若截道飆。」〔註14〕逝者如斯夫，洊至非崇朝。《易》：

〔註 6〕《入華子岡是麻源第三谷詩》。
〔註 7〕《湘中酬張十一功曹》。
〔註 8〕《曝書亭集》卷六十八。
〔註 9〕「畛」，謝靈運《登臨海嶠初發彊中作與從弟惠連可見羊何共和之詩》其一作「軫」。
〔註10〕《小雅·苕之華》。
〔註11〕王褒《九懷·危俊》。
〔註12〕《雜詩》。
〔註13〕《答盧諶詩》。
〔註14〕《河陽縣作詩二首》其一。

「水洊至，習坎。」〔註15〕**靜觀群化遷，始悟萬象超。一鼓丘中琴，清響流山椒。鳴鳥聲相求，潛虬德彌劭。**謝靈運詩：「潛虬媚幽姿。」〔註16〕《法言》：「年彌高而德彌劭者，是孔子之徒與？」〔註17〕**願言縶白駒，於焉久逍遙。**《詩》：「皎皎白駒，食我場苗。縶之維之，以永今朝。所謂伊人，於焉逍遙。」〔註18〕

雄州歌四首

《明史稿》：「南雄府，漢桂陽郡地。唐韶州地。五代南漢分置雄州。宋南雄州。元南雄路。」

雄州滿目瘴雲霾，風物當年亦可懷。大庾梅花連小庾，《明史稿》：「唐析始興縣地，置湞昌縣。宋曰保昌。大庾嶺在其北，下有梅關。又縣東有小庾嶺。」**正階流水入斜階。**《一統志》：「斜階水在南雄府始興縣南一百三十里，源出韶州丹桂嶺，流至縣西，與湞水合。」《名勝志》：「孫吳甘露元年，析始興郡地，置斜階縣。齊改正階，梁復舊郡之名。」

綠榕萬樹鷓鴣天，〔註19〕鄭嵎詩：「家在鷓鴣天。」〔註20〕**水市山橋阿那邊。**馬臻詩：「記得西峰阿那邊，亂雲遮斷無尋處。」〔註21〕**蜑雨蠻煙空日夜，**《嶺南物異志》：「蠻煙蜑雨，無別晨昏。」**南來車馬北來船。**

湞江西下墨江流，〔註22〕《一統志》：「墨江在始興縣西一十五里，源出韶州府翁源縣界，下流與湞水合。」**來雁孤亭春復秋。**《西峰字說》：「來雁亭在庾嶺北。」**十部梨園歌吹盡，行人虛說小揚州。**

山頭風急雨淒淒，篁竹荒茅一望迷。韓愈《送區冊序》：「夾江荒茅篁竹之間，小吏十餘家。」**縱有歸人歸未得，虛**〔註23〕**勞夜夜子規啼。**《函史物性志》：「怨鳥曰子規，一名秭歸。春分乃鳴，夜啼達旦。其吻有血，漬草木不上。啼苦則倒懸於樹，自呼謝豹，故名怨鳥。零陵地曰周韓。其音似不如歸去。」

〔註15〕《坎·象》。
〔註16〕《登池上樓詩》。
〔註17〕《孝至篇》。
〔註18〕《小雅·白駒》。
〔註19〕國圖藏本眉批：嵇含《草木狀》：「榕樹，南海、桂林多有之，葉如木麻，實如冬青，其陰千里。」
〔註20〕殘句「春遊雖鹿塞，家在鷓鴣天」，見《藝林伐山》卷十八。
〔註21〕《畫意四首》其三。
〔註22〕國圖藏本眉批：《一統志》：「湞江在韶州府北。湞水由湞山所出。」
〔註23〕「虛」，石印本同，《曝書亭集》作「空」。

席上留別陸兄世楷

但秉中宵燭，重為旅客吟。驪駒即長道，絲竹本哀音。《禮》〔註24〕：「絲聲哀，哀以立廉。」又：「竹聲濫，濫以立會。」越嶠停雲遠，蘇軾《送葉朝奉》詩：「夢裏吳山連越嶠。」注：「沈懷遠《南越志》：『五嶺為限，』東曰大庾，次騎田，次都龐，次燹萌渚，次越嶠。」秦關落日陰。《一統志》：「秦關在南雄府城東北四十里。《南康記》：『大庾嶺橫浦有秦時關，先為懷化驛。』」無勞岐路別，酒坐已霑襟。《晉書·陶潛傳》：「鄉親張野等或有酒要之，或共至酒坐，雖不識主人，亦欣然無忤。」〔註25〕

庾嶺三首

不隨野雀棲，《樂府》：「饑不從猛虎食，暮不從野雀棲。」〔註26〕不挹斜階流。《南史·范雲傳》：「為始興守，至修仁水，酌而飲之，賦詩曰：『三楓何習習，五渡何悠悠。且飲修仁水，不挹斜階流。』」〔註27〕顧茲非我鄉，胡然久滯留。魏文帝詩：「吳會非我鄉，安得久滯留〔註28〕。」侵星陟長皋，亭午次崇丘。丸丸青松偃，《詩》：「松柏丸丸。」〔註29〕鬱鬱玄雲浮。有潒自東來，畢景忽西遒。鮑照詩：「畢景逐前儔。」〔註30〕征夫念獨宿，徒御方相尤。

相尤夫何為，獨宿在車下。《詩》：「敦彼獨宿，亦在車下。」〔註31〕往矣歲聿除，《詩》：「昔我往矣，日月方除。曷云其還，歲聿云莫。」〔註32〕來思月惟夏。《詩》：「四月惟夏。」〔註33〕大儀互迴遊，張華詩：「大儀斡運，天迴地遊。」〔註34〕芳華兩徂謝。迴車感長途，如歲匪遙夜。謝靈運詩：「孟夏非長夜，晦明如歲隔。」〔註35〕我馬既已瘏，《詩》：「我馬瘏矣。」〔註36〕征夫本靡暇。

〔註24〕《禮記·樂記》。
〔註25〕卷九十四《隱逸列傳》。
〔註26〕《猛虎行》。
〔註27〕按：非出《南史》，出《元和郡縣志》卷三十五，後《太平寰宇記》、卷一百六十《方輿勝覽》卷三十五等引之。
〔註28〕「滯留」，《雜詩二首》其二作「留滯」。
〔註29〕《商頌·殷武》。
〔註30〕《上潯陽還都道中作詩》。
〔註31〕《豳風·東山》。
〔註32〕《小雅·小明》。
〔註33〕《小雅·四月》。
〔註34〕《勵志詩》。
〔註35〕《南樓中望所遲客詩》。
〔註36〕《周南·卷耳》。

曰旦候雞鳴，《詩》：「女曰雞鳴，士曰昧旦。」〔註37〕嚴程起夙駕。

　　夙駕踰秦嶺，連岡勢逶迤。一為愁霖唱，謝瞻詩：「忽獲愁霖唱。」〔註38〕
慨彼東山詩。《詩》：「我徂東山，慆慆不歸。我來自東，零雨其濛。」〔註39〕沾我
征衣裳，素絲以為緇。陸機詩：「京洛多風塵，素衣化為緇。」〔註40〕不愁裳衣
濕，所嗟徒御飢。薄寒忽中人，《楚辭》：「憯悽增欷兮，薄寒之中人。」〔註41〕
不異三秋期。言旋雖云樂，李白《蜀道難》：「錦城雖云樂，不如早還家。」翻使
我心悲。

謁張曲江祠　見卷二《度大庾嶺》

　　峻阪盤神樹，陰崖鑿鬼工。沈佺期詩：「陰崖若鬼工〔註42〕。」芳塵羽扇
冷，《唐書·張九齡傳》：「帝將以牛仙客為尚書。九齡曰：『不可。』林甫進曰：『仙
客，宰相才也。』帝由是決用仙客。既戾帝旨，內恐懼。因帝賜白羽扇，乃獻賦自況。」
〔註43〕春燕玉堂空。孟棨《本事詩》：「張曲江與李林甫同列。度其巧譎，慮終不
免。為海燕詩以致意：『海燕何微眇，乘春亦暫來。豈知泥滓賤，只見玉堂開』云云。」
〔註44〕不覩關門險，見卷二《度大庾嶺》。誰開造化功。經過遺像肅，唐庚
《張曲江鐵像》詩注：「像在韶州。韶人相傳明皇悔時所鑄云。」千載嶺雲東。

晚過東山寺　《江西通志》：「南昌府有東山寺。」

　　飛閣流丹蝕，層巒積翠多。王勃《滕王閣詩序》：「層巒聳翠，上出重霄；飛
閣流丹，下臨無地。」松間明月在，惆悵下山歌。宋之問《下山歌》：「松間明月
長如此，君再遊兮復何時。」

題南昌鐵柱觀　都穆《譚纂》：「南昌鐵柱宮，晉許真君鎮蛟之所。鐵柱在水中，逕
尺餘，水退可見。」《一統志》：「鐵柱宮在江西南昌府城內市中。」〔註45〕

〔註37〕《鄭風·女曰雞鳴》。
〔註38〕《答康樂秋霽詩》。
〔註39〕《豳風·東山》。
〔註40〕《為顧彥先贈婦詩二首》其一。
〔註41〕《九辯》。
〔註42〕「工」，沈佺期《巫山高》作「神」。
〔註43〕《新唐書》卷一百二十六。
〔註44〕《怨憤第四》。
〔註45〕國圖藏本浮籤：宮前有井水黑色，其深莫測，與江水相消長，鐵柱立其中。

丹甍縹緲麗層城，鐵柱縱橫鍊紫清。陰洞蛟龍晴有氣，虛堂神鬼晝無聲。遊人自愛登高賦，仙吏仍兼濟物情。〔註46〕雷雨忽愁天外至，江湖元在地中行。

登滕王閣〔註47〕

峻閣峙洪都，凌虛落照孤。縈迴窮島嶼，王勃《滕王閣詩序》：「鶴汀鳧渚，窮島嶼之縈迴。」波浪接荊吳。舊地君王賞，分封禮數殊。見卷二《南安客舍》。霓旌千騎入，杜甫《滕王亭子》詩：「尚思歌吹入，千騎把霓旌。」玉佩幾行趨。水汎魚龍宅，花濃蛺蝶圖。《圖畫見聞志》：「唐滕王元嬰，高祖第二十二子也。善畫蟬、雀、花卉，而史傳不載。惟張彥遠《歷代名畫記》中書之。及覩王建《宮詞》，云：『內中數日無宣喚，傳得滕王蛺蝶圖』，乃知其善畫也。」〔註48〕星霜歌舞換，俯仰物華徂。跡以三王重，《輿地紀勝》：「王勃為《滕王閣記》，王緒為賦。貞元元年，王仲舒為連州司戶，為修閣記。昌黎《新修閣記》：『竊喜載名其上，詞列三王之次，有榮耀焉。』」名將百代俱。雄文思往事，高興亦吾徒。闌檻看如昨，登臨信可娛。韓愈《新修滕王閣記》：「愈少時則聞江南多登臨之美，而滕王閣為第一。」西山開積雨，南浦散平蕪。王勃《滕王閣》詩：「畫棟朝飛南浦雲，珠簾暮卷西山雨。」杜甫詩：「懷古視平蕪。」作賦秦公子，《荊州記》：「富陽縣城樓，王仲宣登之而作賦。」秦公子，見卷一《哭王翃》。行吟楚大夫。見卷一《夏日閒居》。杜甫《地隅》：「喪亂秦公子，悲涼楚大夫。」由來憑眺地，襟帶有江湖。《滕王閣詩序》：「襟三江而帶五湖。」

阻風吳城《江西通志》：「吳城山在南昌府城東北一百八十里，臨大江。」

客路愁何極，清樽幸未空。杜甫詩：「清樽幸不空。」〔註49〕匡廬長在望，不厭石尤風。〔註50〕司空曙詩：「無將故人酒，不及石尤風。」〔註51〕《江湖紀

〔註46〕國圖藏本眉批：《列仙傳》：「許遜，字敬之。晉初為旌陽令。後仙去。宋封真君。」
〔註47〕國圖藏本浮簽：《一統志》：「閣在南昌府城外，西臨大江。唐高宗子元嬰都督洪州時建。閣成，命至，封滕王，因名其閣。」
〔註48〕卷五《滕王》。
　　　另，國圖藏本眉批：《唐書》：「滕王元嬰善畫蛺蝶，其圖有江夏斑、大海眼、小海眼、村裏來、菜花子諸品。」
〔註49〕《嚴公廳宴同詠蜀道畫圖得空字》。
〔註50〕國圖藏本眉批：《樂府・丁督護歌》：「願作石尤風，四面斷行旅。」
〔註51〕《留盧秦卿》。

閨》：「石氏女嫁為尤郎婦，情好甚篤。尤為商遠行，石憶之成病。臨亡，歎曰：『吾恨不能阻其行，以至此。死後當作大風，為天下婦人阻之。』自後，商旅發船值逆風，則曰此石尤風也。遂止不行。」

舟次彭澤悼萬孝廉泰《靜志居詩話》：「孝廉鈞黨顧廚，士林圭臬。兵後以經史分授諸子，各名一家。其最著者，斯大充宗、斯同季野也。詩多清商變徵之音。《羊城旅懷》等作，見者十手傳鈔。其云：『廣柳車中容季布，湘江澤畔問巫陽。』舟經彭澤，竟客死舟中。識者以為讖云。」

涕淚千秋在，田園萬事非。悲風彭澤柳，《晉書》：「陶淵明為彭澤令，門種五柳。」〔註52〕《一統志》：「九江府有楊葉洲，半屬彭澤縣，以東屬池州界。洲上多楊柳。」宿草首陽薇。《史記·伯夷傳》：「隱於首陽山，采薇而食之。」〔註53〕但有青蠅弔，《虞翻別傳》：「翻自恨疏節，骨體不媚，上獲罪，當長沒海隅，生無可與語，死以青蠅為弔客，使天下一人知己者，足以不恨。」〔註54〕虛傳白鶴歸。見卷二《登衣雲閣》。秣陵書不遠，何處覿音徽。劉峻《重答劉秣陵沼書》：「余悲其音徽未沬，而其人已亡。」

秋浦《寰宇記》：「貴池縣本漢石城。隋開皇十九年，分南陵縣，置秋浦縣。蓋以秋浦之水為名。」

秋浦沙寒鷺浴，敬亭山暝雲流。《輿地紀勝》：「敬亭山，《元和郡縣志》：『在宣城縣北十里。』李白詩：『相看兩不厭，只有敬亭山。』《圖經》又云：『即謝朓賦詩之所。』」何處吹來片雨，回風正濕鄰舟。

烏江謁西楚霸王廟《一統志》：「烏江浦在江南和州城北故烏江縣東四里。西楚霸王廟在和州城東北四十里。」先生《烏江謁項王祠題名》：「順治十五年夏，歸自嶺表。泊舟烏江口，訊之土人項王祠所在，答云三里而近。遂與同舟魏子登岸，半塗潦水限之，因褰裳竝涉。遙睇平岡灌木，知是王祠入門，則殿已被焚，徙神像栗主於廡下。王之塑像東向，面深赤。范增、龍且左右夾侍，且亦面深赤。拜訖，過亭基，瞻王石刻遺像，圓袍短幘，廣頟豐頤，宋人所摹勒也。」〔註55〕

山前松柏憤王宮，《梁書·蕭琛傳》：「遷吳興太守。郡有項羽廟，土人名為憤

〔註52〕卷九十四《隱逸列傳·陶潛》。
〔註53〕卷六十一。
〔註54〕《三國志》卷五十七《虞翻傳》裴松之《注》。
〔註55〕《曝書亭集》卷六十八。

－159－

王，甚有靈驗。」〔註56〕**遺恨當年尚不窮。忽見諸軍盡垓下，**《史記‧項羽紀》〔註57〕：「項王軍壁垓下，兵少食盡，漢軍及諸侯軍圍之數重。夜聞漢軍四面皆楚歌，項王乃大驚曰：『漢皆已得楚乎？是何楚人之多也！』項王則夜起，飲帳中。有美人名虞，常幸從；駿馬名騅，常騎之。於是悲歌忼慨，自為詩云：『力拔山兮氣蓋世，時不利兮騅不逝。騅不逝兮可奈何，虞兮虞兮奈若何！』」又：「於是項王乃欲東渡烏江。烏江〔註58〕亭長檥船待，謂項王曰：『江東雖小，地方千里，眾數十萬人，亦足王也。願大王急渡。今獨臣有船，漢軍至，無以渡。』項王笑曰：『天之亡我，我何渡為！且籍與江東子弟八千人渡江而西，今無一人還，縱江東父兄憐而王我，我何面目見之？』」**愁聽父老說江東。美人罷舞餘春草，**《益州草木記》：「雅州出虞美人草。有為虞美人曲，則應拍而舞。他曲則否。」**駿馬悲鳴自朔風。萬歲來遊還此地，千秋霸業有誰同。**

還家即事四首

回首辭江海，驚心念物華。漸看鄉樹近，彌覺旅程賒。避地虛留井，《襄陽耆舊傳》：「王粲與繁欽並鄰同井，粲以西京擾亂，乃之荊州依劉表。其墓及井見在。」**無田學種瓜。**《史記‧蕭相國世家》：「召平者，故秦東陵侯。秦破，為布衣。貧，種瓜於長安城東。瓜美，故世俗謂之『東陵瓜』。」〔註59〕**重為廡下客，**《後漢‧梁鴻傳》：「至吳，依皋伯通，居廡下，為人賃舂。妻具食，舉案齊眉。伯通異之，曰：『彼傭能使其妻敬之如此，非凡人也。』乃舍之於家。」〔註60〕**慙媿說還家。**

遠客朱顏改，高堂白髮新。長貧謀半菽，《漢書》：「項羽曰：『歲饑人貧，卒食半菽。』」〔註61〕**幾日且兼珍。**《後漢‧仲長統傳》：「養親有兼珍之膳。」〔註62〕**遂有耕田計，無勞陟岵頻。**《詩》：「陟彼岵兮，瞻望母兮。」〔註63〕**南陔蘭可採，眷戀及良辰。**束晳《補亡》：「循彼南陔，言採其蘭。眷戀庭闈，心不遑安。」

〔註56〕卷二十六。又見《南史》卷十八《蕭琛傳》。
〔註57〕卷七。
〔註58〕下一「烏江」，石印本無。
〔註59〕卷五十四。
〔註60〕卷一百十三《逸民列傳》。
〔註61〕卷三十一《項籍列傳》。
〔註62〕卷七十九。
〔註63〕《魏風‧陟岵》。

卜築仍無地，來歸轉自憐。杜甫詩：「歸來始自憐。」〔註64〕癡兒猶昨日，病婦已連年。《樂府・病婦行〔註65〕》：「婦病連年累歲，傳呼丈人前。」扇有蒲葵攬，《晉書・謝安傳》：「鄉人有罷中宿縣者，還詣安。安問其歸資，答曰：『有蒲葵扇五萬。』安乃取其中者捉之，京師士庶競市，價增數倍。」〔註66〕《嶺南雜記》：「葵扇出東莞。其販於江浙者，特其麁者耳。」牀移莞蒻眠。張衡《同聲歌》：「思為莞蒻席，在下蔽匡床。」《嶺南雜記》：「蒲席出端州者，細滑勝於他處，名賽龍鬚。」濁醪供取醉，不向酒壚前。

至此猶餘悸，《漢書・田延年傳》：「霍光舉手撫心曰：『使我至今病悸。』」〔註67〕於焉暫息機。不辭新蠟屐，《晉書・阮孚傳》：「或有詣阮，正見自蠟屐，因歎曰：『未知一生當著幾兩屐！』」〔註68〕重理舊鶉衣。《孫卿子》：「子夏家貧，衣若懸鶉。」〔註69〕鬼笑劉龍拙，《南史・劉粹傳》：「有劉伯龍者，少而貧薄。及長，歷位尚書左丞、少府、武陵太守，貧窶尤甚。常在家慨然，召左右將營十一之方，忽見一鬼在傍撫掌大笑。伯龍歎曰：『貧窮固有命，乃復為鬼所笑也。』遂止。」〔註70〕車看袁紹非。〔註71〕《後漢・許劭傳》：「同郡袁紹，公族豪俠。去濮陽令歸，車徒甚盛。將入郡界，乃謝遣賓客，曰：『吾輿服豈可使許子將見乎！』遂以單車歸家。」〔註72〕謝玄〔註73〕暉詩：「休汝車騎非。」生還良已幸，《後漢・班超傳》：「超妹上書，為超求哀，勻超餘年一得生還，復見闕庭。」〔註74〕長鋏幾人歸。有感介人履安也。〔註75〕

〔註64〕《喜達行在所三首》其三。
〔註65〕按：題當作「婦病行」。
〔註66〕卷七十九。
〔註67〕卷九十《酷吏傳》。
〔註68〕卷四十九。按：《世說新語・雅量》：
　　　祖士少好財，阮遙集好屐，並恒自經營，同是一累，而未判其得失。人有詣祖，見料視財物。客至，屏當未盡，餘兩小簏箸背後，傾身障之，意未能平。或有詣阮，見自吹火蠟屐，因歎曰：「未知一生當箸幾量屐？」神色閑暢。於是勝負始分。
〔註69〕《大略》。
〔註70〕卷十七。
〔註71〕國圖藏本眉批：《許劭傳》：「劭字子將。為郡功曹。同郡袁紹云：『此數字不可刪。』」
〔註72〕卷九十八。
〔註73〕「玄」，底本、石印本作「元」。
〔註74〕卷七十七。
〔註75〕此係自注。

雨中陳三島過偕飲酒樓兼示徐晟陳字鶴客，長洲人。有《雪圃遺稿》。徐字禎起，一字損之，長洲學生。有《陶菴詩刪》。

吳門十日風雨惡，決明花開忽復落。杜甫《秋雨歎》：「雨中百草秋爛死，階下決明顏色鮮。」遊人登高愁未已，客子入門慘不樂。陳生疎放良可喜，雨中過我臨頓里。《姑蘇志》：「吳王時嘗逐東夷，頓軍於此，設宴餉之，故名。今有臨頓橋。」卻話平生同調人，吹篪擊筑皆知己。〔註76〕「吹篪」，見卷一《放言》。《史記・刺客傳》：「荊軻至燕，愛燕之狗屠〔註77〕及善擊筑者高漸離。荊軻嗜酒，日與狗屠及高漸離飲於燕市，酒酣以往，高漸離擊筑，荊軻和而歌於市中，相樂也。已而相泣，旁若無人。」皋橋橋西多酒樓，《姑蘇志》：「皋橋闔門內，漢議郎皋伯通居。其側，梁鴻所寓也。」妖姬十五樓上頭。百錢一斗飲未足，半醉典我青羔裘。杜甫詩：「苦寒贈我青羔裘。」〔註78〕坐中臨觴忽不語，南州孺子高陽侶。同是東西南北人，《禮》：「今某〔註79〕也，東西南北之人也。」明朝酒盡歸何處。

孫思九鋐曰：「磊落放縱，青蓮之遺風。」

吳江顧處士樵扁舟過訪留所畫山水圖并新詩見贈集杜句酬之《松陵文獻》：「顧樵，字樵水。志尚沖素，於世無營。詩雋永，有錢、劉風味。畫入能品。每橐筆遊山水，圖而詠之，留連忘返焉。」

君不見東吳顧文學，〔註80〕前者途中一相見。〔註81〕同心不減骨肉親，〔註82〕素知賤子甘貧賤。〔註83〕故國平居有所思，〔註84〕數篇今見古人詩。〔註85〕飄零已是滄浪客，〔註86〕酒後嘗稱老畫師。〔註87〕畫師

〔註76〕國圖藏本眉批：卷一《放言》乃吹簫，非吹篪也，應引《史記・范睢傳》「伍子胥鼓腹吹篪，乞食於吳市」。《戰國策》作「吹簫」。
〔註77〕「狗屠」，石印本作「屠狗」。
〔註78〕《寄裴施州》。
〔註79〕「某」，《禮記・檀弓上》作「丘」。
〔註80〕《醉歌行贈公安顏少府請顧八題壁》。
〔註81〕《短歌行送祁錄事歸合州因寄蘇使君》。
〔註82〕《戲贈閿鄉秦少公短歌》。
〔註83〕《病後遇王倚飲贈歌》。
〔註84〕《秋興八首》其四。
〔註85〕《解悶十二首》其五。
〔註86〕《惜別行送向卿進奉端午御衣之上都》。
〔註87〕《送鄭十八虔貶台州司戶傷其臨老陷賊之故闕為面別情見於詩》。

不是無心學，〔註88〕合沓高名動寥廓。〔註89〕漫勞車馬駐江干，〔註90〕數問舟航留製作。〔註91〕春山無伴獨相求，〔註92〕請君一來開我愁。〔註93〕乘興遣畫滄洲趣，〔註94〕舟楫渺然從此去。〔註95〕乃知變化不可窮，〔註96〕意匠慘澹經營中。〔註97〕陰崖卻承霜雪榦，〔註98〕山木盡亞洪濤風。〔註99〕尤工遠勢古莫比，〔註100〕雲白山青萬餘里。〔註101〕虛無只少對瀟湘，〔註102〕天下何曾有山水。〔註103〕浴鳧飛鷺晚悠悠，〔註104〕琴瑟几杖柴門幽。〔註105〕嗚呼何時眼前突兀見此屋，〔註106〕獨立縹緲之飛樓。〔註107〕

屠維大淵獻己亥

贈顏鼎受〔註108〕《經義考》〔註109〕：「桐鄉顏鼎受，字孝嘉，佣儻士也。遊學桂

〔註88〕《姜楚公畫角鷹歌》。
〔註89〕《追酬故高蜀州人日見寄》。
〔註90〕《有客》。
〔註91〕《留別公安太易沙門》。
〔註92〕《題張氏隱居二首》其一。
〔註93〕《春日戲題惱郝使君兄》。
〔註94〕《奉先劉少府新畫山水障歌》。
〔註95〕《曉發公安》。
〔註96〕《杜鵑行》。
〔註97〕《丹青引贈曹將軍霸》。
〔註98〕《題李尊師松樹障子歌》。
〔註99〕《戲題畫山水圖歌》。
〔註100〕《戲題畫山水圖歌》。
〔註101〕《小寒食舟中作》。
〔註102〕《即事》。
〔註103〕《存歿口號二首》其二。
〔註104〕《涪城縣香積寺官閣》。
〔註105〕《錦樹行》。
〔註106〕《茅屋為秋風所破歌》。
〔註107〕《白帝城最高樓》。
〔註108〕《曝書亭集》此上有《喜羅浮屈五過訪》：
　　春風蝴蝶飛，綠草南園遍。知是麻姑五色裙，羅浮山下曾相見。開門一笑逢故人，遠來問我桃花津。若非綠玉杖，定跨黃麒麟。不然出入京雒一萬里，何為布素無緇塵。相知樂莫樂，不用金箱圖五嶽。況今天地多戰爭，赤城華頂風煙驚。山陰道士不得見，四明狂客誰相迎。由拳城南春可惜，竹石如山水千尺。從此扁舟范蠡湖，長歌來往裝休宅。
　　按：「屈五」，四庫本《曝書亭集》作「友人」。
〔註109〕見《經義考》卷一百一十八，稱「杜濬曰」。

陽，遭亂，入衡山為道士，潔身而退。《誦詩弋獲》四卷、《六義辨》一卷、《國風演連珠》一卷，皆山中所撰也。」

桐鄉顏氏子，《易》：「顏氏之子，其殆庶幾乎？」〔註110〕才大最能詩。嚴武詩：「也知光祿最能詩。」〔註111〕往作青齊客，論交遊俠兒。星流赭白馬，顏延之有《赭白馬賦》。日射黃金羈。吳筠詩：「白馬黃金羈。」〔註112〕不惜歸來困，簞瓢樂可知。

送王援入蜀省其尊人觀察庭庭字監卿，號言遠，又號邁人。長子援，字滋萬，號覺菴。先生〔註113〕《王言遠詩序》：「先生世居長水之南梅會里，少與從兄翊字介人以詩倡和。既而登劉子壯榜進士，出知廣州府，遷廣西左江道按察副使，歷川北道布政司參政、四川按察司使、江西右布政使。持母喪歸。服除，補山西右布政使。」

向晚東城下，驪歌不可聽。寧親遠行邁，送客出郊坰。去馬黃金絡，《羅敷陌上桑》：「青絲繫馬尾，黃金絡馬頭。」離筵碧玉餅。山花開古驛，河柳遍長亭。絕域春零雨，浮槎夜掛星。見卷一《游仙》。連天秦棧樹，李白《送友人入蜀》：「芳樹籠秦棧，春流繞蜀城。」如日楚江萍。《家語》：「楚王渡江，得萍實，大如斗，赤如日，剖而食之，甜如蜜。」〔註114〕已見投三峽，〔註115〕《水經注》：「峽中有灘，如人負力牽牛，名曰黃牛。加江湍紆迴，雖途徑信宿猶見之。行者為三峽。」曾傳役五丁。《十三洲志》：「秦惠王未知蜀道，刻石牛五頭，置金於尾下，言此天牛，能糞金。蜀人信之，令五丁共引牛，成道，致之成都。秦因使張儀伐之。」飛雲橫太白，《元和郡縣志》：「太白山在鳳翔府郿縣東南五十里。」李白《蜀道難》：「西當太白有鳥道。」丹嶂落空青。《本草》：「空青生益州山谷及越巂山有銅處，銅精薰則生空青，其腹中空。能化銅鐵鉛錫作金。真宗嘗取空青中有水者，久而方得。」蜀道難如此，陰鏗《蜀道難》句。瞿塘險未經。《寰宇記》：「瞿塘在夔州東一里，古西陵峽也。連崖千丈，崩流電激。」猿聲流暗壑，《宜都山川記》：「猿善啼，一鳴三聲。啼數聲，眾猿騰躑。」鳥路入晴冥。好醉臨邛酒，見卷一《閒情》。重題劍閣銘。《晉書·張載傳》：「載以蜀人恃險好亂，因著銘以作誡。益

〔註110〕《繫辭下》。

〔註111〕《巴嶺答杜二見憶》。

〔註112〕《別夏侯故章詩》。

〔註113〕「先生」，石印本作「案先生《暴書亭集》」，且「案」前空一格。

〔註114〕《致思第八》。

〔註115〕國圖藏本眉批：《蜀本紀》：「蜀王秀所建三峽：明月峽、巴峽、巫峽。」《荊州記》曰：「巴東三峽巫峽長，猿鳴三聲淚沾裳。」

州刺史張敏見而奇之，乃表上其文，帝遣使鑴之劍閣山。」王世懋《送李太史元甫冊封蜀藩》：「玉〔註116〕峽雲中流濯錦，峨眉天半落空青。先驅恥作臨邛客，橐筆重題劍閣銘。」**還憑梁上月，夢想對儀形**。杜甫《夢李白》：「落月滿屋樑，猶疑照顏色。」

渡錢塘

渡口乘潮漾北風，輕舟如馬泝江東。明朝又是山陰道，見卷一《鑑湖》。**身在千巖萬壑中**。《晉書·顧愷之傳》：「人問以會稽山川之狀，愷之云：『千巖競秀，萬壑爭流。』」〔註117〕

贈蔡五十一仲光字子伯，蕭山人。

十里湘湖水，施宿《會稽志》：「湘湖在蕭山，產蓴絲最美。」**迴流入女牆**。《釋名》：「城上垣，謂之女墻，言其卑小，比之於城，如女子之於丈夫也。」**君家湖水上，時有落花香**。劉眘虛詩：「時有落花至，遠隨流水香。」〔註118〕**海月生江寺**，《蕭山縣志》：「江寺在夢筆橋北。南齊建元二年，江淹之子昭元捨宅為寺。」毛奇齡《縣志刊誤》：「江寺一名覺苑寺，在治東北。陳尚書令江總在梁時，避亂居此，舍寓為寺。今作江淹，誤。」**風琴響石堂。更聞多古調，識曲漢中郎**。《後漢·蔡邕傳》：「初平元年，拜左中郎將。」〔註119〕

梅市飲祁四居士駿佳宅同徐十五祁六分韻祁四字季超，山陰人。

舊里仙人市，見卷二《梅市》。**遙峰玉女巖。窗中交浦樹，檻外落風帆。藥圃穿籬遠，沙泉近海鹹。紺園留過客**，庾信《法筵應詔》：「由旬紫紺園。」〔註120〕**黃獨斸長鑱**。杜甫《七歌》：「長鑱長鑱白木柄，我生託子以為命。黃獨無苗山雪盛，短衣數挽不掩脛。」**榻下同徐穉**，《後漢·徐穉傳》：「陳蕃為豫章太守，在郡不接賓客，惟穉來特設一榻，去則懸之。」〔註121〕王勃《滕王閣序》：「徐孺下陳蕃之榻。」**林中對阮咸**。袁宏《竹林居士傳》：「阮咸，字仲容，籍之

〔註116〕詩見沈德潛《明詩別裁集》卷九，「玉」作「巫」。
〔註117〕卷九十二《文苑列傳》。按：《世說新語·言語》：「顧長康從會稽還，人問山川之美。顧云：『千巖競秀，萬壑爭流，草木蒙籠其上，若雲興霞蔚。』」
〔註118〕闕題。
〔註119〕卷九十下。
〔註120〕《奉和法筵應詔詩》。
〔註121〕卷八十三。

兄子也。」**坐來殘暑退**，沈佺期詩：「小池殘暑退，高樹早涼歸。」〔註122〕**涼思入楓杉。**

題祁六班孫東書草堂字奕喜，山陰人。

愛汝谿堂靜，杜甫詩：「愛汝玉山草堂靜，高秋爽氣相鮮新。」〔註123〕**開尊乍卷帷。江花平岸發，山鳥過庭飛。東海賦垂釣，**《莊子》：「任公子為大鉤巨緇，五十犗為餌，蹲於會稽，投竿東海，期年得大魚。臠之，自制河以東，莫不厭若魚者。」〔註124〕**西山懷采薇。**《史記·伯夷傳》：「登彼西山兮，採其薇兮。」〔註125〕**一為歌白雪，高調和應稀。**宋玉《對楚王問》：「客有歌於郢中者，其始曰下里巴人，國中屬而和者數千人；其為陽春白雪，國中屬而和者不過數十人。」

祁六坐上逢沈五沈五配祁夫人湘君善詩。〔註126〕《山陰縣志》：「沈萃址配祁德茝，字湘君，大中丞、少傅彪佳第四女。賢孝夙著，尤工吟詠。所著有《寄雲草》行世。」

東陽年少沈休文，《南史·沈約傳》：「字休文。隆昌元年，除吏部郎，出為東陽太守。」〔註127〕**五載相思兩地分。今日謝家群從在，**《晉書·列女傳》：「王凝之妻謝氏。初適凝之，還，甚不悅。安曰：『王郎逸少子，不惡，汝何恨也？』答曰：『一門叔父則有阿大、中郎，群從兄弟則有封胡、遏末，不意天壤之中，乃有王郎！』」〔註128〕**青綾障外更逢君。**《晉書·列女傳》：「凝之弟獻之嘗與賓客談議，詞理將屈。道韞遣婢白獻之曰：『欲為小郎解圍。』乃施青綾步障自蔽，申獻之前議，客不能屈。」〔註129〕

〔註122〕《酬蘇員外味道夏晚寓直省中見贈》。
〔註123〕《崔氏東山草堂》。
〔註124〕《外物》。
〔註125〕卷六十一。
〔註126〕此係自注。
〔註127〕卷五十七。
〔註128〕卷九十六。按：《世說新語·賢媛》：
王凝之謝夫人既往王氏，大薄凝之。既還謝家，意大不悅。太傅慰釋之曰：「王郎，逸少之子，人材亦不惡，何以恨乃爾？」答曰：「一門叔父，則有阿大、中郎。群從兄弟，則有封胡、遏末。不意天壤之中，乃有王郎！」
〔註129〕卷九十六。

祁理孫席上口占字奕慶，山陰人。

公子華筵醉幾迴，杜甫《樂遊園歌》：「公子華筵勢最高。」玉簫金管夜重
催。李白《江上吟》：「玉簫金管坐兩頭。」他鄉信美不歸去，王粲《登樓賦》：「雖
信美而非吾土兮，曾何足以少留。」一飲須傾一百杯。李白《襄陽歌》：「一日須傾
三百杯。」孟郊《看花》：「將何謝青春，痛飲一百杯。」

祁六紫芝軒席上留別

長路何年別，幽居此地偏。石林芝草秀，《楚辭》：「采三秀於山間。」
〔註130〕《注》：「芝草一歲三秀。」蘭澤荷花鮮。吳均《採蓮曲》：「願君早旋返，
及此荷花鮮。」上客且安坐，主人猶未眠。不知高館裏，絲竹是離筵。

明顯帝〔註131〕大閱圖為吳金吾國輔賦並序《明史·神宗紀》：「神宗顯皇帝諱
翊鈞，穆宗第三子也。」〔註132〕《靜志居詩話》：「江陵以奪情為清議所不容，然能
自任天下之重。定陵沖年，請大閱京營之士，時掌中樞者，山陰吳尚書兌也。尚書繪
圖藏之家，予曩從尚書孫錦衣使國輔處見之。及戚武毅鎮薊，大臣行邊，簡閱士馬，
隨上功狀，疏恩晉秩，烽火不徹於甘泉者，一十五年。江陵之秉國成，可謂安不忘危，
得制治保邦之要矣。」

萬曆初，太師張文忠公居正秉國，《明史·張居正傳》：「字叔大，江陵人。
神宗即位，代高拱為首輔。卒諡文忠。」勸駕大閱。《明史稿·張居正傳》：「請修祖
宗大閱故事，帝心動，令所司擇日行大閱。」《神宗紀》：「九年三月丙寅，大閱。」時
兵部尚書吳公兌實典禁旅，《明史稿·吳兌傳》：「字君澤，紹興山陰人。萬曆九
年夏，總督薊遼保定軍務。尋進太子少保，召拜兵部尚書。孫孟明襲錦衣千戶。以附
東林，頗得時譽。子邦輔襲職。」俾圖以傳子孫。錦衣都督同知國輔，尚書曾
孫也，出以觀客。圖長三丈餘，內自宮闕，外至陵寢，極於沙漠止焉。
繇是萊陽宋琬作賦，宋字玉叔，號荔裳，山東萊陽人。順治丁亥進士。官浙江按察
使。有《安雅堂集》。南昌王猷定作記，王字於一，別號軫石，江西南昌貢生。太僕
卿止敬之子。有《四照堂集》。而彝尊作詩以述之。

〔註130〕《九歌·山鬼》。
〔註131〕「明顯帝」，康熙本、四庫本《曝書亭集》作「顯皇帝」。
〔註132〕卷二十。

—167—

神廟垂衣日，〔註133〕《易》：「垂衣裳而天下治。」〔註134〕江陵總百官。《書》：「惟說命總百官。」〔註135〕揆文先奮武，《書》：「三百里揆文教，二百里奮武衛。」〔註136〕慮亂本居安。《左傳》：「《書》曰：『居安思危。』思則有備，有備無患。」〔註137〕殿上蕭何履，《漢書·蕭何傳》：「畢已受封，奏位次，令何第一，賜帶劍履上殿，入朝不起〔註138〕。」〔註139〕朝中貢禹冠。《漢書·王吉傳》：「吉與貢禹為友，世稱『王陽在位，貢禹彈冠』，言其取捨同也。」〔註140〕孫通明禮樂，《漢書·叔孫通傳》：「通曰：『臣願徵魯諸生，與臣弟子共起朝儀。』高帝曰：『得無難乎？』通曰：『五帝異樂，三王不同禮。禮者，因時世人情為之節文者也。臣願頗採古禮與秦儀雜就之。』」〔註141〕方叔涖師幹。《詩》：「方叔涖止，其車三千，師干之試。」〔註142〕駕馭英雄在，《吳志·張昭傳》：「夫人君者，謂能駕馭英雄，驅使群賢。」〔註143〕杜甫詩：「君王自神武，駕馭必英雄。」〔註144〕超騰士馬驪。車徒看翼翼，禁旅尚桓桓。《玉海》：「五營禁旅，七萃神兵。」《書》：「尚桓桓，如虎如貔，如熊如羆。」〔註145〕畫史真能事，《莊子》：「宋元君將畫圖，眾史皆至，舐筆和墨。一史後至。君使人視之，方盤礴解衣袂。君曰：『可矣。是真畫者也！』」〔註146〕杜甫《戲題王宰畫山水圖歌》：「能事不受相促迫。」披圖得巨觀。王濟詩：「皇居偉則，芳園鉅觀。」〔註147〕丹青榮應作「營」。顧愷，《晉書·顧愷之傳》：「善丹青，謝安深重之，以為有蒼生以來未之有也。」〔註148〕杜甫詩：「顧愷丹青列。」〔註149〕

〔註133〕石印本此處有「帝諱翊鈞」。
〔註134〕《繫辭下》。
〔註135〕《說命中》。
〔註136〕《禹貢》。
〔註137〕襄公十一年。
〔註138〕「起」，《史記》、《漢書》卷三十九作「趨」。
〔註139〕《史記》卷五十三《蕭相國世家》：「列侯畢已受封，及奏位次，⋯⋯於是乃令蕭何第一，賜帶劍履上殿，入朝不趨。」
〔註140〕卷七十二。
〔註141〕卷四十三。按：早見《史記》卷九十九《叔孫通列傳》。
〔註142〕《小雅·采芑》。
〔註143〕《三國志》卷五十二。
〔註144〕《投贈哥舒開府翰二十韻》。
〔註145〕《牧誓》。
〔註146〕《田子方》。
〔註147〕《平吳後三月三日華林園詩》。
〔註148〕卷九十二《文苑列傳》。
〔註149〕《秋日夔府詠懷奉寄鄭監審李賓客之芳一百韻》。

宮室擬胡寬。《西京雜記》：「高帝既作新豐，並移舊社衢巷、棟宇物色，惟舊士女老幼相攜路首，各知其室，放犬羊雞鴨於通塗，亦競識其家，其匠人吳寬所營也。移者皆悅其似而德之。」〔註150〕**歷歷開城闕，高高疊井榦**。《史記・漢武紀》：「乃立神明臺、井榦樓，高五十餘丈，輦道相屬焉。」〔註151〕張衡《西京賦》：「井榦疊而百層。」**虛無凌倒影**，揚〔註152〕雄《甘泉賦》：「歷倒影而絕飛梁。」《注》：「倒影，氣去地四千里。」**縹緲結重欒**。張衡《西京賦》：「結重欒以相承。」《注》：「欒，柱上曲木，兩頭受櫨者。」**太液波還靜**，《史記・漢武紀》：「作建章宮，其治大池，漸臺高二十餘丈，名曰泰液池。」〔註153〕**長楊露未乾**。《三輔黃圖》：「長楊宮在盩厔縣。」柳惲詩：「太液滄波起，長楊高樹秋。」〔註154〕**粧樓原自鏁**，《金鰲退食筆記》：「瓊華島在太液池中，從承光殿北度石樑至島。其巔古殿，相傳本遼太后梳粧檯。歷金、元、明皆有宮殿，為遊觀之地。」李崆峒詩：「洗妝樓檻外，方湖盡不流」〔註155〕，蓋指此也。**圓殿不禁寒**。《金鰲退食筆記》：「承光殿在金鼇玉蝀之東，圍以圓城，設以睥睨，自兩掖洞門而升，中构金殿，穹窿如蓋，華榱綺牖，旋轉迴環，俗曰圓殿。李文達《賜遊西苑記》云：『圓殿巍然高聳曰承光，北望山峰，嶙峋崒嵂；俯瞰池波，蕩漾澄澈。山水之間，千姿萬態，莫不呈奇獻秀於幾窗之前。』」**仙仗移平樂**，張衡《東京賦》：「其西則有平樂都場，示遠之觀。」《注》：「漢明帝永平五年至長安，悉取飛廉並銅馬置之西門外，為平樂觀。」**霓旌擁上蘭**。《三輔黃圖》：「上林苑有上蘭宮。」司馬相如《上林賦》：「拖霓旌，靡雲旗。」**忽驚千騎竝，旋訝六營團**。《唐書・兵志》：「府兵之制起自西魏、後周，而備於隋，唐興因之。凡天下十道，置府六百三十四。府置折衝都尉一人，左、右果毅都尉各一人，長史、兵曹、別將各一人，校尉六人。士以三百人為團，團有校尉。」李庾《西都賦》：「天子穆清，環衛陳兵。將軍之號，三蕃六營。」〔註156〕**作氣陳金鼓**，《左傳》：「一鼓作氣。」〔註157〕又：

〔註150〕卷二。

〔註151〕卷一十二。

〔註152〕「揚」，石印本作「楊」。

〔註153〕卷一十二。

〔註154〕《從武帝登景陽樓詩》。

〔註155〕《秋懷》。

〔註156〕國圖藏本眉批：此府兵之制，非禁旅也。按：前明京營兵制，洪武時為五軍營，永樂初分為三大營，至景泰三年改為十二團營，揀三大營中壯健士卒團練也。

〔註157〕莊公十年。

「金鼓以聲，氣也。」〔註158〕**前驅建玉鑾。**〔註159〕《詩》：「為王前驅。」〔註160〕劉義恭《白馬賦》：「揚玉鑾之玲瓏。」**輕雲承翠蓋，麗日表朱竿。**揚雄《羽獵賦》：「麗日月之朱竿。」**遂列堂堂陣，**《黃帝出軍訣》：「是謂堂堂之陣，整整之旗。」〔註161〕**爰升將將壇。**《漢書·韓信傳》：「陛下不能將兵而善將將。」〔註162〕**小侯班四姓，**《後漢·明帝紀》：「永平九年，為四姓小侯開立學校，置五經師。」〔註163〕《注》：「袁宏《漢紀》曰：『永平中，為外戚樊氏、郭氏、陰氏、馬氏諸子弟立學，號四姓小侯，置五經師，以非列侯，故曰小侯。』」**大閱用三單。**《周禮》：「冬教大閱，乃陳車徒如戰之陣。」《詩》：「其軍三單。」〔註164〕**紫燕雙絲絡，**《西京雜記》：「文帝自代來，有良馬九匹，其一曰紫燕騮。」〔註165〕庾信《謝賜馬啟》：「柳谷未開，翻逢紫燕。」張翥詩：「青絲絡馬黃金勒。」〔註166〕**花驄七寶鞍。**《明皇雜錄》：「上所乘馬，有玉花驄、照夜白。」《天寶遺事》：「明皇在蜀，以七寶鞍賜張後，李泌請分賜將士。」**呈能群角觝，**《漢書·武帝紀》：「元封三年春，作角抵戲，三百里內皆來觀。」〔註167〕《注》：「名此樂為角抵者，兩兩相當，角力角技藝射御，故名角抵，蓋雜技樂也。」**教射集星弁。**《詩》：「會弁如星。」〔註168〕**觶飲籌無算，**《儀禮》：「取奠觶飲。」〔註169〕又：「無算爵。」〔註170〕**鐃歌曲漸闌。**蔡邕《禮樂志》：「漢樂四品，其四曰短簫鐃歌，軍樂也。」**行知塵冉冉，歸想佩珊珊。**杜甫詩：「時聞雜佩聲珊珊。」〔註171〕**遠勢工尤極，**杜甫《戲題王宰畫山水圖歌》：「尤工遠勢古莫比。」**平原繪更難。蕭疏連板屋，迢遞出峰巒。百里生毫末，諸**

〔註158〕僖公二十二年。
〔註159〕國圖藏本眉批：《周禮》：「中軍掌玉輅。凡取輅儀，以鑾和為節。」注：「鑾在衡，和在軾，皆以金鈴也。」
〔註160〕《衛風·伯兮》。
〔註161〕見（宋）王應麟《玉海》卷八十三《車服》。按：《孫子·軍爭第七》：「無邀正正之旗，無擊堂堂之陣，此治變者也。」
〔註162〕卷三十四。按：此語早見《史記》卷九十二《淮陰侯列傳》。
〔註163〕卷二。
〔註164〕《大雅·公劉》。
〔註165〕卷二。
〔註166〕按：非張翥詩，出黃鎮成《李將軍歌》。另，（元）徐天逸《君馬黃》：「君馬黃，我馬白，青絲聯絡黃金勒。」
〔註167〕卷六。
〔註168〕《衛風·淇奧》。
〔註169〕《鄉射禮第五》。
〔註170〕《鄉飲酒禮第四》。
〔註171〕《鄭駙馬宅宴洞中》。

陵望鬱盤。《畫斷》:「王維嘗畫輞川圖,山谷鬱盤,雲水飛動。」薊門無堠火,
《水經注》:「武王封堯後於薊,今城內西南隅有薊丘,因名薊門。」梁載言《十道志》:
「居庸關,亦名薊門關。」《說文》:「堠,封土為臺,以記里也。十里雙堠,五里隻堠。」
《唐六典》:「烽堠所置,大率相去三十里。其放烽有一炬二炬三炬四炬者,隨賊多少
而為差焉。鎮戍每日初夜,放煙一炬,謂之平安火。」函谷有泥丸。《後漢·隗囂
傳》:「囂據天水,王元說囂曰:『東收三輔之地,請以一丸泥為大王東封函谷關,此萬
世一時也。』」〔註172〕元老謀猶壯,《詩》:「方叔元老,克壯其猶。」〔註173〕諸
孫手澤完。《禮》:「父沒而不能讀父之書,手澤存焉耳。」〔註174〕錦題探篋笥,
湘簟展琅玕。杜甫詩:「留客夏簟青琅玕。」〔註175〕對此成希覯,因之感萬
端。雨煙飛蜀錦,《水經》:「錦江〔註176〕織錦則濯之江流,而錦至鮮明,濯以他
江則錦色弱矣,遂命為錦里。」霜雪皎齊紈。見卷四《贈沈華》。賦愧王延壽,
《後漢·王逸傳》:「子延壽,有儁才。少游魯國,作《靈光殿賦》。後蔡邕亦造此賦,
未成,及見延壽所為,甚奇之,遂輟翰而已。」〔註177〕謠同梁伯鸞。《後漢·梁鴻
傳》:「鴻字伯鸞。東出關,過京師,作《五噫之歌》,曰:『陟彼北芒兮,噫!顧瞻帝
京兮,噫!宮室崔嵬兮,噫!人之劬勞兮,噫!遼遼未央兮,噫!』」〔註178〕趙至《與
嵇茂齊書》:「梁生適越,登嶽長謠。」儀章長在目,珍重歲時看。

飲吳生理楨宅山陰人。

　　吳郎愛客解千齡,《樂府》:「東平劉生,復感人情。與郎相知,當解千齡。」
〔註179〕勸飲青絲挈玉缾。岑參詩:「急管雜青絲,玉瓶金屈巵。」〔註180〕陸游
詩:「青絲玉缾挈新釀。」〔註181〕落日兒童齊拍手,見卷二《贈高儼》。過江三
日幾曾醒。《世說》:「周伯仁過江積年,恒大飲酒,嘗經三日不醒,時人謂之『三日
僕射』。」〔註182〕

〔註172〕卷四十三。
〔註173〕《小雅·采芑》。
〔註174〕《禮記·玉藻》。
〔註175〕《鄭駙馬宅宴洞中》。
〔註176〕「江」,《水經注》作「工」,是。
〔註177〕卷一百十上《文苑列傳》。
〔註178〕卷一百十三《逸民列傳》。
〔註179〕《安東平五曲》其五。
〔註180〕《冬宵家會餞李郎司兵赴同州》。
〔註181〕《春遊》。
〔註182〕《任誕第二十三》。

食䲝魚〔註183〕《爾雅》:「䱠,當䲝。」《注》:「海魚似鯿而大鱗,肥美多鯁。今江東呼最大長三尺者為當䲝。」〔註184〕

白小休論小,杜甫詩:「白小群分命,天然二寸魚。」〔註185〕**奇珍信可珍。炎天來積雪,入饌總如銀。稻蟹時方早,**《國語》:「稻蟹不遺種。」陸龜蒙《蟹志》:「江東人云:『稻之登也,率執一穗以朝其魁,然後從其所之,蚤夜霶沸,指江而奔。漁者緯蕭承其流而障之,名曰蟹斷。』**蓴鱸思莫頻。**《晉書·文苑傳》:「張翰,字季鷹,吳郡人也。號為『江東步兵』。齊王冏辟為大司馬東曹掾。冏時為執權。翰因秋風起,乃思吳中菰菜、蓴羹、鱸魚膾,曰:『人生貴適意,何能羈宦數千里以要名爵乎!』俄而冏敗,人謂之見機。」〔註186〕《宋史·蘇舜欽傳》:「渚茶、野釀,足以銷憂;蓴鱸、稻蟹,足以適口。」**不知江海上,**杜甫詩:「不知滄海上,天遣幾時迴。」〔註187〕**幾處罷垂綸。**

〔註183〕國圖藏本眉批:《類篇》:「一曰出有時,吳人以為珍,即今鱘魚。」

〔註184〕按:周作人《書房一角》二五《糊魚》:

俞國琛著《風懷鏡》,為朱竹垞《風懷詩》作注,凡例之十雲,「注書之難,陸劍南早已言之。」余按:《風懷詩》外另有《食䲝魚》一首,起四句云:「白小休論小,奇珍信可珍,炎天來積雪,入饌總如銀。」白小,麵條銀魚,見《金壺字考》。竹垞此詩作於順治己亥,是年客越中,則所詠之䲝魚正指吾郡昌安門外之䲝魚而言。蓋䲝魚最白最細,見於端午後,今浙西人遊越每津津道之,乃楊、孫兩家之注咸引《爾雅》,以為「似鯿而大鱗,肥美多鯁,最大長三尺者為當䲝」云云。無論紹興夏日並無大鱗多鯁三尺長之魚名䲝魚,即萬一有之,則起首五字「白小休論小」竟作何解?若竹垞以三尺者為小魚,必且以吞舟者為大魚矣,顧可入饌耶,豈不令人失笑。不玩字句,惟填故實,一詩之注如此,他詩可知。又按:䲝魚今俗寫作糊魚,言烹熟時如麵糊攪成一塊也,於義亦通。案范嘯風著《越諺》卷中水族類寫作「鱯魚」,注云,「細多如糊,四五月出山陰大桶盤湖中,放麵食極鮮。」其實此只是糊魚,《爾雅》之䲝乃是鱘魚,鱯則似鯰而大,二者雖同有糊音,而決非長不及半寸之白小,甚為明顯。老百姓不讀《爾雅》、《說文》,其命物名,如不是世俗相沿不可解的稱呼,大抵就所聞見取材,讀書人紀錄時加以古雅化,或反失之,范君通人且亦不免,他無論矣。

〔註185〕《白小》。

〔註186〕卷九十二。按:《世說新語·識鑒》:

張季鷹辟齊王東曹掾,在洛見秋風起,因思吳中菰菜羹、鱸魚膾,曰:「人生貴得適意爾,何能羈宦數千里以要名爵!」遂命駕便歸。俄而齊王敗,時人皆謂為見機。

〔註187〕《送翰林張司馬南海勒碑》。

越江詞

山圍江郭水平沙，過雨輕舟泛若邪。王翰詩：「幾個輕〔註188〕舟在若耶。」一自西施采蓮後，《方輿勝覽》：「若耶溪在會稽縣東南二十五里，北流與鏡湖合，西施採蓮、歐冶鑄劍之所。」越中生女盡如花。宋之問詩：「越女顏如花，越王同浣紗。」〔註189〕

題越江詞後　　上虞錢霍

翩翩公子剡川遊，五月山陰鏡裏舟。自向花前歌妙曲，若邪溪女盡風流。

曹娥廟觀渡二首《後漢·列女傳》：「孝女曹娥者，會稽上虞人也。父盱，能絃歌，為巫祝。漢安二年五月五日，於縣江泝濤迎婆娑神，溺死，不得屍骸。娥年十四，乃沿江號哭，晝夜不絕聲，旬有七日，遂投江而死。至元嘉元年，縣長度尚改葬娥於江南道傍，為立碑焉。」〔註190〕

問渡要津吏，《唐六典》：「《列女傳》有趙津吏女，自後無聞。令諸津渡二十四所各置監津吏一人。」沿流信楫師。江空鳴社鼓，風細颭靈旗。遂入曹娥廟，同觀漢代碑。《會稽典錄》：「上虞長度尚弟子邯鄲淳，字子禮。時甫弱冠，而有異才。尚先使魏朗作曹娥碑，文成未出。尚問朗碑文成未，朗辭不才，因試使子禮為之。操筆而成，無所點定。朗嗟歎不暇，遂毀其草。其後蔡邕又題八字，曰：『黃絹幼婦，外孫虀臼。』」浮江千載恨，猶有弄潮兒。李益《江南詞》：「早知潮有信，嫁與弄潮兒。」

小小邪溪女，潛來事禱祈。罷歌河女坐，不上越航歸。《晉書·夏統傳》：「曹娥沉後，國人哀其孝義，為歌《河女》之章。」〔註191〕斜日明金闕，涼風到錦幨。還持白團扇，搖動五銖衣。李商隱《聖女祠》：「不寒長著五銖衣。」

土城山和錢六《越絕書》：「美人宮，週五百九十步。土城者，陸門二，水門一。今北壇利里丘土城，句踐所習教美女西施、鄭旦宮臺也。」《名勝志》：「土城山在少微山西北。」錢字去病，號荊山。

〔註188〕「輕」，《春日歸思》作「春」。
〔註189〕《浣紗篇贈陸上人》。
〔註190〕卷一百十四。
〔註191〕此係自注。見《晉書》卷九十四《隱逸列傳》。

江花江草滿江關，浣女清歌日暮還。曲罷彩雲猶未散，春風吹上土城山。李白《宮中行樂詞》：「只愁歌舞散，化作彩雲飛。」

原作　　錢霍〔註192〕

西施明豔世間希，此地曾經換舞衣。春色不隨流水盡，暮山猶見彩雲飛。

雜詩三首

滔滔東流水，中有西上魚。《樂府·前緩聲歌》：「當復思東流之水，必有西上之魚。」素鬐揚洪濤，潘岳《西征賦》：「華魴躍鱗，素鰭揚鬐。」張衡《西京賦》：「起洪濤而揚波。」騰決勢有餘。雲霧生晦冥，杜甫詩：「雲霧晦明方降靈。」〔註193〕川嶽助吹噓。白龍未變服，胡然愁豫且。《說苑》：「吳王欲從民飲酒，伍子胥諫曰：『昔白龍下清泠之淵，化為魚，漁者豫且射中其目。白龍上訴天帝。天帝曰：當是之時，若安置而形？白龍對曰：我下清泠淵，化為魚。天帝曰：魚，故人所射也。豫且何罪？夫白龍，天帝貴畜也；豫且，宋之賤臣也。白龍不化，豫且不射。』」張衡《東京賦》：「白龍魚服，見困豫且。」亮無圖南志，終返北溟居。《莊子》：「窮髮之北有冥海者，天池也。有魚焉，其廣數千里，未有知其脩者，其名為鯤。有鳥焉，其名為鵬，背若泰山，翼若垂天之雲，搏扶搖羊角而上者九萬里，絕雲氣，負青天，然後圖南，且適南冥也。」

鶂鶋本大鳥，海處揚波濤。何意天風來，吹之入魯郊。《國語》：「海鳥曰爰居，止於魯東門之外三日，臧文仲使國人祭之。」鏘鏘鍾鼓鳴，昂首思扶搖。《莊子》：「有鳥止於魯郊，魯君悅之，為具太牢以饗之，奏《九韶》以樂之。鳥乃始憂悲眩視，不敢飲食。」〔註194〕江淹詩：「《咸池》響鍾鼓，爰居或愁辛。」〔註195〕青雲鎩其翮，顏延之《五君詠》：「鸞翮有時鎩，龍性誰能馴。」烈風焚其巢。先時方笑言，後至斯號咷。《易》：「鳥焚其巢。旅人先笑後號咷。」〔註196〕

騏驥服鹽車，《戰國策》：「汗明見春申君曰：『夫驥之齒至矣，服鹽車而上太行。蹄申膝折，尾湛胕潰，漉汁灑地，白汗交流，外阪遷延，負棘不能上。』」《楚辭》：「乘

〔註192〕《曝書亭集》前有「上虞」。
〔註193〕杜甫《驄馬行》作「雲霧晦冥方降精」。
〔註194〕《至樂》。
〔註195〕《雜體詩三十首》其八《嵇中散康言志》。
〔註196〕《旅》上九。

騏驥以馳騁兮。」**獼猴騎土牛**。《《魏志·鄧艾傳》注》：「鍾繇調州泰曰：『君釋褐登宰府，三十六日擁麾蓋，守兵馬，郡乞兒乘小車，一何駛乎！』泰曰：『君，名公之子，少有文采，故守吏職，獼猴騎土牛，又何遲也！』」〔註197〕**於心徒欲速，為計苦不周。白洋既覆粟，**〔註198〕**太行亦傾輈**。魏武帝詩：「北上太行山，艱哉何巍巍！羊腸阪詰屈，車輪為之摧。」〔註199〕**擇術昧先幾**，駱賓王《為徐敬業討武氏檄》：「坐昧先幾之兆。」**焉能獲所求**。〔註200〕

八月十五夜集半邏錢爾復齋有懷錢四汝霖錢四本姓何。〔註201〕

《嘉興府志》：「半邏在海鹽縣西北三十五里，去嘉興為路之半。」《檇李詩繫》：「爾復字仍始，號肯齋，海鹽人。早棄儒巾，隱於鹽邑之邏村，築小圃自娛，自號半完居士。年八十一卒。有《半完圃詩集》。」按：錢汝霖原籍海鹽之秦溪，裔出何氏。何世居甘泉鄉。明洪武間，有貴四者，遣戍貴州都勻衛。瀕行舉子裕，留育於錢，始易姓。至汝霖，已九世矣。

舊識何顒宅，李繩遠。〔註202〕《後漢書》：「何顒，字伯求，南陽襄鄉人也。」〔註203〕**溪亭雜樹交**。王勃詩：「重簷交密樹。」〔註204〕**秋花低結子**，彝尊。杜

〔註197〕《魏志》卷二十八。

〔註198〕國圖藏本眉批：《焦氏筆乘》載「公冶長解鳥語，雲唶唶嘖嘖，白蓮水邊有車覆粟」云云。此「白洋」句當用此事，唯洋、蓮異，須再考攷。

〔註199〕《苦寒行》。

〔註200〕康熙本、四庫本《曝書亭集》下有：

寄屈五金陵

新從白蓮社，舊事紫陽君。貽我群仙詠（四庫本作「珮」），全勝十贊文。風濤揚子渡，松柏蔣陵雲。共有山棲志，題書報爾聞。

同作　　嘉興周篔青士

昭景元名族，宗雷愛道流。聞依靈谷住，最近孝陵秋。倚閣三松樹，〔風香閣存陵樹三株。〕浮江一葉舟。匡山多勝侶，何日虎谿遊。

又　　秀水徐善敬可

傳說靈均裔，經秋尚未還。卜居那有地，縶馬定何山。五嶽朝群帝，孤舟下百蠻。遂令哀郢曲，流轉到人間。

又　　秀水朱彝鑒千里

三閭文采後，之子繼清標。少日矜奇服，空門賦大招。軍容屯朔騎，風物話南朝。庾信傷心地，江關入望遙。

〔註201〕此係自注。

〔註202〕「李繩遠」，康熙本、四庫本《曝書亭集》作「嘉興李繩遠斯年」。

另，國圖藏本眉批：原注「嘉興李繩遠斯年」。等字應照原集注。

〔註203〕卷九十七《黨錮列傳》。

〔註204〕《三月曲水宴得煙字》。

甫詩：「卑枝低結子，接葉暗巢鶯。」〔註205〕**寒竹暗抽梢。屢下南州榻，**李良年。〔註206〕見前。**彌慚左顧**《篋衍集》作「重慚上客」。**庖。**《樂府》：「左顧救中廚。」〔註207〕**山缾攜榼**《篋衍集》作「青絲攜桂」。**酒，**錢爾復。〔註208〕杜甫詩：「山缾孔酒下青雲。」〔註209〕皮日休詩：「榼酒三缾寄夜航。」〔註210〕**野蔌出杭**《篋衍集》作「金鼎出蘭」。**肴。**歐陽修《醉翁亭記》：「山肴野蔌，雜然而前陳者。」《南齊書・卞彬傳》：「彬性飲酒，以瓠壺瓢勺杭皮為肴。」〔註211〕**樂飲傾三爵，**李符。〔註212〕曹植《箜篌引》：「樂飲過三爵。」**賓筵賦載呶。**《詩・賓之初筵》：「賓既醉止，載號載呶。」〔註213〕**風多沉北斗，**繩遠。**雲密自西郊。**《易》：「密雲不易，自我西郊。」〔註214〕**蕭蕭離鴻下，**彝尊。《詩》：「鴻雁于飛，肅肅其羽。」〔註215〕**棲棲獨鶴巢。空堂驚蟋蟀，**良年。**涼牖落蠨蛸。**《詩》：「蠨蛸在戶。」〔註216〕**待月虛高詠，**爾復。**停杯試解嘲。**楊雄《解嘲序》：「人有嘲雄以玄〔註217〕之尚白，而雄解之，號曰《解嘲》。」**小山棲隱處，**符。《南史・何胤傳》：「初，胤二兄求、點並棲隱，求先卒，至是，胤又隱，世號點為大山，胤為小山。亦曰東山兄弟，發跡雖異，克終皆隱，世謂何氏三高。」〔註218〕**悵望隔衡茅。**繩遠。〔註219〕

〔註205〕《陪鄭廣文遊何將軍山林十首》其二。
〔註206〕「李良年」，康熙本、四庫本《曝書亭集》作「嘉興李良年武曾」。
〔註207〕《隴西行》。
〔註208〕「錢爾復」，康熙本、四庫本《曝書亭集》作「海鹽錢爾復子湘」。
〔註209〕《謝嚴中丞送青城山道士乳酒一瓶》。
〔註210〕《魯望以輪鉤相示緬懷高致因作三篇》其二。
〔註211〕卷五十二《文學列傳》。
〔註212〕「李符」，康熙本、四庫本《曝書亭集》作「嘉興李符分虎」。
〔註213〕《小雅》。
〔註214〕《小畜》卦辭。
〔註215〕《小雅・鴻雁》。
〔註216〕《豳風・東山》。
〔註217〕「玄」，底本、石印本作「元」。
〔註218〕卷三十。
〔註219〕康熙本、四庫本《曝書亭集》下有：
過筏公西谿精舍懷羅浮屈五留白下
為愛精廬好，〔海寧朱一是近修。〕還從勝侶探。〔嘉興屠爌閣伯。〕連山藏磵戶，〔屠焯昭仲。〕百頃漾風潭。〔嘉興李鏡明遠。〕暇日同看竹，〔嘉興周篔青士。〕終朝罷採藍。〔嘉興繆永謀天自。〕汀洲縈曲岸，〔嘉興鄭玥隨始。〕空翠入層嵐。〔嘉興沈進山子。〕靜聽蓮花漏，〔彝尊。〕幽尋燕子龕。〔李繩遠。〕林泉訪支遁，〔李良年。〕晨夕過劉惔。〔李符。〕慧業知相似，〔一是。〕玄言試共參。〔爌。〕香雲浮貝葉，〔焯。〕松火照金函。〔鏡。〕坐起頻移榻，〔篔。〕遲留此盍簪。〔永謀。〕漫須觀露槿，〔玥。〕

懷嚴煒客嶺南

老去嚴夫子，辭家久不回。升沉安可問，李白《送友人入蜀》：「升沉應已定，不必問君平。」時命轉堪哀。嚴忌有《哀時命》賦。尚有高堂在，曾無驛使來。見卷二《南安客舍》。遙憐望鄉處，日上越王臺。見卷二。

同曹侍郎遙和王司理士禛〔註220〕秋柳之作

王字貽上，號阮亭，新城人。順治乙未進士，官揚州司理，歷仕至刑部尚書。歿後，門人私諡文介。乾隆乙酉，補諡文簡。有《帶經堂集》。《漁洋詩話》：「余少在濟南明湖水面亭賦《秋柳》四章，一時和者甚眾。後三年，官揚州，則江南北和者，前此已數十家。閨秀亦多和作。」

回首秦川落照殘，西風遠影對巉岏。李白《憶秦娥》詞：「西風殘照，漢家陵闕。」宋玉《高唐賦》：「盤岸巉岏。」城頭霜月從今白，笛裏關山祇自寒。杜甫詩：「三年笛裏關山月。」〔註221〕又：「關山空自寒。」〔註222〕亡國尚憐吳苑在，《漢書·枚乘傳》：「修治上林，雜以離宮，積聚玩好，圈守禽獸，不如長洲之苑。」〔註223〕《注》：「長洲，吳苑。以江水洲為苑也。在吳東。」行人只向灞陵看。《三輔黃圖》：「文帝灞陵在長安城東。灞橋，跨水作橋，漢人送客至此橋，折柳贈別。」李白《憶秦娥》詞：「年年柳色，灞陵傷別。」春來已是傷心樹，劉庭芝《公子行》：「可憐楊柳傷心樹。」猶記青青送玉鞍。

同賦　　曹溶〔註224〕

灞陵原上百花殘，隄樹無枝感萬端。攀折竟隨賓御盡，蕭疏轉覺道途寒。月斜樓角藏烏起，霜落河橋駐馬看。正值使臣歸去日，西風別酒望長安。

且與薦霜柑。〔進。〕高興雖云洽，〔彝尊。〕離懷總不堪。〔繩遠。〕同心方遠道，〔良年。〕鞞櫂復停驂。〔符。〕澤畔吟應數，〔一是。〕淹中臥未甘。〔爌。〕飄零曾薊北，〔煒。〕棲泊又江南。〔鏡。〕赤羽紛傳檄，〔筭。〕青鞵孰荷擔。〔永謀。〕石城秋草積，〔玠。〕瓜步夕陽含。〔進。〕佳訊憑誰寄，〔彝尊。〕端居祇自慚。〔繩遠。〕西飛有孤鶴，〔良年。〕天末望蘇耽。〔符。〕

〔註220〕「禛」，底本、石印本作「正」。
〔註221〕《洗兵馬》。
〔註222〕《初月》。
〔註223〕卷五十一。
〔註224〕《曝書亭集》前有「檇李」。

初秋泊錢清江《一統志》：「錢清江在紹興府城西，以漢守劉寵一錢事得名。」

錢清江口水平堤，雲木參覃磴不齊。川靜未聞鴻雁度，雨昏時有鷓鴣啼。《嶺南錄異》：「鷓鴣，吳、楚之野悉有，嶺南偏多。此鳥肉白而脆，遠勝雞雉，能解治葛井菌毒。臆前有白圓點，背上間紫赤毛。其大如野雞，多對啼。」逃名梅尉來吳市，見卷一《寄胡明府》。避地梁生入會稽。李白《贈徵君盧鴻》：「陶令辭彭澤，梁鴻入會稽。」枉自含情臨北渚，見卷一《古興》。秋風嬝嬝草萋萋。謝靈運詩：「嬝嬝秋風過，萋萋春草繁。」〔註225〕

飲張司理陞南華館題壁字登子，山陰人。有《南華山房稿》。

南園載酒勸君歌，涼月紛紛照薜蘿。杜甫詩：「絺衣掛蘿薜，涼月白紛紛。」〔註226〕鏡水連天八百里，張星依舊在明河。徐陵《雜曲》：「張星舊在天河上，從來張姓本連天。」

梅市對雨遲朱士稚不至同呂師濂祁理孫班孫分韻得泥字呂字黍字，山陰人。

溪亭蕭瑟水雲低，積雨千山極望迷。落葉漸看沙徑滿，寒烏偏傍女牆啼。劉長卿詩：「官舍已空秋草沒〔註227〕，女牆猶在夜烏啼。」重來賓客仍羈旅，此去鄉關亦鼓鼙。何事懷人坐惆悵，且拚今日醉如泥。杜甫詩：「先操一醉如泥爛。」〔註228〕《五色線》：「南海有蟲，無骨，名曰泥。在水中則活，失水則醉如一堆泥然。」〔註229〕

留別董三毉字子良。會稽縣學生。

離堂翦燭重燒燭，深夜他鄉說故鄉。袁凱《客中除夜》：「今昔為何夕，他鄉說故鄉。」作客蕭條官舍下，逢君歌哭酒壚傍。明朝分手仍南北，後會相期各渺茫。長路烽煙驚海甸，亂山風雨暗河梁。

〔註225〕《石門新營所住四面高山回溪石瀨茂林修竹詩》。
〔註226〕《陪鄭廣文遊何將軍山林十首》其九。
〔註227〕「沒」，《登餘干古縣城》作「綠」。
〔註228〕《將赴成都草堂途中有作先寄嚴鄭公五首》其三。
〔註229〕《後漢書》卷一百九下《儒林列傳下·周澤傳》：「時人為之語曰：『生世不諧作太常妻，一歲三百六十日，三百五十九日齋。』」李賢《注》：「《漢官儀》此下云『一日不齋醉如泥。』」

上章困敦庚子

放鶴洲探梅〔註230〕

徑轉叢篁曲，谿迴石磴斜。為園傳故相，唐相裴休別業。〔註231〕勝事復吾家。〔註232〕晚日吹山雨，陰雲覆浦沙。春風三百樹，猶有未開花。

送汪進士挺遊嶺南字無上，號爾陶。嘉興人。崇禎〔註233〕癸未進士。有《曾城遺稿》。

獻歲發吳閶，《楚辭》：「獻歲發春兮，汨吾南征。」〔註234〕緣流抵建康。《輿地紀勝》：「晉武帝〔註235〕分秣陵北為建業，改業為鄴。後避隱帝諱，改為建康。」北風吹五兩，《淮南子》：「譬若倪之見風也。」〔註236〕《注》：「倪，候風者也，世謂之五兩。凡候風，以雞羽重五兩者繫五丈為旗。」幾日上潯陽。《一統志》：「潯陽江在九江府城北。」榕葉山城暗，梅花驛路長。見卷二。回思舊遊地，飛夢到君傍。按：第三語用李頎《送劉昱》詩句。

和曹使君憶姚州酒歌二首《浙江通志》：「紹興府餘姚縣，唐置姚州，後州廢，仍復為縣，屬越州。」按：曹倦圃有《姚州酒歌三首》，先生和歌亦三首，其三云：「往歲姚州酒初至，西陵市上鱠黃魚。只今萬里勞相憶，白墮春醪總不如。」此詩似作於客大同之時，編年有誤。

姚州白酒白於泉，曹溶《姚州酒歌》：「誰家新釀白於泉。」醉客何論三百錢。杜甫詩：「速宜相就飲一斗，恰有三百青銅錢。」〔註237〕十月糟牀初滿注，杜甫詩：「豫知秫黍收，已覺糟床注。」〔註238〕莫教焚卻子猷船。李白詩：「乘興嫌太遲，焚卻子猷船。」〔註239〕

曹娥江口晚潮低，《會稽志》：「曹娥江在會稽縣東南七十里，源出上虞縣，經

〔註230〕《曝書亭集》詩題作《同杜濬俞汝言屈大均三處士放鶴洲探梅分韻》。
〔註231〕此係自注。
〔註232〕國圖藏本眉批：「吾家」，見卷一《春晚過放鶴洲》。
〔註233〕「禎」，底本、石印本作「正」。
〔註234〕《招魂》。
〔註235〕「帝」，石印本無。
〔註236〕《齊俗訓》。
〔註237〕《偪仄行贈畢曜》。
〔註238〕《羌村》其二。
〔註239〕《寄韋南陵冰餘江上乘興訪之遇尋顏尚書笑有此贈》。

縣界北四十里，北入海。」**兩槳春船入會稽。最憶黃冠敧倒日，夕陽山色鑑湖西**。見卷二《鑑湖》。

聞東莞查明府舅培繼擢戶部書寄《一統志》：「東莞在廣州府城東南二百五十里，本番禺縣地。晉成帝始置寶安縣，屬東官郡。隋初，省郡以縣隸廣州。唐至德初，改為東莞縣。宋初，省入增城縣，尋復置。」《嘉興府志》：「查培繼，字王望，海鹽人。順治壬辰進士，除東莞縣知縣，有政聲，累遷江西副使。三署臬篆。折獄惟以理解，不妄鞭樸。先是居諫垣，疏減南折，浙東民至今猶感誦之。」

　　飛來雙燕子，胡太后《楊白花》：「春去秋來雙燕子。」**遠自羅浮山。為報神明宰**，《續漢書》：「度尚為上虞長，縣中謂之神明。」**青春萬里還。風煙辭粵嶠，車馬下秦關**。見前《席上留別》。**從此相思夢**，見卷二《送王汸》。**無煩到百蠻**。杜甫詩：「碑到百蠻開。」〔註240〕

寄顧處士有孝《明詩綜》：「字茂倫，吳江縣學生。《詩話》：『處士甄綜百家之詩，開雕分授，盛行於時。賓至輒留，江左有蘮菜孟嘗君之目。由其胸無柴棘，故月旦同辭。晚自稱雪灘釣叟。松陵女子沈關關刺繡作《雪灘濯足圖》，一經裝池，過江人士以不與題辭為恨。』」

　　東吳顧文學，念爾亦窮途。留客還雞黍，傾心及釣屠。江城三歲別，書札一行無。何日能相訪，扁舟范蠡湖。

別杜濬《明詩綜》：「字于皇，號茶村，黃岡人。有《變雅堂詩集》。」《漁洋詩話》：「杜茶村濬，初名詔先，僑居金陵，貧甚，屢客廣陵。」

　　石城烽火後，《金陵覽古》：「上元縣西五里石頭城最高處沿江築臺，以舉烽燧。」**孤客轉浮沉。乞食來吳市**，見卷一《放言》。**為園失漢陰**。見卷二《羚羊峽》。**襄陽耆舊傳**，見卷一《贈諸葛丈》。**荊楚歲時心**。《唐書·藝文志》：「宗懍《荊楚歲時記》一卷。杜公瞻《荊楚歲時記》二卷。」〔註241〕**還復扁舟去，淒其洛下吟**。《晉書·謝安傳》：「安本能為洛下書生詠，有鼻疾，故其音濁，名流愛其詠而弗能及，或手掩鼻以吟之。」〔註242〕

〔註240〕《送翰林張司馬南海勒碑》。

〔註241〕《新唐書》卷五十九。

〔註242〕卷七十九。按：《世說新語·雅量》劉孝標《注》引宋明帝《文章志》：「安能作洛下書生詠，而少有鼻疾，語音濁。後名流多學其詠，弗能及，手掩鼻而吟焉。」

同魏周二處士集鍾淵映宅遲俞汝言不至鍾字廣漢，嘉興人。有《信志堂遺集》。曹溶《序》：「廣漢生甲族，有令姿，績學研思，不舍晝夜。又以戶牖能困人也，方負書策遊京師，將大擴見聞，追古作者，而遽發病以卒。友人朱錫鬯簡其笥，得遺稿數卷，與同里數子先刻其詩以傳。」

城隅急雨漲溪沙，酒坐銅盤燭影斜。有約南樓懷謝監，謝靈運有《南樓中望所遲客》詩。沈約《宋書》：「靈運為祕書監。」**起看江水落江花**。杜甫詩：「江水江花豈終極。」〔註243〕

　　同作　魏璧

狂客尊前醉濁醪，怪君咫尺阻風濤。向來曾有雲門約，何日山陰上小舠。

　　又　王治皞

沉沉暮雨暗河梁，客裏逢君似故鄉。惆悵城南一尊酒，懷人誰與醉高陽。〔註244〕

　　又　周篔

百里雲帆去復迴，清尊虛閣晚涼催。空憐竹裏鳴琴坐，不見花前蠟屐來。

　　又　鍾淵映

六月孤城一雨飄，雲帆天際下江潮。尊前剪燭簷花落，憶爾西窗倍寂寥。

　　又　俞汝言

東武堂前尊酒開，雙湖駭浪起奔雷。嚴城縴下葳蕤鎖，明月如霜炤客杯。

　　又　項奎

昨日南樓讌，懷人到燭斜。風前吟未足，江水落江花。〔註245〕

寇至二首《采山堂集》：「歲庚子，寒山盜劫里人百餘，勒金取贖，致見害二十餘人。吾友王汸罹其難。」

百里寒山下，《嘉興府圖記》：「含山在陳山西北六里，嘉、湖兩府界中，若含物然。又四水涵之，亦名涵山。五河涇水出其下。」**萑苻遠近齊**。《左傳》：「鄭國多盜，取人於萑苻之澤。」〔註246〕**探丸分赤白**，《漢書·尹賞傳》：「元延間，長安少

　　　另，《世說新語·輕詆》：「人問顧長康：『何以不作洛生詠？』答曰：『何至作老婢聲！』」劉孝標《注》：「洛下書生詠，音重濁，故云老婢聲。」
〔註243〕《哀江頭》。
〔註244〕按：石印本先錄王治皞，再錄魏璧。
〔註245〕此所附同作，《曝書亭集》僅錄末一首，曰：
　　　　附《簡朱十》　　秀水項奎東井
　　　　昨日南樓讌，懷人到燭斜。風前吟未足，江水落江花。
〔註246〕昭公二十年。

年群輩殺吏，相與探丸為彈，得赤丸者斫武吏，得黑丸者斫文吏，白者主治喪。」〔註247〕**放溜各東西。都尉金爭摸**，陳琳《為袁紹檄豫州》：「操又特置發丘中郎將、摸金校尉，所過隳突，無骸不露。」**蚩尤霧忽迷**。《志林》：「黃帝與蚩尤戰於涿鹿之野。蚩尤作大霧，彌三日，軍人皆惑。黃帝乃令風後法鬥機作指南車，以別四方，遂擒蚩尤焉。」**今宵聞野哭，應有萬行啼。**

我友遭維縶，空留舊竹林。見卷一《哭王處士》。**徒聞鞭寧越**，〔註248〕**猶未釋陳琳。**《魏志·陳琳傳》：「琳避亂冀州，袁紹使典文章。袁氏敗，琳歸太祖。」〔註249〕**黃犢誠難賣**，見卷一《平陵東》。**青氈詎可尋。**《世說》：「王子敬有盜入其室。子敬曰：『青氈是吾家舊物。』」〔註250〕**垂堂原有誡，端不為千金。**里中王秀才冹為寇執至營中，家貧，無金可贖，遭害。〔註251〕《漢書·司馬相如傳》：「家累千金，坐不垂堂。」〔註252〕補注：《世說》：「鞭撻寧越，以立威名，恐非致理之本。」

壽姚太學瀚集杜字北若，秀水人。官生。尚書善長之孫。

五十白頭〔註253〕**翁，經書滿腹中。**〔註254〕**畏人成小築，**〔註255〕**把釣待秋風。**〔註256〕**黃卷真如律，**〔註257〕**清樽幸不空。**〔註258〕**看君多道氣，**〔註259〕**恥與萬人同。**〔註260〕

寄表弟查容字韜荒，海寧人。

查容倜儻無與儔，頻年題詩黃鶴樓。《唐詩選箋釋》：「李白過武昌，見崔

〔註247〕卷九十《酷吏傳》。
〔註248〕國圖藏本眉批：《世說》：「王安期作東海郡，吏錄一犯夜人。王問何處來，雲從師家受書還，不覺日晚。王曰：『鞭撻寧越，以立威名，恐非致理之本。』使吏送令歸家。」
〔註249〕《三國志》卷二十一。
〔註250〕按：《世說新語》無此語。見《晉書》卷八十《王獻之傳》。
〔註251〕此係自注。
〔註252〕卷五十七上。按：早見《史記》一百十七《司馬相如列傳》。
〔註253〕「白頭」，《逃難》作「頭白」。
〔註254〕《吾宗》。
〔註255〕《畏人》。
〔註256〕《送裴二虯作尉永嘉》。
〔註257〕《遣悶奉呈嚴公二十韻》。
〔註258〕《嚴公廳宴同詠蜀道畫圖》。
〔註259〕《過南鄰朱山人水亭》。
〔註260〕《敬簡王明府》。

顥《黃鶴樓》詩，歎服還，不復作，去而賦《金陵鳳凰臺》。其後一禪僧用此事作偈云：『一拳搥碎黃鶴樓，一腳踢翻鸚鵡洲。眼前有景道不得，崔顥題詩在上頭。』」《一統志》：「黃鶴樓在武昌府城西南隅黃鶴磯上，世傳仙人子安乘黃鶴過此。」**一朝攜家忽西下，掛席遠返荊門舟。**謝靈運詩：「掛席拾海月。」〔註261〕《一統志》：「荊門山在荊門州南五里。」《荊州記》：「郡西泝江六十里，南岸有山，名曰荊門。上合下開，達山南，有門形，故名。」**平生與予未相識，相逢意氣何相投。往時寒食一百五，**《荊楚歲時記》：「去冬節一百五日即有疾風甚雨，謂之寒食，禁火三日。」**鬭雞要我東城遊。**〔註262〕陳鴻《東城父老傳》：「玄〔註263〕宗在藩邸時，樂民間清明節鬭雞戲。及即位，治雞坊於兩宮間。索長安雄雞千數，養於雞坊。」**東城春寒吹細雨，**杜甫詩：「江上誰〔註264〕家桃樹枝，春寒細雨出疏籬。」**留我南軒長夜語。**坐中陳光緯。〔註265〕吳統持。〔註266〕**十數公，一時傾倒相矜許。呼僮將炙襄陽兒，**杜甫詩：「紫衣將炙緋衣走。」〔註267〕李白詩：「山公欲上馬，笑殺襄陽兒。」〔註268〕**喚婢監廚大堤女。**《後漢・禰衡傳》：「稚長可使監廚請客。」〔註269〕《襄陽志》：「古蹟有大堤城，即郡城也。」《樂府・襄陽樂》：「大堤諸女兒，花豔驚郎目。」**盤中尚進武昌魚，**《吳志・陸凱傳》：「童謠言：『寧飲建業水，不食武昌魚。』」〔註270〕**甕頭更出宜城醹。**曹植《酒賦》：「有宜城濃醪，蒼梧漂清。」《漢書・地理志》：「南郡縣宜城，故鄢，惠帝三年更名。」《寰宇記》：「大堤城即今宜城縣城也。」《國史補》：「酒則宜城之九醞。」〔註271〕**別來幾月不相聞，聞道新詩更軼群。九日登高還落帽，**見卷二《九日》。**三秋對酒定論文。**杜甫詩：「何時一尊酒，重與細論文。」〔註272〕**由拳城西白日短，**見卷一《題項叟畫柳》。

〔註261〕《遊赤石進帆海詩》。
〔註262〕國圖藏本眉批：曹植詩：「鬭雞東郊道。」唐杜淹有《詠寒食鬭雞應秦王教》師（開林按：當作「詩」）：
「寒食東郊道，揚鞲競出籠。」則寒食鬭雞，唐時風俗如此之特點綴春遊，不必以元宗事為證。
〔註263〕「玄」，底本、石印本作「元」。
〔註264〕「誰」，《風雨看舟前落花戲為新句》作「人」。
〔註265〕此係自注。《曝書亭集》同。江浩然《曝書亭詩錄》作「光緯」。
〔註266〕此係自注。
〔註267〕《相逢歌贈嚴二別駕》。
〔註268〕《襄陽曲》。
〔註269〕卷一百十下《文苑列傳下》。
〔註270〕《三國志》卷六十一。
〔註271〕卷下。
〔註272〕《春日憶李白》。

李白詩：「白日何短短。」〔註273〕寒風淒淒雪纂纂。舟楫傳君數往來，音書未得通情款。妻子猶從廡下居，見前《還家即事》。朋簪尚遣堂中滿。年來我亦善留賓，千金散盡空一身。李白《將進酒》：「千金散盡還復來。」不知生產緣何事，〔註274〕仍復飢寒傍路人。只今交道非疇昔，論心那得同金石。《漢書·韓信傳》：「項王使武涉往說信曰：『今足下雖自以為與漢王為金石交，然終為漢王所禽矣。』」〔註275〕空手徒令壯士慚，李白詩：「空手無壯士，窮居使人低。」〔註276〕因人遠道非長策。勸君有錢須愛惜，楊朱岐路見不悲，《淮南子》：「楊朱見歧〔註277〕路而哭之，謂其可以南可以北也。」阮籍窮途慟何益。見卷一《送林佳璣》。〔註278〕

送屠爌重入閩

閩嶠曾遊地，仙歌聽未終。花源凡幾曲，身入幔亭中。見卷十七《沖祐宮》。

梅市逢魏璧

前年逢君射襄城，《嘉禾志》：「射襄城在嘉興東北三十里，後廢。」山樓置酒懵平生。淳于一石飲未醉，《史記·淳于髡傳》：「日暮酒闌，合尊促坐，男女同席，履鳥交錯，杯盤狼藉，堂上燭滅，主人留髡而送客，羅襦襟解，微聞薌澤，當此之時，髡心最懽，能飲一石。」〔註279〕孟公四坐人皆驚。〔註280〕《漢書·陳

〔註273〕《短歌行》。
〔註274〕國圖藏本眉批：《漢書·高祖本紀》：「不事生產。」按：《史記·高祖本紀》、《漢書·高帝紀》均作「不事家人生產作業」。
〔註275〕卷三十四。
〔註276〕《登黃山凌歊臺送族弟溧陽尉濟充泛舟赴華陰》。
〔註277〕「歧」，《說林訓》作「達」。
〔註278〕康熙本《曝書亭集》此下有：
屈五來自白下期作山陰之遊
楚調聞高唱，吳航下舊京。涼秋八九月，招我固陵城。射的仙人去，籠鵝道士迎。明湖凡幾曲，攜手鏡中行。
同作　番禺屈大均
最恨秦淮柳，長條復短條。西風吹落葉，一夜別南朝。范蠡湖邊客，相將蕩畫橈。言尋大禹穴，直渡浙江潮。
按：詩題「屈五」，四庫本《曝書亭集》作「友人」。「番禺屈大均」，四庫本《曝書亭集》無。
〔註279〕卷一百二十六《滑稽列傳》。
〔註280〕國圖藏本眉批：遵本傳：「遵字孟公。嗜酒，每大飲，賓客滿堂。所到，衣冠

遵傳》：「時列侯有與遵同姓字者，每至入門曰陳孟公，坐中莫不震動。既至而非，因號其人曰陳驚坐云。」〔註281〕**今年逢君梅福市，潦倒龐疎已無比。**嵇康《絕交書》：「足下舊知我潦倒麤疎，不切事情。」**寒暑推移六七年，眼前貧賤猶如此。悲君失意成老翁，況復奔走隨西東。攬鏡不知頭盡白，逢人先說耳初聾。**王庭珪詩：「到處逢人說耳聾。」**山陰祁生賢地主，好奇往往相傾許。豈無上客朱用調。**〔註282〕**與姜，**廷梧。〔註283〕《漢紀》：「谷永與齊人樓護俱為五侯。」朱字子龢，山陰人。有《固亭遺稿》。**齊向高堂飯雞黍。哀絲急管何其多，酒酣坐起舞婆娑。魏生魏生奈爾何，百年強半成蹉跎。天生汝才豈牖下，何為抱膝徒悲歌。**

柯山

柯亭山下路，修竹暮紛紛。眾壑千尋暗，雙崖一徑分。沙光明草樹，日氣冷江雲。更憶中郎笛，見卷二《舟中望柯山》。寥寥不可聞。

送錢六霍朱大士曾同遊白下

高詠方從月下聞，《晉書·顧愷之傳》：「愷之、謝瞻連省月下，長詠。瞻每遙贊之。」〔註284〕**佳書猶未換鵝群。**〔註285〕《仙傳拾遺》：「山陰道士管霄霞求王羲之寫《道德經》，舉紅鵝一雙相贈而去。」陸龜蒙詩：「玄堪教鳳集，書好換鵝群。」〔註286〕**一朝竝馬金陵去，閒殺羊欣白練裙。**《宋書·羊欣傳》：「父不疑，初為烏程令。欣時年十二，王獻之為吳興太守。嘗夏月入縣，欣著新絹裙畫寢，獻之書裙數幅而去。」〔註287〕陸龜蒙詩：「重思醉墨縱橫甚，書破羊欣白練裙。」〔註288〕

懷之，唯恐在後。時列侯」云云。前數句不應刪去。蓋二句皆言飲酒，承第二句意也。

〔註281〕卷九十二《游俠傳》。

〔註282〕此係自注。

〔註283〕此係自注。

〔註284〕卷九十二《文苑列傳》。

〔註285〕國圖藏本眉批：「換鵝」事見羲之本傳。

〔註286〕《又次前韻酬廣文》。

〔註287〕卷六十二。

〔註288〕《懷楊臺文楊鼎文二秀才》。

同王二猷定登種山懷古 〔註289〕《輿地志》:「臥龍山舊名種山,又曰重山。」《水經注》:「文種城於越而伏劍於山陰,越人哀之,葬於重山。」

翠礎盤雲外,蒼山出水隈。樓從飛翼上,峰引臥龍迴。相宅先謀士,成功倚霸才。扁舟一以去,《史記‧越王世家》:「范蠡事越王,滅吳,報會稽之恥。以為大名之下,難以久居。乃裝其輕寶,乘舟浮海以行,終不返。」〔註290〕**高鳥至今哀。**《吳越春秋》:「范蠡為書遺種曰:『高鳥已散,良弓將藏;狡兔已盡,良犬就烹。』」〔註291〕**授命誰能爾,**《禮》:「臨難毋苟免。」〔註292〕《疏》:「謂有寇讐,為人臣子當致身授命以救之。」知幾不易哉。古碑猶宿草,春殿幾寒灰。流覽窮高下,川塗足溯洄。車書王會地,雲物怪遊臺。《吳越春秋》:「范蠡起遊臺於怪山,以為靈臺,仰觀天文,候日月之變怪。」**鄉路迷吳苑,**見前《秋柳》。按:此句作者自謂。**賓朋得楚材。**《左傳》:「惟楚有材,晉實用之。」〔註293〕按:此句指王二。**清言同謝許,妙道解宗雷。**陸龜蒙詩:「微譚何必減宗雷。」〔註294〕**不分征衣薄,寧愁落日催。成連能就我,**《說苑》:「伯牙嘗學琴於成連先生,三年不成。成連云:『吾師方子春在東海中,能移人情。』乃俱往,留伯牙曰:『子居習之,吾去將迎之。』刺船而去,旬日不返。伯牙延望無人,但聞海水洶湧,山林窅冥,歎曰:『先生移我情矣。』」〔註295〕**急為抱琴來。**李白詩:「我醉欲眠君且去,明朝有意抱琴來。」〔註296〕

雪中得內人信

河橋風雪斷歸航,遠信沉吟祇自傷。不道比來相憶苦,虛煩錦字十三行。《集古錄》:「法帖中《洛神賦》後殘缺,但存十三行。」

〔註289〕 詩題,康熙本《曝書亭集》作「同王二猷定登種山懷古招屈五大均」,四庫本《曝書亭集》作「同王二猷定登種山懷古招友人」。
另,國圖藏本眉批:此首宜刪。改題而存,未妥,且末二句合原題招友之意。改題則二句無著落矣。
〔註290〕 卷四十一。
〔註291〕 《史記》卷四十一《越王句踐世家》:「范蠡遂去,自齊遺大夫種書曰:『蜚鳥盡,良弓藏;狡兔死,走狗烹。』」
〔註292〕 《禮記‧曲禮上》。
〔註293〕 襄公二十六年。
〔註294〕 《奉和襲美夏景無事因懷章來二上人次韻》其一。
〔註295〕 《陳檢討四六》卷七《葉井叔悼亡詩序》「此則何須海上,伯牙亦遂以移情」注。按:《太平御覽》卷五百七十八《樂部十六‧琴中》引此,稱「《樂府解題》曰」。
〔註296〕 《山中與幽人對酌》。

古意二首

涼秋八九月，虞羲句。〔註 297〕遊子當遠行。寫心未及竟，轅馬顧我鳴。李陵詩：「轅馬顧悲鳴。」〔註 298〕我車駕君馬，我馬駕君車。徘徊四野中，執手且斯須。何用問遺君，樂府句。約指于闐玉。繁欽《定情詩》：「何以致殷勤，約指一雙銀。」《漢書·西域傳》：「于闐多玉石。」〔註 299〕上有龍子蟠，《焦仲卿妻詩》：「四角龍子蟠。」下有鴛鴦宿。繚以五色絲，青紅與碧綠。何景明詩：「手中色絲舊所治，青紅碧綠當自知。」〔註 300〕願君一分手，思我贈君時。潛淵與皎日，曹植《洛神賦》：「指潛淵而為期。」《詩》：「謂予不信，有如皎日。」〔註 301〕信誓終不移。《詩》：「信誓旦旦。」〔註 302〕

嚴冬十二月，蘇武詩：「寒冬十二月，晨起踐嚴霜。」〔註 303〕飛來雙白鵠。《豔歌何嘗行》句。錦字盤中詩，中央週四角。蘇伯玉妻《盤中詩》：「當從中央週四角。」君書我當報，我書君當開。徘徊一室中，庶以喻中懷。蘇武詩：「幸有絃歌曲，可以喻中懷。」〔註 304〕何用問遺君，卻月裁臂前。王均詩：「臂前卻月兩相連，本照君心不照天。」〔註 305〕縫以七孔鍼，《西京雜記》：「漢采女常以七月七日穿七孔鍼於開襟樓。」〔註 306〕著以同功縣。嵇含《伉儷詩》句。青紅與碧綠，五色絲相連。願君一置腹，思我寄君情。轆轤與車轂，輾轉何時平。《名義考》〔註 307〕：「轆轤，井上圓轉木收綆者。」顧況詩：「我心皎潔君不知，轆轤一轉一惆悵。」〔註 308〕《樂府》：「心思不能言，腸中車輪轉。」〔註 309〕

〔註 297〕《詠霍將軍北伐詩》其一。按：早見《漢樂府·豫章行》。
〔註 298〕《李陵錄別詩二十一首》其十二。
〔註 299〕卷九十六上《西域傳上》。
〔註 300〕《白紵歌七首》其五。
〔註 301〕《王風·大車》。
〔註 302〕《邶風·氓》。
〔註 303〕《李陵錄別詩二十一首》其七。
〔註 304〕《李陵錄別詩二十一首》其六。
〔註 305〕《行路難》。
〔註 306〕卷一。
〔註 307〕「名義考」，石印本作「按」。
〔註 308〕《悲歌》其四。
〔註 309〕《悲歌》。

寓山〔註310〕按：祁侍御世培寓山園有水明廊、讀易居、呼紅幌、讓鷗池、踏香堤、浮影臺、聽止橋、沁月泉、溪山草閣、茶塢、冷雲居、友石榭、太古亭、小斜川、松徑、櫻桃林、選勝亭、虎角菴、袖海瓶隱二十景。

草綠南園積雨餘，溪橋宛轉石門虛。山頭白鶴遙相待，知有仙人射的居。〔註311〕

同宋使君琬遊雲門山

頻年客會稽，愛茲山水幽。咫尺雲門寺，見卷二《山陰道歌》。經旬不出遊。朝霞開霽色，喜見風雨收。使君高興發，要我登輕舟。輕舟出遙汀，人語答清泠。流連石帆下，《夏侯爭先志》：「會稽山有石帆，山石危起，若數百幅帆。」遂至樵風涇。北船吹以南，南船吹以北。見卷二《若邪溪》。欲問仙人居，迢迢不可得。仙人張射侯，乃在雲中弋。一鶴西飛來，拾矢清谿側。《會稽記》：「射的山南有白鶴山，此鶴為仙人取箭。」鶴飛猶在沙，回流泛若邪。可憐誰家女，顏色如荷花。見前《越江詞》。新妝映碧水，一笑浣溪紗。見卷二《若邪溪》。如雲匪我思，《詩》：「雖則如雲，匪我思存。」〔註312〕但弄邪溪月。嫋嫋綠蘿煙，照見清輝發。際曉沖薄寒，更衣度林樾。鬱金蘭陵酒，李白《客中行》：「蘭陵美酒鬱金香。」酌以鸕鷀杯。一飲動一石，見前《逢魏璧》。不覺玉山頹。《世說》：「嵇叔夜之為人，其醉也，若玉山之將崩頹。」〔註313〕扶我上馬行，有似乘船迴。杜甫《飲中八仙歌》：「知章騎馬似乘船。」便蠟阮孚屐，見卷三《還家即事》。來登任公臺。〔註314〕昔賢多奇懷，眷此滄洲釣。見前《題東書草堂》。至今臺下泉，清風滿雲嶠。蕭蕭翠竹陰，隱隱哀猿嘯。猿嘯溪風生，動影搖空明。時從翠微半，一聽鍾鼓鳴。鐘聲來何遲，及此夕陽時。山尋子敬宅，見卷二《山陰道歌》。墻訪辨才基。黃汝亨《雲門山記》：「晉義熙中王大令所居，有五色雲見，詔建雲門寺。又進為辯才墻，辯才為智永和尚弟子，藏蘭亭真蹟，唐太宗遣御史蕭翼計取之，而厚

〔註310〕詩題，康熙本《曝書亭集》作「寓山訪屈五」，四庫本《曝書亭集》作「寓山訪友人」。

另，國圖藏本眉批：此首亦宜刪。

〔註311〕國圖藏本眉批：孔曅《會稽記》：「射的山遠望的的如射侯，故名射的。南有石室方丈，謂之射室，傳云羽人所遊憩。」

〔註312〕《鄭風·出其東門》。

〔註313〕《容止第十四》。

〔註314〕國圖藏本眉批：《雲門志略》：「任公子釣臺在陶宴嶺下。」

賚師。師即以所賜建墖。今就頹敗。」**明當凌絕頂，更讀秦皇碑。**《南史・范雲傳》：「竟陵王子良為會稽太守，雲為府主簿，王未之知。後尅日登秦望山，雲以山上有秦始皇刻石，此文三句一韻，人多作兩句讀之，竝不得韻，又大篆，人皆不識，乃夜取《史記》讀之，令上口。明日登山，子良令賓寮讀之，皆茫然。末問雲，雲曰：『下官嘗讀《史記》，見此刻石文。』進，乃讀之如流。子良大悅，因以為上賓。」〔註315〕

山陰送葉六燮還當湖
《續本事詩》：「《贈若邪小史》為葉星期作。」〔註316〕燮字星期，嘉善人。康熙庚戌進士。官寶應知縣。

畫舸乘風一葉輕，紅亭相送客相迎。最憐小史如初日，張翰《周小史詩》：「翩翩周生，婉孌幼童。年十有五，如日在東。」**不勸離筵到五更。**

按：星期時在宋觀察荔裳幕中，愛伶人某郎幼美，其友致之。是夕，已倗裝將還矣，執手不忍別，先生賦詩送之。

山陰客舍送高舍人還膠州
《山東通志》：「膠州在萊州府城南二百二十里。」

公子翩翩狐白裘，《史記・平原君傳・贊》：「平原君，翩翩濁世之佳公子也。」〔註317〕《孟嘗君傳》：「孟嘗君有一狐白裘，直千金，天下無雙。」〔註318〕**向予長揖返膠州。西陵松柏閶門柳，**《樂府・蘇小小歌》：「何處結同心，西陵松柏下。」《江南通志》：「蘇州府八門，西北曰閶門。」**繫馬春風何處樓。**

按：高閣老宏圖，山東膠州人。罷官後無所歸，客死會稽野寺中。閣老無子。此云公子者，殆閣老之姪以門蔭官舍人者與？

送蔣翰林超歸金壇
字虎臣，金壇人。順治丁亥探花，官翰林編修。有《綏菴集》。《一統志》：「金壇縣在鎮江府城東六十里。」

自聽驪駒唱，彌令客思牽。相逢才破月，惜別已殘年。紅葉山中屐，

〔註315〕《南史》卷五十七。另，《梁書》卷十三《范雲列傳》：「齊建元初，竟陵王子良為會稽太守，雲始隨王，王未之知也。會遊秦望，使人視刻石文，時莫能識，雲獨誦之，王悅，自是寵冠府朝。」
另，國圖藏本眉批：《史記・秦本紀》：「始皇三十七年，上會稽，祭大禹，望於南海，立石刻，頌秦德。」《范雲傳》可刪。
〔註316〕石印本無此空格。
〔註317〕卷七十六。
〔註318〕卷七十五。

翰林遊雲門，賦《紅葉詩》三十首。〔註319〕金沙渡口船。遙憑千里夢，飛度玉堂邊。蘇軾詩：「清夢時時到玉堂。」

萬歲通天帖歌贈王舍人作霖先生《書萬歲通天舊事》：「《萬歲通天帖》一卷，用白麻紙雙鉤書。勾法精妙，鋒神畢備，而用墨濃淡不露纖痕，正如一筆獨寫，識者謂非薛稷、鍾紹京不能，洵墨寶也。相傳武后從王方慶索其先世手跡，得二十八人書，取而玩之，謂曰：『此卿家世守，朕奪之不仁。』乃命善書者廓填成卷，仍命方慶正書標二十八人官世，設九賓觀於武成殿，而以墨蹟卷還方慶。蓋秘府儲藏，故罕題識，第有宋高宗用小璽，其後岳珂、張雨、王鏊、文徵明跋者四人而已。是卷向藏鄉先生項子長家。子長子德楨。德楨子聲國，字仲展，除知雅州事，卒於京師。予祖姑歸焉。乙酉之亂，祖姑避地深村，長物盡失，惟此卷納諸枕中。亂定，依然完好。予每詣祖姑，恒得縱觀。久之，祖姑沒，項氏日貧，嗣子遂售於人，轉入勢家。過眼雲煙，不復再睹矣。」〔註320〕

　　千金購墨妙，摹自萬歲通天年。《舊唐書·禮儀志》：「天冊萬歲二年，重造明堂成，號為通天宮。四月朔日，又行親享之禮，大赦，改元為萬歲通天。」〔註321〕**自從靖康亂人間，始覩真蹟傳。百年以來藏項氏，年時記得曾開覩。雖無烏衣四七人，**《譚賓錄》：「龍朔二年四月，高宗自書與遼東諸將，許敬宗曰：『陛下書法之妙，臣謂鍾、王不過是矣。』上謂鳳閣侍郎王方慶曰：『卿家合有書法。』方慶奏曰：『臣十代再從伯祖羲之，先有四十餘紙。貞觀十二年，先臣進，訖有一卷，臣近已進訖。臣十一代祖洽、九代祖詢、〔註322〕八代祖曇首、七代祖僧綽、六代祖仲寶、五代祖騫、高祖規、曾祖褒，並九代三從伯祖晉中書令獻之已下二十八人書，共十卷見在。』上御武成殿，召群臣取而觀之，仍令鳳閣舍人崔融作序，自為寶章集，以賜方慶，朝野榮之。」**尚有金輪十三字。**《唐書·則天皇后紀》：「長壽二年，加號金輪聖神皇帝。」〔註323〕**若非薛稷鍾紹京，**《唐書·薛稷傳》：「字嗣通。初，虞世南、褚遂良以書顯家，後莫能繼。稷外祖魏徵家多藏虞、褚書，故銳精臨仿，結體遒麗，遂以書名天下。」〔註324〕《鍾紹京傳》：「紹京，虔州贛人。以善書直鳳閣。

〔註319〕此係自注。

〔註320〕《曝書亭集》卷五十三。

〔註321〕《舊唐書》卷二十二。

〔註322〕《通典》卷二十七作「十一代祖導、十代祖洽、九代祖珣」。
　　　　　另，國圖藏本眉批：《宏簡錄》作「十一代祖導、十代祖洽、九代祖」，「詢」作「珣」。待攷。

〔註323〕《新唐書》卷四。

〔註324〕《新唐書》卷九十八。《舊唐書》卷七十三《薛稷傳》：「自貞觀、永徽之際，

武后時署諸宮殿、明堂及銘九鼎，皆其筆也。」〔註 325〕董其昌《唐通天進帖摹本跋》：「觀此帖雲花滿眼，奕奕生動，並其用墨之意，一一備具。王氏家風，漏泄殆盡，是必薛稷、鍾紹京諸名手雙鉤填廓，所云下真蹟一等。項庶常家藏古人名跡雖多，知無踰此。」**安能運腕如天成。銀鉤蠆尾細豪髮，**《書斷》：「索靖草書絕代，名銀鉤蠆尾。」**懸針垂露紛縱橫。**《法書要錄》：「曹喜善篆，小異於李斯，邯鄲淳師焉，略究其妙。韋誕師淳而不及也，善懸針垂露之法，後世行之。」〔註 326〕**表上中書勅開宴，九賓咸列武成殿。題扇書裙恍再逢，看朱成碧誰能辨。**王僧孺詩：「誰知心眼亂，看朱忽成碧。」〔註 327〕**由來神物難久留，昨日之日忽我遒。**李白詩：「棄我去者，昨日之日不可留。」〔註 328〕**留題已入他人室，想像空深異代愁。王郎生長山陰縣，弱年通籍金閨彥。**謝朓詩：「既通金閨籍，復酌瓊筵醴。」〔註 329〕江淹《別賦》：「金閨之諸彥，蘭臺之群英。」**贈我盈盈尺素書，君家勝蹟重相見。出門澒洞風塵多，願置懷中字不磨。**《古詩》：「置書懷袖中，三歲字不滅。」〔註 330〕**試將射的仙人鶴，籠作山陰道士鵞。**

按：《冊府元龜》云：「開成二年十月，詔天后所撰十二字，竝卻書其本字。」《宣和書譜》云：「則天出新意，持臆說，增減前人筆劃，自我作古，為十九字，曰：𠀑天、埊地、𡆠日、囝月、〇星、𠁈君、𠡦年、𠙺正、恵臣、曌照、𡔈戴、𡕀載、圀國、𡔖初、𤈦證、𥠢授、𤯔人、𨲢聖、𤯓生。當時臣下章奏與天下書契咸用其字，然獨能行於一世而止。唐之石刻載其字者，知其在則天時也。」詩中所稱「十三字」未詳。〔註 331〕

曝書亭集詩注卷三　　　　男　蟠　挍

虞世南、褚遂良時人宗其書跡，自後罕能繼者。稷外祖魏徵家富圖籍，多有虞、褚舊跡，稷銳精模仿，筆態遒麗，當時無及之者。」

〔註 325〕《新唐書》卷一百二十一。

〔註 326〕卷八。

〔註 327〕《夜愁示諸賓詩》。

〔註 328〕《宣州謝朓樓餞別校書叔雲》。

〔註 329〕《始出尚書省詩》。

〔註 330〕《古詩十九首》其十七（孟冬寒氣至）。

〔註 331〕國圖藏本眉批：按：孫奕《示兒編》載天后所撰字與此稍異，星作𡉑，君作𠁈，載作𡕀，戴作𡔈，初作𡔖，證作𤈦，匡乃父字，非人字，無匡字，止十六字。竊疑十八字中，天地日月星五字本古篆文，非則天所撰。除此五字，則為十三字。開成詔謂十二字者，當以曌為則天名，不復更易，其餘仍用本字，故謂十二字也。此詩言十三字，蓋總曌字在內耳。須再攷。

曝書亭集詩注卷四

嘉興　楊　謙　纂

桐鄉　程尚贊　參

重光赤奮若辛丑

元日對雪簡宋孝廉實穎字既庭，號湘尹，長洲人。順治庚子〔註1〕舉人，舉鴻博，放歸。官興化縣教諭。有《讀書堂集》。汪琬《說鈴》：「宋既庭實穎與宗弟疇三德宏俱以孝廉知名，時稱大宋、小宋。或問大宋何如人。予言：『阮思曠都不及真長、逸少，而能撮有諸人之勝。』」

令節他鄉會，春盤上客偏。《四時寶鏡》：「立春日，春餅生菜號春盤。」亂雲迷禹穴，見卷二《送舍弟》。獨鶴語堯年。《異苑》：「晉太康二年冬，大雪，南州人見二白鶴於橋下，曰：『今茲寒不減堯崩年。』遂飛去。」庾信賦：「鶴訝堯〔註2〕年之雪。」坐下山陰雪，無愁射的玄。《水經注》：「會稽有射的石，遠望如射侯。土人以占，暗則米貴。諺曰：『射的白，斛一百；射的玄，斛一千。』」明朝江口望，定有孝廉船。《世說》：「張憑謁丹陽尹劉惔，惔留宿。明日乃還船。須臾，惔傳覓張孝廉船，召與同載。」〔註3〕

上元南鎮逢蕭鍊師《唐六典》：「道士德高思精，謂之鍊師。」毛奇齡《徐伯調墓誌》：「蕭鍊師者，長年人也。從衡嶽來，止梅市。君既家梅市，與證之，大信。嘗與

〔註1〕趙弘恩監修、黃之雋編纂《江南通志》卷一百六十五作「辛卯」。
　　　卷一百三十一
〔註2〕「堯」，《小園賦》作「今」。
〔註3〕《文學第四》。

君坐,自喉鼻以下,若海潮汐,漰洞有聲,其骨節搖捩珊珊然。」《信志堂集》:「蕭時年一百四十歲。」

　　夏后藏書日,見卷二《南鎮》。**時巡到海阪。周王經野地**,《周禮》:「惟王建國,辨方正位,體國經野,設官分職,以為民極。」**作鎮表揚州。**《周禮·職方氏》:「東南曰揚州,其山鎮曰會稽。」**秩祀由來重,神功未易酬。河山維十道**,《唐書·地理志》〔註4〕:「太宗元年,始命併省,又因山川形便,分天下為十道:一曰關內,一曰河南,三曰河東,四曰河北,五曰山南,六曰隴右,七曰淮南,八曰江南,九曰劍南,十曰嶺南。」又:「江南道,其名山:衡、廬、茅、蔣、天目、天台、會稽、四明、括蒼、縉雲、金華、大庾、武夷;其大川:湘、灕、沅、澧、浙江、洞庭、彭蠡、太湖。」**封爵視諸侯。**見卷二《南鎮》。《禮》:「五嶽視三公,四瀆視諸侯。」〔註5〕**碧瓦雲旗繞,香煙石鼎浮。**韓愈《石鼎聯句詩序》:「彌明忽軒衣張眉,指鑪中石鼎,謂喜曰:『子雲能詩,能與我賦此乎?』」**笙簫陳里社,巫覡醉春秋。**《周禮注》:「《說文》:『巫,能齊肅事神明者。在男曰覡,在女曰巫。』今男女皆謂之巫,其通稱也。」《書傳》:「男曰巫,女曰覡。」此下「神仕」,《疏》:「男陽有兩稱,曰巫曰覡。女陰不變,直名曰巫。」**勝序**《梅里詩鈔》作「日」。**群賢至,先生靜者流。真形圖五嶽**,《黃帝傳》:「黃帝以四嶽皆有佐命之山,而南嶽孤特無輔,乃章詞三天,命霍山為儲君,潛山為衡嶽之副,以輔佐之。躬寫形象,為《五嶽真形圖》。」**遐想結三洲。**《梅里詩鈔》有「嗜酒從持榼,看山不下樓。泉香來白鹿,花暝臥青牛」兩聯。**絳縣年須數**,《左傳》:「絳縣人有與疑年,使之年。曰:『臣小人也,不知紀年。臣生之歲,正月甲子朔,四百有四十五甲子矣,其季於今,三之一也。』」〔註6〕**黃庭義可求。**《黃庭經》:「脾神常在字魂庭。」注:「脾中央即黃庭之宮。黃庭者,頭中明堂、洞房丹田也。」**終期御風去**,見卷二《大孤山》。**長袖挹浮丘。**《列仙傳》:「王子喬,周靈王太子晉〔註7〕也。好吹笙,作鳳凰鳴。遊伊洛間,遇道士浮丘公,接以上嵩山,四十餘年。後於山中見桓良,曰:『告我家,七月七日待於緱氏山。』至是,果乘白鶴至山頭,望之不得到,舉手謝時人而去。」

　　按:《白氏金針》:「凡詩四句,以第一句對三句,以第二句對四句,謂之扇對。」梅聖俞作《續金針》,乃引前人詩云「昔時花下留連飲,暖日夭桃鶯亂啼。今日江邊容

〔註4〕《新唐書》卷三十七。
〔註5〕《禮記·王制》。
〔註6〕襄公三十年。
〔註7〕「晉」,石印本無。

易別，淡煙衰草馬頻嘶」以證之。蘇東坡《和許朝奉》詩云：「邂逅陪車馬，尋芳謝脁洲。淒涼望鄉國，得句仲宣樓。」即其格也。先生起四句亦用此格。

伎席贈王二《西河詞話》：「江西王於一宿妓於壇山之息柯亭。禾中朱錫鬯曉過，於一尚未起，錫鬯隔幔坐待之，於一不知也。向妓誇生平貴介任俠，且曰：『吾雖老，猶將買汝置行窷矣。』錫鬯咥然，遂驚起慚責，幾成大隙。次日，坐客有問予於一作何語者，余誦張鶴門《醉公子》詞，云：『佯醉許佳人，千金贖汝身。』一座大噱。」〔註8〕

　　松樓竹館映清輝，半醉重窺玉女扉。王延壽《魯靈光殿賦》：「玉女窺窗而下視。」宋之問詩：「窗搖玉女扉。」〔註9〕我欲傳杯杯不放，落花如雪滿春衣。

山陰雨霽同楊大春華遊郊外飲朱廿二士稚墓下先生《貞毅先生墓表》：「庚子冬，疾亟，自歸安渡錢唐。以是年十二月日卒於家，年四十七。以辛丑二月葬於大禹陵西原。」〔註10〕

　　簞醪河邊閒杖藜，《西峰字說》：「簞醪河在府治西境。相傳句踐行師，日有饋壺漿者，跪受而覆水上流，乘流而飲。人百其勇，一戰遂有吳國，因以名之。」道逢酒伴相招攜。醉向南鄰抱被宿，杜甫詩：「抱被宿何依。」〔註11〕際曉不聽天雞啼。《淮南子》：「桃都山有大樹，名曰蟠桃枝。山上有天雞，日初出，照此木，天雞即鳴，天下雞隨皆應之。」醒來忽驚海日出，披衣卻步無東西。魏文帝詩：「披衣出戶步東西。」〔註12〕殘流小草水決決，舍南舍北猶春泥。杜甫詩：「舍南舍北皆春水。」〔註13〕揚〔註14〕雲不曉事，楊脩《答臨淄侯牋》：「脩家子雲，老不曉事。」虞集詩：「揚〔註15〕雄不曉事，守道棲棲者。」〔註16〕要我登會稽。香爐乍見紫煙起，見卷二。李白《望廬山瀑布》詩：「日照香爐生紫煙。」石簣尚有陰雲低。《會稽記》：「會稽山南有宛委山，其上有石簣，壁立千雲。昔禹治水，齋於此山，發石簣，得金簡玉字，因知山河體勢。」坐我石橋上，影落橋下

────────────────

〔註8〕國圖藏本眉批：俚事不足引，且與本詩無涉。
〔註9〕《奉和幸大薦福寺》。
〔註10〕康熙本《曝書亭集》卷七十二。四庫本《曝書亭集》刪此篇。
〔註11〕《送盧十四弟侍御護韋尚書靈櫬歸上都二十韻》。
〔註12〕《燕歌行二首》其二。
〔註13〕《客至》。
〔註14〕「揚」，石印本作「楊」。
〔註15〕「揚」，石印本作「楊」。
〔註16〕《書上京國子監壁》。

溪。笑看屐齒折，見卷二。未得凌丹梯。〔註17〕謝朓《敬亭山》句。敝車羸馬寒食下，《樂府》：「敝車羸馬為自儲。」〔註18〕孟浩然詩：「鬥雞寒食下，走馬射堂前。」〔註19〕感念同遊淚盈把。新鬼今從故鬼鄰，《左傳》：「吾見新鬼小，故鬼大。」〔註20〕百年誰是長年者。杜甫詩：「憂來藉草坐，浩歌淚盈把。冉冉徵塗間，誰是長年者。」〔註21〕我今持杯一勸君，有酒且對劉伶墳。李賀《將進酒》：「勸君終日酩酊醉，酒不到劉伶墳上土。」從教浣女溪頭麴，併入山陽笛裏聞。見卷一《哭王處士》。　補注：《參同契後序》：「與鬼為鄰。」

　　孫思九鉉曰：「以元、白之筆，寫嵇、阮之懷，讀之使人自遠。」

侯山讌集〔註22〕《浙江通志》：「侯山在紹興府城南九里。」《水經注》：「山孤立長湖中。晉車騎將軍孔愉少時遁世，棲跡此山。」

　　侯山山上放龜臺，《會稽後賢傳》：「孔愉，字康敬。嘗至吳興余不亭，見人籠龜於路，愉買而放於溪中。龜行至水，反顧視愉。及封此亭，三鑄印龜皆左顧。愉遂悟，遂取佩之。」《浙江通志》：「小隱園在山陰縣界，紹興府城西南鏡湖中侯山上，四面皆水。陸少師宰以為別墅，作賦歸堂、六有堂、退觀堂、秀發軒、放龜臺、蠟屐亭、明秀亭、挂頰亭、撫松亭。」百尺紅亭鏡裏開。試向花源齊列坐，如何蘭渚遠浮杯。《海錄碎事》：「山陰西南二十里有蘭渚，渚有亭，曰蘭亭。」巡簷浦樹迎人出，卷幔洲禽拂席迴。我欲臨風歌一曲，起行松月重徘徊。

蘭亭行贈朱大士曾

　　右軍三十三，〔註23〕修禊蘭亭中。《晉書·王羲之傳》：「羲之為右軍將軍。」〔註24〕羊欣《筆陣圖》：「王羲之三十三書《蘭亭序》，三十七書《黃庭經》。」王羲之《蘭亭序》：「會於會稽山陰之蘭亭，修禊事也。」一書蘭亭序，夭矯宛若天門龍。梁武帝《書評》：「王右軍書勢雄強，如龍跳天門，虎臥鳳閣。」我今生年

〔註17〕國圖藏本眉批：謝朓《敬亭山》詩：「要欲追奇趣，即此陵丹梯。」此非用全句。
〔註18〕《馬為自儲》。
〔註19〕《上巳洛中寄王九迴》。
〔註20〕文公二年。
〔註21〕《玉華宮》。
〔註22〕國圖藏本眉批：題下自注：「山系晉孔愉所居。」
〔註23〕國圖藏本眉批：按《東觀餘論》謂右軍以晉惠帝太安二年癸亥歲生，至穆帝升平五年辛酉歲卒，則永和九年癸丑年已五十一矣。此仍羊欣之悞。
〔註24〕卷八十。

與之同，秋蛇春蚓百不工。《晉書·王羲之傳·論》：「行行若縈春蚓，字字如綰秋蛇。」〔註25〕**朅來山陰道，柳青桃復紅**。謝尚句。〔註26〕**車如雞棲馬如狗**，《後漢·陳蕃傳》：「諺曰：『車如雞棲馬如狗，疾惡如風朱伯厚。』」〔註27〕**空使林泉落吾手**。杜甫詩：「扁舟落吾手。」〔註28〕**朝來蠟屐思入山，雨急風顛重回首**。杜甫詩：「朝來雨急春風顛。」〔註29〕**吾宗髯也書絕倫**，杜甫詩：「褚公書絕倫。」〔註30〕**頻過論書仍論文。臨池就我一題扇**，見卷二《贈王山人》。**世上俗學徒紛紛**。杜甫詩：「世上兒子徒紛紛。」〔註31〕**持觴勸君且傾倒，晴日今年去年少。曲水東流不待人，春風吹徧蘭亭草。**

梅市訪祁七明府熊佳〔註32〕留贈公子誠孫因憶亡友朱廿二七稚 熊佳字文載，山陰人。崇禎〔註33〕甲辰進士。南平知縣。誠孫字奕明。

出郭試尋梅福市，臨流不減仲長園。《後漢·仲長統傳》：「使居有良田廣宅，背山臨流，溝池環帀，竹木周布。」〔註34〕盧照鄰詩：「山水仲長園。」〔註35〕**白花結實垂垂綻**，杜甫詩：「幸結白花了。」〔註36〕**紅藥當階故故翻**。謝朓《直中書省》：「紅藥當階翻。」**公子風流能愛客，君家兄弟數開樽。重憐舊日同遊少，腸斷空山聽曉猨。**

山陰苦雨酬謝處士孔淵

坐見天門笑，《神異經》：「東荒山中有大石室，東王公居焉。與一玉女投壺，每投千二百矯。設有入不出者，天為之噓嘘；矯出而脫悞不接者，天為之笑。」〔註37〕

〔註25〕卷八十。

另，國圖藏本眉批：《羲之傳·論》：「子雲僅得成書，無丈夫之氣，行行」云云。

〔註26〕《大道曲》。

〔註27〕卷九十六。

〔註28〕《將適吳楚留別章使君留後兼幕府諸公得柳字》。

〔註29〕按：《偪側行贈畢四曜》：「曉來急雨春風顛。」

〔註30〕《發潭州》。

〔註31〕《醉歌行》。

〔註32〕四庫本《曝書亭集》作「熊佳一」。

〔註33〕「禎」，底本原作「正」。

〔註34〕卷七十九。

〔註35〕《三月曲水宴得尊字》。

〔註36〕《除架》。

〔註37〕國圖藏本眉批：《神異經》「天為之笑」下有注：「開口流光，今電是也。」

何時后土乾。《楚辭》:「后土何時而得乾。」〔註38〕遊人三月罷,煙樹六陵攢。見卷二《文昌閣》。苦雨同張協,〔註39〕江淹《雜體》有《張黃門協苦雨詩》。佳書報謝安。〔註40〕《晉書・謝安傳》:「時苻堅強盛,京師震恐。加謝安征討大都督,夷然無懼色。遂命駕出別墅,親朋畢集,方與玄圍棋賭別墅。安棋常劣於玄,是日玄懼,便為敵手而又不勝。安遂顧謂其甥羊曇曰:『以墅乞汝。』遂遊陟,至夜乃還。玄等既破堅,有驛書至,安方對客圍棋,了無喜色。」〔註41〕濠梁有高興,見卷二《光孝寺》。春水更宜看。

與朱二十九騄元約過楊大春華三江村居 騄元,士稚季弟。

獨樹原頭盡,三江牖口深。見卷十六《觀三江閘》。聞君理舟楫,許我共招尋。美醑千花露,生魚一寸針。鼉峰如可望,試作水仙吟。

贈祁七敹 字奕儀,山陰人。

曹娥江上草初齊,謝傅堂前日未西。元稹詩:「謝傅堂前音樂和,狗兒吹笛膽娘歌。」〔註42〕碧樹紅泉應有待,春來絲竹正堪攜。

贈沈華 一名華范,胤范之弟。毛奇齡贈詩有「賦就煙雲生四壁,畫成蛺蝶值千金」〔註43〕句。

沈生好畫兼好詩,昨朝和我春遊詞。臨風一曲歌未已,惱殺城南輕薄兒。〔註44〕《後漢・順陽懷侯嘉傳》:「當是長安輕薄兒悞之耳。」〔註45〕城南

〔註38〕《九辯》。
〔註39〕國圖藏本眉批:張協《雜詩》「黑蜧躍重淵」一首即苦雨詩。
〔註40〕國圖藏本眉批:題云酬謝處士,故借用謝安耳。此引謝安破苻堅事無涉。孫過庭《書譜》:「謝安素善尺牘而輕子敬之書。子敬作佳書與之,謂必存錄,安輒題其後答之,甚以為恨。」
〔註41〕卷七十九。按:《世說新語・雅量》:
　　謝公與人圍棋,俄而謝玄淮上信至,看書竟,默然無言,徐向局。客問淮上利害,答曰:「小兒輩大破賊。」意色舉止不異於常。
　　劉孝標注:
　　《續晉陽秋》曰:「初,苻堅南寇,京師大震。謝安無/懼色,方命駕出墅,與兄子玄圍棋。夜還乃處分,少日皆辦。破賊又無喜容,其高量如此。」
〔註42〕《追昔遊》。
〔註43〕《西河集》卷一百七十七《偕沈華范同住秦淮有贈》。
〔註44〕國圖藏本眉批:賈至詩:「醉殺長安輕薄兒。」
〔註45〕卷四十四。

游女明珠佩，見卷一《閒情》。青翰舟中時竝載。見卷三《山陰道歌》。生也經營意匠新，杜甫詩：「意匠慘淡經營中。」〔註46〕纖纖貌出當風帶。見卷一《無題》。明眸皓腕倚芳叢，曹植《洛神賦》：「明眸善睞。」又：「攘皓腕於神滸。」修短穠纖思不同。《洛神賦》：「穠纖得中，修短合度。」飛燕忽教辭漢殿，見卷一《無題》。西施不見入吳宮。《吳越春秋》：「越王得西施、鄭旦，飾以羅縠，教以行步，習於土城，教於都巷，三年學服，而獻吳王〔註47〕。」尤長花鳥工沒骨，《畫鑑》：「五代時，黃筌與子居寀竝善花卉，謂之寫生，妙在傅色，不用筆墨，但以輕色染成，謂之沒骨圖。」染草縈沙細如髮。杜甫詩：「縈沙惹草細如〔註48〕毛。」蝴蝶麻姑五色裙，《丹青野史》：「彩裙化蝶。」《羅浮志》：「仙蝶，仙人彩衣所化，大如盤而五色。」白居易詩：「霞爛麻姑裙。」〔註49〕蟠桃漢帝千年核。《漢武內傳》：「西王母以玉盤盛桃七顆，以四與帝，三自食。桃味甘美，帝輒一其核，欲種之。母曰：『此桃三千年一實。』帝乃止。」庾信詩：「漢帝看桃核。」〔註50〕新制齊紈更可憐，班婕妤《怨歌行》：「新制齊紈素，皎潔如霜雪。裁成合歡扇，團團似明月。出入君懷袖，動搖微風發。常恐秋節至，涼飆奪炎熱。棄捐篋笥中，恩情中道絕。」明朝催送下江船。煩君畫作相思樹，見卷一《東飛伯勞歌》。出入懷中敢棄捐。

彭山即事《浙江通志》：「彭山在紹興府會稽縣白馬山東。舊經云：彭祖隱居之地。」《續本事詩》：「竹垞嘗遊於越，賦《越江詞》云云，越之士女交相和之。一日，偕董處士齕入一大宅，觀彭山，覯三女子明豔，未嘗避人。朱逡巡而退，賦詩云。」

　　誰家三婦豔新妝，見卷一《閒情》。靜鑷葳蕤春日長。見卷一《靜夜思》。一出浣沙行石上，見卷二《若耶溪》。飛來無數紫鴛鴦。余延壽詩：「無數紫鴛鴦。」〔註51〕

重經彭山

　　猶憶清江舊板橋，門前曲水細通潮。垂楊不是傷心樹，那得長條更短條。

〔註46〕《丹青引贈曹將軍霸》。
〔註47〕石印本此處有「焉」字。
〔註48〕「如」，《風雨看舟前落花戲為新句》作「於」。
〔註49〕《和微之詩二十三首・和送劉道士遊天台》。
〔註50〕《道士步虛詞十首》其二。
〔註51〕按：非余延壽詩，出（唐）徐延壽《南州行》。

南鎮春遊詞〔註52〕《文類》四首其一云:「頻來花下失前期,坐見花飛春日遲。多事定情繁主簿,山南山北淚連絲。」〔註53〕其二云:「北渚佳人望漸稀,西江遊子澹忘歸。新詞唱盡梅花落,散作滕王蛺蝶飛。」時豫章王子猷定歌吳歈,山陰沉子胤範吹簫和之。其三云:「春林山市酒旗迎,才子東陽八詠成。不待綠窗明月上,玉簫先作鳳凰聲。」

黃衫白帢染緇塵,《西溪叢話》:「蔣防作《霍小玉傳》,書大曆中李益事。有一豪士,衣輕黃衫,挾朱筋彈,至霍,霍遂死。」《晉書‧五行志》:「初,魏造白帢,橫逢其前以別後,名之曰顏帢。永嘉之間,稍去其縫,名之曰無顏帢。」〔註54〕惆悵花時已暮春。總向越王城下住,扁舟須負五湖人。

同作　　毛奇齡〔註55〕

春船初發《西河集》作「兩槳」。白蘋開,十里橫塘晚未回。南鎮祠前北風起,《西河集》作「急」。夏王陵上雨飛來。

酬毛十九奇齡兼寄張五杉毛字大可,號齊於,又號初晴。蕭山人。舉宏博,授檢討。有《西河集》。張字南士,山陰人。

逝矣三春日,蕭然百尺岩。知君南浦上,朝夕望征帆。湖水蓴絲熟,櫻桃鳰鳥銜。《〈淮南子〉注》:「含桃,櫻桃也。以其為鸎所含食。」韋莊詩:「櫻桃〔註56〕鳥競鴿。」歸期今已近,好遣報張杉。

偕曹侍郎溶施學使閏章徐秀才緘姜處士廷梧張處士杉祁公子理孫班孫段橋玩月分韻得三字〔註57〕施字尚白,號愚山,宣城人。順治己丑進士,提學山東僉事,後遷江西參議道。舉宏博,改侍講。徐字伯調,會稽人。姜字桐音,山陰人。有《芳樹齋詩草》。

〔註52〕國圖藏本眉批:原集係先生晚年手定之本,有以字句未安復更易者,有以此詩改入他詩,有刪並數詩止存一二首者,有兩詩復出而或刪或存者。如多事定情二句已見《閒情》,故《春遊詞》止存此一首也。是編附載集外諸詩,殊非先生手定本意,應刪去。類此病者甚多,均宜刪。

〔註53〕見卷一《閒情八首》之三。

〔註54〕《晉書》卷二十七。按:《宋書》卷三十《五行志》:「初為白帢,橫縫其前,以別後,名之曰顏,俗傳行之。至晉永嘉之間,稍去其縫,名無顏帢。」

〔註55〕《曝書亭集》前有「蕭山」。

〔註56〕「桃」,《李氏小池亭十二韻》作「紅」,與上句「花落魚爭唼」對。

〔註57〕國圖藏本眉批:《西湖遊覽志》:「斷橋本名寶祐橋,自唐時呼為斷橋,豈以孤山之路至此而斷,故名之歟?元惟善《竹枝》有段家之名,楊、薩諸君亦稱斷橋。」按:《西湖遊覽志》卷二原作「元錢惟善」。

漠漠孤雲合，蒼蒼半嶺含。江山攜謝朓，《唐書·文藝傳》：「李白登華嶽
落雁峰，曰：『恨不攜謝朓驚人句，一問青天耳。』」〔註58〕風月助劉惔。《晉書·
劉惔傳》：「字真長，雅善言理。簡文帝初作相，與王濛並為談客。」〔註59〕劉義慶《世
說新語》：「劉尹惔云：『清風朗月，輒思玄〔註60〕度。』」〔註61〕臥柳維舟數，驚
烏繞樹三。魏武帝《短歌行》：「月明星稀，烏鵲南飛。繞樹三匝，何枝可依。」還
同牛渚夜，高詠信無慚。《世說》：「謝尚鎮牛渚，夜乘月汎江。會袁宏在舫中諷詠，聲
既清暢，辭又藻拔。久之，遣問，答曰：『是袁臨汝郎尚。』即迎近舟，與之談論，申旦不寐。」
〔註62〕

同王處士猷定施學使閏章陸處士圻泛舟西湖遇雨陸字麗京，一字景宣，別
號講山。錢塘貢生。有《從同集》。

東風吹落日，西下北高峰。《方輿勝覽》：「北高峰在靈隱山後，南高峰在南
山石塢煙霞洞後。」欲往南屏路，見卷十九《周上舍》。中流聽梵鐘。回船沙岸
火，驟雨石門松。不覺碧雲暮，涼煙生幾重。

觀海行贈施學士閏章

吾生空好遊，五嶽未登一。玉女青童笑向人，《黃庭經》：「青童，肝神。」
又：「仙人名青童君。」李白詩：「倚樹招青童。」〔註63〕問君婚嫁何時畢。《後漢·
逸民傳》：「向長，字子平。讀《易》至《損》、《益》卦，喟然歎曰：『我已知富不如貧，
貴不如賤，但未知死何如生耳。』男女娶嫁既畢，敕斷家事勿相關。肆意與同好北海
禽慶俱遊五嶽名山，竟不知所終。」〔註64〕揭來四月西湖邊，興盡卻返山陰船。
餘杭春酒亦不惡，〔註65〕葛洪《神仙傳》：「王方平過蔡經家，以千錢與餘杭老姥

〔註58〕《兩唐書》無此語。按：（唐）馮贄《雲仙雜記》卷一《搔首問青天》：「李白登
　　　　華山落雁峯，曰：『此山最高，呼吸之氣想通天帝座矣。恨不攜謝朓驚人詩來，
　　　　搔首問青天耳。』〔《搔首集》。〕」又，《陳檢討四六》卷十七《微萬柳堂詩文
　　　　啟》「或詩或賦，千章謝朓之詠」注：《李白傳》：「白嘗登華嶽落雁峰，曰：『恨
　　　　不攜謝朓驚人句，一問青天耳。』」
〔註59〕卷七十五。
〔註60〕「玄」，底本、石印本作「元」。
〔註61〕《言語第二十一》。
〔註62〕按：《世說新語》無此語。出《晉書》卷九十二《文苑列傳》。
〔註63〕《至陵陽山登天柱石酬韓侍御見招隱黃山》。
〔註64〕卷一百十三。
〔註65〕國圖藏本眉批：庾信詩：「美酒餘杭醉。」

市酒，得五斗許。」醉來只向壚頭眠。〔註 66〕宛陵施夫子，《江南通志》：「寧
國府，漢置丹陽郡，宛陵、春谷、涇、宣城四縣，治宛陵。」貽我觀海篇。〔註 67〕
吳歈會吟不足聽，李賀詩：「吳歈越吟未終曲。」〔註 68〕謝靈運《會吟行》，《注》：
「會謂會稽也。」高張齊瑟絙朱弦。顏延之詩：「高張生絕絃。」〔註 69〕曹植詩：
「齊瑟揚東謳。」〔註 70〕馬融《長笛賦》：「若絙瑟促柱。」《禮》：「清廟之瑟，朱絃
而疏越。」〔註 71〕我歌且謠未終曲，《詩》：「我歌且謠。」〔註 72〕風雨秦松振
崖谷。《東齊記事》：「秦始皇上泰山，遇風雨，休於樹下，因封其樹為五大夫。初不
言其為何樹也，後漢應劭作《漢官儀》，始言為松。蓋松在泰山之小天門，至劭時猶存，
故知其為松也。」天雞叫罷榑桑枝，〔註 73〕群飛海水搖空綠。《太玄〔註 74〕
經》：「海水群飛。」《古詩》：「捲簾天自高，海水搖空綠。」〔註 75〕東臨傑閣觀蓬
萊，《登州府志》：「蓬萊閣在府城北丹崖山巔，宋郡守朱處約建，實為山海登臨勝概。」
《史記·秦始皇紀》：「二十八年，徐市等上書，言海中有三神山，名曰蓬萊、方丈、
瀛洲。」〔註 76〕瀛洲草暖浮煙開。丹田玉闕了可覩，李白詩：「學道北海仙，
傳書蕊珠宮。丹田了玉闕，白日思雲空。」〔註 77〕空中照曜金銀臺。李白詩：「日
月照曜金銀臺。」〔註 78〕齊三士，《晏子春秋》：「齊公孫捷、田開疆、古冶子事景
公，勇而無禮。晏子言於公，餽之二桃，曰：『三子計功而食。』三子爭功，公孫捷、
田開疆以功不若冶，刎剄而死。冶曰：『二子死之，冶獨不逮。』亦自刎。」諸葛亮《梁
父吟》：「一朝被讒言，二桃殺三士。」魯兩生，《史記·叔孫通傳》：「通說上徵魯諸
生，共起朝儀。魯有兩生不肯行，曰：『公所事者且十主，皆面諛親貴。公往〔註 79〕

〔註 66〕國圖藏本眉批：岑參詩：「壚頭耐酒眠。」
〔註 67〕按：《愚山集》有《蓬萊看海市歌》。
〔註 68〕《江南弄》。
〔註 69〕《秋胡行》其九。
〔註 70〕《贈丁翼詩》。
〔註 71〕《禮記·樂記》。
〔註 72〕《魏風·園有桃》。
〔註 73〕國圖藏本眉批：《元中記》：「桃都山有大樹，曰桃都枝。上有天雞。日初出，
　　　　照此木，天雞即鳴。天下雞皆隨之。」
〔註 74〕「玄」，底本、石印本作「元」。
〔註 75〕《西洲曲》。
〔註 76〕卷六。
〔註 77〕《訪道安陵遇蓋還為余造真籙臨別留贈》。
〔註 78〕《夢遊天姥吟留別》。
〔註 79〕「往」，石印本誤作「得」。
　　　　另，國圖藏本眉批：《史記·叔孫通傳》：「公所事者且十主，皆面諛以得親貴。

矣，毋污我！』」〔註80〕**由來此地才華盛，我欲從公問姓名。更尋徐市尋仙去，親向蓬萊採藥行。**《秦始皇紀》：「三十七年，從江乘渡。並海上，北至琅邪。方士徐市等入海求神藥，數歲不得。乃詐曰：『蓬萊藥可得，常為大鮫魚所苦，故不得至。原請善射與俱。』」〔註81〕

曹侍郎席上送別顧工部大申還華亭鄒進士祗謨還晉陵二子將有入都之

役。〔註82〕《唐書·地里志》：「蘇州華亭，天寶十載析嘉興，置晉陵。武德中移屬常州。」〔註83〕顧本名鏞，字震雉，號見山，華亭人。順治壬辰進士。官工部郎中。有《鶴巢詩存》。鄒字許士，武進人。順治戊戌進士。有《遠志齋集》。

古寺登高盡，平湖向晚晴。琴書方燕息，車馬更逢迎。《史記·司馬相如傳》：「相如之臨邛，從車騎雍容閒雅甚都。」〔註84〕**置酒從曹植，**曹植《箜篌引》：「置酒高殿上，親友從我遊。」**同遊倦馬卿。**《漢書·司馬相如傳》：「長卿故倦遊。」〔註85〕杜甫詩：「劇孟七國最，馬卿四賦良。」〔註86〕**壺觴無算爵，**《儀禮》：「燕禮，賓兄弟交錯其酬無算爵。」〔註87〕**絲竹漸飛聲。近地多佳客，中筵忽送行。蒼茫浮水國，迢遞計王程。顧愷名元重，**見卷二《贈高儼》。**鄒陽賦莫輕。**《史記·鄒陽傳》〔註88〕：「景帝少弟〔註89〕梁孝王貴盛，亦待士。於是鄒陽、枚乘、嚴忌皆去之梁，從孝王遊。」**曳裾當日異，**鄒陽《上吳王書》：「臣飾愚陋，何王之門不可曳裾乎？」**畫壁一時傾。**杜甫詩：「何年顧虎頭，滿壁畫滄州。」〔註90〕《古夫于亭雜錄》：「顧大申善丹青，尤工設色。為詩精深華妙，兼有寄託。」**皎月衣裳好，微風羽扇清。**高湘詩：「謝安春渚餞袁宏，千里仁風一扇清。」〔註91〕**潮**

公往矣，毋污我！」此刪去「以得」二字，「往」字作「得」，悞。
【附：本書所用底本為哈佛燕京圖書館藏木山閣本，作「公往矣」，然國圖藏木山閣本（八冊、六冊二種）作「公得矣」。俟考。】

〔註80〕卷九十九。
〔註81〕卷六。
〔註82〕此係自注。
〔註83〕《御定佩文韻府》卷二十五之一。
〔註84〕卷一百十七。
〔註85〕卷五十七上。按：早見《史記》卷一百一十七《司馬相如列傳》。
〔註86〕《入衡州》。
〔註87〕《有司徹第十七》。
〔註88〕按：此語出《漢書》卷五十一《鄒陽傳》，非出《史記》。
〔註89〕「弟」，底本、石印本無，據《漢書》補。
〔註90〕《題玄武禪師屋壁》。
〔註91〕《和李尚書命妓餞崔侍御》。

回黃歇浦，見卷一。江入呂蒙城。《方輿勝覽》：「呂城去郡城二百五十里，呂蒙所築。」《一統志》：「在丹陽縣東五十四里。」聞有南征士，橫行北府兵。時有兵警。〔註92〕《晉書‧劉牢之傳》：「太元初，幼度北鎮廣陵。時符堅方盛，幼度多募勁勇，牢之與何謝等應還〔註93〕。幼度以牢之領精銳，百戰百勝，號『北府兵』，敵人畏之。」河橋分手處，前路若為情。

西湖竹枝詞六首楊維楨《西湖竹枝歌序》：「予閒居西湖者七八年，與茅山外史張貞居、苕溪鄭九成輩為倡和交，水光山色浸沉胸次，洗一時樽俎粉黛之習，於是乎有竹枝之聲。好事者流佈南北，名人韻士屬和者無慮百家。」

西子湖平鏡面揩，雷峰倒影像金釵。《臨安志》：「雷峰在淨慈寺前顯嚴院，有寶塔五層。傅牧《西湖勝蹟》云：『昔民雷就之所居，故名雷峰菴。世傳此峰眾山環繞，故曰中峰。』」雲鬟妝就石新婦，楊維楨《西湖竹枝歌》：「石新婦下水連空，飛來峰前山萬重。妾死甘作石新婦，望郎忽似飛來峰。」注：「石新婦，秦皇繫纜石是也。」香草為裙筍作鞵。白居易詩：「誰開湖寺西南路，草綠裙腰一道斜。」〔註94〕注：「孤山寺在湖洲中，草綠時，望如裙腰。」張籍詩：「楚筍結成鞵。」〔註95〕

山到婆留城下平，《吳越武肅王世家》：「鏐字具美。始誕之夕，鏐父寬方他適，隣人急奔告曰：『適過君家後舍，聞甲馬聲甚眾。』寬疾馳歸，而鏐已生，復有紅光滿室，寬怪之，將棄於邱氏之井。鏐大母知非常人，固不許。因小字曰婆留，而井亦以名。」橋從慶忌墳前橫。《湖壖雜記》：「慶忌墳在斷橋之右，高僅踰丈，其式似壺。按：昔闔閭殺王僚，僚子慶忌奔衛，要離誘其襲吳而刺之，似不應葬此也。即或葬此，春秋時未有浮圖，葬何以墳？非慶忌也明矣。非慶忌而繫之慶忌者，志謂墳前時有鐵棺浮出水上，或者闔閭以鐵棺沉慶忌骨於水中，其英爽恒露，而墳以名之歟？」郎家側近水仙廟，《杭州圖經》：「湖上有水仙王廟，在錢塘門外二里。」《輿地紀勝》：「水仙王廟即錢塘龍君廟也。」可識水仙王姓名。

西曲誰家窈窕娘，見卷一《閒情》。獨開小店松毛場。何年偷得江陵樣，

〔註92〕 此係自注。

〔註93〕 「還」，石印本作「選」。另，《晉書》卷八十四《劉牢之傳》：「牢之與東海何謙、琅邪諸葛侃、樂安高衡、東平劉軌、西河田洛及晉陵孫無終等以驍猛應選。」則此處「何謝」、「應還」當為「何謙」、「應選」。

〔註94〕 《杭州春望》。

〔註95〕 《贈太常王建藤杖筍鞋》。

織就女兒黃竹箱。《樂府·黃竹子歌》:「江邊黃竹子,堪作女兒箱。」李康成曰:「《黃竹子歌》、《江陵女歌》,皆今時吳歌也。」

岳王祠外舞臺偏,半在湖塘半在田。怕值油車蘇小小,《樂府·蘇小小歌》:「妾乘油壁車,郎騎青驄馬。何處結同心,西陵松柏下。」勸郎騎馬不如船。

養魚莊說養魚肥,白珽《西湖賦》:「魚莊曼衍,柳州縈帶。」《武林舊事》:「養魚莊在柳州楊郡王府。」放鶴亭看放鶴歸。《西湖志》:「放鶴亭在孤山。林逋隱此,蓄二鶴。每汎舟湖中,客至,童子縱鶴飛報,逋即歸。」妾在鳳凰山下住,《杭州府志》:「鳳凰山在府城南。南宋建都,嘗環入內苑。」生來不見鳳凰飛。

湖面蔘絲寸寸《西湖志》作「百尺」。長,為郎情好《西湖志》作「尋水」。作羹湯。王建詩:「洗水作羹湯。」朝雲吹散峰頭雨,日出團團雞子黃。《樂府》:「日從東方出,團團雞子黃。」

同作　　朱彝鑒〔註96〕

段家橋邊湖日陰,石新婦下湖水深。自從蘇小西陵去,松柏青青直到今。

于忠肅公祠

《明詩綜》:「于謙,字廷益,錢塘人。永樂辛丑進士。景陵踐祚,拜兵部尚書,加少保。英宗復辟,棄市。成化中,諡肅愍,改諡忠肅。」《明史·于謙傳》:「弘〔註97〕治二年,賜祠於其墓,曰旌功,有司歲時致祭。」

昔在狼山下,《畿輔通志》:「良山在宣府懷來衛西十五里,本名狼山。明成祖駐蹕於此,因改今名。」軍書犯近坰。六師輕朔漠,萬騎失雷霆。土木塵長滿,《畿輔通志》:「土木堡,遼名統幕城。明隸宣府東路。」《明史·英宗紀》:「十四年,瓦剌也先寇大同。下詔親征。命郕王居守。次宣府。至鷂兒嶺遇伏,全軍盡覆。次土木,被圍。師潰,死者數十萬。」〔註98〕龍蛇歲不寧。按:正統十三年,歲次戊辰。十四年,歲次己巳。辰屬龍,巳屬蛇,故云。豆田沙浩浩,《晉書·愍帝紀》:「童謠曰:『天子何在豆田中。』及帝如曜營,營實在城東豆田壁。」〔註99〕李華《弔古戰場文》:「浩浩乎平沙無垠。」黍穀路冥冥。《一統志》:「黍穀在懷柔縣東四十

〔註96〕《曝書亭集》作「秀水朱彝鑒千里」。
〔註97〕「弘」,底本、石印本作「宏」。
〔註98〕第十《英宗前紀》。
〔註99〕卷五。

里，亦名燕谷山。」**濟世須元老，長材總四溟**。杜甫詩：「天威總四溟。」〔註100〕
從容持國計，見卷十六《漕船》。**指顧悉兵形。瑕呂安群議**，《左傳》：「秦獲晉
侯，晉矦使郤乞告瑕呂飴甥，且召之。子金教之言曰：『朝國人而以君命賞，且告之
曰：孤雖歸，辱社稷矣。其卜貳圉也。』眾皆哭。晉於是乎作爰田。呂甥曰：『君亡之
不恤，而群臣是憂，惠之至也。將若君乎？』眾曰：『何為而可？』對曰：『徵繕以輔
孺子。諸矦聞之，喪君有君，羣臣輯睦，甲兵益多，好我者勸，惡我者懼，庶有益乎！』
眾說。晉於是乎作州兵。」〔註101〕**劉琨表外廷**。《晉書》：「劉琨、段匹磾相與歃血
同盟，翼戴晉室。遣右司馬溫嶠奉表，詣建康勸進。」〔註102〕**嗣王仍歷數，高廟
有神靈**。《漢書·車千秋傳》：「帝曰：『此高廟神靈使公教我。』」〔註103〕《名臣記》：
「郕王即皇帝位，改明年為景泰元年。當是時，賊酋擁太上皇大同城下勒降，大同人
登城謝曰：『賴天地社稷之靈，國有君矣。』至宣府城下，宣府人登城謝曰：『賴天地
社稷之靈，國有君矣。』至京城，京城人又謝曰：『賴天地社稷之靈，國有君矣。』由
是於肅愍公颺言曰：『豈不聞社稷為重，君為輕？』」**既罷金繒歃**，《漢書·賈誼傳》：
「今匈奴嫚侮侵掠，至不敬也，為天下患，至亡已也。而漢歲致金絮綵繒以奉之。」
〔註104〕**無煩白馬刑**。《戰國策》：「蘇秦曰：『今天下之將相，相與會於洹水之上，
通質，刑白馬以盟之。』」《明史·于謙傳》：「九月，景帝立。十月，敕謙提督各營軍
馬。而也先挾上皇破紫金關直入，窺京師。謙亟分遣諸侯，列陣九門外，身自督戰。
初，也先深入，視京城可旦夕下。及見官軍嚴陣待，意稍阻〔註105〕。叛閹喜寧嗾使
邀大臣迎駕，索金帛以萬萬計，復邀謙及〔註106〕王直、胡濙等出議。帝不許，也先
氣益沮。庚申，窺德勝門，戰又不利。又聞勤王師且〔註107〕至，恐斷其歸路，遂擁
上皇由良鄉西去。景泰元年三月，大同參將許貴奏，迤北有三人至鎮，欲朝廷遣使講
和。謙曰：『前遣指揮季鐸、岳謙往，而也先隨入寇。繼遣通政王復、少卿趙榮，不見

〔註100〕《秦州見敕目薛三璩授司議郎畢四曜除監察與二子有故遠喜遷官兼述索居凡
　　　　三十韻》。
〔註101〕僖公十五年。
〔註102〕徐陵撰、吳江吳兆宜注《徐孝穆集箋注》卷一《勸進梁元帝表》「封泰邊城，
　　　　私等劉琨之哭」注。按：房玄齡本《晉書》無。見《資治通鑑》卷九十《晉
　　　　紀十二》。
〔註103〕卷六十六。
〔註104〕卷四十八。
〔註105〕「阻」，《明史》卷一百七十作「沮」。下言「也先氣益沮」，當以「沮」為是。
〔註106〕「及」，石印本無。
〔註107〕「且」，石印本無。

上皇而還。和不足恃，明矣。況我與彼不共戴天，理固不可和。萬一和而彼肆無厭之求，從之則坐斃，不從則生變，勢亦不得和。」移檄切責。自是邊將無敢言講和者。」〔註108〕**北轅旋翠輦**，李商隱詩：「望斷平時翠輦過。」〔註109〕**南內啟朱扃。**《明史·英宗紀》：「景泰元年，遣侍讀商輅迎上皇於居庸關。上皇還京師，帝迎於東安門，入居南宮。八年，帝興疾，宿南郊齋宮。石亨、徐有貞等迎上皇復位。」〔註110〕**命已甘刀鑊，功真溢鼎銘。**任昉序：「功銘鼎彝。」〔註111〕**春秋隆代祀，俎豆肅維馨。**《于謙傳》：「景泰八年正月壬午，石亨與曹吉祥、徐有貞等既迎上皇復位，宣諭朝臣畢，即執謙與大學士王文下獄。誣謙等與黃竑搆邪議，更立東宮，又與太監王誠等謀迎立襄王子，嗾言官上之。坐以謀逆，處極刑。奏上，英宗尚猶豫。有貞進曰：『不殺于謙，此舉為無名。』帝意遂決。丙戌，改元天順。丁亥，棄謙市，籍其家，家戍邊。都督同知陳逵感謙忠義，收遺骸殯之。踰年，歸葬杭州。成化初，子冕赦歸，上疏訟冤，得復官賜祭。」〔註112〕杜甫詩：「清廟肅維馨。〔註113〕」**一自輶車至**，《晉書·輿服志》：「輶車，古之軍車也。」〔註114〕**難期堞火停。**見卷三《大閱圖》。**遺墟愁戰伐，大樹日飄零。**《後漢·馮異傳》：「諸將竝坐論功，異獨屏樹下，軍中號曰『大樹將軍』。」〔註115〕庾信《哀江南賦》：「將軍一去，大樹飄零。」**碧草空祠長，黃鸝過客聽。**杜甫詩：「映階碧草自春色，隔葉黃鸝空好音。」〔註116〕**霜鐘沉曉月，風牖繞明星。卞壺誰修墓**，《晉書·卞壺傳》：「蘇峻進攻青溪，六軍敗績。壺時發背創，猶未合，力疾而戰，死之。其後盜發壺墓，屍僵，鬢髮蒼白，如生〔註117〕，兩手悉拳，爪甲穿達手背。安帝詔給錢十萬，以修塋兆。」**巫陽數降庭。**宋玉《招魂》：「帝告巫陽曰：『有人在下，我欲輔之。魂魄離散，汝筮予之。』」**讖還思雨帝**，《九朝野記》：「正統末，京師旱。街巷小兒為土龍禱雨，拜而歌曰：『雨帝雨帝，城隍土地，雨若再來，還我土地。』成群噪呼，不知所起。未幾，

〔註108〕卷一百七十。
〔註109〕《曲江》。
〔註110〕《明史》卷十一《景帝本紀》，非《英宗紀》。按：江浩然《曝書亭詩錄》作「《明史·景帝本紀》」，是。石印本亦作「《明史·景帝紀》」。
〔註111〕《王文憲集序》。
〔註112〕卷一百七十。
〔註113〕《秦州見敕目薛三璩授司議郎畢四曜除監察與二子有故遠喜遷官兼述索居凡三十韻》。
〔註114〕《御定佩文韻府》卷六之二。
〔註115〕卷四十七。
〔註116〕《蜀相》。
〔註117〕《晉書》卷七十「如生」上有「面」。

有監國即位之事，繼又有復辟之舉。說者謂：『雨帝者，與弟；城隍者，郕王，再來還土地，復辟也。』以謠為有徵也。」碑欲墮江亭。遠水澄湖碧，流雲暗壑青。千年華表鶴，哀怨此重輕。蔡雍《又題曹娥碑》：「三百年後，碑冢當墮江中。」

徐吏部旭齡招飲西湖迴舟即事字敬菴，錢塘人。順治乙未進士。官至總河尚書。因河決捐身，諡清端。

吳姬纖手抱雲和，王昌齡詩：「斜抱雲和深見月。」〔註118〕花下迴船燭下歌。此夕緣流思竝載，愁人無那月明多。

施學使閏章招集湖舫

朝騎青驄馬，搖鞭似飛燕。《西京雜記》：「文帝自代還，有良馬九匹，一名飛燕騮。」〔註119〕張協《七命》：「駕紅陽之飛燕。」道逢尺一書，徐陵《答尹義尚書》：「所以降尺一之書，馳軺軒之使。」要我出芳甸。是時孟夏初，澹蕩南風遍。天公忽大笑，向下生雷電。竝見《山陰苦雨》。吾黨三五人，類古之狂狷。脫我尋山屐，見卷二《山陰道》。登艫接高宴。作使平頭奴，《樂府》：「作使邯鄲倡。」〔註120〕梁武帝詩：「平頭奴子擎履箱。」〔註121〕行廚具豐膳。雙絲白玉餅，見卷三《飲吳生宅》。勸飲嘉魴薦。江淹詩：「嘉魴得所薦。」〔註122〕向暝更移舟，浮嵐夜頻變。平湖靜無波，皎如一疋練。怳忽葑田中，《楊升庵集》：「《周禮》：『澤草所生，種之芒種。』注者不知其解。王氏《農書》云：『即江南之架田也。架田一名葑田，以木縛架為曲田，繫浮水面，以葑泥附木架上。即菰根也，根最繁而善糾結，上著泥土，去其蔓，便可耕種。江東、淮南二處皆有之。』東坡《請開杭之西湖》謂『水涸草生，漸成葑田』是也。」明滅金牛見。見卷二《表忠觀》。左持鸚鵡杯，李白《襄陽歌》：「鸕鶿杓，鸚鵡杯。」右把琉璃硯〔註123〕。李白詩：「琉璃硯水常枯槁。」一笑問主人，何似宣城縣。見前《觀海行》。試畫敬亭雲，潘佐《送人往宣州》詩：「謝安團扇上，為畫敬亭雲。」貽予白團扇。《南史·王摛傳》：「王儉常〔註124〕使賓客隸事，多者賞之。惟何憲為

〔註118〕《西宮春怨》。
〔註119〕卷二。
〔註120〕《雞鳴》、《相逢行》。
〔註121〕《河中之水歌》。
〔註122〕《雜體詩三十首》其二《李都尉陵從軍》。
〔註123〕「硯」，《曝書亭集》作「研」。
〔註124〕「常」，《南史》卷四十九作「嘗」，是。

勝，乃賞以五花簟、白團扇。摛後至，儉以所隸示之，曰：『卿能奪之乎？』摛操筆便成，文章既奧，辭亦華美，舉坐擊賞。摛乃命左右抽憲簟，手自挈取扇，登車而去。」〔註125〕

由淨慈寺登南屏山絕頂晚憩壑菴精舍《西湖志》：「淨慈禪寺在南山慧日峰下。南山亭在淨慈寺側。南屏山麓下有精舍曰壑菴，郡人汪之萼廬墓處也。」

南山色蒼翠，宛若屏風張。見卷十九《周上舍》。下視湖水深，十里浮清光。是時溪雨止，霽色開秋陽。吳娃蕩兩槳，送客上方塘。靜聽煙寺鐘，忽落翠微傍。綠蘿掛絕壁，紫葛懸層岡。層岡何盤盤，松林蔭岩日。公等皆好遊，我意雅相匹。入洞窺乳泉，登崖採蜂蜜。《本草》：「石蜜又名崖蜜，人以長竿刺出，多者至三四石。味醶色綠，比他蜜尤勝。」失道蒼耳中，李白有《尋魯城北范居士失道落蒼耳中見范置酒摘蒼耳作》。蒙茸久方出。出谷齊下山，遂叩中林關。山僧顧我笑，郭璞《游仙》：「靈妃顧我笑。」拍手磐石間。簷前桂樹白，鏡裏荷花殷。攀荷坐更遲，拂石影相竝。愛此精舍閒，留連日將暝。日暝未足愁，浮雲蔽崇丘。雷聲驚客聽，急櫂回孤舟。

吳山望浙江

一峰高出萬松寒，《臨安志》：「萬松嶺，舊圖經云：『在錢塘舊治正南，到縣一十里。嶺上夾道青松。白居易《夜歸》詩：萬株松樹青山上，十里沙堤明月中。』」磴道虛疑十八盤。《泰山志》：「十八盤，古曰環道石磴，轉折凡十有八。」近海魚龍吹宿霧，中天日月轉浮瀾。風帆岸壓明珠舶，仙樹花濃白石壇。舊是錦衣行樂地，《武肅世家》：「王親巡衣錦軍。有鄰嫗年九十餘，攜壺漿迎王，曰：『錢婆留寧馨富貴。』王下車拜之。王置酒高會，父老男婦八十歲以上者金尊，百歲者玉尊，王執爵上壽，製為還鄉歌。」江山真作霸圖看。

湖上贈蘭陵陳生《唐書·地理志》：「武德三年，以故蘭陵縣地置武進縣。」

西泠橋下水，《武林舊事》：「孤山有西泠橋，又名西村。」清擬惠山流。《慧山記》：「慧之為山，以泉名。唐人陸羽品為天下第二，故名第二泉，又名陸子泉。源出石中。」笑問蘭陵客，能來釀酒不。李白詩：「蘭陵美酒鬱金香。」〔註126〕

〔註125〕國圖藏本眉批：泛引無當。
〔註126〕《客中行》。
　　另，《曝書亭集》此下有：

夜過曹侍郎溶倦圃二首黃與堅《倦圃記》：「禾之西南隅名范蠡湖者，宋勸農使岳珂著書其所，迄今金陀遺跡猶可考。少司農曹秋岳先生於此濬流壘石，園以成。珂號倦翁，先生因以顏其園曰倦圃。」〔註127〕

水泛鷗夷宅，沙沉檇李亭。《嘉興縣志》：「縣西三十里本覺寺有檇李亭。城內金明寺前，舊亦立有檇李亭，石址尚存。」昏鐘藏古寺，修竹亂明星。轉信披衣慣，杜甫詩：「只作披衣慣。」〔註128〕仍看上馬醒。山翁餘興在，舉手笑重經。

初筵月已上，半醉榻頻移。罷奏飛龍引，蕭愨《臨高臺》詩：「舞逐飛龍引，花隨少女風。」長謠猛虎詞。時以《虎齧〔註129〕城》樂府見示。〔註130〕《靜惕堂集》作《齧城虎》。朱絃清廟瑟，見前《觀海行》。若木鄧林枝。《山海經》：「灰野之山有樹，青葉、赤華，名曰若木。日所入處。」《列子》：「夸父欲追日影，逐之於隅谷之際。渴欲得飲，赴飲河渭。河渭不足，將北走飲大澤。未至，道渴而死。棄其杖，屍膏肉所浸，生鄧林。鄧林彌廣數千里焉。」〔註131〕正喜羊何在，明當共和之。時周子篔、李子兆潢適在郡。〔註132〕謝靈運《登臨海嶠初發彊中作與從弟惠連見羊何共和之》。〔註133〕按：曹溶《錫鬯夜過園中》詩：「羊何能惠我，古意到柴門。」注：「錫鬯傳山子、青士將見訪。」所謂山子者，沈進也；青士者，周篔也。此云兆潢者，秋錦原名也。三注微有異。〔註134〕

寒夜集燈公房聽韓七山人晁彈琴兼送屈五還羅浮

韓生燕市來，夜向招提宿。本是悲歌擊筑人，援琴為鼓清商曲。安絃操縵夜三更，良久徘徊不出聲。坐使閒心遠，方聞逸響生。商風冷冷七絃遍，天馬空山忽不見。石上爭流三峽泉，平沙亂落瀟湘雁。聞道清商固最悲，不如清角更淒其。一彈試奏思歸引，再轉重愁雙燕離。此時晨鐘猶未撞，月露霜華滿深巷。四座無言歎息頻，篝燈欲滅風升降。羅浮道士思幡然，忽憶朱明舊洞天。種得梅花凡幾樹，泥成丹灶已千年。雲山告歸從此始，四百三十二峰裏。入海能馴海客鷗，攜琴便駕琴高鯉。

〔註127〕 可參卷五《題倦圃圖二十首》。
〔註128〕 《漫成二首》其一。
〔註129〕 國圖藏本眉批：「齧」，原集作「齒」。
〔註130〕 此係自注。
〔註131〕 《湯問第五》。另，《山海經‧海外北經》：「夸父與日逐走，入日。渴欲得飲，飲於河渭，河渭不足，北飲大澤。未至，道渴而死。棄其杖，化為鄧林。」
〔註132〕 此係自注。
〔註133〕 國圖藏本浮簽：《靈運傳》：「與族弟惠連、東海何長瑜、潁川荀雍、太山羊璿之為山澤之遊，時人謂之四友。」
〔註134〕 國圖藏本眉批：非有關於詩義者不必參校。惟兆潢為秋錦原名，宜注。

玄〔註135〕黙攝提格康熙元年壬寅

真如寺堵重建《嘉興府志》：「真如寺在縣南四里。唐至德二年立。大中十年，裴休捨宅為寺，改為正德院。宋祥符元年，改真如教院。嘉祐七年，建仁王護國堵。宣和十九年，方臘之亂，燬拆其址，南立賢首教院，西建華嚴閣。寺僧掘地，得銀堵像。慶元三年，即其址建堵。元末兵燹，堵幸存。正統間修。順治初，堵宇煨燼。十六年重建。」

舊湧仁王堵，李迴秀詩：「沙界仁王堵。」〔註136〕今開帝釋宮。蜂臺重攬勝，樊忱詩：「把菊作蜂臺。」〔註137〕龍藏古稱雄。沈約《內典序》：「足蹈慧門，學通龍藏。」皮日休詩：「取經海底開龍藏。」〔註138〕歷歷時堪紀，高高望未窮。地猶丞相宅，石是上軍功。戰火臨城日，飛塵浩劫中。魚羊乘乙酉，《前秦錄》：「建元十年十二月，有人入明光殿大呼，謂堅曰：『甲申乙酉，魚羊食人。悲哉，無復遺！』堅命執之，俄而不見。」象馬失西東。匠訝胡寬巧，見卷三《大閱圖》。圖看郭恕工。《宣和畫譜》：「郭忠恕有《雪山佛刹圖》。」〔註139〕經營還故跡，髣髴像新豐。見卷三《大閱圖》。點墨遺千界，《傳燈錄》：「摩醯首羅天猶是小千界。」梯雲上半空。燈前招怖鴿，《大智度論》：「有鷹逐鴿，鴿飛來佛邊住。佛影覆鴿，鴿身安隱，怖畏即除。」舄下數歸鴻。〔註140〕不有危標建，安知寶境崇。火珠將月滿，崔曙《明堂火珠》：「夜來雙月滿。」金冶與天通。《列仙傳》：「陶安公，冶師也。一日，有朱雀止冶上，曰：『安公安公，冶與天通。七月七日，迎汝以赤龍。』至期，赤龍來，安公騎之上昇。」盤峻宜承露，《洛陽伽藍記》：「永寧寺有九層浮屠刹，上有金寶瓶，有承露金盤，周匝皆垂金鐸。高風永夜，寶鐸和鳴，鏗鏘之聲聞及十餘里。」幡吹定繞風。見卷二《光孝寺》。留題存片碣，曹溶《順治己亥八月廿四日重建真如寺堵立柱覆頂功將告成喜古蹟再興紀事三十韻》詩：「題名仰鉅公。」注：「朱葵石首願捐修。」高詠後群公。曹溶、繆泳、鍾淵映皆有詩。白髮愁韋誕，《法書要錄》：「魏明帝起凌雲亭，使韋誕就榜題署，去地二

〔註135〕「玄」，底本作「元」。

〔註136〕不詳。

〔註137〕不詳。

〔註138〕《重送》。

〔註139〕此係自注。

另，國圖藏本眉批：《宣和畫譜》係原注。

〔註140〕國圖藏本眉批：儲光羲（開林按：原作「義」，誤）《慈雲塔》詩：「履下鴻雁飛。」

十五丈，誕危懼幾墜，鬚髮盡白。」炎颷靜祝融。《禮》：「其神祝融。」〔註141〕《左傳》：「火正曰祝融。」〔註142〕伽藍如可記，應比洛陽同。《隋書・經籍志》：「《洛陽伽藍記》五卷，後魏楊衒之撰。」〔註143〕補注：楊烱《惠義寺重閣銘序》：「梵天之宅，釋帝之宮。」庾信《五張寺碑》：「象馬無恡，衣裘是舍。」

採蓴

湖水清無底，蓴絲滑可憐。《埤雅》：「蓴逐水，性滑。」相要三五客，采采莫回船。坐恐葑田合，見前《招集湖舫》。生憎荇帶牽。袁桷詩：「風牽荇帶引帆行。」〔註144〕祇應櫻筍配，《秦中歲時記》：「長安四月已後，自堂廚至百司廚，通謂之櫻筍廚。」氈膩豈容前。

同作　　周篔

細蔓垂垂弱，輕舟個個添。參差方未已，採摘定無嫌。入饌銀絲滑，行廚翠釜黏。為憐滋味別，更下水晶鹽。

又　　朱彝鑒

四月湖流闊，三潭塔影低。最嫌絲滑膩，易脫掌東西。遠水旋教濯，歸舟亦可攜。家兄貯以瓦盆，攜歸長水。〔註145〕當筵嗤小陸，羊酪詎堪齊。

又　　鍾淵映〔註146〕

絲蓴先夏摘，何苦待秋風。入掌蟛蜞溜，緣流藻荇同。魚苗盛水滑，雉尾落盤空。一笑辭傖父，何勞蒜果饟。

湖上逢楊二給事雍建字自西，號以齋，海寧人。嘉興府學生。順治甲午、乙未聯捷，除知高要縣事，擢兵科給事中。歷仕至兵部左侍郎。有《撫黔奏疏》、《景疏樓詩文》等著。

零雨三年別，《詩》：「我徂東山，慆慆〔註147〕不歸。我來自東，零雨其濛。」

〔註141〕《禮記・月令》。又見《呂氏春秋・孟春》。
〔註142〕昭公二十九年。
〔註143〕卷三十三。
〔註144〕《覽社湖》。
〔註145〕此係原注。
〔註146〕《曝書亭集》作「秀水鍾淵映廣漢」。
〔註147〕「慆慆」，《豳風・東山》作「慆慆」。

又：「自我不見，于今三年。」晨風萬里遙。川塗思往日，舟楫復今朝。碧草
湖邊寺，青驄渡口橋。東山有絲竹，《晉書·王羲之傳》：「謝安嘗謂羲之曰：
『中年以來，傷於哀樂，與親朋別，輒作數日惡。』羲之曰：『年在桑榆，自然至此。
頃正賴絲竹陶寫。』」〔註148〕知爾定相邀。

同楊二給事飲徐給事惺舟中二首集唐徐字子星，號千園，江寧人。官至湖廣

布政。《文類》四首其二云：「山餅乳酒下青雲，青翰舟中有鄂君。時歌童甚盛。垂手亂
翻雕玉案，開箱驗取石榴裙。」其四云：「孤鴻落葉一扁舟，妙舞逶迤夜未休。但使玉
人能醉客，微軀此外復何求。」

仙侶同舟晚更移，杜甫。〔註149〕嬌歌急管雜青絲。岑參。〔註150〕相逢
苦覺人情好，杜甫。〔註151〕百罰深杯亦不辭。杜甫。〔註152〕

風吹〔註153〕洲渚錦帆開，杜甫。絲管啁啾空翠來。杜甫。〔註154〕此曲
祇應天上有，杜甫。〔註155〕須成一醉習池迴。杜甫。〔註156〕

夏日西湖同曹學士爾堪余山人懷汎舟待曹侍郎溶不至有感舊遊愴

然於懷作詩二首曹字子顧，嘉善人。順治壬辰進士，官侍講學士。有《南溪詩詞

文略》。余字淡心，別號鬒持老人，莆田人。有《味外軒藁》。

翠壑南屏下，微風細草薰。江淹《別賦》：「閨中風暖，陌上草薰。」山雷
焚斷墖，《湖壖雜記》：「雷峰墖，五代時所建。嘉靖時，東倭入寇，疑墖中有伏，縱
火焚墖，故其簷級皆去赤立童，然反成異致。」沙柳拂晴雲。白舫朝朝度，清歌
處處聞。芙蓉如可採，《楚辭》：「搴芙蓉於木末。」〔註157〕相約望夫君。《楚
辭》：「望夫君兮未來。」〔註158〕

〔註148〕卷八十。按：《世說新語·言語》：「謝太傅語王右軍曰：『中年傷於哀樂，與
　　　　親友別，輒作數日惡。』王曰：『年在桑榆，自然至此。正賴絲竹陶寫。』」
〔註149〕《秋興八首》其八。
〔註150〕《使君席夜送嚴河南赴長水》。
〔註151〕《戲贈閿鄉秦少公短歌》。
〔註152〕《樂遊園歌》。
〔註153〕「吹」，《送王十五判官扶侍還黔中》作「生」。
〔註154〕《渼陂行》。
〔註155〕《贈花卿》。
〔註156〕《王十七侍御搚許攜酒至草堂奉寄此詩便請邀高三十五使君同到》。
〔註157〕《九歌》之三《湘君》。
〔註158〕《九歌》之三《湘君》。

回首憐生事，驚心念物華。同攜今日酒，忽對去年花。何景明詩：「何期今日酒，忽對故園花。」〔註159〕驟雨翻青蓋，圓珠溜白沙。坐看雲色暝，余濕到山家。

送曾司理王孫之官漢中字道扶，嘉興人。順治戊戌進士。《一統志》：「陝西漢中府，春秋戰國時屬秦與楚，秦置漢中郡。」《梅里詩鈔》二首，其二云：「吳山楚水送行車，此去秦關逼歲除。試向嘉陵探丙穴，雙魚莫忘故人書。」

韓信臺前冷戰雲，漢王城北罷懸軍。《一統志》：「拜將壇在漢中府西南，漢王城在漢中府鳳縣南四十里。」張廷珪賦：「休石田之遠境，罷金甲之懸軍。」〔註160〕三秦父老還相語，《史記·淮陰侯傳》：「大王一舉而東，三秦可傳檄而定也。」〔註161〕國士無雙屬使君。《淮陰侯傳》：「蕭何曰：『諸將易得耳。至於信者，國士無雙。』」〔註162〕

西陵感舊

鄴下劉文學，《河南通志》：「彰德府，戰國魏之鄴地。魏曹操受封於此，稱為鄴都。」《〈魏志·王粲傳〉注》：「劉楨，字公幹，東平人。太祖辟為丞相掾屬。太子嘗宴諸文學，酒酣，命夫人甄氏出拜。坐中眾人咸伏，楨獨平視。太祖聞之，乃收治罪，減死輸作署吏。」〔註163〕陳留蔡議郎。《後漢·蔡邕傳》：「字伯喈，陳留圉人。拜郎中，按〔註164〕東觀，遷議郎。王允收付廷尉，死獄中。」〔註165〕後身那再託，商芸《小說》：「張衡死日，蔡邕母始懷孕。二人才貌甚相類，人云邕是張衡後身。」溫庭筠《蔡中郎墳》：「古墳零落野花春，聞說中郎有後身。」同調轉堪傷。白首憐金谷，潘岳《金谷集詩》：「投分寄石友，白首同所歸。」《世說》：「孫秀既恨石崇不與綠珠，又恨潘岳昔遇之不以禮。後收石崇，同日收岳。石先送市，亦不相知。潘〔註166〕後至，石謂潘曰：『安仁，卿亦復爾耶？』潘曰：『可謂白首同所歸。』岳《金谷集詩》乃成其讖。」青山棄北邙。見卷一《北邙山》。思歸應有夢，未許訴巫陽。見前《于忠肅公祠》。

〔註159〕《九日》。
〔註160〕張庭圭《請勤政崇儉約疏》，載《唐文粹》卷二十七。
〔註161〕卷九十二。
〔註162〕卷九十二。
〔註163〕《三國志》卷二十一裴松之《注》引「《典略》曰」。
〔註164〕「按」，石印本作「校」。
〔註165〕卷九十下。
〔註166〕「潘」，石印本作「潘岳」。

九日

九日烏程縣，《寰宇記》：「故烏程能釀酒，故名縣。」天寒菊自花。杜甫詩：「寒城菊自花。」〔註167〕遠山初過雁，淺渚舊平沙。歎逝黃壚隔，《世說》：「王濬沖經黃公酒壚，曰：『吾與嵇叔夜、阮嗣宗共飲此壚，竹林之遊，亦預其末也。』」〔註168〕登高白帢斜。重憐故鄉侶，載酒問誰家。

糒山橋觀漲《湖州府志》：「接山橋在迎禧門外，跨大溪，與糒山、仁王山相接，故名。舊名糒山橋。」

重陽連夜雨，初日泛層波。不上濠梁望，見卷三〔註169〕《光孝寺》。安知秋水多。《莊子》：「秋水時至，百川灌河。」淹留攀橘柚，想像駕黿鼉。江淹《恨賦》：「方駕黿鼉以為梁。」北渚漫愁思，《楚辭》：「帝子降兮北渚。」〔註170〕佳期奈別何。《楚辭》：「與佳期兮夕張。」〔註171〕

題峴山窊樽亭《浙江通志》：「峴山在湖州府烏程縣南五里。」《湖州府志》：「窊尊亭在峴山，唐大曆中建。」

醉殺烏程酒，《郡國志》：「古烏巾程林居此，能釀酒，因以酒名縣。」天寒不放船。從教騎馬去，日日峴山眠。

吳興客夜《晉書·地理志》：「吳興郡，吳置，統縣十一〔註172〕。」《南史·沈約傳》：「吳孫皓寶鼎二年，分吳郡為吳興郡。」〔註173〕

東武亭邊樹，《樂府·前溪歌》：「逍遙獨桑頭，北望東武亭。」棲烏夜半啼。江清楓葉下，天闊雁行齊。不寐仍杯酒，勞生此杖藜。誰家採菱調，《南史·劉苞傳》：「詔詠天泉池荷及採菱調，下筆即成。」〔註174〕髣髴度前溪。《寰宇記》：「前溪在烏程縣南，東入太湖，謂之風渚，夾岸悉生箭箬。晉車騎沈玩家於此。《樂府》有《前溪曲》，玩所製。」

〔註167〕《遣懷》。
〔註168〕《傷逝第十七》。
〔註169〕按：「三」當作「二」。
〔註170〕《九歌·湘夫人》。
〔註171〕《九歌·湘夫人》。
〔註172〕「十一」，《晉書》卷十五《地理志下》作「十」。
〔註173〕卷五十七。按：早見《宋書》卷一百《自序》。
〔註174〕卷三十九。
　　　　另，國圖藏本眉批：樂府有《採菱曲》，應攷《解題》等書補入。所引《劉苞傳》應刪。

由碧浪湖泛舟至仁王寺飯句公房《湖州府志》：「碧浪湖在府城南二里，一名
峴山瀳，一名玉湖。中為浮玉山，與歸安分界。」又：「仁王寺在府城北鳳凰山，唐文
喜禪師創，肅宗御書寺額。」

　　我愛仁王寺，來從碧浪湖。到門千樹合，登閣一峰孤。仙梵迷高下，
香雲忽有無。坐愁風雨至，還與飯秋菰。

白雀寺鄭元慶《石柱記釋》：「法華山即今白雀，夾道松陰，坡陀直上。」皎然詩：
「路入松聲遠更奇，山光水色共參差。」〔註175〕蘇東坡題曰青蓮道場。

　　竹徑何年寺，松門百丈岩。野雲平石磴，江日冷楓杉。水落青蓮湧，
談鑰《湖州府志》：「法華山，《太平寰宇記》謂之石斗山，王羲之嘗遊處焉。梁尼道蹟，
號總持，得法於達磨，居卞山，晝夜誦《法華經》，二十年不下山。後歸寂，即葬其處。
大同元年，塔內忽生青蓮花，道俗異之，州郡錄實表奏，敕置法華寺。」花飛白雀
銜。《法華寺志》：「道蹟每持經時，有白雀旋繞，若聽法狀，又稱白雀寺。」五湖看
在望，生計有蒲帆。

對酒酬周賓兄弟

　　去作西陵別，來從下若還。《輿地志》：「若溪在長興縣，南曰上若，北曰下
若。村人取下若水釀酒，醇美勝雲陽。」慇懃杯酒在，試說道場山。《湖州府志》：
「道場山在府城南十里，舊名雲峰。後人建寺奉佛，謂之道場山。」

送曹侍郎備兵大同二首《一統志》：「大同府，秦為雲中、雁門、代郡地。」

　　司農議論朝端重，《通典》：「漢置大司農，掌倉儲。」唐有司農卿，明併入戶
部。《宋書·王弘〔註176〕傳》：「臣弘〔註177〕忝承人乏，位副朝端。」副相聲名輦
下聞。《漢書·百官公卿表》：「御史大夫，秦官，掌副丞相。有兩丞，秩千石。一曰
中丞，監御史。」《漢書·司馬遷傳》：「得待罪輦轂下。」豈意尚煩西顧策，《詩》：
「乃眷西顧。」〔註178〕翻教暫領朔方軍。《漢書·衛青傳》：「青復出雲中，西至
高闕，遂至於隴西，走白羊、樓煩王，取河南地為朔方郡。」〔註179〕河邊遠道人

〔註175〕《法華寺上方題江上人禪空》。
〔註176〕「弘」，底本、石印本作「宏」，據《宋書》卷四十二改。
〔註177〕「弘」，底本、石印本作「宏」。
〔註178〕《大雅·皇矣》。
〔註179〕卷五十五。按：《史記》第五十一《衛將軍驃騎列傳》：
　　　　令車騎將軍青出雲中以西至高闕。遂略河南地，至於隴西，捕首虜數千，畜
　　　　數十萬，走白羊、樓煩王。遂以河南地為朔方郡。

千里，天外鄉書雁幾群。王灣詩：「鄉書何處達，歸雁洛陽邊。」〔註180〕沈佺期詩：「北望衡陽雁幾群。」〔註181〕**到日關城春色早，李陵臺畔柳紛紛。**《一統志》：「李陵臺在大同府城西北五百里，古雲內州境，高三丈餘。」

關榆蕭瑟二庭空，李益詩：「邊霜昨夜墮關榆。」〔註182〕《後漢·南匈奴傳》：「於是匈奴分破，始有南北二庭焉。」〔註183〕《楊升庵外集》：「二庭者，沙鉢羅可汗建庭於睢合水，謂之南庭；吐陸建牙於鏃曷山，謂之北庭。二庭以伊列水為界，所謂南單于、北單于也。」〔註184〕**堠火平安九塞通。**見卷三《大閱圖》。《淮南子》：「九塞：太汾、澠阨、荆阮、方城、殽阪、井陘、令疵、句注、居庸。」〔註185〕《注》：「太汾在晉，澠阨、殽阪皆在弘〔註186〕農郡，荆阮、方城皆在楚，井陘在常山，令疵在遼西，句注在雁門陰館，居庸在上谷阻陽之東。」**往日連師驚朔漠，**謝惠連《雪賦》：「河海生雲，朔漠飛沙。」**只今市馬互西東。**《五代史》：「明宗時，沿邊置場市馬，諸夷皆入市中國。」〔註187〕**黃河天上三城戍，**李白《將進酒》：「君不見黃河之水天上來。」杜甫《野望》：「西山白雪三城戍。」〔註188〕《一統志》：「大同府，魏文帝築三城，俗以日沒城為黃昏城，早起城為雞鳴城，並日中城為三。」**畫角霜前萬里風。知有馮唐論將帥，**《皇清詩選》〔註189〕俱作「略」，誤。《漢書》：「顧問馮唐，與論將帥。」〔註190〕**不令魏尚久雲中。**《史記·馮唐傳》：「臣竊聞魏尚為雲中守，匈奴遠避，不近雲中之塞。」〔註191〕

將之永嘉曹侍郎餞予江上吳客韋二丈為彈長亭之曲並吹笛送行歌以贈韋即送其出塞 《浙江通志》：「溫州府，晉為永嘉郡。」

韋郎舊隸羽林籍，《漢書·百官公卿表》：「武帝太初元年初置建章營騎，後

〔註180〕《次北固山下》。

〔註181〕《遙同杜員外審言過嶺》。

〔註182〕《聽曉角》。

〔註183〕卷一百十九。

〔註184〕楊慎《丹鉛總錄》卷六《二庭》。

〔註185〕《地形訓》。

〔註186〕「弘」，底本、石印本作「宏」。

〔註187〕《舊五代史》卷一百三十八《外國列傳二·黨項》、《新五代史》卷七十四《四夷附錄第三·黨項》。

〔註188〕《野望》。

〔註189〕按：「選」下空三格，似應補其他書名，方與「俱」相符。石印本「選」下作「詩觀」。

〔註190〕卷九十四上。

〔註191〕卷一百二。

更名羽林騎。又取從軍死事之子孫養羽林，官教以五兵，號羽林孤兒。」〔註192〕**曾向營門教吹笛。不聽吳中白雪音**，見卷三《題祁六》。**定呼鄴下黃鬚客。**《魏志・任城威王彰傳》：「太祖喜，持彰鬚曰：『黃鬚兒竟大奇也！』」〔註193〕王維詩：「不〔註194〕數點下黃鬚兒。」**平原相見轉相親**，《史記・平原君傳》：「平原君趙勝者，趙之諸公子也。諸子中勝最賢，喜賓客，蓋至者數千人。」〔註195〕劉庭芝詩：「與君相向轉相親。」〔註196〕**置酒誇君坐上賓。**下若《皇清詩選》作「北海」。**尊罍朝未罄，東山絲竹夜還陳。閒來坐我花間奏，玉洞飛泉響**〔註197〕**岩溜。古調多傳關馬詞**，《續弘〔註198〕簡錄》：「關漢卿，解州人。工樂府，箸北曲六十本。」《涵虛子》：「馬致遠《漢宮秋》等十三本，如鵬搏九霄。」**新聲似出康王授。**《詩話》：「王九思，字敬夫，鄠縣人。康海，字德涵，武功人。同里同官，以瑾黨放逐沂東、鄠杜之間，相與過從談讌，徵歌度曲，以相娛樂。萬曆間，廣陵顧小侯所建遊長安，訪求曲中七十老妓，令歌康王樂府。其流風餘韻，關西人猶能道之。」〔註199〕**問我東行到海壖**，《皇清詩選》作「邊」。**日斜江上慘離筵。還將北雁南飛曲，催送錢塘楚客船。船人攂鼓津頭泊，紅葉千山富春郭。**《後漢・嚴光傳》：「除為諫議大夫，不屈，乃耕於富春山，後人名其釣處為嚴陵瀨焉。」〔註200〕《注》：「今杭州富陽縣也。本漢富春縣。」謝靈運詩：「宵濟漁浦潭，旦及富春郭。」〔註201〕**忽作邊秋出塞聲**，《晉書・樂志》：「《出塞入塞曲》，李延年造。」**江楓岸柳紛紛落。哀絃促管不堪聽**，謝靈運詩：「慷慨命促管。」〔註202〕**賓御聞之亦涕零。**鮑照詩：「離聲斷客情，賓御皆涕零。」〔註203〕**掛席遠移嚴子瀨**，謝靈運詩：「目覩嚴子瀨。」〔註204〕**看山直上謝公亭。**《溫州府志》：「永嘉

〔註192〕卷十九上。

〔註193〕《三國志》卷十九。

　　　　另，國圖藏本眉批：《魏志・曹彰本傳》：「征烏丸，所向皆破。見上，歸功諸將。太祖」云云。此數語不宜刪。

〔註194〕「不」，《老將行》作「肯」。

〔註195〕卷七十六。

〔註196〕劉希夷（一名庭芝）《公子行》。

〔註197〕「響」，《曝書亭集》作「向」。

〔註198〕「弘」，底本、石印本作「宏」。

〔註199〕按：錄自江浩然《曝書亭詩錄》，注「《列朝詩集》」。

〔註200〕卷一百十三《逸民列傳》。

〔註201〕《富春渚詩》。

〔註202〕《道路憶山中詩》。

〔註203〕《代東門行》。

〔註204〕《七里瀨詩》。

縣城北孤嶼山有謝公亭。」**聞君欲問雲中戍，雪消飲馬長城去。**《樂府》有《飲馬長城行》。《一統志》：「長城在大同府城北一十里，秦築。」**廣武營邊折柳時，**《一統志》：「廣武城在大同府馬邑縣南八十里。」**黃瓜阜**《感舊集》作「葫蘆河」，《清詩初集》、《名家詩選》作「胡盧河」。**上題書**《皇清詩選》作「詩」。**處。**《水經注》：「桑乾水又東南逕黃瓜阜。」《一統志》：「黃花山在大同府山陰縣北四十里，一名黃瓜堆。」**司農舊**《清詩初集》作「自」。**是出群才，此日征西幕府開。試向尊前歌一曲，梅花飛徧李陵臺。**《演繁露》：「笛亦有《落梅》、《折柳》二曲。今其曲亡，不可考矣。」胡應麟詩：「梅花齊落李陵臺。」〔註205〕

孫鉉曰：「送侍郎是主，韋郎是客，篇中客多於主，而結處歸重遠戍，仍是主客分明。」音調和暢，即以笛言，桓伊、李謩也。按：此詩送韋是主，孫氏謂送侍郎是主，謬。〔註206〕

舟行酬王明府世顯 字亦世，漢陽人。順治戊戌進士。官永嘉知縣。

君從漢陽來，《唐書·地理志》：「鄂州江夏郡漢陽縣。」**飲我宜城酒。**見卷三《寄查容》。**酒盡沙頭津吏迎，乘潮直泝錢塘口。憶別西陵各惘然，東山零雨已三年。一朝遠作瀛壖吏，千里重浮夏口船。**《名勝志·南齊志》云：「晉庾翼為江州，治夏口。宋江夏郡治夏口，則今之郡理耳。」**君家兄弟文章在，**謂孝廉士乾。〔註207〕漁洋文：「崇禎〔註208〕中，楚名士首漢陽二王。二王者，士乾懷人、世顯亦世。」**夙昔聲名遍湖海。此去題詩孤嶼亭，白雲青草遙相待。**《浙江通志》：「謝客巖，謝靈運書《白雲曲》、《春草吟》於石崖，今已蕪沒，惟謝客巖三篆字尚存。下有春草池。」**我欲看山到永嘉，不辭蠟屐向天涯。謝公正有同舟興，相與揚帆采石華。**〔註209〕謝靈運詩：「揚帆采石華。」〔註210〕

〔註205〕《塞上曲八首》其六。
〔註206〕國圖藏本眉批：孫評謬甚。此詩以韋郎送行為主，而送韋出塞是余意，結處特因韋而及侍郎，何曾以送侍郎為主耶？
　　　　　沈評亦不必存。況已革謚，尚稱文愨，何耶？
〔註207〕此係自注。
〔註208〕「禎」，底本原作「正」。
〔註209〕國圖藏本眉批：《臨海志》：「石華附石，肉可啖。」
〔註210〕《遊赤石進帆海詩》。

七里瀨經嚴子陵釣臺作宋謝參軍翱有《西臺痛哭記》。〔註211〕《輿地志》：「七里瀨在東陽江下，與嚴陵瀨相接，有嚴山。桐廬縣南有嚴子陵釣魚處。今山邊有石，上平，可坐十人，臨水，名為嚴陵釣壇也。」

七里嚴陵瀨，平生眺覽初。江山誰痛哭，天地此扶輿。韓愈《送廖道士序》：「清淑之氣蜿蟺，扶輿磅礴而鬱結。」竹暗翻朱鳥，謝翱《西臺痛哭記》：「乃以竹如意擊石，作楚歌招之曰：『魂朝往兮何極，暮來歸兮關水黑，化為朱鳥兮有咮焉食。』歌闋，竹石俱碎。」灘清數白魚。駱賓王《應詰》：「余以三伏時，行至七里灘，此地即新安江口也，有嚴子陵釣磯焉。澄潭至清，洞徹見底，往往有群魚戲歷如空中。人有釣者，試取餌投之。」扁舟如可就，杜甫詩：「扁舟吾已就，把釣待秋風。」〔註212〕吾亦釣臺居。

蘭溪道中懷遠《方輿勝覽》：「蘭溪在金華縣西七里，一名瀫水，岸多蘭茝，故名。」

近郭開門一水居，別來消息近何如。銀絲細鱠蘭江鯉，不見佳人錦字書。宋之問詩：「願得佳人錦字書。」〔註213〕

雙溪《一統志》：「雙溪在金華府城南，其源有二，一出東陽縣大盆山，一出處州縉雲縣。與東陽、義和二溪合流，故名。」

小店雙溪口，官橋百尺長。登盤魚赤尾，薩都剌《蘭溪舟中》：「水底霞天魚赤尾。」〔註214〕入市棗青筐。菽乳成絲細，《蔬食譜》：「《禮》云：『啜菽飲水。』菽，豆也。今豆腐條切淡煮，蘸以五味。」「菽乳」，見《孫作集》。姜牙〔註215〕配豉良。不知前路去，何處石為羊。《神仙傳》：「皇初平者，蘭溪人也。年十五，家使牧羊。有道士見其良謹，便將至金華山中，四十餘年，不復念家。其兄初起行山尋索，遂得相見。問初平：『羊何在？』曰：『近在山東耳。』初起往視之，但見白石而還。初平與俱往看之，叱曰：『羊起。』於是白石皆變為羊數萬頭。」

金華道上夢遊天台歌《東陽記》：「此境即會稽西部，嘗置都尉理此。梁武帝改置金華郡，以金星與婺女爭華，故曰金華。而郡正當婺女分野雲。」《仙都志》：「鼎湖金蓮華飄墜東陽，故名金華。」《浙江通志》：「天台山在台州府天台縣北三里。」

〔註211〕此係自注。
〔註212〕《送裴二虯作尉永嘉》。
〔註213〕《桂州三月三日》。
〔註214〕國圖藏本眉批：赤尾即頳尾也。注引薩都剌詩乃形容霞色，與句語義何涉耶？
〔註215〕「牙」，康熙本《曝書亭集》同，四庫本《曝書亭集》作「芽」。

　　吾聞天台山高一萬八千丈，《臨海經》：「天台上應臺星，超然秀出。山有八重，視之如一帆，高一萬八千丈，周圍八百里〔註216〕。」石橋遠掛藤蘿上。《西峰字說》：「自神跡石迄於華頂，凡有八重，而赤城石橋最著，即孫綽賦『瀑布飛流而界道』也。」飛流直下天際來，李白詩：「飛流直下三千尺，疑是銀河落九天。」〔註217〕散作哀湍眾山響。杜甫詩：「壞道哀湍瀉。」〔註218〕《南史·宗炳傳》：「撫琴動操，欲令眾山皆響。」〔註219〕燭龍銜日海風飄，《山海經》：「鍾山之神，名曰燭陰，視為晝，瞑為夜，吹為冬，呼為夏。身長千里，人面蛇身，赤色，又名燭龍。天不足西北，無陰陽消息，故有燭龍銜火精以照天門也。」猶是天雞夜半潮。《異物記》：「伺潮雞，潮水上則鳴。」積雨自懸華頂月，《一統志》：「華頂峰在天台縣東北六十里，高萬丈，絕頂，東望滄海，俗稱望海尖。」明霞長建赤城標。《會稽記》：「赤城山上〔註220〕色皆赤，巖岫連杳，狀如雲霞。」孫綽《天台山賦》：「赤城霞起以建標。」我向金華問客程，蘭谿谿水百尺清。金光瑤草不可拾，《廣異記》：「謝元卿至東嶽夫人所居，有異草，曰：『此金光草也，食之壽與天齊。』」許邁《與王逸少書》：「自天台至臨海，在在多金堂玉室、紫芝瑤草。」杜甫詩：「相〔註221〕期拾瑤草。」夢中忽遇皇初平。手攜綠玉杖，李白《廬山謠》：「手持綠玉杖，朝別黃鶴樓。」引我天台行。天台山深斷行路，亂石如羊紛可數。忽作哀猨四面啼，青林綠篠那相顧。我欲吹簫駕孔鸞，璿臺十二碧雲端。《會稽記》：「天台山有仙室璿臺。」入林未愁苔徑滑，孫綽賦：「踐莓苔之滑石。」〔註222〕到面但覺松風寒。松門之西轉清曠，桂樹蒼蒼石壇上。孫綽賦：「八桂森挺以凌霜。」〔註223〕雲鬟玉洞展雙扉，二女明妝儼相向。李群玉詩：「二女明妝共儼然。」〔註224〕李頎詩：「鐵鞘金環〔註225〕儼相向。」粲然啟玉齒，郭璞《游仙》句。對客前致詞。昨朝東風來，吹我芳樹枝。山桃花紅亦已落，問君採藥來何遲。麴房置酒張高宴，枚乘《七

〔註216〕「周圍八百里」，石印本作「周圍有八百餘里是也」。
〔註217〕《望廬山瀑布》。
〔註218〕《玉華宮》。
〔註219〕卷七十五《隱逸列傳上》。按：早見《宋書》卷九十三《隱逸列傳》。
〔註220〕「上」，《太平寰宇記》卷九十八引《會稽記》作「土」，是。石印本正作「土」。
〔註221〕「相」，《贈李白》作「方」。
〔註222〕《遊天台山賦》。
〔註223〕《遊天台山賦》。
〔註224〕《黃陵廟詩》。
〔註225〕「環」，《崔五六圖屏風各賦一物得烏孫佩刀》作「鐶」。

發》：「往來遊讌，縱态於麴房隱閒之中。」**芝草胡麻迭相勸。**《神仙傳》：「劉晨、阮肇入天台，二女遂忻然如舊相識，曰：『來何晚耶？』因要還家。西壁東壁各有羅帳，帳角有懸鈴，金銀交錯。各有數侍婢，使令具饌，有胡麻飯、山羊脯、牛肉，甚美。食畢行酒，俄有群女持桃。子笑曰：『賀女婿來。』酒酣作樂，夜後各就一帳宿，婉態妹絕。至十日，求還。苦留半年，歸思甚切。女遂相送，指示還路。鄉邑零落，已十世矣。」**不記仙源路易迷，樽前只道長相見。覺來霜月滿城樓，悅忽天台自昔遊。仍憐獨客東南去，不似雙溪西北流。**李白詩：「獨憐一雁飛南海，卻羨雙溪水〔註226〕北流。」

黃龍寺《括蒼彙紀》：「黃龍寺在縉雲縣西北十二里，唐乾寧三年建。」

　　黃龍隘口黃龍寺，法鼓空林十里聞。謝靈運《過瞿溪山飯僧詩》：「清霄颺浮煙，空林響法鼓。」**故老尚談元總管，成功實倚耿將軍。**《明史稿》：「耿再成，字德甫，五河人。從太祖取金華，為前鋒，屯縉雲之黃龍山以遏敵衝。與胡大海破石抹宜孫於處州，克其城，守之。」**蕭條象馬金輪地，**庾信《五張寺碑》：「象馬無怯，衣裘是舍。」《首楞嚴經》：「彼金寶者，明覺立堅，故有金輪保持國土。」**寂寞山河鐵券文。**《史記・高祖功臣侯年表》：「封爵之誓曰：『黃河如帶，泰山若礪。國以永寧，爰及苗裔。』」〔註227〕《漢書・高帝紀》：「高祖與功臣剖符作誓，丹書鐵券，金匱石室。」〔註228〕《金史・百官志》：「鐵券以鐵為之，狀如卷瓦，刻字畫襴，以金填之，外以玉寶為合，半留內府，以賞殊功也。」〔註229〕**古往今來意無限，**《鶡冠子》：「往古來今，事郭為郵。」**仙壇瑤草幾斜曛。**

蔣廣文薰留飲縉雲學舍為談仙都之勝字聞大，號丹崖，嘉興梅里人。著《留素堂集》。先生《蔣君墓誌》：「崇禎〔註230〕九年，舉鄉試。授縉雲縣儒學教諭。縣經亂，無學舍，乃僦居樊氏宅。宅，故延平訓導阜所遺，有天際樓，羣山羅列案前，阜詩所云『烏柏蔭我牆，白茅覆我屋』者也。」〔註231〕《唐書・地理志》：「處州縉雲郡，本括州永嘉郡，天寶元年更郡名。縉雲，上。聖曆元年析括蒼及婺州之永康。有〔註232〕縉雲山。」皇甫汸《仙都草堂記略》：「仙都在括蒼之縉雲，去邑二十餘人，

〔註226〕「水」，《寄崔侍御》作「解」。
〔註227〕卷一十八。
〔註228〕卷一上。
〔註229〕卷五十八。
〔註230〕「禎」，底本原作「正」。
〔註231〕《曝書亭集》卷七十五《知伏羌縣事蔣君墓誌銘》。
〔註232〕「有」，石印本作「置」，《新唐書》卷四十一《地理志》，原作「有」。

道書所謂第二十九洞天，軒後龍昇地也。唐天寶間，有綵雲起李溪源，覆繞獨峰之頂，廣樂殷殷，響振林樾。刺史苗奉倩上其事，遂名仙都，而縉雲義亦昉此。」

軒後丹砂就，乘龍上紫清。李白《飛龍引》：「黃帝鑄鼎於荊山，鍊丹砂。丹砂成黃金，騎龍飛上太清家。」**不知滄海畔，**見卷四《食鮧魚》。**亦有鼎湖名。**薛應旂《青田山水志》：「石門洞舊在榛莽間，劉宋時，永嘉守謝靈運性好遊覽，始覓此洞。今其上有所謂軒轅丘者，蓋靈運偶得此勝，故假軒轅以贊其為神仙境界耳。後人不察，遂真以為黃帝於此升仙。而縉雲亦有所謂鼎湖，不知黃帝升仙之地在今陝西中部之橋山，固不當為疑似之說也。」**故人家住梅溪上，渡口扁舟日來往。一別柴門已二年，看山忽作仙都長。要予松下飯胡麻，言自仙都道士家。時有仙童來海市，或看玉女載河車。**李白《飛龍引》：「長雲河車載玉女。」《黃庭經》：「北方正氣名河車，東方甲乙成丹砂。」注：「河車是水，故取北方之象。」**一朝風雨青天注，馬跡龍髯不知處。**見卷二《衣雲閣》。**蓮花一片天上來，從風飄落東陽去。**見前《金華道上》。**東陽游女弄潺湲，素舸**〔註233〕**緣流濯足還。**見卷一《閒情》。**笑拾飛花看不足，當歌明月出雲間。廣文先生居四壁，**《唐書·鄭虔傳》：「玄〔註234〕宗愛虔才，欲置左右，以不事事，更置廣文館，以虔為博士。」〔註235〕杜甫詩：「廣文先生官獨冷。」〔註236〕**青山無數堂階側。採藥曾迷阮客蹤，**薛應旂《縉雲諸山志》：「阮客洞在縣東九十里，邑人阮客樓隱之處。唐李陽冰題洞額，鐫石峰上。」**窪樽舊是陽冰宅。君去仙都訪道書，金龍玉簡定何如。**《東齋記事》：「道家有金龍玉簡，學士院撰文，具一歲中齋醮，投於名山洞府。金龍以銅製，玉簡以階石製。」**他時倘入神仙窟，**雲翹夫人詩：「藍橋便是神仙窟，何必崎嶇上玉京。」〔註237〕**攜手同騎白鯉魚。**陸龜蒙詩：「早晚來騎白鯉魚。」〔註238〕

縉雲雜詩十首

吏隱山《縉雲諸山志》：「吏隱山在縣東北五十步，一名窪尊山。唐縣令李陽冰秩滿，嘗遊息於此，築忘歸臺。石壁間刻吏隱山三字，陽冰所書也。」

〔註233〕「舸」，四庫本《曝書亭集》作「阿」。

〔註234〕「玄」，底本、石印本作「元」。

〔註235〕《新唐書》卷二百二《文藝列傳中》。

〔註236〕《醉時歌》。

〔註237〕不詳。

〔註238〕《和襲美寄題鏡巖周尊師所居》，「來」作「東」。江浩然《曝書亭詩錄》亦作「東」。

隱吏昔山樓，留題有真蹟。將尋好奇人，結茅看青壁。杜甫詩：「應結茅齋看青壁。」〔註239〕

窪樽石《留素堂集》：「吏隱山有兩窪尊，唐李陽冰銘。」

不用青荷葉，《酉陽雜俎》：「鄭公慤取大荷葉盛酒，以簪刺葉，令與柄通，傳吸之，名曰碧筩杯。」《唐語林》：「李宗閔暑月以荷為杯。」何須白玉杯。窪樽山上石，醉客有千迴。

忘歸臺

連山積翠深，白石空林廣。落景不逢人，長歌自來往。

羅鷗灘《名勝志》：「好溪水源出大盤山，西流而北滙諸溪水，歷羅侯灘至縣治南。」

灘上群鷗鳥，還應日日來。杜甫詩：「但見群鷗日日來。」〔註240〕來時看野老，百過莫相猜。張耒詩：「近人鷗鷺不相猜。」〔註241〕

天際樓蔣廣文薰讀書處。〔註242〕《留素堂集》：「壬辰客燕，將治裝出都門，得讀劉侗《帝京景物略》，賦詩曰：『擬從天際結高樓，收拾名山作臥遊。』乙未仲秋，之縉雲，僦居樊氏宅。宅左則天際樓在焉。若吏隱、翠微、叢桂、金紫、九盤、五鳳、三臺、客星諸山或倚或拱，近接几席。是可臥也，可遊也。」

高樓上浮雲，《古詩》：「西北有高樓，上與浮雲齊。」〔註243〕故人曾此住。何處問歸舟，惟見雲中樹。謝朓詩：「天際識歸舟，雲中辨江樹。」〔註244〕

西岩《名勝志》：「湧翠山在縣西里許，一名西岩。宋黃邦彥書西嵒二字尚存。」

朝聞谷口猨，暝宿崖上月。夜久天風吹，西岩桂花發。

惡谿《西峰字說》：「好溪本名惡溪。孟浩然詩：『欲尋華頂去，不憚惡溪行』，即指此也。惡溪以多水怪而名。及段成式為刺史，怪族自去，百姓因名為好溪云。」

惡谿無行舟，高下惟亂石。谿中玳瑁魚，《桯史》：「別有雪質而黑章，的皪若漆，曰玳瑁魚。」〔註245〕可以薦嘉客。

〔註239〕《閬山歌》。
〔註240〕《客至》。
〔註241〕《觀魚亭呈陳公度二首》其二。
〔註242〕此係自注。
〔註243〕《古詩十九首》其五。
〔註244〕《之宣城郡出新林浦向板橋詩》。
〔註245〕卷十二《金鯽魚》。

仙岩寺

咫尺仙岩寺，雲峯望轉親。夕陽鍾磬發，猶有未歸人。

積翠亭

孤亭雲木暝，眾壑哀猨嘯。空翠濕衣裳，夕陽忽來照。

桂山《感舊集》作「岩」。《留素堂集》：「元樊杞孫居此，一名樊山。」

蒼蒼桂之樹，樹下幽人語。山中正可留，蔣薰可《留泉》詩：「彼山中兮何不可留。」注：「天際樓下源出桂山。」惆悵王孫去。劉安《招隱士》：「王孫兮歸來，山中兮不可以久留。」

綵丹楓驛曉行大雪度青雲嶺桃花隘諸山暮投麗水舟中三首《廣輿記》：「丹楓驛在縉雲。」又：「馮公嶺一名木合嶺，懸崖絕壁，上摩蒼空。有隘，曰桃花隘，宋楊億比蜀之劍閣，乃臺、處險要地也。」

曉發丹楓驛，微茫出遠郊。月斜吹積雪，風急燒黃茅。斷嶺羊腸折，寒沙虎跡交。軍麾猶未靖，《齊安陸昭王碑文》：「軍麾命服之序。」何處得安巢。庾信《小園賦》：「若夫一枝之上，巢父得安巢之所。」

隘口屯師日，功臣汗馬勞。〔註246〕《史記‧晉世家》：「矢石之難，汗馬之勞，此復受次賞。」〔註247〕按：明胡大海、耿再成進攻處州，再成駐兵縉雲之黃龍。黃龍四面陡絕，再成樹柵其上，以遏其沖。元處州守將參政石抹宜孫遣元帥葉琛屯桃花嶺，參謀林彬祖屯葛渡，鎮撫陳仲真等屯樊嶺，元帥胡深守龍泉，以拒之。士卒皆弛怠，無鬥志，胡深棄軍降，且言處州兵弱易攻。大海即出軍樊嶺，與再成合攻之。桃花嶺據山巔，最險阨，再成間道出其後，連拔桃花、葛渡二砦，遂薄城下。宜孫戰敗，棄城走建寧，七邑皆下，以再成統兵鎮之。未幾，宜孫收散卒，欲復處州，攻慶元，再成復擊敗之，宜孫戰死。**空山無赤幟**，見卷十九《雜詩》。**廢壘但黃蒿。亂插繁花盡**，杜甫詩：「亂插繁花向晴昊。」〔註248〕**千盤細路高**。杜甫詩：「山園細路高。」〔註249〕**綵來設險地，未必盡神皐**。班固《西京賦》：「實惟地之奧區神皐。」

〔註246〕國圖藏本眉批：「功臣」句下有原注「耿再成破石末宜孫於此」十字。

〔註247〕卷三十九。

〔註248〕《蘇端薛復筵簡薛華醉歌》。

〔註249〕《山寺》。

峻嶺行還出，愁人跡轉孤。飢寒催暮日，〔註250〕風雪遍窮途。土銼
須同燎，杜甫詩：「土銼冷疏煙。」〔註251〕金刀可剩沽。《漢書·食貨志》：「貨
謂衣〔註252〕帛可衣，及金、刀、魚、貝。」又〔註253〕：「王莽居攝，更造大錢。又
造契刀、錯刀。契刀其環如大錢，身形如刀，長二寸，文曰契刀五百。錯刀以黃金錯
其文，曰一刀直五千。與五銖錢凡四品，並行。莽即真，以為書『劉』字有金、刀，
乃罷錯刀、契刀及五銖錢，而更作金、銀、龜、貝、錢、布之品。」莫辭舟楫小，
今夜宿江湖。

石門懷古寄諸大九鼎《廣輿記》：「青田石門山，兩峰對峙，有洞曰石門，道書謂
玄鶴洞天。西南崖飛瀑百餘丈，舊在榛莽中。自靈運守郡時，搜得此勝。」諸字駿男，
錢塘人。

石門山中瀑布水，奔流直下青雲裏。晴日遙看細雨飄，中林近見微
風起。謝公當日此山棲，晞髮陽阿路不迷。已遣連岩移密竹，還營高
館對迴谿。謝靈運《登石門最高頂》：「疏峰抗高館，對嶺臨迴溪。長林羅戶庭，
積石擁基階。連岩覺路塞，密竹使徑迷。」昔賢勝蹟今遊眺，佳處猶能領其要。
杜甫詩：「佳處領其要。」〔註254〕我亦沉冥山水人，《晉書·阮裕傳》：「羲之曰：
『此公近不驚寵辱，雖古之沉冥，何以過此！』」〔註255〕振衣便可稱同調。李
白詩：「吾亦淡蕩人，拂衣可同調。」〔註256〕芳塵瑤席已無存，謝靈運《石門新
營所住四面高山迴溪石瀨茂林修竹詩》：「芳塵凝瑤席，清醑滿金樽。」惟見岩嶤雙
石門。不攜江海同車客，何處相期知者論。謝靈運詩：「匪為眾人說，冀與
知者論。」〔註257〕

謁劉文成公祠《明史·劉基傳》：「字伯溫，青田人。太祖下金華，定括蒼，聞基
名，以幣聘。太祖即位三年，授基開國翊運守正文臣、資善大夫、上護軍，封誠意伯。

〔註250〕國圖藏本浮籤：「飢寒催暮日」，初印本作「日暮」，非是。
〔註251〕《聞斛斯六官未歸》。
〔註252〕「衣」，卷二十四上《食貨志上》作「布」。
〔註253〕卷二十四下《食貨志下》。
〔註254〕《次空靈岸》。
〔註255〕卷四十九。按：《世說新語·棲逸》：
　　　阮光祿在東山，蕭然無事，常內足於懷。有人以問王右軍，右軍曰：「此君近
　　　不驚寵辱，雖古之沉冥，何以過此！」
〔註256〕《古風》其十。
〔註257〕《石門新營所住四面高山回溪石瀨茂林修竹詩》。

正德九年，加贈基太師，諡文成。」〔註258〕祠在處州。

　　草昧經綸日，英雄戰鬬年。真人淮泗起，張衡《南都賦》：「方今帝亂其政，豺虎肆虐，真人革命之秋也。」《明史·太祖紀》：「先世家沛，徙句容，再徙泗州。父世珍，徙濠州之鍾離。」〔註259〕王氣斗牛躔。《藝苑卮言》：「劉誠意與夏煜、孫炎輩皆以豪詩酒名。一日，遊西湖，望建業五色雲起。諸君謂為慶雲，擬賦詩，劉獨引大白，慷慨曰：『此王氣也。後十年有英主出，吾當輔之。』」《爾雅》：「星紀斗牽牛也。」《晉書·天文志》：「自南斗十二度至須女七度為星紀，於辰在丑，吳越之分野，屬揚州。」〔註260〕命世生良弼，卑棲役大賢。一官齊《清詩初集》作「曾」。簿尉，《劉基傳》：「元至順間，舉進士，除高安丞。行省闢之，謝去。起為江浙儒學副提舉，論御史失職，為臺臣所阻，再投劾歸。」〔註261〕千里正戈鋋。班固《東都賦》：「元戎竟野，戈鋋彗雲。」記室依袁紹，《後漢·百官志》：「記室令史主上表章、報書記。」〔註262〕「依袁」，見卷三《寇至》。《劉基傳》：「山寇蜂起，行省復闢基剿捕，與行院判石抹宜孫守處州。經略使上其功，執政以方氏故抑之，授總管府判，不與兵事。基遂棄官，還青田。」〔註263〕飛書謝魯連。《史記·魯仲連傳》：「齊田單攻聊城，歲餘，士卒多死，而聊城不下。魯連乃為書，約之矢以射城中，遺燕將。」〔註264〕張繼詩：「飛書代魯連。」〔註265〕神鷹思飽搫，杜甫詩：「君不見韝上鷹，一飽即飛搫。」〔註266〕威鳳必高騫。漢祖除秦法，《漢書·高帝紀》：「父老苦秦苛法久矣，誹謗者族，耦語者棄市。吾與諸侯約，先入關者王之，吾當王關中。與父老約法三章耳：殺人者死，傷人及盜抵罪。餘悉除去秦法。」〔註267〕周王卜渭畋。《史記·齊世家》：「西伯將出獵，卜之，曰：『所獲非龍非彲，非虎非羆；所獲乃霸王之輔。』於是周西伯獵，果遇太公於渭之陽。」〔註268〕廟堂才不易，束帛禮宜先。《易》：「賁於丘園，束帛戔戔。」遂有君臣契，《劉基傳》：「太祖下金華，

〔註258〕卷一百二十八。
〔註259〕卷一。
〔註260〕卷十一。
〔註261〕卷一百二十八。
〔註262〕卷三十四。
〔註263〕卷一百二十八。
〔註264〕卷八十三。
〔註265〕《酬李書記校書越城秋夜見贈》。
〔註266〕《去矣行》。
〔註267〕卷一上。按：早見《史記》卷八《高祖本紀》。
〔註268〕卷三十二。

定括蒼，聞基名，以幣聘。基未應。總制孫炎再致書固邀之，基始出。既至，陳時務十八策。太祖大喜，築禮賢館以處，寵禮甚至。」〔註269〕**能令帷幄專。**〔註270〕《漢書・張良傳》：「高帝曰：『運籌帷幄之中，決勝千里之外，吾不如子房。』」〔註271〕**南征頻克敵，**《劉基傳》：「友諒圍洪都。太祖自將，與友諒大戰鄱陽湖。相持三日未決。基請移軍湖口扼之，以金木相犯日決勝，友諒走死。其後太祖取士誠，北伐中原，遂成帝業。」〔註272〕**北伐旋摧堅。王會收三統，**見卷十四。皇仁綏遠《後漢藝文志》：「聖王必定曆數，以收三統。」**軍謀出萬全。河山分帶礪，冠蓋儼神仙。未闢留侯谷，**《史記・留侯世家》：「『願棄人間事，欲從赤松子遊耳。』乃學辟穀，導引輕身。」〔註273〕**長辭范蠡船。麒麟當日畫，**《漢書・蘇武傳》：「甘露三年，單于入朝，上思股肱之美，乃圖畫大將軍霍光等十一人於麒麟閣。」〔註274〕**竹帛後時編。**《墨子》：「以其所獲，書於竹帛，遺後世子孫也。」〔註275〕**一自丘陵改，重愁歲月遷。隆中猶故宅，**《漢晉春秋》：「諸葛家於南陽之鄧縣，在襄陽城西二十里，曰隆中。」王韶南《雍州記》：「隆中，諸葛亮故宅。」**縣上少封田。**《左傳》：「晉侯賞從亡者，介之推不言祿，祿亦弗及。遂隱而死。晉侯求之不獲，以綿上為之田。」〔註276〕**舊俗還祠廟，清歌入管絃。黃金遺像蝕，**《國語》：「范蠡乘輕舟浮於五湖，莫知其終極。越王令工以良金寫范蠡之狀而朝禮之。」**鐵券幾人傳。**見前《黃龍寺》。**古瓦鼬鼪落，**《爾雅注》：「鼯鼪狀如小狐，一名夷由。」又：「江東呼鼬鼠為鼪。能啖鼠，俗呼鼠郎。」杜甫詩：「蒼鼠竄古瓦。」〔註277〕**荒庭檜栢圓。蛛**〔註278〕**絲虛寢冐，鳥跡斷碑眠。**衛恒《四體書勢》：「昔者黃帝創製造物，有沮誦、蒼頡者，始作書契，以代結繩，蓋窺鳥跡以興思也。」**想像陰符**

〔註269〕卷一百二十八。

〔註270〕國圖藏本眉批：《紀事本末》：「太祖問陶安曰：『劉基四人之才何如？』安曰：『臣謀略不及劉基，學問不及宋濂，治民不及章溢、葉琛。』未幾，以濂為儒學提舉司提舉，溢、琛為營田司僉事，基留帷幄，預機密謀議。」

〔註271〕卷四十。按：早見《史記》卷八《高祖本紀》。
又《史記》卷五十五《留侯世家》：「高帝曰：『運籌策帷帳中，決勝千里外，子房功也。』」

〔註272〕卷一百二十八。

〔註273〕卷五十五。

〔註274〕卷五十四。

〔註275〕《文選》卷四十楊德祖《答臨淄侯箋》「銘功景鍾，書名竹帛」李善注。

〔註276〕僖公二十四年。

〔註277〕《玉華宮》。

〔註278〕「蛛」，四庫本《曝書亭集》誤作「珠」。

策，《戰國策》：「蘇秦得太公陰符之謀，伏而誦之。」《唐書·藝〔註279〕文志》：「《周書陰符》九卷。」**沉吟寶劍篇**。《詩話》：「基堅不肯出，以寶劍遺孫炎。炎作詩，以為劍當獻天子。封還之，基乃逡巡就見。」〔註280〕**前賢餘事業**，杜甫詩：「英雄餘事業。」〔註281〕**後死尚迍邅。去去辭枌梓，棲棲到海壖。空林多雨雪，哀角滿山川。玉帳無遺術**，杜甫詩：「空留玉帳術。」〔註282〕《唐·藝文志》：「李靖《玉帳經》一卷。」〔註283〕**蒼生久倒懸。憑留一黃石，相待穀城邊**。《史記》：「張良見下邳圯上老人，出一編書，曰：『讀是則為王者師。後十三年，見我濟北，穀城山下黃石即我也。』後果得黃石，寶而祠之。及死，並葬黃石。伏臘祠之。」〔註284〕

永嘉對月懷家孝廉一是四首

娟娟東城月，濯濯中園露。修堞乍升輝，《西京雜記》：「公孫乘《月賦》曰：『值圓巖而似鉤，蔽修堞如分鏡。』」〔註285〕**廣墀已流素。感物成憂端，翹思念情故。心賞竟莫同，歗歌有遐慕。**

昔我濟江時，別子澄湖陰。謝惠連《獻康樂》：「飲餞野亭〔註286〕館，分袂澄湖陰。」**申以欸曲言**，謝靈運《酬從弟惠連》：「辛勤風波事，款曲洲渚言。」**謂**

〔註279〕「書藝」二字，底本殘缺。見《新唐書》卷五十九《藝文志》著錄「《周書陰符》九卷」。按：早著錄於《隋書》卷三十四《經籍志三》。
〔註280〕《明詩綜》卷四「孫炎」：
《詩話》：「伯融至正中，與天台丁復、同郡夏煜皆以詩名，下筆百紙立盡，譎處似李長吉，質處似元次山。在處時，明祖命招致伯溫。伯溫堅不肯出，以寶劍遺伯融。伯融作詩，以為劍當獻天子，封還之，伯溫無以答，乃逡巡就見。」
另，《江南通志》卷一百九十五《雜類志》：「句容孫炎字伯融，明祖命招致劉伯溫基。基堅不肯出，以寶劍遺炎。炎作詩，以為劍當獻天子。封還之，基無以答，遂逡巡就見。」
姚之駰《元明事類鈔》卷二十三《穎邁·劍》：
封還賞劍　《明詩話》：「明祖命孫炎招致伯溫，伯溫堅不肯出，以寶劍遺炎。炎作詩，以為劍當獻天子。封還之，伯溫無以答，乃逡巡就見。」
〔註281〕《上白帝城二首》其一。
〔註282〕《奉送嚴公入朝十韻》。
〔註283〕《新唐書》卷五十九。
〔註284〕《史記》卷五十五《留侯世家》。
〔註285〕《文選》卷三十鮑明遠《翫月城西門廨中》「始見西南樓，纖纖如玉鉤」李善注。
〔註286〕「亭」，石印本作「庭」。《西陵遇風獻康樂詩》其二正作「亭」。

可超重深。張載詩：「願因流波超重深。」〔註287〕**軒車來何晚**，《古詩》：「軒車來何遲。」〔註288〕**離緒故難任**。曹植詩：「離思故難任。」〔註289〕**不因道路修，惠以瑤華音**。謝朓詩：「惠而能好我，問以瑤華音。」〔註290〕

瑤華尚阻修，何以展嘉覯。甌越非殊鄉，方舟冀來適。新蒲紛紫茸，謝靈運詩：「新蒲含紫茸。」〔註291〕**春草齊碧色**。江淹《別賦》：「春草碧色。」徒今芳醑陳，庶幾煩慮釋。

芳醑無長筵，煩慮何由捐。我思亦〔註292〕何篤，有若明膏煎。《漢書·龔勝傳》：「薰以香自燒，膏以明自銷。」〔註293〕溫庭筠詩：「膏明則〔註294〕自煎。」**兼山義有託**，謝靈運詩：「兼山貴止託。」**涉川道未愆**。《易》：「利涉大川。」〔註295〕**安得飛鴻翼，報子池上篇**。謝靈運有《登池上樓詩》。

永嘉除日述懷

不作牽裾〔註296〕別，飄然到海隅。謀生真鹵莽，《莊子》：「昔予為禾，耕而鹵莽之，則其實亦鹵莽而報予。」〔註297〕**中歲益艱虞**。鄉里輕孫楚，《晉書·孫楚傳》：「楚才藻卓絕，爽邁不群，多所陵傲，缺鄉曲之譽。」〔註298〕**衣冠厭魯儒**。〔註299〕《禮》：「魯哀公問於孔子曰：『夫子之服，其儒服與？』孔子對曰：『丘少居魯，衣逢掖之衣；長居宋，冠章甫之冠。』」〔註300〕**微名翻詆挫，暇日少懽愉。處賤無奇策，因人遠禍樞。同舟邀楚客**，王明府世顯。〔註301〕孟

〔註287〕《擬四愁詩四首》其四。
〔註288〕《古詩十九首》其八（冉冉孤生竹）。
〔註289〕《雜詩七首》其一。
〔註290〕《郡內高齋閒望答呂法曹詩》。
〔註291〕《於南山往北山經湖中瞻眺詩》。
〔註292〕「亦」，《曝書亭集》作「一」。
〔註293〕卷七十二。
〔註294〕「則」，《感舊陳情五十韻獻淮南李僕射》作「只」。
〔註295〕見卷一《舟次平望驛》。
〔註296〕「裾」，四庫本《曝書亭集》作「車」。
〔註297〕《則陽》。
〔註298〕卷五十六。
〔註299〕國圖藏本眉批：莊子曰：「魯少儒。」哀公曰：「舉魯國而儒服，何為少乎？」莊子曰：「君子有其道者，未必為其服；為其服者，未必知其道也。何不號於國中曰：『無其道而為此服者，其罪死！』」於是魯國無敢儒服者。
〔註300〕《儒行》。
〔註301〕此係自注。

浩然詩:「借問同舟客,何時到永嘉。」〔註302〕**聽曲賞巴歈**。喻鳧詩:「漸〔註303〕於郢客坐,一此調巴歈。」**岸轉群峯出,潮回眾壑趨**。江聲漁浦靜,《吳郡記》:「富春東三十里有漁浦。」**樹色釣臺殊**。見前《七里瀨》。**祠宇浮空翠,松林儼畫圖。羈懷方浩蕩,前路已崎嶇。草宿侵寒兔,林棲逐夜烏。微茫辭建德**,《寰宇記》:「睦州建德縣,吳廣武四年分富春之地置,屬吳郡。」**縹緲望仙都**。見前《蔣廣文留飲》。**水訝溪流惡,山將棧道紆**。《梁州圖經》:「棧道連空,極天下之至險。興利州至三泉,縣橋閣共一萬九千三百八十間,護險編欄共四萬七千一百三十四間。」**僕夫行木末**,杜甫詩:「我僕猶木末。」〔註304〕**風雪灑天衢。老鶴侵晨語,窮猿入暮呼。轉思臨嶮巇,誰分久泥塗**。《左傳》:「使吾子辱在泥塗久矣。」〔註305〕**柔櫓輕帆下,青田麗水區**。《一統志》:「處州府青田縣在府城東南一百五十里,麗水縣附郭。」**哀禽爭叫嘯,孤嶼忽須臾**。《寰宇記》:「孤嶼在溫州南四里永嘉江中,嶼有二峰。」〔註306〕**泃美東甌地**,《浙江通志》:「溫州府,漢立東海王,都東甌,是為東甌國。」**由來謝客娛**。鍾嶸《詩品》:「初,錢唐杜明師夜夢東南有人來入其館。是夕,即靈運生會稽。旬日,而謝幼度亡。其家以子孫難得,送靈運於杜治養之。十五方還郡,故名客兒。」《梁書·鍾嶸傳》:「謝客為永嘉〔註307〕之雄。」**詩篇留汗漫,旅食慰饑劬。強禁樽中酒,難憑肘後符**。《晉書·葛洪傳》:「著《金匱藥方》一百卷、《肘後要急方》四卷。」〔註308〕杜甫詩:「肘後符應驗。」〔註309〕**朋簪方克萃,禮法未應拘。生意窺籠鳥**,《鶡冠子》:「籠中之鳥,空窺不出。」〔註310〕**流年過隙駒**。《莊子》:「人生天地之間,若白駒之過隙,忽焉而已。」〔註311〕**笑看風土別,驚見物華徂。紅綻官梅萼,青分櫪馬蒭**。杜甫詩:「與奴白飯馬青蒭。」〔註312〕**深杯期夜酌,細菜出春廚。坐久親孤燭,更深判百觚**。《孔叢子》:「平原君與子高飲,強子高酒,曰:『昔有遺

〔註302〕《宿永嘉江寄山陰崔少府國輔》。
〔註303〕喻亮《和段學士對雪》,見《文苑英華》卷一百五十四,「漸」作「慚」。
　　　　按:作喻鳧是。此詩又見《全唐詩》卷五百四十三,「漸」亦作「慚」。
〔註304〕《北征》。
〔註305〕襄公三十年。
〔註306〕《太平寰宇記》卷九十九《江南東道十一·溫州》。
〔註307〕「永嘉」,《梁書》卷四十九《文學列傳上》作「元嘉」。
〔註308〕卷七十二。
〔註309〕《寄張十二山人彪三十韻》。
〔註310〕《世兵第十二》。
〔註311〕《知北遊》。
〔註312〕《入奏行贈西山檢察使竇侍御》。

諺：堯舜千鍾，孔子百觚。子路嗑嗑，尚飲百榼。古之聖賢無不能飲也，吾子何辭焉？』」〔註313〕**遠書勞日夜，歸夢越江湖。正憶高堂在，知攜兩弟俱。**先生胞弟二：彝鑒、彝玠。**屢空無長物，**《世說》：「王恭從會稽還，王大看之，見其坐六尺簟，因語恭：『可以一領及我。』恭即舉所坐者送之。既無餘席，便坐薦上。後大聞之甚驚，曰：『吾本謂卿多，故求耳。』對曰：『丈人不悉恭，恭作人無長物。』」〔註314〕**相視必長籲。菽水承顏好，**《禮》：「子路曰：『傷哉貧也！生無以為養，死無以為禮也。』孔子曰〔註315〕：『啜菽飲水，盡其歡，斯之謂孝。』」《晉書·孝友傳》：「柔色承顏，怡怡盡樂。」〔註316〕**辛盤令節須。**見卷二《元日》。**艱難存病婦，**見卷三《還家即事》。**燈火索鄰逋。**謝翱《除夕》詩：「鄰逋燈下索。」**書籍愁撏賣，**杜甫詩：「盡撏書籍賣。」〔註317〕**衣裳定有無。女長工翦綵**〔註318〕，《荊楚歲時記》：「人日剪綵為人，或鏤金箔為人，以貼屏風，亦戴之頭鬢。」**男大學投壺。**《禮》：「投壺之禮，主人奉矢，司射奉中，使人執壺，主人請曰：『某有枉矢哨壺，請以樂賓。』」〔註319〕**倚著憂他日，沉吟愧壯夫。虞翻仍去越，**《吳志·虞翻傳》：「字仲翔，會稽餘姚人。仕吳為騎都尉。數犯顏諫爭，孫權不悅，坐徙丹陽涇縣，後又徙交州。」〔註320〕**張翰未歸吳。**見卷三《食鱸魚》。杜甫詩：「張翰後歸吳。」〔註321〕**詎有追風驃，**《古今注》：「始皇七馬，一曰追風。」杜甫詩：「須公櫪上追風驃。」〔註322〕**恒隨泛渚鳧。**屈原《卜居》：「將泛泛若水中之鳧，與波上下，偷以全吾軀乎？」**達生兼止託，**見前《永嘉對月》。**齊物任榮枯。**《莊子》有《達生》篇、《齊物》篇。〔註323〕**述作安時論，**杜甫詩：「耕鑿安時論。」〔註324〕**鶯花盡友於。**杜甫詩：「山鳥山花吾友于。」〔註325〕**莫將鄉國淚，頻灑阮公途。**

〔註313〕《儒服第十三》。

〔註314〕《德行》。

〔註315〕「曰」，底本、石印本無，據《禮記·檀弓下》補。

〔註316〕卷八十八。

〔註317〕《陪鄭廣文遊何將軍山林十首》其四。

〔註318〕「翦綵」，四庫本《曝書亭集》無。
　　　　另，國圖藏本眉批：杜詩：「女長裁褐穩，男大卷書勻。」

〔註319〕《禮記·投壺》。

〔註320〕《三國志》卷五十七。

〔註321〕《過南嶽入洞庭湖》。

〔註322〕《徒步歸行》。

〔註323〕石印本無此注。

〔註324〕《吾宗》。石印本無此注。

〔註325〕《嶽麓山道林二寺行》。

大牆上蒿行魏文帝有《大牆上蒿行》。

高秋何多悲風，草木黃落，盡依於土壤。我悲夫轉蓬，從風高下，亦復南北西東。人生在六合間，《莊子》：「六合之外，聖人存而不論。」〔註326〕《纂要》：「天地四方曰六合。」**渺若蜉蝣之羽**，《詩》：「蜉蝣之羽。」〔註327〕《爾雅》：「蜉蝣，渠略。」《注》：「似蛣蜣。身狹而長，有角。聚生糞土中。朝生暮死。」**促迫日暮，寧保厥躬。何不恣君中心所欲**，仲長統詩：「六合之內，恣心所欲。人事可遺，何為局促。」〔註328〕**右挾矢，左抨弓**。杜甫詩：「抨弓落狖鼯。」〔註329〕**追脫兔，落輕鴻**。蘇軾詩：「平沙細草荒芊綿，驚鴻脫兔相後先。」〔註330〕**脄熊蹯**，《左傳》：「宰夫脄熊蹯不熱。」〔註331〕《玉篇》：「脄，煮熟也。」**炙鹿茸**。《本草綱目》：「鹿茸生精補髓，養血益陽，強筋健骨。」《雷公炮炙論》：「鹿茸，慢火炙，令內外黃脆，以鹿皮裹之，安室中一宿，則藥魂歸矣。」**開我中堂，坐我友朋**。《周禮注》：「同師曰朋，同志曰友。」**援琴倚瑟，鼓鼓考鐘。胡為自苦乃爾，十囊五囊之錢**，《晉書·王濬傳》：「童謠曰：『十囊五囊入棗郎。』」〔註332〕**千倉萬箱之粟**，見卷九《平蜀詩》。**細而鹽豉蒜果**，《三輔決錄》：「鹽豉蒜果共一箇。」**量籌握算，戚戚思慮**，王隱《晉書》：「王戎好治生，田園周徧天下。翁嫗二人常以象牙籌晝夜算計家貲。」〔註333〕**終成老翁。上有蒼蒼者天**，《莊子》：「蒼蒼者，其天之正色耶？」〔註334〕**下有薄薄之地**。《荀子》：「薄薄之地，不得履之，非地不安也，危足無所履者也。」〔註335〕**日往月來，寒往暑來，人生安得久長視。不如坐堅車，張高蓋，貴且快意**。《漢書·欒布傳》：「富貴不能快意，非賢也。」〔註336〕**乘我廐馬，出入翱翔。黃金為絡，青絲為韁。魯之乘騜**，《詩·魯頌》：「駉彼乘騜。」〔註337〕**周之渠黃**，《楊升庵外集》：「周穆王八駿之名見於《列子》，而他書所載互有不同。渠黃，一作騶驪，又名翠黃，又

〔註326〕《齊物論》。
〔註327〕《曹風·蜉蝣》。
〔註328〕《後漢書》卷七十九《仲長統傳》。
〔註329〕《自閬州領妻子卻赴蜀州山行三首》其三。
〔註330〕《書韓幹牧馬圖》。
〔註331〕宣公二年。
〔註332〕卷三十九。
〔註333〕《世說新語·儉嗇第二十九》「王戎儉吝」條劉孝標注引。
〔註334〕《逍遙遊》。
〔註335〕《榮辱篇第四》。
〔註336〕卷三十七。按：早見《史記》卷一百《欒布列傳》。
〔註337〕《有駜》。

名訾黃。」〔註 338〕**燕之駃騠**，《史記‧鄒陽傳》：「蘇秦相燕，人惡之燕王。燕王按
劍而怒，食以駃騠。」〔註 339〕**唐成驦驪**。《左傳》：「唐城公如楚，有兩驦驪馬。楚
子常顧之，不與。唐人竊馬而獻之。」〔註 340〕**雖自謂神且駿，曾不如臣馬良。**
《樂府》：「君馬黃，臣馬蒼，二馬同逐臣馬良。」〔註 341〕**呼韓娥**，《列子》：「韓娥
曼聲長歌，一里老幼喜躍忭舞。」〔註 342〕**進趙倡，歌陽阿**，《古今樂錄》：「《陽春》、
《白雪》、《流風》、《激楚》、《陽阿》，皆曲名也。」**引清商。暢飛暢舞**，見卷一《董
逃行》。**二八成行**。《楚辭》：「二八侍宿。」〔註 343〕**輕軀宛轉，長袖低昂。目
迎心蕩，躒屣鳴璫。晉之南威**，《國策》：「晉文公得南之威，三日不聽朝。」**楚
之陽文**，《淮南子》：「不待脂粉芳澤而性可悅者，西施、陽文也。」〔註 344〕許慎曰：
「陽文，楚之好人也。」**吳之夷光**，《拾遺記》：「越美女二人，一名夷光，一名修明，
以貢於吳。吳處以椒華之房。二人當軒竝坐，理鏡靚妝於珠幌之內。竊窺者，動心驚
魂，謂之神人。」《孟子疏》：「西施一名夷光。」**稱名前代，亦自謂美而豔**，《左
傳》：「宋嘉父之妻美。宋華父督見之於路，目逆而送之，曰：『美而艷。』遂殺孔父而
娶其妻。」〔註 345〕**夫何可方。歲月疾如馳，為歡能幾時。升沉分定，窮達
天為**。《樂府》句。**獲我所求，亦復何思。古來達者飲不辭，豐刑酒誥徒箴
規**，《漢書‧律曆志》：「惟十有二年六月庚午朏，王命作策《豐刑》。」〔註 346〕孟康曰：
「《逸書》篇名。」《竹書紀年》：「成王十九年，王巡狩侯甸方岳，黜豐侯。」阮諶曰：「豐，
國名也。坐酒亡國。」崔駰《酒箴》：「豐侯沉湎，荷罌負缶。自戮於世，圖形戒後。」《〈書‧
酒誥〉注》：「商受酗酒，天下化之。妹土，商之都邑，其染惡尤甚，武王以其地封康叔，
故作書誥教之云。」**劉伶畢卓真吾師**。《晉書‧劉伶傳》：「字伯倫，沛國人也。常乘鹿
車，攜一壺酒，使人荷鍤而隨之，謂曰：『死便埋我。』」〔註 347〕《畢卓傳》：「字茂世，
新蔡銅陽人也。太興末，為吏部郎，常飲酒廢職。」〔註 348〕**但當一月二十九日醉，**

〔註 338〕《升菴集》卷八十一《八駿》。
〔註 339〕卷八十三。
〔註 340〕定公三年。
〔註 341〕《君馬黃》。
〔註 342〕《湯問篇》。
〔註 343〕《招魂》。
〔註 344〕《脩務訓》。
〔註 345〕桓公元年、二年。
〔註 346〕卷二十一上。
〔註 347〕卷四十九。
〔註 348〕卷四十九。

《世說》：「孔思遠為後軍府長史，雖醉日居多，而曉明政理，醒時判決，未嘗有壅。眾咸云：『孔公一月二十九日醉，勝世人二十九日醒。』」〔註349〕**忍使一年三百五**□□□□〔註350〕**十九二字。日成齋期**。見卷一《為屠母壽》。

襄陽曲

襄陽近大隄，《襄陽樂》：「朝發襄陽城，暮至大隄宿。」**君當慎行旅。笑客襄陽兒，憐錢大隄女**。見卷三《寄查容》。

曝書亭集詩注卷四　　　　　　　　　　　　男　蟠　挍

〔註349〕按：《世說新語》未見，見《宋書》卷八十四《孔覬傳》、《南史》卷二十七《孔覬傳》、（明）何良俊《語林》卷六《政事第三》。
〔註350〕底本四字漫漶。石印本作「按江注有」。